Steuerrechtliche
Gewinnverlagerungen mittels konzerninterner Lizenzzahlungen

Forum Unternehmens-, Steuer- und Bilanzrecht

Deutsche, europäische und internationale Rechtsfragen
Herausgegeben von Oliver Fehrenbacher / Michael Stöber

Band 21

PETER LANG

Tobias S.H. Eggert

Steuerrechtliche Gewinnverlagerungen mittels konzerninterner Lizenzzahlungen

PETER LANG

Bibliografische Information der Deutschen Nationalbibliothek
Die Deutsche Nationalbibliothek verzeichnet diese Publikation in der Deutschen Nationalbibliografie; detaillierte bibliografische Daten sind im Internet über http://dnb.d-nb.de abrufbar.

Zugl.: Dissertation an der Rechtswissenschaftlichen Fakultät der Privaten Universität im Fürstentum Liechtenstein (UFL), 2021/2022.

ISSN 2366-293X
ISBN 978-3-631-87509-4 (Print)
E-ISBN 978-3-631-87574-2 (E-PDF)
E-ISBN 978-3-631-87575-9 (EPUB)
DOI 10.3726/b19575

Peter Lang – Berlin · Bern · Bruxelles · New York · Oxford · Warszawa · Wien

Diese Publikation wurde begutachtet.

www.peterlang.com

Vorwort

Die vorliegende Arbeit wurde im Wintersemester 2021/2022 von der Rechtswissenschaftlichen Fakultät der Privaten Universität im Fürstentum Liechtenstein (UFL) als Dissertation angenommen.

Gesetzgebung, Literatur und Rechtsprechung konnten bis einschließlich Juni 2021 berücksichtigt werden.

Mein herzlicher Dank gilt zunächst meinem Doktorvater *Herrn Professor Dr. Oliver Fehrenbacher* für die hervorragende Betreuung meiner Arbeit. Die wertvollen Anregungen und Diskussionen waren eine stete Hilfe und haben entscheidend zum Gelingen dieser Arbeit beigetragen.

Darüber hinaus danke ich auch *Herrn Professor Dr. Helmut Rehm* ganz herzlich für die Übernahme sowie für die zügige Erstellung des Zweitgutachtens.

Zudem gilt mein Dank allen Mitarbeitern der UFL als auch meinen Freunden und Kollegen, die mich mit ihren wertvollen Anregungen und konstruktiven Ratschlägen bei der Erstellung der Dissertation stets unterstützt haben.

Herzlich danken möchte ich aber auch meiner Partnerin *Ines D. Schmalz*, die mich während der Erstellung meiner Arbeit mit ihrem Zuspruch sehr motiviert und stets unterstützt hat.

Der größte Dank gilt jedoch meiner Familie. Neben meinem Bruder – *Alexander B. Eggert und seiner Partnerin Victoria Hanschmann* – die mir stets ermutigend zur Seite standen, möchte ich mich von ganzem Herzen bei meinen Eltern – *Beate und Siegfried Eggert* – für den Rückhalt und die ausnahmslose Unterstützung in allen Belangen bedanken – ihnen sei dieses Buch gewidmet.

Bensheim, Januar 2022

Tobias S.H. Eggert

Inhaltsverzeichnis

Abbildungsverzeichnis

Abkürzungsverzeichnis

a.A.	andere Ansicht
AbgÄG	Abgabenänderungsgesetz
ABl.	Amtsblatt der Europäischen Union
Abs.	Absatz
AE	Anonimi Eteria (griechische Aktiengesellschaft)
AEUV	Vertrag über die Arbeitsweise der Europäischen Union
AG	Aktiengesellschaft
AO	Abgabenordnung
Art.	Artikel
AStG	Außensteuergesetz
ATAD	Anti-Tax-Avoidance-Directive
Aufl.	Auflage
BRZ	Zeitschrift für Beihilfenrecht (Zeitschrift)
BVerG	Bundesverfassungsgericht
BVerwG	Bundesverwaltungsgericht
Az.	Aktenzeichen
BB	Betriebsberater (Zeitschrift)
Bd.	Band
Begr.	Begründer
BEPS	Base Erosion and Profit Shifting
BFH	Bundesfinanzhof
BFuP	Betriebswirtschaftliche Forschung und Praxis (Zeitschrift)
BGB	Bürgerliches Gesetzbuch
BGBl.	Bundesgesetzblatt (Zeitschrift)
BlgNR	Beilagen-Nummer
BMF	Bundesministerium der Finanzen
BR-Drs.	Bundesratsdrucksache
bspw.	Beispielsweise
BStBl.	Bundessteuerblatt (Zeitschrift)
BT-Drs.	Bundestagsdrucksache
BV	Besloten Vennootschap (niederländische GmbH)
BVerfG	Bundesverfassungsgericht
BVerfGE	Entscheidungen des Bundesverfassungsgerichts (Zeitschrift)
BVerfGG	Bundesverfassungsgerichtsgesetz
bzw.	Beziehungsweise

d.h.	das heißt
DB	Der Betrieb (Zeitschrift)
DBA	Doppelbesteuerungsabkommen
DE	Deutschland
DK	Der Konzern (Zeitschrift)
Doppelbuchst.	Doppelbuchstabe
DStR	Deutsches Steuerrecht (Zeitschrift)
DStZ	Deutsche Steuer-Zeitung (Zeitschrift)
EB RV	Erläuternde Bemerkungen zur Regierungsvorlage
EFG	Entscheidung der Finanzgerichte (Zeitschrift)
EStG	Einkommensteuergesetz
etc.	et cetera (und die Übrigen)
EU	Europäische Union
EuG	Gericht der Europäischen Union
EuGH	Europäischer Gerichtshof
EUR	Euro
EuR	Europarecht (Zeitschrift)
EUV	Vertrag über die Europäische Union
EuZW	Europäische Zeitschrift für Wirtschaftsrecht (Zeitschrift)
EWR	Europäischer Wirtschaftsraum
f.	Folgende
ff.	Fortfolgende
F & E	Forschung und Entwicklung
FG	Finanzgericht
FHTP	Forum of Harmful Tax Practice
Fn.	Fußnote
Forts.	Fortsetzer
FR	Finanz-Rundschau (Zeitschrift)
FZulG	Forschungszulagengesetz
GE	Geldeinheiten
gem.	gemäß
GES	Zeitschrift für Gesellschaftsrecht und angrenzendes Steuerrecht (Zeitschrift)
GewSt	Gewerbesteuer
GewStG	Gewerbesteuergesetz
GG	Grundgesetz
ggf.	gegebenenfalls
GmbH	Gesellschaft mit beschränkter Haftung
GmbHR	GmbH-Rundschau (Zeitschrift)

GP	Gesetzgebungsperiode
GRUR-Prax	Gewerblicher Rechtsschutz und Urheberrecht, Praxis im Immaterialgüter- und Wettbewerbsrecht (Zeitschrift)
GStB	Gestaltende Steuerberatung (Zeitschrift)
h.M.	herrschende Meinung
Hrsg.	Herausgeber
Hs.	Halbsatz
i.d.F.	in der Fassung
i.d.R.	in der Regel
IFA	International Fiscal Association
IFSt	Institut Finanzen und Steuern
inkl.	Inklusive
IP	Intellectual Property
i.S.d.	im Sinne des/der
IStR	Internationales Steuerrecht (Zeitschrift)
i.V.m.	in Verbindung mit
IWB	Internationale Wirtschaftsbriefe (Zeitschrift)
JoPE	Journal of Public Economics (Zeitschrift)
KG	Kommanditgesellschaft
KStG	Körperschaftsteuergesetz
lit.	Littera (Buchstabe)
m.E.	meines Erachtens
Mio.	Millionen
m.w.N.	mit weiteren Nachweisen
NJW	Neue Juristische Wochenschrift (Zeitschrift)
Nr.	Nummer
NTJ	National Tax Journal (Zeitschrift)
OECD	Organisation für wirtschaftliche Zusammenarbeit und Entwicklung
OECD-MA	Musterabkommen der OECD zur Vermeidung der Doppelbesteuerung auf dem Gebiet der Steuern vom Einkommen und vom Vermögen
OECD-MK	Musterkommentar zum OECD-MA
oHG	offene Handelsgesellschaft
öAktG	österreichisches Aktiengesetz
öBAO	österreichische Bundesabgabenordnung
öBGBl.	österreichisches Bundesgesetzblatt (Zeitschrift)
öEStG	österreichisches Einkommensteuergesetz
öGmbH	österreichisches GmbH-Gesetz

öKStG	österreichisches Körperschaftsteuergesetz
öKStR	österreichische Körperschaftsteuerrichtlinien
ÖStZ	Österreichische Steuerzeitung (Zeitschrift)
öUGB	österreichisches Unternehmensgesetzbuch
RdW	Österreichisches Recht der Wirtschaft (Zeitschrift)
RIW	Recht der internationalen Wirtschaft (Zeitschrift)
RL	Richtlinie
PIStB	Praxis Internationale Steuerberatung (Zeitschrift)
Rn.	Randnummer
Rs.	Rechtssache
S.	Seite/Satz
Slg.	Sammlung
sog.	sogenannte/r/s
SolZG	Solidaritätszuschlagsgesetz
StandOG	Standortsicherungsgesetz
StB	Der Steuerberater (Zeitschrift)
SteuerStud	Steuer und Studium (Zeitschrift)
StuB	Unternehmensteuern und Bilanzen (Zeitschrift)
StuW	Steuern und Wirtschaft (Zeitschrift)
SWI	Steuer und Wirtschaft International (Zeitschrift)
SWK	Steuer- und Wirtschaftskartei (Zeitschrift)
TS.	Teilstrich
u. a.	unter anderem/und andere
Ubg	Die Unternehmensbesteuerung (Zeitschrift)
UN-MK	UN-Musterabkommen
u.w.	und weitere
v.	vom
VfGH	österreichischer Verfassungsgerichtshof
vgl.	vergleiche
vs.	versus
WPg	Die Wirtschaftsprüfung (Zeitschrift)
Z	Ziffer
z.B.	zum Beispiel
zzgl.	zuzüglich

Für sonstige Abkürzungen wird auf *Kirchner, Hildebert*/*Böttcher, Eike*, Abkürzungsverzeichnis der Rechtssprache, 9. Auflage 2018 verwiesen.

Kapitel I: Einführung

A. Thematischer Zugang

Die steuerpolitische Diskussion um aggressive Steuerplanungen sowie zu Strategien der Steuervermeidung und der Gewinnverlagerungen multinationaler Unternehmen schlägt sich nicht nur in der Politik nieder, sondern vor allem auch in den Medien und in der steuerrechtlichen Fachliteratur als Dauerthema.

Insbesondere wurden durch zahlreiche Datenleaks spezifische Steuerplanungsstrukturen publik. Dabei wurde unter anderem durch die Veröffentlichung der sogenannten *Paradise-Papers*[1] das Spannungsfeld in Bezug auf solche Gewinnverlagerungen mittels konzerninterner Lizenzzahlungen in Niedrigsteuerländer bzw. Präferenzregime als Instrument der internationalen Konzernsteuerplanung wieder erneut befeuert.

In der Kritik stehen insbesondere multinationale Konzerne, welche sich der Methoden zur steuerlichen Gewinnverschiebung bedienen, sowie jene Staaten, deren rechtliche Rahmenbedingungen solche Gewinnverlagerungen ermöglichen. In diesem Zusammenhang ist u. a. das Beispiel *Apple* zu erwähnen.

Einem Bericht der ARD-Rechtsredaktion[2] zufolge ist es Apple im Jahr 2014 durch die Anwendung eines steuerlich getriebenen Strukturierungsmodells (das sogenannte „*Double Irish with a Dutch Sandwich*“[3]) gelungen, auf Ebene der in Irland ansässigen Tochtergesellschaft einen effektiven Körperschaftsteuersatz in Höhe von gerade einmal 0,005 Prozent zu erreichen, welcher sowohl mittels steuerlicher Begünstigungen als auch basierend auf einer unzureichenden Abstimmung der jeweiligen Steuersysteme der einzelnen Staaten realisiert werden konnte.[4]

---

1 Zu Lizenzvertragsstrukturen beim Sportartikelhersteller Nike siehe *Hopkins/Bowers, Revealed: how Nike stays one step ahead of the taxman*, The Guardian v. 6.11.2017, (abrufbar unter: https://www.theguardian.com/news/2017/nov/06/nike-tax-paradise-papers; zuletzt abgerufen am 30.6.2021).

2 *Deppe, EU-Gericht gibt Apple recht*, ARD-Rechtsredaktion v. 15.7.2020 (abrufbar unter: https://www.tagesschau.de/wirtschaft/apple-nachzahlung-urteil-101.html; zuletzt abgerufen am 30.6.2021).

3 Siehe hierzu beispielsweise auch *Pinkernell*, IStR 2013, 180 (180ff.).

4 Hierzu auch *Sackmann, Mit welchem Trick Google jedes Jahr 20 Milliarden Euro an Europas Finanzämtern vorbeischleust*, Bericht: Focus Money (abrufbar unter: https://www.focus.de/finanzen/boerse/basiswissen/double-irish-dutch-sandwich-mit-welchem-trick-google-jedes-jahr-20-milliarden-euro-an-europas-finanzaemtern-vorbeischleust_id_10143865.html; zuletzt abgerufen am 30.6.2021).

Diese hochkomplexen Strukturen waren zwar in aller Regel legal, es wurde jedoch der Vorwurf erhoben, dass solche international tätigen Konzerne nicht ihren „*gerechten*" Beitrag zur Staatsfinanzierung leisten würden, sodass sich die öffentliche Aufmerksamkeit entsprechend gegen jene Konzerne richtete und es sogar vereinzelt zu länderübergreifenden Boykottmaßnahmen kam.[5]

Der politische Fokus richtet sich hingegen weniger gegen einzelne Unternehmen als gegen ausgewählte Staaten innerhalb Europas. Diese Staaten stehen bis heute regelmäßig im Mittelpunkt der politischen und wissenschaftlichen Diskussionen, da sie Einkünfte aus der Verwertung geistigen Eigentums[6] begünstigen und somit ein steuerlich höchst attraktives Umfeld bieten.

Solche Steuervergünstigungen werden grundsätzlich durch die Notwendigkeit einer steuerlichen Förderung von Forschung und Entwicklung (F & E) begründet. Im Rahmen dessen offeriert eine Vielzahl der europäischen Mitgliedstaaten vielfältigste Formen gezielter Steuervergünstigungen in unterschiedlichsten Ausprägungen, um Tätigkeiten in Bezug auf F & E entsprechend zu fördern.

Solche Steuervergünstigungen knüpfen dabei regelmäßig entweder am F & E-Input (*front-end tax regimes*[7]) oder am F & E-Output (*back-end tax regimes*[8]) an.

Die wohl gängigste Form der am F & E-Input orientierten Steuervergünstigungen stellen sogenannte Steuergutschriften[9] dar. In Abgrenzung zu

---

5 Siehe hierzu *Mühlauer, Konzerne zahlen zu wenig Steuern in der EU*, Süddeutsche Zeitung v. 22.1.2019 (abrufbar unter: https://www.sueddeutsche.de/wirtschaft/unternehmenssteuern-gruene-eu-1.4296481; zuletzt abgerufen am 30.6.2021); *Theurer, Wut am britischen Kaffeetisch*, FAZ v. 20.10.2012 (abrufbar unter: https://www.faz.net/aktuell/wirtschaft/unternehmen/starbucks-und-die-steuern-wut-am-britischen-kaffeetisch-11931866.html; zuletzt abgerufen am 30.6.2021); *hierzu auch Hemmerich*, IStR 2019, 294 (294 f.).

6 Nachfolgend u. a. auch als IP (*Intellectual Property*) bezeichnet. Dazu zählen u. a. Patente, Lizenzen, Konzessionen etc.

7 Ausgabenorientierte Steuervergünstigung, welche allein vom Umfang der getätigten F & E-Tätigkeiten sowie der bei Schaffung von geistigem Eigentum angefallenen Ausgaben des Steuerpflichtigen abhängig sind; siehe hierzu OECD-Abschlussbericht, Rn. 28.

8 Einnahmenorientierte Steuervergünstigungen, die sich allein auf die nach der Schaffung und Nutzung des geistigen Eigentums erzielten Einnahmen beziehen; siehe hierzu OECD-Abschlussbericht, Rn. 28.

9 Steuergutschriften für F & E-Aufwendungen werden beispielsweise in Belgien, Dänemark, Frankreich, Großbritannien, Irland, Italien, Malta, den Niederlanden, Österreich, Portugal, der Slowakei, Spanien und Ungarn gewährt. Auch in Deutschland wurde durch das Forschungszulagengesetz (FZulG) zur steuerlichen Förderung von F & E mit Wirkung zum 1.1.2020 eine Forschungszulage eingeführt, siehe hierzu *Puls*, WPg 2020, 40 (40 ff).

Instrumenten, die sich am F & E-Input orientieren, setzen hingegen andere Steuervergünstigungen am F & E-Output eines Unternehmens an und begünstigen beispielsweise bestimmte Einkünfte durch die Inanspruchnahme eines ermäßigten Steuersatzes.

Diese Erscheinungsform wird zumeist als *Lizenzbox*[10] bezeichnet und sieht regelmäßig eine großzügige oder gar vollumfängliche Steuerfreistellung für solche Einkünfte vor, die aus der Verwertung von F & E-Aktivitäten resultieren.

Es ist zu beobachten, dass in jüngerer Zeit die Zahl der Staaten stark gestiegen ist, die für Nutzungsüberlassungen von bestimmten immateriellen Vermögenswerten solche besonderen Steuervergünstigungen in Form von Lizenzboxen eingeführt haben.[11]

Diese Lizenzboxen ermöglichen, vereinfacht gesagt, eine begünstigte Ertragsbesteuerung von Einkünften aus immateriellen Vermögensgegenständen und führen nicht nur dazu, dass sich forschungsintensive Unternehmen in Ländern mit solchen Lizenzboxregelungen bzw. Präferenzregimen ansiedeln, sondern bieten auch international tätigen Konzernen die Gelegenheit, ihre Konzernsteuerquote auf ein Minimum zu senken, indem Steuerbemessungsgrundlagen in Hochsteuerländern ausgehöhlt und Gewinne gezielt in Staaten mit entsprechenden Lizenzboxen bzw. Präferenzregelungen verlagert werden.

Vor allem der Mobilität dieser immateriellen Wirtschaftsgüter und Lizenzeinkünfte ist es jedoch geschuldet, dass derartige Anreize in Form von Lizenzboxen mehr und mehr den Ausgangspunkt für Steuergestaltungsmodelle zur missbräuchlichen Gewinnabsaugung darstellen.

Dieses Spannungsfeld wurde jedoch durch die OECD längst erkannt und auch aufgegriffen. Bereits im Jahr 2015 legte die OECD im Rahmen des BEPS-Projekts[12] einen Abschlussbericht vor, in welchem 15 Aktionspunkte zur Bekämpfung des schädlichen Steuerwettbewerbs entwickelt wurden. Im Rahmen dieses Abschlussberichts der OECD setzt sich insbesondere der BEPS-Aktionspunkt 5[13] mit den entsprechenden Regelungen zur steuerlichen Begünstigung bei Überlassung von Rechten auseinander.

---

10 Ebenso gebräuchlich sind die gleichbedeutenden Begriffe: *IP-Box*, *Patentbox* oder *Innovationsbox*, siehe hierzu beispielsweise *Illing*, in: Beck'sches Steuer- und Bilanzrechtslexikon, Lizenzschranke Rn. 2.

11 Siehe hierzu BMF v. 19.2.2020 – IV C 2 – S 2144-g/17/10002, BStBl. I 2020, 238 (3 ff.).

12 Das Akronym BEPS steht für: ***B**ase **E**rosion and **P**rofit **S**hifting*.

13 OECD/G20 Projekt Gewinnverkürzung und Gewinnverlagerung – Wirksamere Bekämpfung schädlicher Steuerpraktiken unter Berücksichtigung von Transparenz und Substanz, Aktionspunkt 5 – Abschlussbericht 2015 (abrufbar unter: OECD Publishing Paris, http://dx.doi.org/10.1787/9789264258037-de; zuletzt abgerufen am 30.6.2021) (im Folgenden: *OECD-Abschlussbericht*).

Dabei wurden durch die OECD detaillierte Kriterien, welche eine unschädliche von einer schädlichen steuerlichen Begünstigung für Rechteüberlassungen abgrenzen, herausgearbeitet. Die am BEPS-Projekt beteiligten Staaten haben sich dabei auf die Rahmenbedingung einer *substanziellen Geschäftstätigkeit*, den sogenannten *Nexus-Ansatz*, verständigt, welcher das Herzstück des BEPS-Aktionspunkts 5 bildet.

Der in Bezug auf IP-Regelungen entwickelte Nexus-Ansatz betrachtet dabei die Einnahmenseite und gestattet dem Steuerpflichtigen die Nutzung einer steuerbegünstigenden Lizenzbox nur insoweit, wie dieser selbst qualifizierte F & E-Tätigkeiten sowie die damit einhergehenden Ausgaben erbracht hat, welche zu den betreffenden Lizenzeinkünften geführt haben. Folglich werden die Steuervorteile von Lizenzboxregelungen direkt an die Höhe bestimmter, sogenannter qualifizierter Aufwendungen für F & E geknüpft.[14]

Die Ausgaben fungieren als Hilfsmittel zur Feststellung einer substanziellen wirtschaftlichen Aktivität des Unternehmens, wobei der Anteil der direkt mit der Entwicklungstätigkeit zusammenhängenden Aufwendungen (qualifizierte Aufwendungen) an den gesamten F & E-Aufwendungen den Wertschöpfungsanteil des Steuerpflichtigen repräsentiert.[15]

Proportional dazu wird der Anteil der steuerbegünstigten Erträge an den aus dem geistigen Eigentumswert erzielten Gesamterträgen ermittelt. Der Nexus-Ansatz berücksichtigt IP-Erträge im Rahmen der Steuerbegünstigung nach einer Lizenzboxregelung insoweit, als diese dem Anteil der qualifizierten Aufwendungen an den gesamten F & E-Aufwendungen entsprechen. Sofern eine Lizenzboxregelung die Steuerbegünstigung auf den so ermittelten Anteil der relevanten Erträge beschränkt, erfüllt diese folglich das Substanzerfordernis des Nexus-Ansatzes.

Die OECD/G20-Staaten haben sich des Weiteren auf internationaler Ebene im Rahmen des BEPS-Aktionsplans dahingehend geeinigt, alle schädlichen Lizenzboxregelungen bis spätestens zum 1.7.2021 (bzw. mit Ablauf des 30.6.2021) abzuschaffen oder alternativ diese an den Nexus-Ansatz anzupassen.[16]

Bis zum gegenwärtigen Zeitpunkt sind dem bereits verschiedene Länder nachgekommen und haben ihre bisher schädlichen Präferenzregime nach den

---

14 Ebenso *Pross/Radmanesh*, IStR 2015, 579 (579 ff).

15 Ebenso *Pohl*, in: Blümich, EStG, § 4j Rn. 65 ff.

16 OECD-Abschlussbericht, Rn. 65.

Maßgaben des BEPS-Aktionspunkts 5 an den Nexus-Ansatz angepasst. Dazu gehören beispielsweise Länder wie Irland, Italien oder die Niederlande, welche über entsprechende (schädliche) Präferenzregime verfügten.[17]

Dem deutschen Gesetzgeber schien diese Übergangsfrist offenbar zu lang. Insbesondere aus den Gesetzesmaterialien der deutschen Bundesregierung lässt sich entnehmen, dass diese Übergangsfrist erhebliche Gestaltungsmöglichkeiten zur Steuervermeidung eröffnen würde.[18] Um Besteuerungsinkongruenzen vorzeitig entgegenzuwirken, ist Deutschland einen Sonderweg gegangen und hat bis zur vollständigen Abschaffung bzw. Anpassung der schädlichen Lizenzboxen eine nationale Regelung in Form der sogenannten Lizenzschranke in § 4j EStG implementiert.[19]

Allerdings ist Deutschland nicht der erste und einzige Staat, der eine solche Lizenzschrankenregelung in nationales Recht umgesetzt hat. Denn bereits im Jahr 2014 wurde in Österreich durch die Umsetzung des Abgabenänderungsgesetzes (AbgÄG 2014)[20] eine entsprechende Lizenzschrankenregelung normiert, sodass Österreich in diesem Zusammenhang eine Vorreiterrolle zuzuschreiben ist.

B. Forschungsthese

Das Instrument der Lizenzschranke in Form des § 4j EStG, welches durch die deutsche Bundesregierung mit dem Gesetz gegen schädliche Steuerpraktiken im Zusammenhang mit Rechteüberlassungen vom 27.6.2017 eingeführt wurde, stellt keine Umsetzung des BEPS-Aktionspunkts 5 dar, sondern ist vielmehr als eine Sondermaßnahme zu qualifizieren.[21]

Vor dem Hintergrund, dass in Deutschland kein Präferenzregime in Form einer Lizenzbox angeboten wird, resultiert aus dem BEPS-Aktionspunkt 5 grundsätzlich kein Handlungsbedarf zur Anpassung an den im BEPS-Aktionspunkt 5

---

17 Siehe hierzu BMF v. 19.2.2020 – IV C 2 – S 2144-g/17/10002, BStBl. I 2020, 238 (3 ff.); siehe zum BMF-Schreiben auch *Kahlenberg*, PIStB 2020, 126 (126 ff.).

18 Entwurf eines Gesetzes gegen schädliche Steuerpraktiken im Zusammenhang mit Rechteüberlassungen v. 20.2.2017, BT-Drs. 18/11233 v. 20.2.2017, 9.

19 Siehe hierzu auch *Kußmaul/Ditzler*, StB 2018, 8 (8 ff.); Die Vorschrift im Sinne des § 4j EStG wird im Allgemeinen als *Lizenzschranke* bezeichnet, siehe hierzu beispielsweise *Loose*, in: Littmann/Bitz/Pust, EStG, § 4j Rn. 2.

20 Abgabenänderungsgesetz 2014 – AbgÄG 2014, öBGBl. I Nr. 13, 2014.

21 Gesetz v. 27.6.2017 gegen schädliche Steuerpraktiken im Zusammenhang mit Rechteüberlassungen, BGBl. I 2017, 2074.

vorgegebenen Nexus-Ansatz.[22] Entgegen des BEPS-Aktionspunkts 5 betrachtet die Lizenzschranke nicht die Einnahmenseite, sondern fokussiert sich vielmehr auf die Ausgabenseite und führt unter gewissen Voraussetzungen zu einer (partiellen) Abzugsbeschränkung entsprechender Lizenzaufwendungen auf Ebene des Lizenznehmers.

Im Rahmen dessen hat der deutsche Steuergesetzgeber seinen Standpunkt in den Gesetzesmaterialien dahingehend dargelegt, dass Steuern dem Staat zustünden, in dem die der Wertschöpfung zugrundeliegende Aktivität stattfinde, und nicht dem Staat, welcher den höchsten Steuerrabatt biete.[23]

Im Ergebnis besteht das Ziel der Lizenzschranke im Sinne des § 4j EStG darin, eine angemessene Steuerwirkung der Lizenzausgaben und damit eine faire Besteuerung sicherzustellen.[24] Des Weiteren soll das Gesetz gegen schädliche Steuerpraktiken im Zusammenhang mit Rechteüberlassungen auch der Sicherung von Steuereinnahmen dienen.[25]

Demnach versucht die Bundesrepublik Deutschland dem vorgehend dargestellten sozialen regelungsbedürftigen Konflikt mit dem Lösungsansatz in Form einer Lizenzschrankenregelung entsprechend entgegenzutreten. Der deutsche Gesetzgeber sieht in § 4j EStG vor, dass Lizenzzahlungen für die Überlassung bestimmter immaterieller Wirtschaftsgüter auf Ebene des Lizenznehmers nur zum Teil oder gar vollumfänglich für steuerliche Zwecke nicht abzugsfähig sind, wenn die (korrespondierenden) Lizenzeinnahmen auf Ebene des Lizenzgebers einer von der Regelbesteuerung abweichenden, niedrigen Besteuerung von unter 25 Prozent unterliegen und der Lizenzgeber als eine dem Schuldner nahestehende Person zu qualifizieren ist.[26]

Im Zuge der Einführung der Vorschrift des § 4j EStG wurden die neuen gesetzlichen Rahmenbedingungen bereits heftig diskutiert und dabei sowohl aus

---

22 Ebenso *Nürnberg*, Beck'sches Steuer- und Bilanzrechtslexikon, Base Erosion and Profit Shifting, Rn. 12.

23 Entwurf eines Gesetzes gegen schädliche Steuerpraktiken im Zusammenhang mit Rechteüberlassungen v. 20.2.2017, BT-Drs. 18/11233 v. 20.2.2017, 1.

24 Entwurf eines Gesetzes gegen schädliche Steuerpraktiken im Zusammenhang mit Rechteüberlassungen v. 20.2.2017, BT-Drs. 18/11233 v. 20.2.2017, 9.

25 Entwurf eines Gesetzes gegen schädliche Steuerpraktiken im Zusammenhang mit Rechteüberlassungen v. 20.2.2017, BT-Drs. 18/11233 v. 20.2.2017, 10.

26 Ein Gesamtüberblick zur Vorschrift gemäß § 4j EStG liefert *Weber/Eggert*, SteurStud 2018, 460 (460 ff.).

verfassungs- und europarechtlicher als auch aus abkommensrechtlicher Sicht stark kritisiert.[27]

Vor diesem Hintergrund ist es wenig verwunderlich, dass sich demnach die folgende zentrale These ergibt:

Die deutsche Lizenzschrankenregelung im Sinne des § 4j EStG ist de lege lata nicht mit höherrangigem Recht in Form des Verfassungs- und Europarechts und im Übrigen auch nicht mit dem Abkommensrecht vereinbar.

C. Zielsetzung

Die Zielsetzung der vorliegenden Untersuchung ist dahingehend zu definieren, dass die Lizenzschrankenregelung im Sinne des § 4j EStG einer Überprüfung in Bezug auf ihre Vereinbarkeit mit höherrangigem Recht in Form des Verfassungs- und Europarechts und im Übrigen auch mit dem Abkommensrecht unterzogen wird, um im Ergebnis die vorgehend dargestellte zentrale Forschungsthese in Bezug auf deren Wahrheitsgehalt zu beurteilen.

Hiervon ausgehend ergibt sich der nachfolgend dargestellte Gang der Arbeit.

D. Gang der Untersuchung

Im Rahmen des **einleitenden Kapitels** wird zunächst ein thematischer Zugang verschafft. Des Weiteren dient das erste Kapitel auch dazu, die dieser Arbeit zugrundeliegende zentrale Forschungsthese zu formulieren.

Das **zweite Kapitel** gibt einen Überblick sowohl über den steuerpolitischen Hintergrund in Bezug auf internationale Gewinnverlagerungen mittels konzerninterner Lizenzzahlungen unter Ausnutzung von ausländischen Präferenzregimen als auch in Bezug auf die von den OECD/G20-Staaten ergriffene Maßnahme in Form des BEPS-Aktionspunkts 5. Das zweite Kapitel endet mit einer Darstellung der neben § 4j EStG bestehenden steuerlichen Grenzen für Lizenzboxgestaltungen und verschafft darüber hinaus ein Grundverständnis hinsichtlich der steuerlichen Behandlung von Lizenzgebühren in Deutschland.

27 Hierzu beispielsweise *van Lück*, IStR 2017, 388 (389 ff.); *Hagemann/Kahlenberg*, FR 2017, 1125 (1125 ff.); *Benz/Böhmer*, DB 2017, 206 (210 f.); *Schneider/Junior*, DStR 2017, 417 (424 ff.); *Ditz/Quilitzsch*, DStR 2017, 1561 (1566 ff.); *Jochimsen/Zinowsky/Schraud*, IStR 2017, 593 (599 ff.); *Schnitger*, IStR 2017, 214 (220 ff.); *Schnitger*, DB 2018, 147 (147 ff.); *Ritzer/Stangl/Karnath*, DK 2017, 68 (77 f.); *Kühbacher*, DStZ 2017, 829 (830 ff.).

Hieran anknüpfend werden im Rahmen des **dritten Kapitels** sowohl die gesetzgeberische Motivation zur Einführung der Lizenzschrankenregelung als auch die gesetzgeberischen Anknüpfungspunkte des § 4j EStG im Überblick dargestellt.

Im sich hieran anschließenden **vierten Kapitel**, welches das zentrale Kapitel der Arbeit bildet, wird die zuvor dargestellte Lizenzschrankenregelung des § 4j EStG auf ihre Vereinbarkeit mit höherrangigem Recht in Form des nationalen Verfassungsrechts, des Europarechts und im Übrigen auch mit dem Abkommensrecht untersucht.

Im Rahmen dessen wird die Lizenzschranke zunächst einer verfassungsrechtlichen Überprüfung unterzogen. Hauptbestandteil dieser Prüfung sind insbesondere die Fragen der Konformität der Lizenzschranke mit dem aus Art. 3 Abs. 1 GG abgeleiteten objektiven Nettoprinzip und dem Trennungsprinzip, der Vereinbarkeit mit der in Art. 14 Abs. 1 GG verbrieften Eigentumsgarantie vor dem Hintergrund einer möglichen Substanzbesteuerung, das Vorhandensein einer in der Lizenzschranke angelegten objektiven berufsregelnden Tendenz im Sinne des Art. 12 GG und die Untersuchung der Wahrung des Bestimmtheitsgrundsatzes als Ausfluss des verfassungsrechtlich anerkannten Rechtsstaatsprinzips nach § 20 Abs. 3 GG.

Hieran schließt sich im Weiteren eine europarechtliche Würdigung der Lizenzschrankenregelung im Sinne des § 4j EStG an. Nach der Untersuchung der Lizenzschranke in Bezug auf ihre Vereinbarkeit im Verhältnis zu den europarechtlich verankerten Grundfreiheiten sowie hinsichtlich des europäischen Beihilfeverbots wird abschließend die Frage beantwortet, ob die Regelung im Sinne des § 4j EStG mit der Zins- und Lizenzgebühren-Richtlinie sowie der Anti-Tax-Avoidance-Directive vereinbar ist.

Abschließend folgt im Rahmen des vierten Kapitels eine Überprüfung der Lizenzschrankenregelung hinsichtlich ihrer Konformität in Bezug auf das Abkommensrecht, im Rahmen dessen das OECD-MA zugrunde gelegt wird.

In dem darauffolgenden **fünften Kapitel** erfolgt ein Blick ins Ausland, wobei die österreichische Lizenzschrankenregelung gemäß § 12 Abs. 1 Z 10 öKStG sowohl im Überblick dargestellt als auch in Bezug auf die mit der deutschen Lizenzschrankenregelung einhergehenden Problematiken näher betrachtet wird. Dieses Grundverständnis in Bezug auf die österreichische Lizenzschranke bildet dabei den notwendigen Ausgangspunkt für eine mögliche Ableitung von Reformüberlegungen für den nationalen Steuergesetzgeber.

Die Arbeit endet mit dem **sechsten Kapitel**, welches sowohl mit der Zusammenfassung der Ergebnisse als auch mit einem Fazit samt Ausblick beschlossen wird.

Kapitel II: Steuerpolitischer Hintergrund und Ausgangssituation

Nachdem im Rahmen des ersten Kapitels sowohl ein thematischer Zugang verschafft wurde als auch die der Untersuchung zugrundeliegende Forschungsthese formuliert wurde, schließt sich hieran nun das zweite Kapitel der Arbeit an, im Rahmen dessen notwendige Grundlagen für das weitere Verständnis der Untersuchung illustriert werden.

Nachfolgend wird neben dem steuerpolitischen Hintergrund in Bezug auf internationale Gewinnverlagerungen mittels konzerninterner Lizenzzahlungen unter Ausnutzung von ausländischen Lizenzboxregelungen bzw. Präferenzregimen sowohl die von den OECD/G20-Staaten ergriffene Maßnahme in Form des BEPS-Aktionspunkts 5 sowie die steuerliche Behandlung von Lizenzgebühren in Deutschland als auch die neben § 4j EStG bereits bestehenden steuerlichen Grenzen für Lizenzboxgestaltungen im Überblick dargestellt.

A. Lizenzboxen und Anreize zur Steuervermeidung

I. Begriff der Lizenzbox

Bei einer Lizenzbox[28] handelt es sich grundsätzlich um eine (präferenzielle) Sondersteuerregelung eines Staates, welche neben dem regulären Besteuerungssystem besteht.[29]

---

28 Die diversen Bezeichnungen *Lizenzbox*, *IP-Box* oder *Innovationsbox* weisen grundsätzlich nicht auf unterschiedliche Konzepte hin, sondern vielmehr auf die Bedeutung bestimmter Details bei der Ausgestaltung dieser Präferenzregelungen. Im Schrifttum findet keine strenge Differenzierung zwischen den einzelnen Begriffen statt. Aus Vereinfachungsgründen wird in dieser Untersuchung im Folgenden der Begriff *Lizenzbox* verwendet.

29 Die beihilferechtliche Einstufung von Präferenzregimen in Form von Lizenzboxen wird im Rahmen der Untersuchung nicht näher thematisiert. Es ist jedoch nicht auszuschließen, dass solche Präferenzregime als notifizierungspflichtige Beihilfen zu qualifizieren sein können. Die Einzelheiten, wie beispielsweise die Selektivität solcher Präferenzregime, sind derzeit noch offen; für unterschiedliche Ansätze siehe hierzu beispielsweise *Ismer/Petrowski*, IStR 2015, 257 (257 ff.) (für eine *De-jure-Selektivität*) und *Thiede*, IStR 2016, 283 (283 ff.) (für eine *De-facto*-Selektivität).

Sinn und Zweck einer solchen (präferenziellen) Sondersteuerregelung soll dabei die Förderung von Innovation und des damit einhergehenden Wirtschaftswachstums durch zunehmenden Ausbau bzw. vermehrte Ansiedlung forschungs- und entwicklungsintensiver Tätigkeiten sein.[30]

In Abgrenzung zu direkten Subventionen bzw. Projektförderungen, wie beispielsweise staatliche Zuschüsse, sind die Lizenzboxen dabei der steuerlichen F & E-Förderung zuzuordnen, wobei es wiederum zwischen input- und outputbasierter Förderung zu unterscheiden gilt.[31]

Während Erstgenannte, zum Beispiel der die tatsächlichen Aufwendungen übersteigende Betriebsausgaben- bzw. Werbungskostenabzug, am Ressourceneinsatz anknüpfen und somit erfolgsunabhängig sind, begünstigen outputbasierte Fördermaßnahmen, denen die Lizenzboxen angehören, nur erfolgreiche F & E-Aktivitäten.[32]

Demnach leisten Lizenzboxen grundsätzlich keinen Beitrag zur Übernahme des typischerweise mit F & E-Tätigkeiten einhergehenden besonders hohen Verlustrisikos, sondern greifen grundsätzlich erst nach dessen Überwindung.[33]

Je nach politischer Zielsetzung ist die konkrete Ausgestaltung dabei durchaus divergierend. Allerdings lassen sich im Rahmen dessen grundsätzlich verschiedene Ausgestaltungsmerkmale festmachen.[34]

Während der persönliche Anwendungsbereich der Lizenzboxen in der Regel inlandsansässige Körperschaften sowie im Inland belegene Betriebsstätten ausländischer Körperschaften sowie zum Teil darüber hinaus auch andere Gesellschaftsformen und natürliche Personen umfasst, ist hinsichtlich der Frage, welche Arten von immateriellen Wirtschaftsgütern begünstigt werden sollen, genau zu unterscheiden.[35]

---

30 *Fehling/Schmid*, IStR 2015, 493 (494 f.); *Schlie/Spengel/Malke*, IStR 2015, 570 (570); *Pross/Radmanesh*, IStR 2015, 579 (579 ff.); *Thiede*, IStR 2016, 283 (283 ff.); *Creed*, GRUR-Prax 2014, 346 (346).

31 *Schlie/Spengel/Malke*, IStR 2015, 570 (571); *Pross/Radmanesh*, IStR 2015, 579 (579 f.); *Thiede*, IStR 2016, 283 (283 ff.).

32 *Schlie/Spengel/Malke*, IStR 2015, 570 (573); *Pross/Radmanesh*, IStR 2015, 579 (580).

33 *Pross/Radmanesh*, IStR 2015, 579 (580).

34 *Fehling/Schmid*, IStR 2015, 493 (494); *Monteith*, StuB 2014, 883 (885); *Pross/Radmanesh*, IStR 2015, 579 (580 f.); *Thiede*, IStR 2016, 283 (284).

35 *Pross/Radmanesh*, IStR 2015, 579 (581); *Thiede*, IStR 2016, 283 (284); siehe hierzu beispielsweise auch BMF v. 19.2.2020 – IV C 2 – S 2144-g/17/10002, BStBl. I 2020, 238 (3 ff.).

Während Lizenzboxen in einigen Jurisdiktionen lediglich Patente und ähnlich geschützte Rechte einschließen, werden anderswo beispielsweise auch Know-how und Marken erfasst.[36]

Weitere Unterschiede können sich aber auch bei der Ermittlung der entsprechenden Bemessungsgrundlage ergeben.[37] So könnte die Vorzugsbesteuerung zum Beispiel auf Lizenzerträge sowie auf Erträge aus der Veräußerung des immateriellen Vermögenswertes begrenzt sein oder darüber hinaus auch anteilige Einnahmen aus dem Verkauf von Produkten bzw. Dienstleistungen, welchen die immateriellen Vermögenswerte zugrunde liegen, umfassen.[38]

In diesem Zusammenhang ist damit freilich auch die Berücksichtigung der zugehörigen Aufwendungen zu betrachten, deren Abzug beispielsweise auf die entsprechenden IP-Erträge beschränkt sein könnte.[39] Ferner wäre eine Begrenzung der Höhe nach denkbar, sodass die Entstehung negativer IP-Einkünfte ausgeschlossen sein kann.[40] Sofern IP-Verluste jedoch entstehen dürfen, wäre eine entsprechende Einschränkung zur Verrechnung dieser mit anderen Einkünften vorstellbar. Dabei stellt sich hinsichtlich des Eintritts in die Lizenzbox auch die Frage nach der Behandlung historischer F & E-Aufwendungen, für welche unter Umständen eine Wiedereinbringung vorgesehen sein kann.

Insbesondere die Vorschriften in Bezug auf das Vorliegen einer wesentlichen Geschäftstätigkeit bzw. Substanz, folglich inwieweit die F & E-Aufwendungen des betreffenden immateriellen Wirtschaftsguts auf entsprechende eigene Tätigkeiten des Steuerpflichtigen im jeweiligen Staat zurückgehen müssen, können ausgesprochen unterschiedlich ausgestaltet sein.[41]

Dies beeinflusst die Wirksamkeit der Lizenzbox hinsichtlich der Erfassung tatsächlicher von Steuerpflichtigen im entsprechenden Staat durchgeführter F & E-Tätigkeiten bzw. lediglich substanzloser Buchgewinne zweifelsohne maßgeblich.[42]

Zuletzt kann sich auch die Art der steuerlichen Begünstigung unterscheiden, indem beispielsweise entweder ein reduzierter Steuersatz auf die IP-Einkünfte zur Anwendung gelangt oder die entsprechenden IP-Einkünfte partiell oder

---

36 *Monteith*, StuB 2014, 883 (883 ff.); *Pross/Radmanesh*, IStR 2015, 579 (581); *Thiede*, IStR 2016, 283 (284).

37 *Pross/Radmanesh*, IStR 2015, 579 (581 f.); *Thiede*, IStR 2016, (283) 284.

38 *Pross/Radmanesh*, IStR 2015, 579 (581 f.); *Thiede*, IStR 2016, (283) 284.

39 *Pross/Radmanesh*, IStR 2015, 579 (581 f.); *Thiede*, IStR 2016, (283) 284.

40 *Thiede*, IStR 2016, 283 (284).

41 *Pross/Radmanesh*, IStR 2015, 579 (581 f.); *Thiede*, IStR 2016, (283) 284.

42 *Fehling/Schmid*, IStR 2015, 493 (495); *Pross/Radmanesh*, IStR 2015, 579 (580 ff.).

gar vollumfänglich von der steuerlichen Bemessungsgrundlage ausgenommen werden.

II. Anreize zur Steuervermeidung im Kontext von Rechteüberlassungen

Aufgrund der überaus großen Bedeutung von Innovationen für die Wirtschaft eines Staates werden Tätigkeiten in Bezug auf Forschung und Entwicklung rund um die Welt besonders gefördert und begünstigt.

Ein prominentes Beispiel für eine derartige Fördermöglichkeit stellen die vorgehend beschriebenen Lizenzboxen dar. Bei solchen Lizenzboxen handelt es sich – wie bereits vorgehend erläutert – um indirekte und outputbasierte staatliche Förderungen (sogenannte *back-end tax regimes*), welche Erträge aus der Überlassung immaterieller Vermögenswerte für steuerliche Zwecke begünstigen.

Solche Lizenzboxen kennzeichnen sich im Wesentlichen dadurch, dass Einkünfte aus der Überlassung von Rechten zur Nutzung immaterieller Vermögenswerte niedriger besteuert werden als andere Einkünfte, welche der Regelbesteuerung im selben Staat zu unterwerfen sind.[43]

Zahlreiche wissenschaftliche Untersuchungen haben sich zur Aufgabe gemacht, die Auswirkungen auf F & E-Tätigkeiten in einem Staat durch ausländische Investoren zu untersuchen. Im Rahmen dessen wurde die Erkenntnis zutage gefördert, dass mehrfach eine negative Korrelation zwischen dem (effektiven) Unternehmenssteuersatz im Besteuerungsland sowie der Anzahl der immateriellen Vermögensgegenstände[44], welche ein Konzern dort hält, besteht.[45]

---

43 Betreffend der Einordnung von Fördermaßnahmen siehe *Haase/Nürnberg*, FR 2017, 1 (3); *Schlie/Spengel/Malke*, IStR 2015, 570 (570); *Pross/Radmanesh*, IStR 2015, 579 (579); siehe hierzu auch BMF v. 19.2.2020 – IV C 2 – S 2144-g/17/10002, BStBl. I 2020, 238 (3 ff.).

44 Konkret: von Patenten.

45 Siehe hierzu auch exemplarisch die Ergebnisse von *Karkinsky/Riedel, JoPE* 2012, 176 (176 ff.), die zeigen, dass multinationale Konzerne ihre Unternehmenspatente strategisch in Niedrigsteuerstandorte verschieben; in diesem Zusammenhang auch *Böhm/Karkinsky/Knoll/Riedel*, CESifo Area Conference 2015, die untersuchen und bestätigen, dass die geografische Verbreitung von Patenten mit dem jeweiligen nationalen Steuersystem hinsichtlich dieses immateriellen Wirtschaftsguts zusammenhängt und zeigen, dass Staaten, die keine attraktiven Steuersätze für immaterielle Vermögensgegenstände anbieten, deutlich an Steuersubstrat gegenüber Niedrigsteuerländern bzw. Präferenzregimen verlieren. Siehe hierzu auch *Griffith/Miller/O'Conell*, JoPE 2014, 12 (12 ff.), die nachweisen, dass ein enger Zusammenhang zwischen der Anzahl der Patente und der Unternehmensbesteuerung besteht.

In diesem Zusammenhang zeigen beispielsweise *Dischinger/Riedel*[46], dass multinationale Konzerne ihre aus der Nutzung von immateriellen Vermögensgegenständen generierten Einkünfte regelmäßig in ausländische Konzerngesellschaften verlagern, welche für steuerliche Zwecke in einem Niedrigsteuerland ansässig sind, um einen entsprechenden Steuervorteil zu erzielen.[47]

Da solche Steuervergünstigungen für Einkünfte aus Rechteüberlassungen nach wie vor etwa von der Europäischen Kommission als geeignetes Förderinstrumentarium empfohlen werden, ist es wenig verwunderlich, dass sich diese in vielen Staaten als gelebte Praxis durchgesetzt haben.[48]

Um die Ansiedlung neuer Investoren im europäischen Raum interessanter und attraktiver zu gestalten, ergingen seitens der Europäischen Union mehrere Maßnahmen.[49] Hierzu zählt unter anderem die Zins- und Lizenzgebühren-Richtlinie[50], wenngleich das Ziel dieser Richtlinie in der Vermeidung von Doppelbesteuerungen zu definieren ist. Seit deren Umsetzung werden bei Vorliegen gewisser Voraussetzungen Quellensteuern auf Zahlungen von Zinsen und Lizenzgebühren zwischen innereuropäisch verbundenen Unternehmen nicht mehr erhoben.

---

46 Siehe hierzu *Dischinger/Riedel*, JoPE 2011, 691 (691 f.), die zeigen, dass je niedriger der Körperschaftsteuersatz einer Tochtergesellschaft im Verhältnis zu den Steuersätzen anderer verbundener Unternehmen im Konzern ist, desto höher die Investitionen in immaterielle Vermögenswerte in demjenigen Staat, in dem das Tochterunternehmen ansässig ist, ausfallen.

47 Siehe hierzu ebenso *Grubert*, NTJ 2003, 221 (221 ff.), der den Zusammenhang zwischen Erträgen aus immateriellen Vermögenswerten und der Standortwahl für die Besteuerung von Gewinnen bei multinationalen Unternehmen untersucht und dabei nachweist, dass die Besteuerung von immateriellen Vermögenswerten eine grundlegende Rolle bei der Standortentscheidung spielt.

48 Siehe zur geografischen Verbreitung von IP-Präferenzsystemen (insbesondere im europäischen Raum) *Fehling/Schmid*, IStR 2015, 493 (494 f.).

49 Siehe hierzu exemplarisch die Mitteilung des Europäischen Rats v. 23.3.2000 und 24.3.2000 hinsichtlich der sogenannten *Lissabon-Strategie* (abrufbar unter: http://www.europarl.europa.eu/summits/lis1_de.htm; zuletzt abgerufen am 30.6.2021).

50 Richtlinie 2003/49/EG des Rates v. 3.6.2003 über eine gemeinsame Steuerregelung für Zahlungen von Zinsen und Lizenzgebühren zwischen verbundenen Unternehmen verschiedener Mitgliedstaaten, ABl. 2003 Nr. L 157, 49 (im Folgenden auch: *Zins- und Lizenzgebühren-Richtlinie*).

Im Ergebnis hat dies einen quellensteuerfreien Fluss innerhalb des europäischen Binnenmarkts zur Folge, was allerdings auf der anderen Seite zugleich schädliche Gewinnverlagerungspraktiken befeuert.[51]

Jene werden unter anderem durch die fehlende physische Substanz der immateriellen Vermögenswerte verstärkt, welche sich relativ unkompliziert auf einen neuen Rechtsträger und/oder in eine andere (vorteilhaftere) Jurisdiktion übertragen lassen.[52]

Darüber hinaus gelten immaterielle Vermögenswerte innerhalb multinationaler Unternehmen als höchst intransparent und tragen aufgrund der erschwerten Nachvollziehbarkeit erheblich zur Verbreitung unterschiedlicher Steuervermeidungspraktiken bei.

Zwar liegt den Lizenzboxen grundsätzlich ein einheitliches Konzept zugrunde, trotzdem resultieren Unterschiede in Bezug auf die Ausgestaltung der einzelnen Präferenzregime.[53]

Offensichtlich begünstigen die unterschiedlichen Ausgestaltungsarten der Lizenzboxen grenzüberschreitende Gewinnverlagerungen und geben damit Anlass – etwa seitens der OECD und der Europäischen Kommission – sich mit der Einführung einheitlicher Anforderungen auf internationaler Ebene auseinanderzusetzen, worauf im nachfolgenden Abschnitt weiter eingegangen wird.

B. Bekämpfung von Steuervermeidung im Kontext von Rechteüberlassungen

I. BEPS-Aktionspunkt 5

Der Aktionsplan der OECD/G20-Staaten zur Bekämpfung missbräuchlicher Gewinnverlagerungen und Gewinnverkürzungen setzt sich, ausgehend von der eingangs erläuterten Problemstellung, insbesondere zum Ziel, die Besteuerung am Ort der Wertschöpfung und der den Gewinnen zugrundeliegenden wirtschaftlichen Tätigkeiten zu gewährleisten.[54]

---

51 Zu diesen unerwünschten Nebenwirkungen siehe beispielsweise *Becker*, IStR 2014, 704 (706); *Fehling/Schmid*, IStR 2015, 493 (494).

52 *Evers*, Dissertation 2015, 7 f.

53 Hierzu ausführlicher Kapitel II. A. I. zum *Begriff der Lizenzbox*.

54 OECD-Abschlussbericht, Rn. 24.

Der OECD-Abschlussbericht zu BEPS-Aktionspunkt 5 – *wirksamere Bekämpfung schädlicher Steuerpraktiken unter Berücksichtigung von Transparenz und Substanz* – beschäftigt sich dabei unter anderem mit der Eindämmung des Gewinnverlagerungspotenzials aufgrund von präferenziellen Regelungen, vor allem im Bereich der Einkünfte aus geistigen Eigentumswerten.[55]

Schon im Jahr 1998 erkannte die OECD im Zuge ihres Berichts *Harmful Tax Competition: An Emerging Global Issue* die Gewinnverlagerungsgefahr aufgrund schädlicher Sondersteuerregelungen. Mit Veröffentlichung dieses Berichts wurde das *Forum of Harmful Tax Practice*[56] zur Intensivierung der Arbeiten gegen solche Regelungen gegründet.[57]

So wurde das FHTP auch im Rahmen des BEPS-Projekts zu BEPS-Aktionspunkt 5 beauftragt, das Vorliegen einer wesentlichen Geschäftstätigkeit als Voraussetzung zur Inanspruchnahme von Lizenzboxregelungen umfassender auszuarbeiten und in diesem Zusammenhang bestehende Sondersteuerregelungen dahingehend zu überprüfen, um die bloße Verlagerung der schädlichen Steuerpraktiken in diese zu unterbinden.[58]

Dieses Substanzerfordernis soll gewährleisten, dass die steuerlichen Vorzüge, welche im Rahmen der Lizenzboxen gewährt werden, nur in dem Maße in Anspruch genommen werden können, in dem die IP-Einkünfte auf tatsächliche F & E-Tätigkeiten im jeweils entsprechenden Staat beruhen.

Damit soll zum einen sichergestellt werden, dass die Lizenzboxen ihrem eigentlichen Sinn und Zweck entsprechen, nämlich den Ausbau von Unternehmensaktivitäten im Bereich der F & E zu fördern, und andererseits in Zeiten des globalen *race-to-the-bottom* geeignete Rahmenbedingungen für einen gerechten und autonomen Steuerwettbewerb zu schaffen.

---

55 Siehe hierzu die Zusammenfassung auf Seite 9 des OECD-Abschlussberichts. Des Weiteren widmet sich der OECD-Abschlussbericht auch der Erhöhung der Transparenz hinsichtlich steuerlicher Vorabzusagen durch einen verpflichtenden spontanen Informationsaustausch, worauf im Rahmen der vorliegenden Untersuchung jedoch nicht weiter eingegangen wird.

56 Im Folgenden auch: *FHTP*.

57 Siehe hierzu die Zusammenfassung auf Seite 9 des OECD-Abschlussberichts; *Wittrock/Hop*, in: Kraft/Striegel, WCLF Tax und IP Gesprächsband 2016, 195 (214).

58 OECD-Abschlussbericht, Rn. 25; ausführlich zur „*Untersuchung der vier Schlüsselfaktoren sowie der acht weiteren Faktoren, die der Bericht von 1998 als Kriterien nennt, um zu bestimmen, ob eine präferenzielle Regelung potentiell schädlich ist*", siehe hierzu OECD-Abschlussbericht, Rn. 14 ff.

Im Rahmen dessen konnte der Nexus-Ansatz am meisten Zustimmung erhalten,[59] welcher nachfolgend im Überblick dargestellt wird.

II. Nexus-Ansatz

Um dem Erfordernis der wesentlichen Geschäftstätigkeit zu entsprechen, verlangt der Nexus-Ansatz eine Abhängigkeit der Vorzugsbesteuerung von tatsächlich durch den begünstigten Steuerpflichtigen im jeweiligen Staat durchgeführten F & E-Tätigkeiten.[60]

Demnach sollen also nur solche Lizenzboxregelungen das Substanzerfordernis erfüllen, welche dem Grundgedanken des Nexus-Ansatzes folgend eine Verknüpfung zwischen den für die F & E-Tätigkeiten angefallenen Ausgaben sowie dem zugehörigen geistigen Eigentumswert und den daraus resultierenden Einkünften herstellen, sodass die nach der jeweiligen Lizenzboxregelung ermittelten begünstigten Einkünfte höchstens dem unter Anwendung des Nexus-Ansatzes errechneten Betrag entsprechen dürfen.[61]

Der Nexus-Ansatz bedient sich zur Feststellung der wesentlichen Geschäftstätigkeit und davon ausgehend zur Ermittlung der steuerbegünstigten Einkünfte somit als Hilfsgröße der F & E-Ausgaben, wobei dies die Anwendung auf ertragsseitigen Begünstigungen, wie sie die Lizenzboxen darstellen, nicht ausschließen soll.[62]

1. Nexus-Verhältnis

Welcher Anteil der Einkünfte des qualifizierten Steuerpflichtigen von der Lizenzboxregelung nach den Vorgaben des Nexus-Ansatzes begünstigt werden darf, ergibt sich aus einer Verhältnisrechnung.[63]

Im Rahmen dessen ist zunächst der Quotient zwischen den qualifizierten Ausgaben für die Entwicklung des geistigen Eigentums und der Gesamtausgaben für die Entwicklung des geistigen Eigentums zu ermitteln. Dieser Quotient wird auch als *Nexus-Verhältnis* bezeichnet.[64]

59 *Becker*, IStR 2014, 704 (706); *Pross/Radmanesh*, IStR 2015, 579 (582); OECD-Abschlussbericht, Rn. 27.

60 OECD-Abschlussbericht, Rn. 28 f.

61 *Pross/Radmanesh*, IStR 2015, 579 (582 f.); OECD-Abschlussbericht, Rn. 28 f., 32 und 55.

62 *Becker*, IStR 2014, 704 (706 f.); *Pross/Radmanesh*, IStR 2015, 579 (582 f.); OECD-Abschlussbericht, Rn. 28 f.

63 Siehe hierzu OECD-Abschlussbericht, Rn. 30 und 31.

64 OECD-Abschlussbericht, Rn. 31.

Die Formel für die Berechnung der begünstigten Einkünfte lautet dabei wie folgt:

$$\frac{\textbf{qualifizierte Ausgaben} \text{ (für die Entwicklung des geistigen Eigentumswerts)}}{\textbf{Gesamtausgaben} \text{ (für die Entwicklung des geistigen Eigentumswerts)}} \times \textbf{Gesamteinkünfte} \text{ (resultierend aus dem geistigen Eigentumswert)} = \textbf{steuerbegünstigte Einkünfte}$$

Abbildung 1: *Formel zur Berechnung der steuerbegünstigten Einkünfte nach dem im BEPS-Aktionspunkt 5 verankerten Nexus-Ansatz*

2. *Qualifizierte Steuerpflichtige*

Der OECD-Abschlussbericht bestimmt, wer zur Gruppe der qualifizierten Steuerpflichtigen zählt und somit zukünftig Lizenzboxen in Anspruch nehmen darf.

Als qualifizierte Steuerpflichtige werden ausweislich des OECD-Abschlussberichts „*gebietsansässige Unternehmen, inländische Betriebstätten ausländischer Unternehmen sowie ausländische Betriebstätten gebietsansässiger Unternehmen, die in dem die Steuervergünstigung gewährenden Staat steuerpflichtig sind*“[65] genannt.

Hinsichtlich der Anknüpfungspunkte für die Begründung einer Steuerpflicht wird dabei mangels näherer Ausführungen und internationaler Harmonisierung auf die jeweilig einschlägigen nationalen Vorschriften abzustellen sein.[66]

3. *Qualifizierte immaterielle Wirtschaftsgüter*

Immaterielle Wirtschaftsgüter, welche für Lizenzboxgestaltungen zur Anwendung kommen, stellen nicht per se begünstigungsfähige Gegenstände geistigen Eigentums (qualifizierte immaterielle Wirtschaftsgüter) im Sinne des Nexus-Ansatzes dar.

---

65 OECD-Abschlussbericht, Rn. 33; *Becker*, IStR 2014, 704 (707).

66 *Becker*, IStR 2014, 704 (707).

Sofern bestimmte Gegenstände geistigen Eigentums nicht durch die im Nexus-Ansatz enthaltene Definition der qualifizierten immateriellen Wirtschaftsgüter erfasst werden, sind diese nicht durch Lizenzboxregelungen begünstigungsfähig. Dies gilt grundsätzlich auch, wenn diesen eine dem Nexus-Verhältnis entsprechende wesentliche Geschäftstätigkeit zugrunde liegt.

Vor diesem Hintergrund ist zwischen begünstigungsfähigen Gegenständen geistigen Eigentums (qualifizierte immaterielle Wirtschaftsgüter) und nicht begünstigungsfähigen Gegenständen geistigen Eigentums (nicht qualifizierende immaterielle Wirtschaftsgüter) zu unterscheiden.

a) Begünstigungsfähige Gegenstände geistigen Eigentums

aa) Definition nach dem Nexus-Ansatz

Der im OECD-Abschlussbericht enthaltene Nexus-Ansatz erfasst sowohl Patente als auch andere geistige Eigentumswerte, welche Patenten funktionell entsprechen.[67]

Um die geistigen Eigentumswerte, welche Patenten funktionell entsprechen, bestimmen zu können, stellt der OECD-Abschlussbericht zwei Voraussetzungen auf. Um diese Erfordernisse zu erfüllen, müssen geistige Eigentumswerte sowohl rechtlichen Schutz genießen als auch einem dem Patentrecht ähnlichen Genehmigungs- und Registrierungsverfahren unterliegen, sofern diese Genehmigungs- und Registrierungsverfahren relevant sind.[68]

Dabei wird unter rechtlichem Schutz „*Exklusivrechte zur Nutzung des geistigen Eigentumswerts, Rechtsmittel gegen Rechtsverletzungen, rechtliche Bestimmungen zum Schutz von Handelsgeheimnissen sowie vertrags- und strafrechtlichen Schutz vor Nutzung des betreffenden geistigen Eigentumswerts […]*“[69] verstanden.

Des Weiteren werden einige immaterielle Wirtschaftsgüter unmittelbar durch die Nennung im OECD-Abschlussbericht als qualifizierte immaterielle Wirtschaftsgüter erfasst, sodass keine Prüfung dahingehend erforderlich ist, ob diese immateriellen Wirtschaftsgüter Patenten funktionell gleichgestellt sind.

Hierbei benennt der OECD-Abschlussbericht die nachfolgend dargestellten drei Kategorien immaterieller Wirtschaftsgüter, welche Patenten funktionell gleichzusetzen sind.

---

67 OECD-Abschlussbericht, Rn. 34.

68 OECD-Abschlussbericht, Rn. 34.

69 Siehe hierzu OECD-Abschlussbericht, Rn. 34 (Fn. 5).

bb) Patente im weiteren Sinne

Ausweislich des OECD-Abschlussberichts werden von der ersten Kategorie funktionell gleichwertiger Gegenstände geistigen Eigentums nicht nur Patente im engeren wörtlichen Sinne erfasst, welche den Anforderungen des Nexus-Ansatzes genügen, sondern insbesondere auch „*Gebrauchsmuster, geistiges Eigentum an Pflanzen und genetischem Material, Ausweisungen für seltene Leiden (Orphan-Arzneimittel) sowie Patentschutzverlängerungen*“[70].

cc) Urheberrechtlich geschützte Software

Von der zweiten Kategorie funktionell gleichwertiger Gegenstände geistigen Eigentums wird die urheberrechtlich geschützte Software erfasst.[71]

Hingegen sind andere urheberrechtlich geschützte Vermögenswerte nicht in der Definition funktionell gleichwertiger Gegenstände geistigen Eigentums enthalten.

Demnach versagt der Nexus-Ansatz eine Begünstigung für Urheberrechte, welche nicht softwarebezogen sind, da diese nicht im selben Maße aus F & E-Aktivitäten hervorgehen.[72]

dd) Sonstige Gegenstände geistigen Eigentums

Der OECD-Abschlussbericht schreibt vor, dass immaterielle Wirtschaftsgüter, welche nicht unter die ersten beiden Kategorien fallen, jedoch gemeinsame Merkmale[73] mit Patenten aufweisen oder den immateriellen Wirtschaftsgütern der anderen Kategorien entsprechen, ebenfalls vom Nexus-Ansatz erfasst sind.

Im Rahmen dessen ist allerdings vorausgesetzt, dass eine von der Steuerverwaltung unabhängige staatliche Stelle dies in einem transparenten Zertifizierungsverfahren anerkannt hat.[74]

Die Vergünstigung aus der dritten Kategorie kann außerdem nur von Unternehmen in Anspruch genommen werden, deren konzernweiter Umsatz[75] EUR 50 Mio. und deren eigene Bruttoerlöse aus immateriellen Wirtschaftsgütern

---

70 OECD-Abschlussbericht, Rn. 35.

71 OECD-Abschlussbericht, Rn. 36.

72 OECD-Abschlussbericht, Rn. 36.

73 *D.h. nützlich, neuartig und nach dem gegenwärtigen Erkenntnisstand nicht naheliegend*, siehe hierzu OECD-Abschlussbericht, Rn. 37.

74 OECD-Abschlussbericht, Rn. 37.

75 Sofern kein Konzern vorliegt, ist die Grenze entsprechend auf Ebene des einzelnen Steuerpflichtigen zu prüfen, siehe hierzu OECD-Abschlussbericht, Rn. 37 (Fn. 7).

EUR 7,5 Mio. innerhalb eines jährlich zu aktualisierenden fünfjährigen Durchschnitts nicht übersteigen,[76]

Die Aufnahme dieser Art immaterieller Wirtschaftsgüter in die jeweiligen Lizenzboxregelungen bringt dabei umfassende Informationspflichten seitens der Staaten gegenüber dem FHTP mit sich, was zweifelsfrei der Gestaltungsanfälligkeit dieser geschuldet ist.[77]

b) Nicht begünstigungsfähige Gegenstände geistigen Eigentums

Des Weiteren können marketingbezogene geistige Eigentumswerte wie beispielsweise Marken und Vertriebsrechte, deren zugehörige Unternehmensaktivitäten nicht eindeutig von anderen zu separieren sind, aufgrund der fehlenden Möglichkeit der Herstellung einer eindeutigen eingangs erläuterten Verknüpfung in keinem Fall begünstigungsfähig sein.[78]

4. Qualifizierte Ausgaben

Die konkrete Definition der qualifizierten Ausgaben, welche den Beitrag des qualifizierten Steuerpflichtigen zur F & E des jeweiligen geistigen Eigentumswerts darstellen, ist den Staaten selbst überlassen.

Dabei ist jedoch zu gewährleisten, dass diese auf eigene vom qualifizierten Steuerpflichtigen durchgeführte F & E-Aktivitäten zurückgehen, bei diesem entstanden sind und direkt mit dem geistigen Eigentumswert in Verbindung stehen.[79]

Zur Frage, welche Ausgaben von den Staaten in ihrer Definition berücksichtigt werden dürfen, ist im OECD-Abschlussbericht vorgeschrieben, dass jegliche Arten von Ausgaben erfasst werden können, welche von Staaten mit inputorientierten Förderungsmodellen, die Steuergutschriften auf F & E-Tätigkeiten vorsehen, bereits gewährt wurden.[80]

---

76 OECD-Abschlussbericht, Rn. 37.

77 OECD-Abschlussbericht, Rn. 37.

78 *Becker*, IStR 2014, 704 (707); *Pross/Radmanesh*, IStR 2015, 579 (583); OECD-Abschlussbericht, Rn. 38. Zum direkten Zusammenhang bestimmter Ausgaben mit dem geistigen Eigentumswert siehe OECD-Abschlussbericht, Rn. 39 (Fn. 10 und 11). Ausgaben für allgemeine und spekulative F & E sollen dabei unter Umständen auf mehrere geistige Eigentumswerte aufgeteilt werden können, siehe hierzu OECD-Abschlussbericht, Rn. 39 und 61.

79 OECD-Abschlussbericht, Rn. 39.

80 OECD-Abschlussbericht, Rn. 39.

Als mögliche qualifizierte Ausgaben werden im OECD-Abschlussbericht solche Ausgaben genannt, die direkt im Zusammenhang mit F & E-Einrichtungen stehen.

Beispielsweise werden „*Lohn- und Gehaltszahlungen, Direktkosten, Gemeinkosten und Kosten für Lieferungen [umfasst], solange diese Kosten auf Tätigkeiten zurückgehen, die durchgeführt wurden, um das Verständnis von wissenschaftlichen Zusammenhängen oder Technologien zu verbessern, bekannte wissenschaftliche oder technologische Hindernisse zu überwinden oder den Kenntnisstand anderweitig zu erweitern oder neue Anwendungen zu entwickeln*“[81].

Explizit ausgeschlossen werden hingegen Zinszahlungen, Baukosten, Anschaffungskosten sowie sonstige Kosten, sofern kein unmittelbarer Zusammenhang mit einem spezifischen immateriellen Wirtschaftsgut hergestellt werden kann.[82]

a) Auftragsforschung

Im Grundsatz sieht der Nexus-Ansatz vor, dass sämtliche qualifizierte Ausgaben auf Ebene des qualifizierten Steuerpflichtigen selbst angefallen sein müssen und diese dabei direkt mit dem betreffenden geistigen Eigentumswert in Verbindung stehen.[83]

Die von fremden Dritten durchgeführte Auftragsforschung stellt hingegen eine Ausnahme des vorgenannten Grundsatzes dar. Denn die Ausgaben für solche durch fremde Dritte durchgeführte Auftragsforschungen werden ausweislich des OECD-Abschlussberichts als qualifizierte Ausgaben im Sinne des Nexus-Ansatzes gewertet. Dies erfolgt ungeachtet dessen, ob die entsprechenden Ausgaben im Lizenzboxstaat oder einem anderen Staat angefallen sind.[84]

Auftragsforschung, die von nahestehenden Unternehmen ausgeführt wurde, fällt hingegen nicht unter den Nexus-Ansatz und kann unabhängig davon, ob diese im Lizenzboxstaat oder in einem anderen Staat ausgeführt wurde, nicht zu den qualifizierten Ausgaben gezählt werden.[85]

---

81 OECD-Abschlussbericht, Rn. 39 (Fn. 10).

82 *Becker*, IStR 2014, 704 (707); OECD-Abschlussbericht, Rn. 39; siehe auch OECD-Abschlussbericht, Rn. 39 (Fn. 11).

83 OECD-Abschlussbericht, Rn. 39 und 49.

84 OECD-Abschlussbericht, Rn. 39 und 49.

85 OECD-Abschlussbericht, Rn. 49.

Nicht-EU-Staaten soll es entgegen diesen Einschränkungen jedoch offenstehen, auch Ausgaben für Auftragsforschung durch gebietsansässige nahestehende Dritte in die qualifizierten Ausgaben mit aufzunehmen.[86]

Der Hintergrund dieses restriktiven Ansatzes für EU-Staaten liegt dabei in der Rechtsprechung des EuGH in den Rs. *Laboratoires Fournier* und *Baxter* begründet, welche derartigen territorialen Ansätzen die Unvereinbarkeit mit der Dienstleistungs- und Niederlassungsfreiheit attestierte, da diese, wenn auch nur indirekt, grenzüberschreitende Tätigkeiten behindern und auch nicht mit der Wahrung von Kohärenz des Steuersystems, der Förderung von F & E sowie der Wirksamkeit der steuerlichen Kontrolle zu rechtfertigen sind.[87]

b) *Erworbene immaterielle Wirtschaftsgüter*

Im Grundsatz werden Ausgaben für erworbene immaterielle Wirtschaftsgüter nicht als qualifizierte Ausgaben im Sinne des Nexus-Ansatzes berücksichtigt, da diese nicht auf Ebene des qualifizierten Steuerpflichtigen selbst angefallen sind.[88]

Hiervon ausgenommen sind lediglich Ausgaben für erworbenes geistiges Eigentum, welches zu einer Verbesserung eines bereits vorhandenen geistigen Eigentumswertes beiträgt.[89] Demnach nimmt der Nexus-Ansatz die Anschaffungskosten von der Definition der qualifizierten Ausgaben aus und berücksichtigt lediglich die nach dem Erwerb angefallenen Ausgaben als qualifizierte Ausgaben.

Hingegen werden die Anschaffungskosten im Rahmen der Gesamtausgaben berücksichtigt.[90] Die Anschaffungskosten dienen dabei als Hilfsvariable für die vor dem Erwerb angefallenen Gesamtausgaben.

Entsprechend werden bei einem Beteiligten die Ausgaben, welche vor dem Erwerb angefallen sind, weder bei den qualifizierten Ausgaben noch bei den Gesamtausgaben miteinbezogen.[91]

---

86 OECD-Abschlussbericht, Rn. 49 (Fn. 16).

87 EuGH, Urt. v. 8.7.1999 – C-254/97, *Baxter*, Slg. 1999, I-4809 Rn. 10, 19 und 21; Urt. v. 10.3.2005 – C-39/04, *Laboratoires Fournier*, Slg. 2005, I-2057 Rn. 18 ff.

88 OECD-Abschlussbericht, Rn. 52; *Becker*, IStR 2014, 704 (707); *Pross/Radmanesh*, IStR 2015, 579 (583).

89 OECD-Abschlussbericht, Rn. 52.

90 Zu den Anschaffungskosten gehören beispielsweise Ausgaben, welche für den Erwerb von Forschungsrechten angefallen sind; siehe hierzu auch OECD-Abschlussbericht, Rn. 52.

91 OECD-Abschlussbericht, Rn. 52.

c) *Uplift*

Des Weiteren wurde den Staaten eingeräumt, den Steuerpflichtigen bei der Berechnung der qualifizierten Ausgaben zu gestatten, einen sogenannten *Uplift* in Höhe von maximal 30 Prozent der qualifizierten Ausgaben auf diese vorzunehmen.

Folglich gelingt es dem Steuerpflichtigen so seine qualifizierten Ausgaben anzuheben, jedoch nur insoweit, wie nicht qualifizierte Ausgaben durch den Steuerpflichtigen getätigt wurden.[92] Vereinfacht ausgedrückt, kann der erhöhte Betrag der qualifizierten Ausgaben nicht die Gesamtausgaben des Steuerpflichtigen übersteigen.[93]

Im Ergebnis führt der Uplift zu einer Modifizierung der Verhältnisrechnung, sodass hier auch vom sogenannten *modifizierten Nexus-Ansatz* die Rede ist.[94]

Im Rahmen des OECD-Abschlussberichts wird diesbezüglich angeführt, diejenigen Steuerpflichtigen nicht benachteiligen zu wollen, welche Ausgaben für Auftragsforschung durch nahestehende Dritte oder Anschaffungskosten für den Erwerb geistiger Eigentumswerte getätigt haben.

Somit bleibt zum einen gewährleistet, dass die Steuerpflichtigen nur von der Vergünstigung Gebrauch machen können, sofern diese selbst F & E-Aktivitäten ausgeführt haben.[95]

Andererseits wird aber auch der Tatsache Rechnung getragen, dass Steuerpflichtige, welche geistiges Eigentum erworben oder einen Teil der F & E-Aktivitäten bei nahestehenden Dritten in Auftrag gegeben haben, dennoch selbst für einen Großteil der Wertschöpfung verantwortlich sein können, welche zu den IP-Einkünften beiträgt.[96]

5. *Gesamtausgaben*

Ausweislich des OECD-Abschlussberichts sollen die Gesamtausgaben so definiert werden, dass *„sich ein Quotient ergibt, nach dem die präferenzielle Regelung, wenn alle relevanten Ausgaben beim qualifizierten Steuerpflichtigen selbst angefallen wären, auf 100 % der aus dem geistigen Eigentumswert resultierenden Einkünfte angewandt werden könnte“*.[97]

---

92 OECD-Abschlussbericht, Rn. 40.

93 OECD-Abschlussbericht, Rn. 40.

94 *Grotherr*, Ubg 2017, 233 (239); *Heidecke/Holst*, IWB 2017, 128 (132); siehe hierzu auch *Wittrock/Hop*, in: Kraft/Striegel, WCLF Tax und IP Gesprächsband 2016, 195 (214).

95 OECD-Abschlussbericht, Rn. 41.

96 OECD-Abschlussbericht, Rn. 41.

97 OECD-Abschlussbericht, Rn. 42.

Vereinfacht ausgedrückt, sollen also die Gesamtausgaben die Summe sämtlicher Ausgaben darstellen, welche grundsätzlich als qualifizierte Ausgaben einzustufen wären, sofern der Steuerpflichtige diese selbst getätigt hätte.[98]

Andere Ausgaben[99], welche aufgrund des fehlenden direkten Zusammenhangs mit einem individuellen geistigen Eigentumswert keine qualifizierten Ausgaben darstellen, dürfen demnach auch nicht Bestandteil der Gesamtausgaben sein und wirken sich folglich nicht auf die Höhe der steuerbegünstigten Einkünfte aus.[100] Eine Ausnahme stellen jedoch Anschaffungskosten für erworbenes geistiges Eigentum dar.[101]

Dies liegt in der Tatsache begründet, dass diese Ausgaben zwar zweifellos zur Entwicklung des geistigen Eigentumswerts beigetragen haben, weshalb diese in die Gesamtausgaben mit einzubeziehen sind. Allerdings scheitert die Berücksichtigung in den qualifizierten Ausgaben aber aufgrund der Absicht des Nexus-Ansatzes, missbräuchliche Gewinnverlagerungen zu vermeiden und den Anteil des Steuerpflichtigen an den zugrundeliegenden F & E-Tätigkeiten abzubilden.[102]

Folglich umfassen die Gesamtausgaben alle qualifizierten Ausgaben sowie sämtliche Anschaffungskosten und Ausgaben für Auftragsforschung, welche nicht als qualifizierte Ausgaben gelten.[103]

6. *Gesamteinkünfte*

Die Gesamteinkünfte umfassen solche Einkünfte, welche aus dem zugrundeliegenden Gegenstand geistigen Eigentums hervorgehen.[104]

Dazu zählen „*Lizenzgebühren, Veräußerungsgewinne und sonstige Einnahmen aus der Veräußerung eines geistigen Eigentumswertes sowie Einnahmen aus dem Verkauf von Produkten und der Nutzung von Verfahren, die direkt mit dem geistigen Eigentumswert zusammenhängen (‚Embedded IP-income')*“[105].[106]

---

98 OECD-Abschlussbericht, Rn. 42.

99 Hierzu gehören beispielsweise *Zinszahlungen, Baukosten sowie andere Kosten, die keinen effektiven F & E-Tätigkeiten entsprechen*, siehe hierzu OECD-Abschlussbericht, Rn. 41.

100 OECD-Abschlussbericht, Rn. 39 und 42.

101 *Pross/Radmanesh*, IStR 2015, 579 (583); OECD-Abschlussbericht, Rn. 42 ff.

102 *Pross/Radmanesh*, IStR 2015, 579 (583); OECD-Abschlussbericht, Rn. 42, 49 und 52 ff; ausgenommen hiervon die typisierte Berücksichtigung durch den Uplift.

103 OECD-Abschlussbericht, Rn. 42.

104 OECD-Abschlussbericht, Rn. 48.

105 OECD-Abschlussbericht, Rn. 48.

106 Siehe hierzu auch *Becker*, IStR 2014, 704 (707).

Ausweislich des OECD-Abschlussberichts soll die Definition der Gesamteinkünfte nach den innerstaatlichen Rechtsvorschriften der jeweiligen Lizenzboxstaaten unter Berücksichtigung der jeweiligen Verrechnungspreisvorschriften vorgenommen werden.[107]

Die Gesamteinkünfte sind dabei so zu ermitteln, dass von den Bruttoeinnahmen die zugeordneten qualifizierten Ausgaben (einschließlich eines möglichen Uplift) abgezogen werden.[108]

7. Rückverfolgung von Einkünften und Ausgaben („Tracking")

Um dem Grundprinzip des Nexus-Ansatzes zu entsprechen, sind im OECD-Abschlussbericht umfassende Vorgaben zum sogenannten *Tracking*, also der Rückverfolgung von geistigen Eigentumswerten sowie der zugehörigen Ausgaben und Einkünfte enthalten.[109]

Um nachvollziehen zu können, ob und inwieweit die Einkünfte der qualifizierten Steuerpflichtigen aus deren getätigten qualifizierten Ausgaben resultieren, sind die jeweiligen Lizenzboxstaaten verpflichtet, Maßnahmen vorzugeben, sodass sich die immateriellen Wirtschaftsgüter, Ausgaben und Einkünfte zurückverfolgen lassen.[110]

Dabei soll es im Verantwortungsbereich des qualifizierten Steuerpflichtigen liegen, geeignete Nachweise beizubringen, um den jeweiligen Steuerbehörden die entsprechende Rückverfolgung zu ermöglichen.[111]

Selbstverständlich gestaltet sich dies umso schwieriger und aufwendiger, je mehr geistige Eigentumswerte sich im Besitz des qualifizierten Steuerpflichtigen befinden und dieser Ausgaben für Auftragsforschung bzw. für den Erwerb geistigen Eigentums getätigt hat oder sofern mehrere immaterielle Wirtschaftsgüter entwickelt wurden, welche zu einem Einkünfte generierenden geistigen Eigentumswert geführt haben.[112]

Zudem soll in Fällen, in welchen dies zu offensichtlich unzutreffenden Ergebnissen führen würde, die Möglichkeit der Anwendung eines produktorientierten Ansatzes bestehen. Demnach erfolgt die Aufschlüsselung und Ermittlung der begünstigten Einkünfte nicht für jeden einzelnen geistigen Eigentumswert

---

107 *Becker*, IStR 2014, 704 (707); OECD-Abschlussbericht, Rn. 46.
108 OECD-Abschlussbericht, Rn. 47.
109 Siehe hierzu ausführlich OECD-Abschlussbericht, Rn. 53 ff.
110 OECD-Abschlussbericht, Rn. 53.
111 OECD-Abschlussbericht, Rn. 53.
112 OECD-Abschlussbericht, Rn. 53.

gesondert, sondern vielmehr werden sämtliche qualifizierte Ausgaben, Gesamtausgaben und Gesamteinkünfte für alle in das Produkt eingegangenen geistigen Eigentumswerte zusammengefasst.[113]

Generell sollen jedenfalls nur solche geistigen Eigentumswerte zusammengefasst werden, die zumindest teilweise aus denselben Ausgaben hervorgegangen sind und entsprechend zu sich überschneidenden Einkünften führen.[114]

Danach kann es auch zweckmäßig sein, die Rückverfolgung anstelle der einzelnen Produkte für Produktfamilien durchzuführen, sofern dieselben geistigen Eigentumswerte in diese eingegangen sind und die sich darin enthaltenen Produkte nur unwesentlich unterscheiden.[115] Im Fall von Dienstleistungen ist dabei eine entsprechende Gruppierung vorzunehmen.[116]

8. Widerlegbare Vermutung

Laut OECD-Abschlussbericht soll es den Staaten auch freistehen, den nach dem Nexus-Ansatz ermittelten Betrag der begünstigten Einkünfte als widerlegbare Vermutung auszugestalten.[117]

Sofern die Anwendung des Nexus-Ansatzes zu einem unsachgemäßen Ergebnis führt, soll dem qualifizierten Steuerpflichtigen die Möglichkeit eingeräumt werden, durch die Beibringung entsprechender Nachweise einen höheren Teil der Einkünfte von der Lizenzboxregelung profitieren zu lassen, als es der Nexus-Ansatz grundsätzlich gestatten würde.[118]

Solche unsachgemäßen Ergebnisse resultieren dabei laut Abschlussbericht aus *außergewöhnlichen Umständen*, bei denen die tatsächliche Zuordnung von Vorteilen durch den Nexus-Ansatz unter Berücksichtigung der F & E-Tätigkeiten nicht gerecht erscheint.[119]

In diesem Zusammenhang gilt es zu beachten, dass ein Lizenzboxstaat bei der Ausgestaltung des Nexus-Ansatzes sowohl eine widerlegbare Vermutung als auch einen Uplift vorsehen kann.

---

113 OECD-Abschlussbericht, Rn. 55 f.

114 OECD-Abschlussbericht, Rn. 57.

115 OECD-Abschlussbericht, Rn. 57.

116 OECD-Abschlussbericht, Rn. 57 (Fn. 20).

117 Siehe hierzu ausführlich OECD-Abschlussbericht, Rn. 67 ff.

118 OECD-Abschlussbericht, Rn. 67 f.

119 Siehe hierzu OECD-Abschlussbericht, Rn. 67, im Rahmen dessen der Abschlussbericht als Beispiel für einen solchen *außergewöhnlichen Umstand* die vollständige oder partielle Abschreibungen erworbener Gegenstände geistigen Eigentums im Jahresabschluss des qualifizierten Steuerpflichtigen nennt.

In einem solchen Fall muss sich der qualifizierte Steuerpflichtige demnach zwischen dem Nachweis des höheren Werts und dem Uplift entscheiden, da eine zeitgleiche Inanspruchnahme ausgeschlossen ist.[120] Somit soll vermieden werden, dass der qualifizierte Steuerpflichtige sowohl durch die widerlegbare Vermutung als auch durch den Uplift doppelt begünstigt wird.

Sofern ein Staat den Nexus-Wert als widerlegbare Vermutung behandelt, müssen bestimmte Mindestanforderungen erfüllt sein.

Ausweislich des OECD-Abschlussberichts muss demnach (i) der Wert der steuerbegünstigten Einkünfte auf Grundlage des Nexus-Werts berechnet werden, (ii) der Nexus-Wert (ohne Uplift) mindestens 25 Prozent betragen und (iii) der qualifizierte Steuerpflichtige muss nachweisen, dass entsprechende außergewöhnliche Umstände vorliegen, welche bei der Anwendung des Nexus-Werts zu solchen Ergebnissen führen, die sich nicht mit dem Prinzip des Nexus-Ansatzes vereinbaren lassen.[121]

Des Weiteren soll von den jeweils zuständigen Steuerverwaltungen überprüft werden, ob die vorgehend dargestellten Mindestanforderungen gegeben sind.[122]

Sofern der Nexus-Ansatz durch einen Staat als widerlegbare Vermutung ausgestaltet wird, soll dem FHTP von der zuständigen Steuerverwaltung auch mitgeteilt werden, unter welchen Voraussetzungen die Privilegierung durch die widerlegbare Vermutung zu gewähren ist.[123]

Offen bleibt jedoch, nach welchen Kriterien bzw. Grundsätzen das FHTP die Abgrenzung zwischen zulässigen und missbräuchlichen Ausgestaltungen vornimmt.

9. *Bestandsschutz und Umsetzungszeitraum*

Zum Thema des Bestandsschutzes lässt sich dem OECD-Abschlussbericht zum BEPS-Aktionspunkt 5 entnehmen, dass Neuzugänge[124] zu bereits bestehenden und dem Nexus-Ansatz widersprechenden Lizenzboxregelungen lediglich bis zum 30.6.2016 als letztmöglicher Stichtag berücksichtigt werden.[125]

---

120 OECD-Abschlussbericht, Rn. 67 (Fn. 21).

121 OECD-Abschlussbericht, Rn. 68.

122 OECD-Abschlussbericht, Rn. 68.

123 OECD-Abschlussbericht, Rn. 68.

124 Siehe hierzu OECD-Abschlussbericht, Rn. 64, wonach für die Zwecke des Bestandsschutzes als *Neuzugänge* sowohl Steuerpflichtige gelten, welche die Lizenzboxregelungen bisher nicht in Anspruch genommen haben, als auch neue geistige Eigentumswerte eines Steuerpflichtigen, welche erst nach dem 30.6.2016 angeschafft bzw. geschaffen wurden.

125 OECD-Abschlussbericht, Rn. 63.

Im Rahmen dessen sind allerdings nur Neuzugänge zu berücksichtigen, für welche die Zulassung zur Lizenzboxregelung seitens der Steuerverwaltung bis dahin erfolgt ist. Demnach ist diesbezüglich die bloße Antragstellung nicht ausreichend, während die Aufnahme neuer geistiger Eigentumswerte in die Lizenzbox unabhängig vom Zeitpunkt der amtlichen Genehmigung erfolgt, solange ein entsprechender Antrag vorliegt.[126]

Außerdem ist die Inanspruchnahme, der dem Bestandsschutz unterliegenden Altregelung, auf die Dauer von fünf Jahren begrenzt.[127]

Nach dem OECD-Abschlussbericht zu BEPS-Aktionspunkt 5 sind sämtliche als schädlich einzustufenden Lizenzboxregelungen bis spätestens 30.6.2021 vollständig abzuschaffen oder alternativ an die Vorgaben des Nexus-Ansatzes anzupassen.[128]

C. Steuerliche Behandlung von Lizenzgebühren in Deutschland

Des Weiteren gilt es auch, das rechtliche Grundgerüst der Besteuerung von aus der Bundesrepublik Deutschland ins Ausland abfließenden Lizenzgebühren darzustellen.

Im Fall eines in Deutschland unbeschränkt steuerpflichtigen Vergütungsschuldners und eines im Ausland ansässigen Vergütungsgläubigers sind die Lizenzgebühren auf Ebene des Vergütungsschuldners grundsätzlich nach geltendem Recht als Betriebsausgaben gemäß § 4 Abs. 4 EStG, gegebenenfalls in Verbindung mit § 8 Abs. 1 Satz 1 KStG beziehungsweise als Werbungskosten nach § 9 Abs. 1 Satz 1 und 2 EStG für steuerliche Zwecke unbeschränkt abziehbar.

Dies gilt ebenfalls, wenn Lizenzgebühren an nahestehende Personen im Sinne des § 1 Abs. 2 AStG aus der Bundesrepublik Deutschland in das Ausland gezahlt werden, solange die Zahlung der entsprechenden Lizenzgebühren dem Fremdvergleichsgrundsatz nach § 1 Abs. 1 Satz 1 AStG entspricht.

Eine Ausnahme stellt allerdings § 8 Nr. 1 lit. f GewStG dar, wonach für gewerbesteuerliche Zwecke eine Hinzurechnung vorzunehmen ist. Hiernach werden effektiv 6,25 Prozent der Aufwendungen für die zeitlich befristete Rechteüberlassung (insbesondere von Konzessionen und Lizenzen) zum Gewerbeertrag hinzugerechnet, soweit diese Aufwendungen bei der steuerlichen

126 OECD-Abschlussbericht, Rn. 64.
127 OECD-Abschlussbericht, Rn. 65.
128 OECD-Abschlussbericht, Rn. 62 und 65.

Gewinnermittlung Gewinn mindernd als Betriebsausgaben berücksichtigt worden sind und die Summe aller Hinzurechnungen aus § 8 Nr. 1 GewStG den Freibetrag von 200.000 Euro übersteigt.[129]

Der im Ausland ansässige Empfänger der Lizenzgebühren unterliegt mit seinen inländischen Einkünften im Sinne von § 49 Abs. 1 Nr. 2, 3, 6 oder 9 EStG in Deutschland entsprechend der beschränkten Steuerpflicht nach § 1 Abs. 4 EStG bzw. gemäß § 2 Nr. 1 KStG.

Die Erhebung der Einkommen- bzw. der Körperschaftsteuer erfolgt dabei gemäß § 50a Abs. 1 Nr. 3, Abs. 2 Satz 1 EStG, gegebenenfalls in Verbindung mit § 8 Abs. 1 Satz 1 KStG, als Bruttobesteuerung im Wege des Steuerabzugs in Höhe von 15 Prozent zuzüglich eines darauf entfallenden Solidaritätszuschlags in Höhe von 5,5 Prozent.[130]

Ein solcher Steuerabzug entfaltet mit Ausnahme des § 50 Abs. 2 Satz 2 Nr. 1 EStG, im Falle dessen eine Veranlagung in Verbindung mit der Anrechnung der einbehaltenen Quellensteuer zu erfolgen hat, abgeltende Wirkung.[131]

Das Quellenbesteuerungsrecht wird allerdings regelmäßig beschränkt. Beispielsweise kann durch Art. 12 diverser Doppelbesteuerungsabkommen eine teilweise oder gar vollumfängliche Reduzierung der Quellenbesteuerung erreicht werden. So sieht insbesondere auch Art. 12 OECD-MA ein ausschließliches Besteuerungsrecht des Ansässigkeitsstaates des Vergütungsgläubigers vor, zumindest insofern, wie dieser die entsprechenden Lizenzgebühren als Nutzungsberechtigter bezieht.[132]

Daneben steht in der EU ansässigen Steuerpflichtigen die Inanspruchnahme der durch § 50g EStG in Deutschland umgesetzten Zins- und Lizenzgebühren-Richtlinie offen.

Danach unterbleibt der Abzug der Quellensteuern im Sinne des § 50a EStG gemäß § 50g Abs. 1 Satz 3 EStG u. a. unter der Voraussetzung, dass der ausländische Vergütungsgläubiger ein mit dem in Deutschland ansässigen Vergütungsschuldner[133] verbundenes Unternehmen oder dessen Betriebsstätte ist. Die

---

129 *Clemens/Laurent*, DStR 2008, 440 (440). Siehe zu den gewerbesteuerlichen Hinzurechnungen und Kürzungen auch *Schreiber*, Besteuerung der Unternehmen, 107 (ff.).

130 Hierzu beispielsweise *Reimer*, in: Blümich, EStG, § 50a Rn. 57; *Lindberg*, in: Blümich, SolZG, § 3 Rn. 19.

131 *Reimer*, in: Blümich, EStG, § 50 Rn. 65 und 68.

132 *Dorfmüller*, in: Gosch/Kroppen/Grotherr, DBA, Art. 12 Rn. 8.

133 Siehe § 50g Abs. 1 EStG in Bezug auf die persönlichen Voraussetzungen des Vergütungsschuldners.

Verbundenheit der Unternehmen ist dabei gemäß § 50g Abs. 3 Nr. 5 lit. b EStG im Falle einer unmittelbaren Beteiligung von mindestens 25 Prozent anzunehmen.[134]

Das Ziel der Zins- und Lizenzgebühren-Richtlinie besteht insbesondere in der Vermeidung einer Doppelbesteuerung von Lizenzgebühren im Wege der Beseitigung der Besteuerung im Quellenstaat.[135]

Dabei ist die Entlastung von der Quellensteuer unabhängig davon, ob bzw. in welcher Höhe auf Ebene des Vergütungsgläubigers eine Besteuerung stattfindet, vorzunehmen.[136]

Die Befreiung von der Quellenbesteuerung erfolgt dabei im Rahmen des Erstattungsverfahrens nach § 50d Abs. 1 EStG, des Freistellungsverfahrens gemäß § 50d Abs. 2 EStG oder alternativ zu Letzterem nach dem Kontrollmeldeverfahren im Sinne des § 50d Abs. 5 EStG unter den jeweils genannten Voraussetzungen.

Dahingehend ist jedoch zu beachten, dass § 50d Abs. 3 EStG die Quellensteuerentlastung nach § 50d Abs. 1 und 2 EStG unter bestimmten Voraussetzungen wiederum versagen kann.

Ausweislich der Gesetzesbegründung soll die Vorschrift im Sinne des § 50d Abs. 3 EStG sogenanntes *Treaty-Shopping* bzw. *Directive-Shopping*, also die unberechtigte Inanspruchnahme der Quellensteuerentlastung aufgrund eines Doppelbesteuerungsabkommens oder einer in nationales Recht umgesetzten Richtlinie – wie beispielsweise der Mutter-Tochter- oder der Zins- und Lizenzgebühren-Richtlinie – mittels Zwischenschaltung einer *substanzlosen* (Zwischen-)Gesellschaft verhindern.[137]

Demnach bleibt die Erstattung bzw. Freistellung grundsätzlich verwehrt, sofern an der ausländischen Gesellschaft Personen beteiligt sind, welche bei unmittelbarer Erzielung der Einkünfte nicht vom Anwendungsbereich des § 50a Abs. 1 und 2 EStG erfasst sind und diesbezüglich die Funktionsvoraussetzungen für unschädliche Erträge des § 50d Abs. 3 Satz 1 EStG nicht gegeben wären.

---

134 Damit ist sowohl die Beteiligung zwischen Vergütungsgläubiger und Vergütungsschuldner gemeint sowie alternativ die einzelnen Beteiligungen einer gemeinsamen Muttergesellschaft von Vergütungsgläubiger und Vergütungsschuldner an diesen. Mittelbare Beteiligungen reichen hingegen nicht aus. Hierzu beispielsweise auch *Baumhoff/Liebchen*, IStR 2014, 711 (712).

135 *Musil*, in: Musil/Weber-Grellet, Europäisches Steuerrecht, Zinsen-Lizenzgebühren-Richtlinie, Vor Art. 1 Rn. 1.

136 *Ditz/Pinkernell/Quilitzsch*, IStR 2014, 45 (46 m.w.N).

137 Entwurf eines Gesetzes zur Bekämpfung des Missbrauchs und zur Bereinigung des Steuerrechts (Missbrauchsbekämpfungs- und Steuerbereinigungsgesetz — StMBG) v. 7.9.1993, BT-Drs. 12/5630 v. 7.9.1993, 65.

Da die Vorschrift im Sinne des § 50d Abs. 3 EStG sowohl gegen die Mutter-Tochter-Richtlinie als auch gegen die Niederlassungsfreiheit verstößt, wurde Abs. 3 vom EuGH als europarechtswidrig qualifiziert.[138]

Hierauf reagierte die deutsche Bundesregierung kürzlich mit einem am 22.1.2021 beschlossenen Entwurf des Abzugsteuerentlastungsmodernisierungsgesetzes[139], welches unter anderem eine Modernisierung des § 50d Abs. 3 EStG vorsieht.[140]

D. Steuerrechtliche Grenzen für Lizenzboxgestaltungen

I. Hinzurechnungsbesteuerung

Grundsätzlich sollen grenzüberschreitende Gewinnverlagerungen bereits durch die Hinzurechnungsbesteuerung im Sinne der §§ 7 ff. AStG verhindert werden.[141]

Im Rahmen dessen werden unter anderem substanzschwache ausländische Lizenzgeber, welche von deutschen Steuerpflichtigen im Sinne des § 7 AStG beherrscht werden und passive Einkünfte aus Vermietung und Verpachtung von geistigem Eigentum nach § 8 Nr. 6 lit. a AStG erzielen, von der deutschen Hinzurechnungsbesteuerung im Sinn der §§ 7 ff. AStG erfasst.

Folglich kann in derartigen Fällen einer vom Steuergesetzgeber nicht gewollten grenzüberschreitenden Gewinnverlagerung bereits mittels der Hinzurechnungsbesteuerung entgegengetreten werden.

Anders verhält es sich jedoch beispielsweise für den Anteil an passiven Einkünften aus Vermietung und Verpachtung von geistigem Eigentum im Sinne des § 8 Nr. 6 lit. a AStG von ausländischen Gesellschaften, welche nicht deutschbeherrscht sind. Denn in derart gelagerten Sachverhaltskonstellationen greift die Hinzurechnungsbesteuerung grundsätzlich nicht.[142]

---

138 EuGH, Urt. v. 14.6.2018 – C-440/17, *GS*, ECLI:EU:C:2018:437; siehe hierzu im Weiteren auch EuGH, Urt. v. 20.12.2017 – C-504/16 und C-613/16, *Deister Holding und Juhler Holding*, ECLI:EU:C:2017:1009; ausführlich hierzu insbesondere *Oppel*, FR 2020, 409 (409 ff.).

139 Entwurf eines Gesetzes zur Modernisierung der Entlastung von Abzugsteuern und der Bescheinigung der Kapitalertragsteuer (Abzugsteuerentlastungsmodernisierungsgesetz – AbzStEntModG), BR-Drs. 50/21 v. 22.1.2021.

140 Siehe hierzu ausführlich *Schnitger/Gebhardt*, IStR 2021, 289 (289 ff.); *Beutel/Oppel*, DStR 2021, 1017 (1017 ff.).

141 Siehe zur systematischen Einordnung der Hinzurechnungsbesteuerung beispielsweise *Frotscher*, Internationales Steuerrecht, § 16 Rn. 1150 ff.

142 Siehe zu diversen Fallkonstellationen in Bezug auf die Hinzurechnungsbesteuerung instruktiv *Kramer*, IStR 2018, 1 (1 ff.).

Insgesamt ist die deutsche Hinzurechnungsbesteuerung für die Vermeidung von grenzüberschreitenden Gewinnverlagerungen mittels konzerninterner Lizenzzahlungen relevant, jedoch kann diese entsprechend umgangen werden, beispielsweise durch Strukturen mit einer Ausländerbeherrschung.

Folglich werden von den Vorschriften im Sinne der §§ 7 ff. AStG nicht sämtliche Fälle von grenzüberschreitenden Gewinnverlagerungen mittels konzerninterner Lizenzzahlungen erfasst.

II. Missbrauchsvermeidung durch § 50d Abs. 3 EStG

Weitere Grenzen für grenzüberschreitende Gewinnverlagerungen mittels Lizenzvertragsstrukturen werden durch die Vorschrift im Sinne des § 50d EStG definiert.

Ausweislich der Gesetzesbegründung soll die Vorschrift des § 50d Abs. 3 EStG verhindern, dass Steuerpflichtige durch die Zwischenschaltung einer substanzlosen (Holding-)Gesellschaft in einem DBA- oder EU-Staat missbräuchlich Quellensteuerentlastungen nach DBA oder EU-Richtlinien (insbesondere der Mutter-Tochter-Richtlinie[143] oder der Zins- und Lizenzgebühren-Richtlinie[144]) beanspruchen können.[145]

Die Norm im Sinne des § 50d Abs. 3 EStG ist demnach gegen sogenanntes *Treaty-* bzw. *Directive-Shopping* gerichtet.[146]

In diesem Zusammenhang ist jedoch auch die Rechtsprechung des EuGH zu beachten, denn mit dem Urteil vom 20.12.2017 hatte der EuGH entschieden, die Vorschrift gemäß § 50d Abs. 3 EStG verstoße sowohl gegen die Niederlassungsfreiheit im Sinne des Art. 49 AEUV als auch gegen die Mutter-Tochter-Richtlinie.[147]

---

143 Richtlinie 2011/96/EU des Rates v. 30.11.2011 über das gemeinsame Steuersystem der Mutter- und Tochtergesellschaften verschiedener Mitgliedstaaten, ABl. 2011 Nr. L 345, 8 (im Folgenden: *Mutter-Tochter-Richtlinie*).

144 Richtlinie 2003/49/EG des Rates v. 3.6.2003 über eine gemeinsame Steuerregelung für Zahlungen von Zinsen und Lizenzgebühren zwischen verbundenen Unternehmen verschiedener Mitgliedstaaten, ABl. 2003 Nr. L 157, 49.

145 Entwurf eines Gesetzes zur Bekämpfung des Mißbrauchs und zur Bereinigung des Steuerrechts (Mißbrauchsbekämpfungs- und Steuerbereinigungsgesetz — StMBG) v. 7.9.1993, BT-Drs. 12/5630 v. 7.9.1993, 65.

146 *Loschelder*, in: Schmidt, EStG, § 50d Rn. 45; *Oppel*, FR 2020, 409 (409 m.w.N.).

147 Betreffend § 50d Abs. 3 EStG in der Fassung bis einschließlich des Veranlagungszeitraums 2011: EuGH, Urt. v. 20.12.2017 – C-504/16 und C-613/16, *Deister Holding und Juhler Holding*, ECLI:EU:C:2017:1009; betreffend § 50d Abs. 3 EStG in der aktuellen Fassung seit 2012: EuGH, Urt. v. 14.6.2018 – C-440/17, *GS*, ECLI:EU:C:2018:437.

Im Ergebnis wurde damit die Missbrauchsvorschrift im Sinne des § 50d Abs. 3 EStG als europarechtswidrig qualifiziert.[148]

Die vom EuGH gemachten Vorgaben wurden bisher lediglich durch das Bundesministerium der Finanzen im Rahmen eines BMF-Schreibens *umgesetzt*, welches sich allerdings nur auf Fälle des § 43b EStG beschränkt.[149]

Auch rund drei Jahre nach Ergehen dieser EuGH-Entscheidungen hat der nationale Steuergesetzgeber die Vorschrift im Sinne des § 50d Abs. 3 EStG noch nicht abschließend an die Anforderungen des Unionsrechts angepasst. Jedoch wurde die deutsche Bundesregierung erst kürzlich tätig und veröffentlichte am 22.1.2021 einen Entwurf des Abzugsteuerentlastungsmodernisierungsgesetzes[150], welches nun unter anderem entsprechende Anpassungen des § 50d Abs. 3 EStG vorsieht.

---

148 Ausführlich hierzu insbesondere *Oppel*, FR 2020, 409 (409 ff.).

149 BMF v. 04.04.2018 – IV B 3 – S 2411/07/10016-14, BStBl. I 2018, 589 zur Entlastung vom Steuerabzug vom Kapitalertrag bei ausländischen Gesellschaften; hierzu beispielsweise auch *Beutel/Oppel*, DStR 2018, 1469 (1469 ff.).

150 Entwurf eines Gesetzes zur Modernisierung der Entlastung von Abzugsteuern und der Bescheinigung der Kapitalertragsteuer (Abzugsteuerentlastungsmodernisierungsgesetz – AbzStEntModG), BR-Drs. 50/21 v. 22.1.2021.

Kapitel III: Überblick zur Lizenzschranke nach § 4j EStG

Nachdem im Rahmen des vorangestellten zweiten Kapitels die notwendigen Grundlagen verschafft wurden, um den grundsätzlichen Wirkungskreis internationaler Gewinnverlagerungen mittels konzerninterner Lizenzzahlungen unter Ausnutzung ausländischer Präferenzregelungen zu erfassen, gilt es nachfolgend, den durch die Lizenzschrankenregelung in Form des § 4j EStG vorgegebenen Rechtsrahmen zu betrachten.

Vor diesem Hintergrund werden im folgenden Kapitel sowohl die gesetzgeberische Motivation zur Einführung der Lizenzschrankenregelung als auch die gesetzgeberischen Anknüpfungspunkte der Vorschrift im Sinne des § 4j EStG im Überblick dargestellt.

A. Gesetzgeberische Intention und Notwendigkeit

I. Ausgangslage und Intention des Steuergesetzgebers

1. Ausgangslage

Da sich immaterielle Wirtschaftsgüter, wie beispielsweise Patente, Lizenzen, Konzessionen oder Markenrechte, besonders einfach auf andere Rechtsträger oder gar über Staatsgrenzen hinweg übertragen lassen, sind in der Vergangenheit immer mehr Staaten durch die Schaffung besonderer Präferenzregelungen in einen untereinander stattfindenden Steuerwettbewerb getreten.[151]

Solche Präferenzregelungen in Form von Lizenzboxen werden allerdings von der OECD grundsätzlich als schädlich eingestuft, sofern deren Inanspruchnahme nicht an ein Mindestmaß tatsächlicher Geschäftstätigkeit geknüpft ist.[152]

Aus den Gesetzesmaterialien zur Vorschrift im Sinne des § 4j EStG lässt sich entnehmen, dass derartige Lizenzboxen verstärkt von multinationalen

---

151 Beschlussempfehlung und Bericht des Finanzausschusses (7. Ausschuss) v. 26.4.2017 zu dem Gesetzentwurf der Bundesregierung – Drs. 18/11233, 18/11531, 18/11683 Nr. – Entwurf eines Gesetzes gegen schädliche Steuerpraktiken im Zusammenhang mit Rechteüberlassungen, BT-Drs. 18/12128 v. 26.4.2017, 1.

152 Siehe hierzu Kapitel II, B. II.

Konzernen zur grenzüberschreitenden Gewinnverlagerung mittels konzerninterner Lizenzzahlungen genutzt werden.[153]

Um diesen Entwicklungen zu begegnen, haben sich auf internationaler Ebene die am BEPS-Projekt beteiligten OECD/G20-Staaten auf die Rahmenbedingung einer substanziellen Geschäftstätigkeit im Zusammenhang mit der Besteuerung immaterieller Wirtschaftsgüter verständigt.

Das Substanzerfordernis in Form des sogenannten Nexus-Ansatzes wurde dabei im BEPS-Aktionspunkt 5 festgehalten.

Die im BEPS-Aktionspunkt 5 formulierten Vorgaben fokussieren sich dabei allerdings vielmehr auf die Beschränkung der Steuervergünstigungen in Form von Lizenzboxen in den jeweiligen Empfängerstaaten als auf die Verhinderung von grenzüberschreitenden Gewinnverlagerungen.

2. *Bedenken des Steuergesetzgebers*

Seitens der deutschen Bundesregierung werden in den Gesetzesmaterialien zur Vorschrift im Sinne des § 4j EStG keine Zweifel dahingehend geäußert, dass das vorgenannte Ziel durch die Vorgaben der OECD-Abschlussbericht grundsätzlich nicht erfüllt werden könne.

Allerdings scheint dem deutschen Steuergesetzgeber diese im BEPS-Aktionspunkt 5 vorgesehene Maßnahme nicht umfassend genug. So wurde die Notwendigkeit der Einführung einer Lizenzschranke unter anderem darin gesehen, dass nicht ausgeschlossen werden kann, dass alle Staaten die Vorgaben des BEPS-Aktionspunkts 5 konsequent umsetzen und folglich auch weiterhin Präferenzregelungen für Zwecke des Steuerwettbewerbs einsetzen könnten, welche dem Nexus-Ansatz nicht gerecht werden.[154]

Des Weiteren wird ausweislich der Gesetzesbegründung insbesondere die auf internationaler Ebene festgelegte Übergangszeit als problematisch angesehen.[155] Denn alle als schädlich eingestuften Lizenzboxen sind bis spätestens 1.7.2021 (bzw. mit Ablauf des 30.6.2021) abzuschaffen oder alternativ an den vorgegebenen Nexus-Ansatz anzupassen.

---

153 Entwurf eines Gesetzes gegen schädliche Steuerpraktiken im Zusammenhang mit Rechteüberlassungen v. 20.2.2017, BT-Drs. 18/11233 v. 20.2.2017, 1.

154 Entwurf eines Gesetzes gegen schädliche Steuerpraktiken im Zusammenhang mit Rechteüberlassungen v. 20.2.2017, BT-Drs. 18/11233 v. 20.2.2017, 1.

155 Entwurf eines Gesetzes gegen schädliche Steuerpraktiken im Zusammenhang mit Rechteüberlassungen v. 20.2.2017, BT-Drs. 18/11233 v. 20.2.2017, 9.

Diese Übergangszeit eröffnet laut der deutschen Bundesregierung erhebliche Gestaltungsmöglichkeiten zur Steuervermeidung, weshalb nicht auf die vollständige internationale Umsetzung des BEPS-Aktionspunkts 5 gewartet werden könne.[156] Unterstützung erfährt der Steuergesetzgeber dabei unter anderem durch die Deutsche Steuer-Gewerkschaft, welche in der fünfjährigen Übergangszeit ebenfalls Potenzial für Ausweichstrategien sieht.[157]

II. Intention des Steuergesetzgebers

Vor diesem Hintergrund sieht der deutsche Steuergesetzgeber entsprechend immer noch die Gefahr von Gewinnverlagerungen mittels grenzüberschreitender Lizenzzahlungen ins Ausland.

Denn auch eine Vielzahl der deutschen DBA sieht einen Nullsteuersatz auf Lizenzzahlungen vor (darunter auch Abkommen mit Staaten, die nicht der OECD angehören und damit allein deshalb nicht an den Nexus-Ansatz gebunden sind), sodass es grundsätzlich möglich wäre, dass es multinationalen Unternehmen auch weiterhin gelingen könnte, Gewinne durch konzerninterne Lizenzzahlungen auch in solche Staaten zu verlagern, die über eine nicht dem Nexus-Ansatz entsprechende Lizenzboxregelung verfügen.[158]

Da Steuern jedoch dem Staat zustehen sollen, in welchem die der Wertschöpfung zugrundeliegende Aktivität stattfindet, und nicht dem Staat, der den höchsten Steuerrabatt bietet, sieht die Bundesregierung laut der Gesetzesbegründung keine Alternative zur Einführung einer Lizenzschranke.[159]

Im Ergebnis lässt sich somit aus der Gesamtheit der vorgenannten Rahmenbedingungen die steuerpolitische Motivation des deutschen Steuergesetzgebers zur Einführung einer (partiellen) Abzugsbeschränkung für Lizenzaufwendungen in Form der Lizenzschrankenregelung im Sinne des § 4j EStG ableiten.

---

156 Entwurf eines Gesetzes gegen schädliche Steuerpraktiken im Zusammenhang mit Rechteüberlassungen v. 20.2.2017, BT-Drs. 18/11233 v. 20.2.2017, 9.

157 Siehe hierzu die schriftliche Stellungnahme der Deutschen Steuer-Gewerkschaft v. 24.3.2017 im BT-Anhörungsverfahren zum Gesetzesentwurf der Bundesregierung *Entwurf eines Gesetzes gegen schädliche Steuerpraktiken im Zusammenhang mit Rechteüberlassungen – BT-Drs. 18/11233* (abrufbar unter: https://www.bundestag.de/resource/blob/500548/0a0fa4607c354a8878a6db7b48e3ad68/04-data.pdf; zuletzt abgerufen am 30.6.2021).

158 Entwurf eines Gesetzes gegen schädliche Steuerpraktiken im Zusammenhang mit Rechteüberlassungen v. 20.2.2017, BT-Drs. 18/11233 v. 20.2.2017, 1.

159 Entwurf eines Gesetzes gegen schädliche Steuerpraktiken im Zusammenhang mit Rechteüberlassungen v. 20.2.2017, BT-Drs. 18/11233 v. 20.2.2017, 1.

B. Regelungsinhalt und systematische Einordnung

I. Regelungsinhalt

Das grundsätzliche Regelungsanliegen des Instruments der Lizenzschranke in Form des § 4j EStG lässt sich dahingehend definieren, dass Aufwendungen für Rechteüberlassungen nur noch eingeschränkt für steuerliche Zwecke als Betriebsausgaben gemäß § 4 Abs. 4 EStG abziehbar sein sollen, sofern diese an eine nahestehende Person im Sinne des § 1 Abs. 2 AStG im Ausland gezahlt werden und dort aufgrund eines als schädlich einzustufenden Präferenzregimes einer niedrigen Besteuerung unterliegen.

Dabei orientiert sich die Regelung im Sinne des § 4j EStG an dem von der OECD für das Vorliegen einer schädlichen Steuerpraxis herangezogenen Merkmal der substanziellen Geschäftstätigkeit, dem sogenannten *Nexus-Ansatz*[160].

Durch das Erfordernis eines Näheverhältnisses im Sinne des § 1 Abs. 2 AStG zwischen Schuldner und Gläubiger der Zahlung soll sichergestellt werden, dass die Regelung lediglich Sachverhalte zwischen nahestehenden Personen erfasst. Zur Verhinderung von Ausweichgestaltungen ist die Regelung jedoch auch auf sogenannte Zwischenschaltungsfälle anwendbar.

Sofern die Tatbestandsvoraussetzungen im Sinne des § 4j EStG kumulativ erfüllt sind, richtet sich die Höhe der (partiell) nicht abziehbaren Lizenzaufwendungen nach der Ertragsteuerbelastung auf Ebene des Gläubigers.

Im Ergebnis besteht das Ziel der Lizenzschranke im Sinne des § 4j EStG darin, eine angemessene Steuerwirkung der Lizenzausgaben und damit eine faire Besteuerung sicherzustellen.[161]

Des Weiteren soll das Gesetz gegen schädliche Steuerpraktiken im Zusammenhang mit Rechteüberlassungen auch der Sicherung von Steuereinnahmen dienen.[162]

II. Systematische Einordnung

Systematisch ist die Lizenzschrankenregelung in Form des § 4j EStG grundsätzlich als Betriebsausgabenabzugsbeschränkung ausgestaltet und findet sich

160 Siehe hierzu ausführlich Kapitel II. B. II. *Nexus-Ansatz.*

161 Entwurf eines Gesetzes gegen schädliche Steuerpraktiken im Zusammenhang mit Rechteüberlassungen v. 20.2.2017, BT-Drs. 18/11233 v. 20.2.2017, 9.

162 Entwurf eines Gesetzes gegen schädliche Steuerpraktiken im Zusammenhang mit Rechteüberlassungen v. 20.2.2017, BT-Drs. 18/11233 v. 20.2.2017, 10.

normativ bei den Gewinnermittlungsvorschriften[163] des Einkommensteuergesetzes wieder.

Entsprechend reiht sich die Vorschrift im Sinne des § 4j EStG bei den Abzugsbeschränkungen für Zinsaufwendungen gemäß § 4h EStG sowie der ebenfalls erst kürzlich eingeführten Abzugsbeschränkung für Sonderbetriebsausgaben im Sinne des § 4i EStG ein.

C. Anwendungsbereiche

I. Zeitlicher Anwendungsbereich

Ausweislich der Anwendungsvorschriften des § 52 Abs. 8a sowie Abs. 16a EStG ist die Lizenzschrankenregelung im Sinne des § 4j EStG erstmals für Lizenzaufwendungen anzuwenden, die nach dem 31.12.2017[164] entstehen.

Unter Bezugnahme auf den finalen OECD-Abschlussbericht sind nach dem BEPS-Aktionspunkt 5 alle nicht mit dem Nexus-Ansatz konformen Präferenzregime bis zum 1.7.2021 (bzw. mit Ablauf des 30.6.2021) entweder vollständig abzuschaffen oder alternativ an die Vorgaben des Nexus-Ansatzes anzupassen.[165]

Des Weiteren sieht der finale OECD-Abschlussbericht vor, dass ab dem 30.6.2016 bis zum spätesten Abschaffungszeitpunkt am 1.7.2021 keine Neuzugänge zu bestehenden (schädlichen) Präferenzregimen mehr zulässig sind, sofern diese nicht mit dem Nexus-Ansatz in Einklang stehen.[166]

Die Lizenzschrankenregelung im Sinne des § 4j EStG unterläuft dabei den bestehenden Vertrauensschutz, da diese bereits mit Ablauf des 31.12.2017 die Nutzung solcher Präferenzbesteuerungsregime auch in Bestandsfällen als steuerschädlich qualifiziert, sodass ein steuerlicher Betriebsausgabenabzug der Lizenzaufwendungen auf Ebene des Lizenznehmers durch § 4j EStG (partiell) beschränkt ist.[167]

---

163 §§ 4–7i EStG.

164 Siehe ausführlich zur Aufteilung bei abweichenden Wirtschaftsjahren *Moritz/Baumgartner*, DB 2018, 2135 (2136).

165 OECD-Abschlussbericht, Rn. 65.

166 Siehe hierzu Kapitel II, B., II. 9. *Bestandsschutz und Umsetzungszeitraum*.

167 Entwurf eines Gesetzes gegen schädliche Steuerpraktiken im Zusammenhang mit Rechteüberlassungen v. 20.2.2017, BT-Drs. 18/11233 v. 20.2.2017, 15. Siehe hierzu auch *Schneider/Junior*, DStR 2017, 417 (419) sowie *Schnitger*, IStR 2017, 214 (225), die sich kritisch zum steuerlichen Alleingang Deutschlands entgegen den Ergebnissen der OECD/G20 äußern.

II. Persönlicher Anwendungsbereich

Die Lizenzschrankenregelung des § 4j EStG findet auf alle, für Zwecke der Einkommensteuer oder Körperschaftsteuer, unbeschränkt oder beschränkt Steuerpflichtige, welche als Lizenznehmer (Vergütungsschuldner) entsprechenden (Lizenz-)Aufwand in Deutschland steuerlich geltend machen, Anwendung.

Dabei soll die Lizenzschranke folglich nur auf Konzernfälle anwendbar sein, sodass Lizenzzahlungen an fremde Dritte grundsätzlich für steuerliche Zwecke vollumfänglich abzugsfähig bleiben, sofern diese dem Fremdvergleich standhalten.

Darüber hinaus können auch innerdeutsche Lizenzierungen von der neuen Lizenzschrankenregelung nach § 4j Abs. 1 Satz 3 EStG erfasst werden, sofern der Lizenzgeber den Anspruch auf die Lizenzvergütung seiner ausländischen Betriebsstätte zuordnet.[168]

III. Sachlicher Anwendungsbereich

Der sachliche Anwendungsbereich der Lizenzschranke erfasst nach § 4j Abs. 1 Satz 1 EStG grundsätzlich alle Aufwendungen, welche aus einer Überlassung der Nutzung oder des Rechts auf Nutzung von Rechten sowie von Erfahrungen, Kenntnissen und Fertigkeiten erwachsen, worauf im nachfolgenden Abschnitt näher eingegangen wird.

D. Tatbestandsvoraussetzungen

I. Aufwendungen für Rechteüberlassungen

Welche Aufwendungen von der restriktiv wirkenden Lizenzschrankenregelung erfasst werden, ist in § 4j Abs. 1 Satz 1 EStG geregelt.

Durch das Instrument der Lizenzschranke werden insbesondere die nachfolgend aufgeführten Rechte erfasst:

- Urheberrechte,
- gewerbliche Schutzrechte, z. B. Patente, Gebrauchsmuster, Geschmacksmuster, nach dem Markengesetz geschützte Kennzeichenrechte sowie
- gewerbliche, technische, wissenschaftliche und ähnliche Erfahrungen, Kenntnisse und Fertigkeiten, z. B. Pläne, Muster und Verfahren.

---

168 *Frase*, in: Fuhrmann/Kraeusel/Schiffers, EStG, § 4j EStG, Rn. 9.

Diese Aufzählung ist jedoch nicht abschließend.

Darüber hinaus werden durch den sachlichen Anwendungsbereich der Lizenzschranke nur solche Lizenzzahlungen erfasst, welche für ein zeitlich begrenztes Überlassungsverhältnis getätigt werden.

Zahlungen aufgrund einer Veräußerung von Rechten fallen daher nicht in den Anwendungsbereich der (partiellen) Abzugsbeschränkung im Sinne des § 4j EStG.

Hinsichtlich der Formulierung des § 4j Abs. 1 Satz 1 EStG hat sich der Steuergesetzgeber der Vorschrift im Sinne des § 50a Abs. 1 Nr. 3 EStG – zum Einbehalt von Quellensteuern bei Vergütungen an beschränkt Steuerpflichtige – bedient.

Demnach sind alle vorgenannten Aufwendungen solche, welche auch unter § 50a Abs. 1 Nr. 3 EStG zu subsumieren sind, sodass zur Auslegung der Begrifflichkeiten entsprechend auf die allgemeinen Kommentierungen zur Vorschrift im Sinne des § 50a EStG zurückgegriffen werden kann.[169]

II. Nahestehende Person gemäß § 1 Abs. 2 AStG

Die Lizenzschranke findet gemäß § 4j Abs. 1 Satz 1 EStG nur Anwendung, sofern der Gläubiger als eine dem Schuldner nahestehende Person im Sinne des § 1 Abs. 2 AStG zu qualifizieren ist.

Grundsätzlich bedarf es somit einer wesentlichen Beteiligung von mehr als 25 Prozent oder der Ausübung eines beherrschenden Einflusses zwischen Gläubiger und Schuldner der entsprechenden Lizenzaufwendungen.[170]

Des Weiteren sind für die Anwendung der Lizenzschranke die durch den Verweis in § 4j Abs. 1 Satz 1 EStG auf § 1 Abs. 2 AStG dort normierten Konstellationen eines *Näheverhältnisses* maßgebend.

Demnach ist der Gläubiger der Lizenzzahlung als eine dem Schuldner nahestehende Person zu qualifizieren, wenn:

- der Gläubiger am Schuldner mindestens zu 25 Prozent unmittelbar oder mittelbar beteiligt ist oder auf den Schuldner einen unmittelbaren bzw. mittelbaren beherrschenden Einfluss ausüben kann und umgekehrt (§ 1 Abs. 2 Nr. 1 AStG); oder

169 Damit geht jedoch auch einher, dass sich bestehende Rechtsunsicherheiten im Hinblick auf § 50a Abs. 1 Nr. 3 EStG und § 73a Abs. 2 und Abs. 3 EStDV korrespondierend in der Regelung des § 4j EStG fortsetzen.

170 *Wassermeyer*, in: Flick/Wassermeyer/Baumhoff, AStG, § 1 Rn. 501 ff.

- eine dritte Person sowohl am Gläubiger als auch am Schuldner mindestens zu 25 Prozent unmittelbar oder mittelbar beteiligt ist oder auf beide unmittelbar bzw. mittelbar beherrschenden Einfluss ausüben kann (§ 1 Abs. 2 Nr. 2 AStG); oder
- der Gläubiger oder der Schuldner in der Lage ist, bei der Vereinbarung der Bedingungen einer Geschäftsbeziehung auf den Schuldner oder den Gläubiger einen außerhalb dieser Geschäftsbeziehung begründeten Einfluss auszuüben oder wenn einer von ihnen ein eigenes Interesse an der Erzielung der Einkünfte des anderen hat (§ 1 Abs. 2 Nr. 3 AStG).

Hinsichtlich der begrifflichen Umschreibung ist insoweit auf die allgemeinen Kommentierungen zur Vorschrift im Sinne des § 1 Abs. 2 AStG zu verweisen.[171]

III. Niedrigbesteuerung aufgrund einer Präferenzregelung

Die Anwendung der Abzugsbeschränkung für Lizenzzahlungen des inländischen Lizenznehmers setzt nach § 4j Abs. 1 Satz 1 EStG dem Grunde nach voraus, dass die Lizenzeinnahmen auf Ebene des ausländischen Lizenzgebers einer von der Regelbesteuerung abweichenden, niedrigen Besteuerung nach § 4j Abs. 2 EStG unterliegen (Präferenzregelung).

Anknüpfungspunkt nach § 4j Abs. 1 Satz 1 EStG sind dabei die Einnahmen des Gläubigers, sodass dadurch grundsätzlich auch Begünstigungsregelungen erfasst werden, welche sich auf Einnahmen beziehen, wie beispielsweise ein fiktiver Abzug von Betriebsausgaben in Höhe eines bestimmten Prozentsatzes der Einnahmen.[172]

Ein weiteres Tatbestandsmerkmal, auf welches § 4j Abs. 1 Satz 1 EStG abstellt, ist die Niedrigbesteuerung. Was als niedrige Besteuerung im Sinne des § 4j Abs. 1 Satz 1 EStG gilt, hat der Steuergesetzgeber in § 4j Abs. 2 EStG definiert.

Demnach liegt eine niedrige Besteuerung der Lizenzeinnahmen vor, sofern die Ertragsteuerbelastung auf Ebene des Lizenzgebers weniger als 25 Prozent beträgt. Nach § 4j Abs. 2 Satz 2 EStG sind bei der Ermittlung der Ertragsteuerbelastung der Lizenzeinnahmen sämtliche Regelungen zu berücksichtigen, welche sich auf die Besteuerung der Einnahmen aus der Rechteüberlassung auswirken.

---

171 Siehe hierzu beispielsweise *Kraft*, in: Kraft, § 1 AStG, Rn. 167 ff.; *Nientimp*, in: Fuhrman/Mössner, AStG, § 1, Rn. 94 ff.; *Hofacker*, in: Haase, AStG, § 1 AStG, Rn. 123 ff.

172 Entwurf eines Gesetzes gegen schädliche Steuerpraktiken im Zusammenhang mit Rechteüberlassungen v. 20.2.2017, BT-Drs. 18/11233 v. 20.2.2017, 15.

Dies umfasst insbesondere die im Gesetz genannten steuerlichen Kürzungen, Befreiungen, Gutschriften und Ermäßigungen.[173]

Darüber hinaus löst nicht jede niedrige Besteuerung unmittelbar die Restriktionen der Lizenzschranke im Sinne des § 4j EStG aus. Vielmehr muss die niedrige Besteuerung speziell für die Einnahmen aus der Rechteüberlassung gewährt werden und darf keine allgemeine Begünstigung darstellen. Die niedrige Besteuerung in der Jurisdiktion des Lizenzgebers darf sich damit nicht auf sämtliche Einkünfte beziehen, sondern muss für steuerliche Zwecke gezielt die Einnahmen aus der Rechteüberlassung begünstigen.

Ebenso löst eine niedrige Besteuerung der Lizenzeinnahmen die Abzugsbeschränkung im Sinne des § 4j EStG auch nur aus, sofern diese aus der Inanspruchnahme einer schädlichen Präferenzregelung durch den Gläubiger der Lizenzzahlungen resultiert.

Eine schädliche Präferenzregelung liegt vor, falls diese nicht mit dem im BEPS-Aktionspunkt 5 dargelegten Nexus-Ansatz vereinbar ist.[174] Grundsätzlich greift die Abzugsbeschränkung des § 4j EStG zunächst für alle Präferenzregelungen, ob diese die Vorgaben des Nexus-Ansatzes erfüllen oder nicht. Die Vereinbarkeit der jeweiligen Präferenzregelung mit dem Nexus-Ansatz ist anschließend zu überprüfen.

Der eigentliche Anwendungsbereich des § 4j EStG ergibt sich daher erst aus dem Zusammenspiel von § 4j Abs. 1 Satz 1 EStG in Verbindung mit § 4j Abs. 1 Satz 4 EStG, wonach die (partielle) Abzugsbeschränkung für Lizenzaufwendungen keine Anwendung findet, sofern die ausländische Präferenzregelung dem Nexus-Ansatz entspricht.

Im Ergebnis können die Lizenzaufwendungen auf Ebene des Lizenznehmers daher nicht als Betriebsausgabe nach § 4 Abs. 4 EStG für steuerliche Zwecke berücksichtigt werden, sofern die Lizenzeinnahmen auf Ebene des Lizenzgebers aufgrund einer schädlichen Präferenzregelung, welche dem Nexus-Ansatz entgegensteht, niedrig besteuert werden.

Eine korrespondierende Besteuerung von Lizenzaufwendungen und Lizenzeinnahmen wird also nur gefordert, wenn die Niedrigbesteuerung der Lizenzeinnahmen aus der Anwendung einer schädlichen Präferenzregelung resultiert.

In allen anderen Fällen werden Besteuerungsinkongruenzen, welche sich aus der vollen steuerlichen Abzugsfähigkeit der Lizenzaufwendungen bei

173 *Schneider/Junior*, DStR 2017, 417 (420).
174 *Grotherr*, Ubg 2017, 233 (237).

gleichzeitiger Nicht- bzw. Niedrigbesteuerung der Lizenzeinnahmen ergeben, vom Steuergesetzgeber toleriert.[175]

E. Rechtsfolge

Die zentrale Rechtsfolge des § 4j Abs. 1 EStG in Verbindung mit § 4j Abs. 3 EStG besteht grundsätzlich darin, den Abzug der Lizenzaufwendungen auf Ebene des Lizenznehmers für steuerliche Zwecke teilweise oder gar vollumfänglich zu versagen.

Der für steuerliche Zwecke nicht abziehbare Teil der zur Diskussion stehenden Lizenzaufwendungen ist dabei nach der gesetzlich vorgegebenen Formel gemäß § 4j Abs. 3 Satz 2 EStG zu ermitteln, die sich wie folgt darstellt:

$$\frac{\text{(25 Prozent – Ertragsteuerbelastung in Prozent)}}{\text{25 Prozent}} = \text{steuerlich nicht abziehbarer Teil der Lizenzaufwendungen in Prozent}$$

Abbildung 2: *Formel zur Berechnung der nach § 4j Abs. 3 EStG nicht abziehbaren Aufwendungen*

Wie aus der vorgenannten Formel zur Berechnung der steuerlich nicht abziehbaren Lizenzaufwendungen ersichtlich wird, stellt der Steuergesetzgeber auf die Besteuerung der Lizenzeinnahmen auf Ebene des Lizenzgebers ab.

Dem Lizenznehmer wird der steuerliche Betriebsausgabenabzug demnach vollständig versagt, sofern die korrespondierenden Lizenzeinnahmen auf Ebene des Lizenzgebers einer Besteuerung von 0 Prozent unterliegen, also von einer Besteuerung vollständig ausgenommen sind.

Sofern die Lizenzeinnahmen auf Ebene des Lizenzgebers hingegen einer Besteuerung von bis zu 25 Prozent unterworfen werden, kann der Lizenznehmer für steuerliche Zwecke entsprechend einen anteiligen Betriebsausgabenabzug geltend machen.

Einem vollumfänglichen steuerlichen Betriebsausgabenabzug auf Ebene des Lizenznehmers steht die Lizenzschrankenregelung im Sinne des § 4j EStG nicht entgegen, sofern die Lizenzeinnahmen auf Ebene des Lizenzgebers mit mehr als 25 Prozent besteuert werden.

---

175 *Staccioli*, in: Frotscher/Geurts, EStG, § 4j Rn. 33.

F. Ausnahmetatbestände

I. Nexuskonforme Präferenzregelung

Mit § 4j Abs. 1 Satz 4 EStG wurde im Rahmen der eingeführten Lizenzschrankenregelung ein Ausnahmetatbestand geschaffen.

Die Nutzung einer ausländischen Präferenzregelung löst dabei nicht die Rechtsfolgen der (partiellen) Abzugsbeschränkung im Sinne des § 4j EStG aus, sofern die in Anspruch genommene Präferenzregelung in der ausländischen Jurisdiktion dem durch die OECD entwickelten Nexus-Ansatz entspricht.

1. Verweis auf BEPS-Aktionspunkt 5

Die Rechtsfolgen der (partiellen) Abzugsbeschränkung des § 4j EStG greifen grundsätzlich nicht ein, wenn die niedrige Besteuerung der Lizenzeinnahmen auf Ebene des Lizenzgebers aus der Inanspruchnahme einer Präferenzregelung resultiert, welche sich mit dem Nexus-Ansatz vereinbaren lässt.

In § 4j Abs. 1 Satz 4 EStG nimmt der Steuergesetzgeber dabei ausdrücklich Bezug auf Kapitel 4 zu BEPS-Aktionspunkt 5 des OECD-Abschlussberichts.

Die Bezugnahme auf den OECD-Abschlussbericht basiert dabei auf der Beschlussempfehlung des Finanzausschusses des Deutschen Bundestags[176] und soll helfen, den bislang nicht im deutschen Steuerrecht verankerten Nexus-Ansatz zu konkretisieren.

Demnach wurde dem Mindeststandard durch den Verweis in § 4j Abs. 1 Satz 4 EStG durch den Steuergesetzgeber Normcharakter verliehen.

2. Nexus-Ansatz

Der Nexus-Ansatz wurde von der OECD zur Beurteilung der Schädlichkeit von steuerlichen Präferenzregelungen für Einnahmen aus Rechteüberlassungen entwickelt.[177]

Die Grundaussage des Nexus-Ansatzes ist dahingehend zu definieren, dass nur solche Präferenzregelungen als *unschädlicher Steuerwettbewerb* angesehen werden, welche an die eigenen Forschungs- und Entwicklungstätigkeiten

---

176 Beschlussempfehlung und Bericht des Finanzausschusses (7. Ausschuss) v. 26.4.2017 zu dem Gesetzentwurf der Bundesregierung – Drs. 18/11233, 18/11531, 18/11683 Nr. – Entwurf eines Gesetzes gegen schädliche Steuerpraktiken im Zusammenhang mit Rechteüberlassungen, BT-Drs. 18/12128 v. 26.4.2017, 28.

177 Siehe hierzu auch Kapitel II, B, II. *Nexus-Ansatz.*

des Steuerpflichtigen anknüpfen (substanzielle Geschäftstätigkeit) und sich auf solche immateriellen Vermögenswerte beschränken, die Patentschutz genießen oder eine nützliche Innovation darstellen.[178]

Dabei dienen die eigenen Forschungs- und Entwicklungsaufwendungen des Lizenzgebers als Indikator einer wesentlichen Geschäftstätigkeit sowie einer hinreichenden wirtschaftlichen Verknüpfung mit der Jurisdiktion, welche die Vergünstigung gewährt.

Zugleich werden die eigenen Aufwendungen für die Entwicklung eines bestimmten immateriellen Vermögenswertes (*qualifizierte Ausgaben*) durch eine Verhältnisrechnung mit der steuerlichen Förderung verbunden, wobei die Präferenzregelung bei den Betriebsausgaben oder den späteren Einnahmen des Lizenzgebers ansetzen darf.

Auf diese Weise schließt der Nexus-Ansatz nicht nur den Erwerb bereits bestehender immaterieller Vermögenswerte von einer Begünstigung aus, sondern grundsätzlich auch das konzerninterne Outsourcing der Forschungs- und Entwicklungstätigkeit im Wege von Dienstverträgen (sogenannte *unechte Auftragsentwicklung*).

Jedoch bleibt das Outsourcing an nahestehende Personen dem Grunde nach zulässig, wobei allerdings eine Deckelung der damit verbundenen Kosten erfolgt (*modifizierter Nexus-Ansatz*).[179]

Als qualifizierte Ausgaben gelten nur solche eigenen Aufwendungen des Lizenzgebers, die in direktem Zusammenhang mit der Herstellung des immateriellen Vermögenswerts angefallen sind.

Als begünstigungsfähige Wirtschaftsgüter kommen nur Patente und gleichgestellte immaterielle Vermögenswerte[180] sowie Urheberrechte in Betracht; ebenso aber auch wissenschaftliches Know-how, was im Einzelfall unter Umständen jedoch eine behördliche Anerkennung erfordert und nur gefördert werden darf, sofern der Konzernumsatz nicht die Grenze von 50 Mio. Euro überschreitet.[181]

Des Weiteren gilt es zudem, die Rückausnahme bei Lizenzzahlungen für die Überlassung von Marken zu beachten. Die Ausnahme im Sinne des

---

178 Entwurf eines Gesetzes gegen schädliche Steuerpraktiken im Zusammenhang mit Rechteüberlassungen v. 20.2.2017, BT-Drs. 18/11233 v. 20.2.2017, 13 f.; OECD-Abschlussbericht, Rn. 55.

179 Es erfolgt ein Aufschlag für Fremdkosten in Höhe von bis zu 30 Prozent der qualifizierten Kosten.

180 Beispielsweise Gebrauchsmuster.

181 Siehe hierzu ausführlich Kapitel II B. II 4 *Qualifizierte Ausgaben*.

§ 4j Abs. 1 Satz 4 EStG gilt dabei nicht für Einnahmen aus der Nutzung von Rechten, welche nach nationalem Recht durch das Markengesetz erfasst würden.

Die vorgenannte Rückausnahme ist grundsätzlich als Ausfluss des Nexus-Ansatzes zu beurteilen, da durch den Verweis des § 4j Abs. 1 Satz 4 EStG auf Kapitel 4 des OECD-Abschlussberichts von diesem bestimmte immaterielle Wirtschaftsgüter, wie zum Beispiel Marken oder Patente, von Steuervergünstigungen für Lizenzboxregelungen ausgenommen sind.[182]

3. *Überprüfung der konkreten Einnahmen des Gläubigers*

Resultiert aus der Überprüfung der Präferenzregelung, dass diese mit dem Nexus-Ansatz vereinbar ist, so hat der Lizenznehmer bzw. Vergütungsschuldner weitergehend zu überprüfen, ob die Niedrigbesteuerung der Lizenzeinnahmen tatsächlich auf dieser Präferenzregelung und nicht auf anderen Umständen beruht.

Außerdem schlägt die Verhältnisrechnung des Nexus-Ansatzes auch auf den (partiellen) Betriebsausgabenabzug auf Ebene des Lizenznehmers durch, sofern die Lizenzeinnahmen des Lizenzgebers aufgrund einer Überschreitung des zulässigen Aufschlags in Höhe von 30 Prozent nur teilweise begünstigt sind.

II. Hinzurechnungsbesteuerung

Im Rahmen der Lizenzschrankenregelung in Form des § 4j EStG wurde durch den Steuergesetzgeber auch ein Ausnahmetatbestand für die Anwendung der Hinzurechnungsbesteuerung nach §§ 7 ff. AStG aufgenommen.[183]

Ausweislich der §§ 7 bis 10 AStG kommt es auf Ebene eines im Inland unbeschränkt Steuerpflichtigen zu einer Hinzurechnung von Einkünften einer ausländischen Tochtergesellschaft, sofern (i) diese weder ihre Geschäftsleitung noch ihren Sitz im Inland hat und dabei Einkünfte erzielt, welche nicht von § 8 Abs. 1 AStG erfasst werden, (ii) ein unbeschränkt Steuerpflichtiger an der ausländischen Körperschaft zu mindestens 50 Prozent beteiligt ist und (iii) die Einkünfte im Ausland einer Niedrigbesteuerung von unter 25 Prozent unterliegen.

Dem Grunde nach werden von der Lizenzschranke gemäß § 4j EStG sowohl solche Sachverhalte erfasst, bei denen ein Steuerinländer an einem

182 OECD-Abschlussbericht, Rn. 38.

183 Grundlegend hierzu auch *Kramer*, ISR 2018, 1 (1 ff.); *Hagemann/Kahlenberg*, IStR 2017, 1001 (1001 ff.).

Steuerausländer beteiligt ist, als auch Sachverhaltskonstellationen, bei denen umgekehrte Beteiligungsverhältnisse bestehen.

Folglich sind damit sowohl die Lizenzschranke als auch die Hinzurechnungsbesteuerung grundsätzlich auf den gleichen Anwendungsbereich gerichtet. Damit beide Regelungen jedoch nicht nebeneinander zur Anwendung gelangen, wurde in § 4j Abs. 1 Satz 5 EStG ein Ausnahmetatbestand für die Hinzurechnungsbesteuerung aufgenommen.

Nach dem Wortlaut des § 4j Abs 1 Satz 5 EStG ist die Lizenzschranke gegenüber der Hinzurechnungsbesteuerung folglich subsidiär. Werden also Lizenzeinnahmen im Hinzurechnungsbetrag nach § 10 Abs. 1 Satz 1 AStG berücksichtigt, so sind die dazugehörenden Aufwendungen für steuerliche Zwecke vollumfänglich abziehbar und die Lizenzschranke greift folglich nicht.

G. Besondere Sachverhalte

I. Zwischenschaltungsfälle (§ 4j Abs. 1 Satz 2 EStG)

Mit § 4j Abs. 1 Satz 2 EStG soll verhindert werden, dass die Lizenzschranke in Konzerngruppen dadurch umgangen werden könnte, dass Lizenzzahlungen aus dem Inland nicht direkt in eine ausländische Lizenzbox, sondern zunächst in ein zwischengeschaltetes nahestehendes Unternehmen geleitet werden, welches nicht von einer steuerschädlichen Lizenzboxregelung profitiert (*Zwischenschaltungsfall*[184]).

Damit die Lizenzeinnahmen in diesem Staat nicht einer hohen Besteuerung unterliegen, könnte von einem weiteren nahestehenden Unternehmen eine Lizenz an diesen Zwischenträger vergeben werden, sodass in der Folge eine Lizenzdurchleitung entstände.

Dies wäre aus steuerlicher Perspektive vor allem reizvoll, wenn der Lizenzgeber eines weiteren nahestehenden Unternehmens von der niedrigen Besteuerung der Lizenzeinnahmen im Rahmen einer Lizenzbox im Ansässigkeitsstaat profitieren könnte.

Voraussetzung für die Anwendung der (partiellen) Abzugsbeschränkung bei Zwischenschaltungsfällen ist zum einen gemäß § 4j Abs. 1 Satz 2 EStG, dass sowohl das Durchleitungsunternehmen als Gläubiger als auch die Gesellschaft am Ende der Kette als *weiterer Gläubiger* nahestehende Personen des Vergütungsschuldners sind.

---

184 Auch bezeichnet als *Back-to-Back-Lizenzierungen*, siehe hierzu beispielsweise *Ritzer/Stangl/Karnath*, DK 2017, 401 (406).

Zum anderen müssen sich beim Durchleitungsunternehmen die Aufwendungen unmittelbar oder mittelbar aus den Rechten ableiten, welche dem inländischen Lizenznehmer überlassen worden sind. Auf Ebene des weiteren Gläubigers müssen die Lizenzeinnahmen insofern einer von der Regelbesteuerung abweichenden, niedrigen Besteuerung (Präferenzregelung) unterliegen.

Gemäß § 4j Abs. 2 Satz 2 EStG kommt die Abzugsbeschränkung nach § 4j Abs. 1 Satz 2 EStG nicht zur Anwendung, sofern die Lizenzzahlungen beim unmittelbaren Lizenzgeber oder beim weiteren Gläubiger bereits nach § 4j Abs. 1 Satz 1 EStG im Inland einer Abzugsbeschränkung unterlegen haben.

Um Kaskadeneffekte in Konzernstrukturen mit Lizenzierungs- und Unterlizenzierungsverhältnissen über inländische nahestehende Unternehmen zu vermeiden, findet § 4j Abs. 1 Satz 2 EStG deshalb keine Anwendung, sofern bereits die steuerliche Abziehbarkeit der Lizenzzahlungen beim unmittelbaren Gläubiger oder auf Ebene des weiteren Gläubigers nach § 4j EStG beschränkt ist.[185]

Vorstellbar sind auch Sachverhaltskonstellationen, bei denen sowohl der unmittelbare Gläubiger als auch der weitere Gläubiger eine steuerschädliche Präferenzregelung mit unterschiedlich niedriger Besteuerung für die jeweiligen Lizenzzahlungen in Anspruch nehmen könnten. Zunächst ist der in Abhängigkeit von der Steuerbelastung im Staat des unmittelbaren Gläubigers abziehbare Anteil nach § 4j Abs. 1 Satz 1 EStG zu ermitteln. Soweit die durchgeleitete Lizenzzahlung im Zwischenschaltungsfall nach § 4j Abs. 1 Satz 2 EStG einem niedrigeren Steuersatz als dem nach § 4j Abs. 1 Satz 1 EStG unterliegt, ist der Betriebsausgabenabzug um diesen Teil entsprechend zu kürzen.[186]

Damit soll für die Bemessung der (partiellen) Abzugsbeschränkung in Deutschland nach den Ausführungen der Gesetzesbegründung bei einer Lizenz-Durchleitungsgestaltung der niedrigere Ertragsteuersatz der beiden Lizenzboxen zum Tragen kommen.

185 Entwurf eines Gesetzes gegen schädliche Steuerpraktiken im Zusammenhang mit Rechteüberlassungen v. 20.2.2017, BT-Drs. 18/11233 v. 20.2.2017, 13; *Schnitger*, IStR 2017, 214 (222).

186 Entwurf eines Gesetzes gegen schädliche Steuerpraktiken im Zusammenhang mit Rechteüberlassungen v. 20.2.2017, BT-Drs. 18/11233 v. 20.2.2017, 13.

II. Betriebsstätten (§ 4j Abs. 1 Satz 3 EStG)

Die Rechtsfolgen der Lizenzschranke kommen nach § 4j Abs. 1 Satz 1 EStG grundsätzlich zur Anwendung, sofern Schuldner und Gläubiger der Lizenzzahlungen als nahestehende Personen im Sinne des § 1 Abs. 2 AStG qualifiziert werden.

Allerdings regelt § 4j Abs. 1 Satz 3 EStG zusätzlich, dass auch Betriebsstätten[187] als Schuldner oder Gläubiger der Lizenzzahlungen gelten,[188] falls diese für ertragsteuerliche Zwecke als Nutzungsberechtigte oder Nutzungsverpflichtete der Rechte für die Überlassung der Nutzung oder des Rechts auf Nutzung von Rechten behandelt werden.[189]

Infolgedessen werden grundsätzlich die nachfolgenden Sachverhaltskonstellationen durch § 4j Abs. 1 Satz 3 EStG erfasst:

- Lizenzzahlungen von im Inland unbeschränkt Steuerpflichtigen an eine ausländische Betriebsstätte einer nahestehenden Person;
- Lizenzzahlungen einer inländischen Betriebsstätte eines in Deutschland beschränkt Steuerpflichtigen an eine im Ausland ansässige nahestehende Person; sowie
- Lizenzzahlungen einer inländischen Betriebsstätte eines in Deutschland beschränkt Steuerpflichtigen an eine ausländische Betriebsstätte einer nahestehenden Person.

Eine Klassifizierung der Betriebsstätte als Nutzungsberechtigter oder Nutzungsverpflichteter erfolgt dabei für ertragsteuerliche Zwecke grundsätzlich aus nationaler steuerlicher Perspektive.

---

187 Nach § 12 AO ist eine Betriebstätte jede feste Geschäftseinrichtung oder Anlage, welche der Tätigkeit des Unternehmens dient. Siehe hierzu ausführlich *Koenig*, in: Koenig/Pahlke, AO Kommentar, § 12 Rn. 1 ff.; *Gersch*, in: Klein, AO, § 12 Rn. 1 ff.; zum DBA-Betriebstättenbegriff siehe *Wassermeyer/Kaesner*, in: Wassermeyer, DBA, Art. 5 OECD-MA Rn. 26 ff.

188 Siehe hierzu *Gosch*, in: Kirchhof, EStG Kommentar, § 4j EStG Rn. 12, der diesbezüglich von einer *Fiktion* spricht.

189 Siehe hierzu auch *Geurts/Staccioli*, IStR 2017, 514 (517), die in diesem Zusammenhang zutreffend anmerken, dass dem Verweis auf eine Anwendbarkeit des § 4j Abs. 1 Satz 3 EStG bezüglich der Betriebstätte als Schuldner lediglich klarstellende Bedeutung zukomme, da im Inland belegene Betriebstätten ausländischer Unternehmen ohnehin die allgemeinen Vorschriften zur Gewinnermittlung anzuwenden haben.

Der Terminus des Nutzungsberechtigten lässt sich in der nationalen Vorschrift des § 50g EStG wiederfinden und legt fest, wann eine Betriebsstätte als Nutzungsberechtigter zu qualifizieren ist.[190]

Betriebsstätten sind demnach als Nutzungsberechtigte einzuordnen, wenn:

- das Recht, aufgrund dessen Zahlungen von Lizenzgebühren geleistet werden, tatsächlich zu der Betriebsstätte gehört (§ 50g Abs. 3 Nr. 1 Satz 2 lit. b Doppelbuchst. aa EStG) und
- die Zahlung der Lizenzgebühren bei der Betriebsstätte Einkünfte darstellen, die einer in § 50g Abs. 3 Satz 2 Nr. 1 lit. b Doppelbuchst. bb EStG bzw. einer in § 50g Abs. 3 Nr. 5 Satz 1 lit. a Doppelbuchst. cc EStG genannten oder weitgehend ähnlichen Steuer unterliegen (§ 50g Abs. 3 Nr. 1 Satz 2 lit. b Doppelbuchst. cc EStG).

Allerdings ist in der Vorschrift des § 50g EStG nicht explizit geregelt, wann eine Betriebsstätte als Nutzungsverpflichteter zu qualifizieren ist.

In Anlehnung an § 50g Abs. 3 Nr. 2 EStG gilt eine Betriebsstätte jedenfalls als Schuldner der Lizenzgebühren, wenn die Zahlung bei der Ermittlung des Gewinns der Betriebsstätte eine steuerlich abzugsfähige Betriebsausgabe darstellt. Ob einer Betriebsstätte die Lizenzzahlung zugeordnet wird, entscheidet sich nach Maßgabe der funktionalen Zuordnung.

190 Hierzu auch Art. 1 Abs. 5 der Zins- und Lizenzgebühren-Richtlinie.

Kapitel IV: Vereinbarkeit der Lizenzschranke mit höherrangigem Recht

Wie sich bereits aus den grundlegenden Darstellungen zur Lizenzschrankenregelung erkennen lässt, gibt die Vorschrift im Sinne des § 4j EStG insbesondere vor dem Hintergrund ihrer restriktiven Rechtsfolge Anlass zu rechtlichen Bedenken.

So ordnet die restriktive Rechtsfolge der Lizenzschrankenregelung im Grundsatz ein (partielles) Betriebsausgabenabzugsverbot nach Maßgabe des § 4j Abs. 3 EStG für Aufwendungen aus Rechteüberlassungen an, sofern die korrespondierenden Lizenzeinnahmen auf Ebene des Gläubigers einer niedrigen Präferenzbesteuerung im Sinne des § 4j Abs. 2 EStG unterliegen.

Untersucht werden im Folgenden Verstöße dieses in der Lizenzschranke angelegten (partiellen) Abzugsverbots gegen höherrangiges Recht in Form des nationalen Verfassungsrechts sowie gegen geltendes Europarecht und im Übrigen auch gegen völkerrechtliche Verträge in Form von DBA[191], welche die Bundesrepublik Deutschland mit anderen Staaten geschlossen hat.

A. Vereinbarkeit der Lizenzschranke mit Verfassungsrecht

Steuerrecht ist Eingriffsrecht und muss sich daher als solches vor der Verfassung und insbesondere vor den Grundrechten rechtfertigen, welche auch den Steuergesetzgeber gemäß Art. 1 Abs. 3 GG uneingeschränkt binden. Vor diesem Hintergrund muss sich die Lizenzschranke insbesondere an der nationalen Verfassung messen lassen.

Aus verfassungsrechtlicher Sicht ergeben sich unter vier Gesichtspunkten Bedenken gegen die Lizenzschrankenregelung in Form des § 4j EStG:

(1) im Hinblick auf den **Gleichheitssatz** im Sinne des Art. 3 Abs. 1 GG;

(2) die **Berufsfreiheit** gemäß Art. 12 Abs. 1 GG; sowie

(3) im Hinblick auf die **Eigentumsgarantie** nach Art. 14 Abs. 1 GG; als auch

(4) in Bezug auf das in Art. 20 Abs. 3 GG normierte **Rechtsstaatsprinzip**.

191 Aus Vereinfachungsgründen unter Zugrundelegung des OECD-MA.

I. Vereinbarkeit mit Art. 3 Abs. 1 GG (Gleichheitssatz)

Aus dem in Art. 3 Abs. 1 GG angelegten Gleichheitssatz folgt, dass alle Menschen vor dem Gesetz gleich sind.

Dabei gilt der Gleichheitssatz auch für Kapitalgesellschaften (Art. 19 Abs. 3 GG).[192] Im Rahmen dessen verlangt der Gleichheitssatz in seiner für das Steuerrecht *bereichsspezifischen Anwendung*[193], dass die Steuerpflichtigen durch geltende Steuergesetze rechtlich und tatsächlich gleich belastet werden (*Gleichheit im Belastungserfolg*).[194] Somit ist der Grundsatz der Belastungsgleichheit gleichheitsrechtlicher Ausgangspunkt im Steuerrecht.[195]

Aus dem Gebot der Belastungsgleichheit folgt weiterhin das Gebot der horizontalen und vertikalen Steuergerechtigkeit.[196] Demzufolge sind Steuerpflichtige gleicher persönlicher Leistungsfähigkeit in gleichem Umfang zu besteuern (*horizontale Steuergerechtigkeit*)[197], während für Steuerpflichtige unterschiedlicher Leistungsfähigkeit die Steuerlast angemessen differenziert werden muss (*vertikale Steuergerechtigkeit*)[198].

---

192 Ungeachtet der Formulierung *Menschen*, siehe hierzu beispielsweise BVerfG, Urt. v. 8.4.1997 - 1 BvR 48/94, BVerfGE 95, 267 (267 ff.)

193 BVerfG, Urt. v. 8.4.1987 - 2 BvR 909/82 (u.w.), BVerfGE 75, 108 (157); Urt. v. 30.9.1987 - 2 BvR 933/82, BVerfGE 76, 256 (329); Urt. v. 8.6.1988 - 2 BvL 9/85 und 2 BvL 3/86, BVerfGE 78, 249 (287); Urt. v. 27.6.1991 - 2 BvR 1493/89, BVerfGE 84, 239 (268 f.); Urt. v. 22.6.1995 - 2 BvL 37/91, BVerfGE 93, 121 (134 ff.).

194 BVerfG, Urt. v. 27.6.1991 - 2 BvR 1493/89, BVerfGE 84, 239 (268 f.); Urt. v. 7.12.1999 - 2 BvR 301/98, BVerfGE 101, 297 (309).

195 BVerfG, Urt. v. 10.4.2018 - 1 BvR 1236/11, BVerfGE 148, 217 (243 Rn. 105).

196 *Schön*, StuW 1995, 366 (369).

197 BVerfG, Urt. v. 29.5.1990 - 1 BvL 20/84 (u.w.), BVerfGE 82, 60 (89); Urt. v. 25.9.1992 - 2 BvL 5/91 (u.w.), BVerfGE 87, 153 (170); Urt. v. 10.11.1998 - 2 BvL 42/93, BVerfGE 99, 246 (260); Urt. v. 6.3.2002 - 2 BvL 17/99, BVerfGE 105, 73 (125); Urt. v. 4.12.2002 - 2 BvR 400/98 und 2 BvR 1735/00, BVerfGE 107, 27 (46); Urt. v. 8.6.2004 - 2 BvL 5/00, BVerfGE 110, 412 (433); Urt. v. 21.6.2006 - 2 BvL 2/99, BVerfGE 116, 164 (180); Urt. v. 9.12.2008 - 2 BvL 1/07 (u.w.), BVerfGE 122, 210 (231); Urt. v. 12.5.2009 - 2 BvL 1/00, BVerfGE 123, 111 (120); Urt. v. 6.7.2010 - 2 BvL 13/09, BVerfGE 126, 268 (278).

198 BVerfG, Urt. v. 29.5.1990 - 1 BvL 20/84 (u.w.), BVerfGE 82, 60 (89); Urt. v. 10.11.1998 - 2 BvL 42/93, BVerfGE 99, 246 (260); Urt. v. 6.3.2002 - 2 BvL 17/99, BVerfGE 105, 73 (125); Urt. v. 4.12.2002 - 2 BvR 400/98 und 2 BvR 1735/00, BVerfGE 107, 27 (46); Urt. v. 8.6.2004 - 2 BvL 5/00, BVerfGE 110, 412 (433); Urt. v. 21.6.2006 - 2 BvL 2/99, BVerfGE 116, 164 (180); Urt. v. 9.12.2008 - 2 BvL 1/07 (u.w.), BVerfGE 122, 210 (231); Urt. v. 12.5.2009 - 2 BvL 1/00, BVerfGE 123, 111 (120); Urt. v. 6.7.2010 - 2 BvL 13/09, BVerfGE 126, 268 (278).

Folglich verlangt dabei das Gebot der horizontalen und vertikalen Steuergerechtigkeit, nach ständiger Rechtsprechung des Bundesverfassungsgerichts, die Ausrichtung der Besteuerung an der wirtschaftlichen Leistungsfähigkeit des Steuerpflichtigen (*Leistungsfähigkeitsprinzip*).[199]

Im Rahmen dessen bemisst der Steuergesetzgeber die für die Lastengleichheit im Einkommensteuerrecht maßgebliche finanzielle Leistungsfähigkeit nach dem objektiven und dem subjektiven Nettoprinzip, wonach für die Besteuerung grundsätzlich nur das Nettoeinkommen zu berücksichtigen ist.[200]

Der Begriff des *objektiven Nettoprinzips* ist allerdings weder legal definiert noch findet sich dieser in den Steuergesetzen wieder. Jedoch kommt das objektive Nettoprinzip in zahlreichen Vorschriften des Einkommensteuergesetzes zum Ausdruck, woraus sich ableiten lässt, dass das objektive Nettoprinzip zu den Grundentscheidungen des Steuergesetzgebers gehört und demnach zur Wahrung der Belastungsgleichheit folgerichtig umzusetzen ist.[201]

Vor diesem Hintergrund gelten als Maßstab für die wirtschaftliche Leistungsfähigkeit des Steuerpflichtigen die nach Maßgabe des § 2 Abs. 2 Satz 1 EStG zu ermittelnden Nettoeinkünfte, welche sich aus der Differenz von erwerbsbedingten Einnahmen und Ausgaben ergeben. Diese bezeichnet das Einkommensteuergesetz im Rahmen der Gewinneinkünfte (§ 2 Abs. 2 Satz 1 Nr. 1 EStG) als

---

199 BVerfG, Urt. v. 24.6.1958 – 2 BvF 1/57, BVerfGE 8, 51 (68 f.), mit Verweis auf Art. 134 der Weimarer Reichsfassung; Urt. v. 14.4.1959 – 1 BvL 23/57 und 1 BvL 34/57, BVerfGE 9, 237 (243); Urt. v. 23.11.1976 – 1 BvR 150/75, BVerfGE 43, 108 (120); Urt. v. 11.10.1977 – 1 BvR 343/73 (u.w.), BVerfGE 47, 1 (29); Urt. v. 10.12.1980 – 2 BvF 3/77, BVerfGE 55, 274 (302); Urt. v. 3.11.1982 – 1 BvR 620/78 (u.w.), BVerfGE 61, 319 (343 f.); Urt. v. 22.2.1984 – 1 BvL 10/80, BVerfGE 66, 214 (223), ebenfalls mit Verweis auf Art. 134 der Weimarer Reichsfassung; Urt. v. 4.10.1984 – 1 BvR 789/79, BVerfGE 67, 290 (297); Urt. v. 14.5.1986 – 2 BvL 2/83, BVerfGE 72, 200 (260); Urt. v. 10.2.1987 – 1 BvL 18/81 und 1 BvL 20/82, BVerfGE 74, 182 (200); Urt. v. 29.5.1990 – 1 BvL 20/84 (u.w.), BVerfGE 82, 60 (86); Urt. v. 26.1.1994 – 1 BvL 12/86, BVerfGE 89, 346 (352); Urt. v. 5.2.2002 – 2 BvR 305/93 und 2 BvR 348/93, BVerfGE 105, 17 (46); Urt. v. 21.6.2006 – 2 BvL 2/99, BVerfGE 116, 164 (180); Urt. v. 7.11.2006 – 1 BvL 10/02, BVerfGE 117, 1 (30).

200 BVerfG, Urt. v. 4.12.2002 – 2 BvR 400/98 und 2 BvR 1735/00, BVerfGE 107, 27 (47 ff.); Urt. v. 8.6.2004 – 2 BvL 5/00, BVerfGE 110, 412 (433); Urt. v. 9.12.2008 – 2 BvL 1/07 (u.w.), BVerfGE 122, 210 (233 f.); Urt. v. 6.7.2010 – 2 BvL 13/09, BVerfGE 126, 268 (279); Urt. v. 12.10.2010 – 1 BvL 12/07, BVerfGE 127, 224 (248 f.).

201 BVerfG, Urt. v. 9.12.2008 – 2 BvL 1/07 (u.w.), BVerfGE 122, 210 (234); Urt. v. 12.5.2009 – 2 BvL 1/00, BVerfGE 123, 111 (121); Urt. v. 6.7.2010 – 2 BvL 13/09, BVerfGE 126, 268 (279 f.); Urt. v. 12.10.2010 – 1 BvL 12/07, BVerfGE 127, 224 (248 f.).

Betriebseinnahmen und Betriebsausgaben (§ 4 Abs. 4 EStG), im Rahmen der Überschusseinkünfte (§ 2 Abs. 2 Satz 1 Nr. 2 EStG) als Einnahmen (§ 8 EStG) und Werbungskosten (§ 9 EStG).

Somit wird die Grundentscheidung des Gesetzgebers in Bezug auf das objektive Nettoprinzip durch die Vorschrift im Sinne des § 2 Abs. 2 EStG verwirklicht.[202]

Folglich ist das objektive Nettoprinzip, obwohl es sich bei dem Grundsatz der Nettobesteuerung nicht um ein unmittelbar aus der Verfassung ableitbares Strukturprinzip handelt, angesichts der Verpflichtung des Steuergesetzgebers zu einer folgerichtigen Ausgestaltung der Steuergesetze in Fällen, in denen es um die Vereinbarkeit von Einschränkungen der steuerlichen Abzugsfähigkeit von Erwerbsaufwendungen mit dem Grundgesetz geht, wesentlicher Maßstab der verfassungsrechtlichen Prüfung.

Die Lizenzschranke führt aufgrund der steuerlichen Abzugsbeschränkung für Lizenzaufwendungen zu einer Abweichung von der im objektiven Nettoprinzip zum Ausdruck kommenden gesetzgeberischen Grundentscheidung, den erwerbssichernden Aufwand zum Abzug von der Steuer zuzulassen.

Demnach wäre der Steuergesetzgeber seiner Verpflichtung zur folgerichtigen Umsetzung der einmal getroffenen Belastungsentscheidung für eine Besteuerung des Nettoeinkommens folglich in nicht zu beanstandender Weise nachgekommen, sofern die hierin liegende Durchbrechung des objektiven Nettoprinzips durch besondere Gründe gerechtfertigt ist.

Anderenfalls wäre die betreffende Systemabweichung als Verstoß gegen den verfassungsrechtlich verbürgten Gleichheitssatz des Art. 3 Abs. 1 GG anzusehen.

1. Durchbrechung des objektiven Nettoprinzips

Die Lizenzschranke beschränkt bei Erfüllung sämtlicher tatbestandlichen Voraussetzungen des § 4j EStG partiell oder gar vollumfänglich den steuerlichen Betriebsausgabenabzug für Aufwendungen aus Rechteüberlassungen auf Ebene des Lizenznehmers.

Da derartige Aufwendungen aber regelmäßig betrieblich veranlasst sind, gebietet das objektive Nettoprinzip grundsätzlich deren steuerliche Abziehbarkeit nach § 2 Abs. 2 Satz 1 Nr. 1 EStG in Verbindung mit § 4 Abs. 4 EStG, sodass die (partielle) Versagung der Abzugsfähigkeit durch die Lizenzschranke

202 So auch *Hey*, in: Tipke/Lang, Steuerrecht, § 8 Rn. 54 (m.w.N.).

prinzipiell als eine Beeinträchtigung des objektiven Nettoprinzips zu werten ist.[203]

Diese Durchbrechung des objektiven Nettoprinzips wird im Falle der Lizenzschranke auch nicht durch die Ausgestaltung der Regelung wieder ausgeglichen. Zwar hat der Steuergesetzgeber den Versuch unternommen, durch den Ausnahmetatbestand des § 4j Abs. 1 Satz 4 (*Escape-Klausel*) das (partielle) Abzugsverbot abzufedern, doch wird dennoch ein erheblicher Teil von Unternehmen von der Abzugsbeschränkung betroffen sein.

Ebenso kennt die Lizenzschranke – anders als die Zinsschrankenregelung im Sinne des § 4h EStG[204] – keinerlei Vortragsmöglichkeiten für den nach § 4j Abs. 3 EStG nicht abziehbaren Teil der Aufwendungen aus Rechteüberlassungen, sodass es im Falle einer Nichtabziehbarkeit im Rahmen der Lizenzschranke zu einem absoluten Untergang des Abzugspotenzials kommt[205], weshalb ein besonders schwerwiegender Verstoß gegen Art. 3 Abs. 1 GG gegeben ist.[206]

2. *Durchbrechung des Trennungsprinzips*

Die Lizenzschrankenregelung in Form des § 4j EStG durchbricht aber nicht nur das objektive Nettoprinzip, sondern widerspricht grundsätzlich auch dem im Körperschaftsteuerrecht verankerten Trennungsprinzip.[207]

Trennungsprinzip bedeutet, dass sowohl zwischen juristischer Person als auch deren Gesellschaftern zu trennen ist.

Dies ergibt sich bereits aus dem Zivilrecht, im Rahmen dessen das Trennungsprinzip für Aktiengesellschaften in § 1 Abs. 1 AktG und für die Gesellschaft mit beschränkter Haftung in § 13 Abs. 1 und 2 GmbHG niedergelegt ist.[208]

Das Steuerrecht knüpft grundsätzlich an das Zivilrecht an, was sich aus dem Umstand verdeutlicht, dass insbesondere § 1 Abs. 1 KStG ausdrücklich auf die

---

203 So beispielsweise auch *Ritzer/Stangl/Karnath*, DK 2017, 68 (76); *van Lück*, IStR 2017, 388 (389); *Benz/Böhmer*, DB 2017, 206 (210); *Ditz/Quilitzsch*, DStR 2017, 1561 (1566); *Schneider/Junior*, DStR 2017, 417 (424 f.); *Loose*, IWB 2019, 681 (689).

204 Siehe hierzu die allgemeinen Kommentierungen zur Zinsschranke. Statt vieler, siehe beispielsweise *Eggert*, in: Littmann/Bitz/Pust, EStG, § 4h Rn. 1 ff.

205 Siehe hierzu auch *Holle/Weiss*, FR 2017, (219).

206 Ebenso *Heil/Pupeter*, BB 2017, 795 (800); *Hagemann/Kahlenberg*, in: Herrmann/Heuer/Raupach, EStG, § 4j Rn. 4.

207 *Hagemann/Kahlenberg*, in: Herrmann/Heuer/Raupach, EStG, § 4j Rn. 4; *Schneider/Junior*, DStR 2017, 417 (425); *Schneider/Junior*, DStR 2017, 417 (425); *Kußmaul/Ditzler*, StB 2018, 126 (127); *Benz/Böhmer*, DB 2017, 206 (211).

208 Siehe hierzu beispielsweise auch *Böhmer*, StuW 2012, 33 (33).

zivilrechtlichen Rechtsformen zurückgreift und somit auch deren Besonderheiten anerkennt.

Folglich sind durch die Übernahme der zivilrechtlichen Grundsätze auch für körperschaftsteuerliche Zwecke die Ebene der Gesellschaft und die Ebene des Gesellschafters getrennt zu behandeln.[209]

Darüber hinaus lässt sich das Trennungsprinzip aber auch aus Art. 106 Abs. 3 Satz 1 GG ableiten, da an dieser Stelle die Körperschaftsteuer neben der Einkommensteuer genannt wird.[210] Demnach nimmt bereits das Grundgesetz selbst eine Trennung zwischen der Besteuerung natürlicher Personen nach den Vorgaben des Einkommensteuergesetzes sowie der Besteuerung juristischer Personen nach den Vorgaben des Körperschaftsteuergesetzes vor.

In der Folge stellt somit jede Körperschaft gemäß § 1 Abs. 1 KStG ein eigenes Steuersubjekt dar, dessen eigene wirtschaftliche Leistungsfähigkeit die Grundlage und Rechtfertigung der Besteuerung bildet.

Auch der Steuergesetzgeber anerkennt die eigene objektive Leistungsfähigkeit von Kapitalgesellschaften nach dem Trennungsprinzip, welche von den Gesellschaftern losgelöst und unabhängig zu besteuern ist.[211] Die objektive eigene Leistungsfähigkeit von Kapitalgesellschaften ist dabei nach deren Einkommen und Ertragskraft zu bemessen.[212]

Obwohl für steuerliche Zwecke strikt zwischen Gesellschafts- und Gesellschafterebene zu differenzieren ist, knüpft die Lizenzschrankenregelung gemäß § 4j EStG ihre Rechtsfolge an eine niedrige Besteuerung auf Ebene des ausländischen Lizenzgebers, sanktioniert aber den Lizenznehmer durch ein (partielles) Betriebsausgabenabzugsverbot für die entsprechend an den Lizenzgeber gezahlten Lizenzgebühren.

Folglich knüpft die Regelung im Sinne des § 4j EStG ausschließlich an die Verhältnisse des Anteilseigners an. Die Verhältnisse der Gesellschaft selbst bleiben jedoch unberücksichtigt.

Dies führt grundsätzlich zu einem Verstoß gegen das dem geltenden Körperschaftsteuersystem zugrundeliegenden Trennungsprinzip.[213]

---

209 *Böhmer*, StuW 2012, 33 (34.)

210 So beispielsweise auch *Böhmer*, StuW 2012, 33 (34).

211 BVerfG, Urt. v. 21.6.2006 – 2 BvL 2/99, BVerfGE 116, 164 (Rn. 117); Urt. v. 12.10.2010 – 1 BvL 12/07, BVerfGE 127, 224 (Rn. 61).

212 BVerfG, Urt. v. 12.10.2010 – 1 BvL 12/07, BVerfGE 127, 224 (Rn. 61); Urt. v. 29.3.2017 – 2 BvL 6/11, BVerfGE 145, 106 (Rn. 110).

213 *Schneider/Junior*, DStR 2017, 417 (424 f.); *Adrian/Tigges*, StuB 2017, 228 (233); *Benz/Böhmer*, DB 2017, 206 (211); zu beachten ist jedoch, dass im Fall der Qualifikation von Lizenzgeber und Lizenznehmer als nahestehende Personen im Sinne des § 1 Abs. 2 Nr. 3 AStG, mangels fehlender Beteiligung, grundsätzlich keine Durchbrechung des Trennungsprinzips vorliegen kann.

Somit hat der Steuergesetzgeber mit der Lizenzschrankenregelung im Sinne des § 4j EStG das Gebot der folgerichtigen Ausgestaltung des Einkommens- und Körperschaftsteuerrechts am Gebot der finanziellen Leistungsfähigkeit, nicht nur in Bezug auf das objektive Nettoprinzip, sondern auch hinsichtlich des Trennungsprinzips, durchbrochen.

3. Ausnahme des Systemwechsels

Fraglich ist, ob jegliche Maßnahme des Steuergesetzgebers einer Rechtfertigung vor dem objektiven Nettoprinzip bzw. Trennungsprinzip bedarf oder ob und inwieweit dieser in der Lage ist, neue andere Prinzipien – unter Umständen partiell – daneben zu etablieren.

Ausweislich des Bundesverfassungsgerichts ist der Steuergesetzgeber grundsätzlich frei darin, neue Regelungen einzuführen, ohne durch das Folgerichtigkeitsgebot an zuvor getroffene Grundentscheidungen gebunden zu sein. Dies gelte jedoch nur, sofern ein Systemwechsel vorgenommen wird.[214]

Allerdings erfordert ein solcher zulässiger Systemwechsel jedoch ein Mindestmaß an neuer Systemorientierung, um vom Gebot der Folgerichtigkeit befreit zu sein.[215] Dies gilt insbesondere, sofern bei unveränderten Grundentscheidungen eine von diesen abweichende Belastungsentscheidung lediglich in einem schmalen Teilbereich mit der Behauptung eines Systemwechsels verargumentiert wird.

Hier bedarf es greifbarer Anhaltspunkte, welche eine daraus resultierende Ungleichbehandlung rechtfertigen können.[216] Erst bei Vorliegen dieser Anforderungen ist der Steuergesetzgeber nicht mehr gezwungen, die Wirkungen selbst aufgesetzter genereller Prinzipien gegen sich gelten zu lassen.

Im Zusammenhang mit der Lizenzschrankenregelung könnte ein solcher Systemwechsel möglicherweise darin gesehen werden, dass der Steuergesetzgeber ein Transparenzprinzip auch in Bezug auf Kapitalgesellschaften eingeführt hat.

Dies könnte aber allenfalls in Bezug auf Lizenzgebühren gesehen werden, da die Gesellschaft darüber hinaus weiterhin als eigenständiges Steuersubjekt behandelt und besteuert wird, ohne dass es auf die Anteilseigner ankommt. Es ist zwar bereits vom Grundsatz her fraglich, ob eine Einführung eines Teilsystems der Transparenz nur in Bezug auf Lizenzgebühren überhaupt möglich wäre. Letztlich ist es jedoch nicht notwendig, dies an dieser Stelle zu klären, da kein Mindestmaß an neuer Systemorientierung gegeben ist.

---

214 *Drüen*, Ubg 2010, 543 (549).

215 BVerfG, Urt. v. 9.12.2008 – 2 BvL 1/07 (u.w.), BVerfGE 122, 210 (210 ff.); *Röder*, StuW 2012, 18 (29).

216 BVerfG, Urt. v. 9.12.2008 – 2 BvL 1/07 (u.w.), BVerfGE 122, 210 (210 ff.).

Grundsätzlich lassen sich punktuelle Maßnahmen aber nur als Systemwechsel anerkennen, sofern diesen ein übergeordneter Plan zugrundeliegt, in welchen sich die punktuellen Maßnahmen einfügen lassen und diese dabei als Teilschritte hin zu einem neuen System erkennbar machen.[217]

Der Steuergesetzgeber hat aber mit der Lizenzschranke nicht und beabsichtigt auch nicht, in Bezug auf die Lizenzgebührenzahlungen ein Transparenzprinzip einzuführen. Des Weiteren hat der Steuergesetzgeber das Transparenzprinzip auch sonst nicht in irgendeiner Art und Weise auf Lizenzgebührenzahlungen ausgedehnt.

Vor diesem Hintergrund stellt die Lizenzschrankenregelung im Sinne des § 4j EStG eine punktuelle, systemwidrige und inkonsequente Abweichung vom Trennungsprinzip dar. Die Lizenzschranke ist demnach nicht als Ausdruck eines Systemwechsels im Körperschaftsteuerrecht zu begreifen, sodass es folglich einer Rechtfertigung bedarf.

4. *Rechtfertigung*

Die vorangestellten Darstellungen haben gezeigt, dass sowohl das objektive Nettoprinzip als auch das Trennungsprinzip durch die Lizenzschranke gemäß § 4j EStG durchbrochen wird.

Eine solche Durchbrechung der beiden Prinzipien billigt das Bundesverfassungsgericht dem Steuergesetzgeber allerdings nur bei Vorliegen gewichtiger Gründe zu, wobei sich dieser „*generalisierender, typisierender und pauschalierender Regelungen*"[218] bedienen darf.[219]

Ausnahmen von der folgerichtigen Umsetzung der getroffenen Belastungsentscheidung bedürfen jedoch eines „*besonderen, sachlichen rechtfertigenden Grundes*"[220].[221]

---

217 BVerfG, Urt. v. 9.12.2008 – 2 BvL 1/07 (u.w.), BVerfGE 122, 210 (210 ff.).

218 BVerfG, Urt. v. 12.10.2010 – 1 BvL 12/07, BVerfGE 127, 224 (248).

219 BVerfG, Urt. v. 9.12.2008 – 2 BvL 1/07 (u.w.), BVerfGE 122, 210 (242); Urt. v. 12.5.2009 – 2 BvL 1/00, BVerfGE 123, 111 (121); Urt. v. 6.7.2010 – 2 BvL 13/09, BVerfGE 126, 268 (279 f.); Urt. v. 12.10.2010 – 1 BvL 12/07, BVerfGE 127, 224 (248 f.); siehe hierzu auch *Hey*, BB 2007, 1303 (1305).

220 BVerfG, Urt. v. 24.3.2015 – 1 BvR 2880/11, BVerfGE 139, 1 (13 f. Rn. 40).

221 BVerfG, Urt. v. 30.9.1998 – 2 BvR 1818/91, BVerfGE 99, 88 (95); Urt. v. 11.11.1998 – 2 BvL 10/95, BVerfGE 99, 280 (290); Urt. v. 4.12.2002 – 2 BvR 400/98 und 2 BvR 1735/00, BVerfGE 107, 27 (48); Urt. v. 7.11.2006 – 1 BvL 10/02, BVerfGE 117, 1 (31); Urt. v. 9.12.2008 – 2 BvL 1/07 (u.w.), BVerfGE 122, 210 (231); Urt. v. 12.10.2010 – 1 BvL 12/07, BVerfGE 127, 224 (245); Urt. v. 24.3.2015 – 1 BvR 2880/11, BVerfGE 139, 1 (13 f. Rn. 40).

Ausweislich der ständigen Rechtsprechung des Bundesverfassungsgerichts werden dabei als solche besonderen sachlich rechtfertigenden Gründe für Ausnahmen von einer folgerichtigen Umsetzung und Konkretisierung steuergesetzlicher Belastungsentscheidungen sowohl außerfiskalische Förderungs- und Lenkungszwecke als auch Typisierungs- und Vereinfachungserfordernisse anerkannt.[222]

Demnach stellt sich die Frage nach der Rechtfertigung dieser Durchbrechung des objektiven Nettoprinzips und des Trennungsprinzips durch die Lizenzschranke in Form des § 4j EStG.

Explizit nennt der Steuergesetzgeber als Rechtfertigung der Durchbrechung einerseits die „*Sicherung des bestehenden Steueraufkommens*"[223] und andererseits die „*Sicherstellung einer fairen Besteuerung*"[224].

a) Außerfiskalischer Förderungs- und Lenkungszweck

Als Nebenzweck der Steuer und als Rechtfertigungsgründe vor dem Gleichheitssatz[225] sind außerfiskalische Förderungs- und Lenkungszwecke grundsätzlich anerkannt.[226]

Durch die Sonderbelastung eines unerwünschten oder durch die steuerliche Verschonung eines erwünschten Verhaltens motiviert der Steuergesetzgeber den Steuerpflichtigen, sich für ein bestimmtes Handeln oder Unterlassen

---

222 Hierzu sei verwiesen auf die ständige Rechtsprechung des BVerfG, Urt. v. 22.6.1995 – 2 BvL 37/91, BVerfGE 93, 121 (147 f.); Urt. v. 11.11.1998 – 2 BvL 10/95, BVerfGE 99, 280 (296); Urt. v. 6.3.2002 – 2 BvL 17/99, BVerfGE 105, 73 (112 f.); Urt. v. 20.4.2004 – 1 BvR 1748/99 und 1 BvR 905/00, BVerfGE 110, 274 (292); Urt. v. 21.6.2006 – 2 BvL 2/99, BVerfGE 116, 164 (182); Urt. v. 7.11.2006 – 1 BvL 10/02, BVerfGE 117, 1 (32); Urt. v. 17.4.2008 – 2 BvL 4/05, BVerfGE 121, 108 (120); Urt. v. 14.10.2008 – 1 BvF 4/05, BVerfGE 122, 1 (37); Urt. v. 9.12.2008 – 2 BvL 1/07 (u.w.), BVerfGE 122, 210 (232); Urt. v. 6.7.2010 – 2 BvL 13/09, BVerfGE 126, 268 (281); Urt. v. 15.1.2014 – 1 BvR 1656/09, BVerfGE 135, 126 (151 f.); Urt. v. 5.11.2014 – 1 BvF 3/11, BVerfGE 137, 350 (367).

223 Entwurf eines Gesetzes gegen schädliche Steuerpraktiken im Zusammenhang mit Rechteüberlassungen v. 20.2.2017, BT-Drs. 18/11233 v. 20.2.2017, 2.

224 Entwurf eines Gesetzes gegen schädliche Steuerpraktiken im Zusammenhang mit Rechteüberlassungen v. 20.2.2017, BT-Drs. 18/11233 v. 20.2.2017, 8.

225 Siehe hierzu instruktiv BVerfG, Urt. v. 22.6.1995 – 2 BvL 37/91, BVerfGE 93, 121 (47).

226 Hierzu insbesondere BVerfG, Urt. v. 9.12.2008 – 2 BvL 1/07 (u.w.), BVerfGE 122, 210 (231); Urt. v. 6.7.2010 – 2 BvL 13/09, BVerfGE 126, 268 (278); Urt. v. 12.10.2010 – 1 BvL 12/07, BVerfGE 127, 224 (246).

zu entscheiden, ohne diesen aber rechtsverbindlich und verlässlich hierzu zu verpflichten.[227]

Da der Steuergesetzgeber durch diese (mittelbare) Verhaltenssteuerung aber faktisch auch Sachgesetzgebungskompetenzen und gegebenenfalls auch Grundrechte berühren kann, setzt eine über die bloße Ertragswirkung hinausgehende Lenkungswirkung eine klare und erkennbare gesetzgeberische Entscheidung voraus.[228]

Die hiervon getragene Lenkungsnorm muss hinsichtlich Ziel und Grenze der Lenkung tatbestandlich hinreichend bestimmt vorgezeichnet und gleichheitsgerecht ausgestaltet sein und ein Mindestmaß an zweckgerechter Ausgestaltung aufweisen.[229]

Aus der im Entwurf zum Gesetz gegen schädliche Steuerpraktiken im Zusammenhang mit Rechteüberlassungen formulierten Zielsetzung, nämlich der „*Sicherstellung einer fairen Besteuerung*"[230], könnte ein entsprechender Lenkungszweck in der Unterbindung von aggressiven Gewinnverlagerungen multinationaler Unternehmen gesehen werden.[231]

Aus Aspekten des Gemeinwohls mögen die Einschränkungen der Gewinnverlagerungen dem Grunde nach zwar als legitime Motive einzuschätzen sein, um das objektive Nettoprinzip zu durchbrechen, allerdings dürfte indes angesichts der Ausgestaltung der Lizenzschranke dieser Lenkungszweck jedoch an der Maßgabe scheitern, von einer erkennbaren gesetzgeberischen Entscheidung getragen zu werden.

---

227 BVerfG, Urt. v. 7.5.1998 – 2 BvR 1991/95 und 2 BvR 2004/95, BVerfGE 98, 106 (117); Urt. v. 20.4.2004 – 1 BvR 1748/99 und 1 BvR 905/00, BVerfGE 110, 274 (292 f.); Urt. v. 7.11.2006 – 1 BvL 10/02, BVerfGE 117, 1 (32); Urt. v. 9.12.2008 – 2 BvL 1/07 (u.w.), BVerfGE 122, 210 (231 f.).

228 BVerfG, Urt. v. 22.6.1995 – 2 BvL 37/91, BVerfGE 93, 121 (147); Urt. v. 6.3.2002 – 2 BvL 17/99, BVerfGE 105, 73 (112 f.); Urt. v. 21.6.2006 – 2 BvL 2/99, BVerfGE 116, 164 (182).

229 BVerfG, Urt. v. 22.6.1995 – 2 BvL 37/91, BVerfGE 93, 121 (148); Urt. v. 11.11.1998 – 2 BvL 10/95, BVerfGE 99, 280, (296); Urt. v. 20.4.2004 – 1 BvR 1748/99 und 1 BvR 905/00, BVerfGE 110, 274 (292 f.); Urt. v. 21.6.2006 – 2 BvL 2/99, BVerfGE 116, 164 (182); Urt. v. 7.11.2006 – 1 BvL 10/02, BVerfGE 117, 1 (31 f.); Urt. v. 9.12.2008 – 2 BvL 1/07 (u.w.), BVerfGE 122, 210 (232).

230 Entwurf eines Gesetzes gegen schädliche Steuerpraktiken im Zusammenhang mit Rechteüberlassungen v. 20.2.2017, BT-Drs. 18/11233 v. 20.2.2017, 8.

231 Entwurf eines Gesetzes gegen schädliche Steuerpraktiken im Zusammenhang mit Rechteüberlassungen v. 20.2.2017, BT-Drs. 18/11233 v. 20.2.2017, 8.

Die Lizenzschranke erfasst zwar faktisch lediglich grenzüberschreitende Sachverhalte, scheitert jedoch an einer inkonsequenten Umsetzung, da die Lizenzschranke vielmehr die Einschränkung aller Arten der Verlagerungen von IP-bezogenen Einkünften fordern müsste.

In der Folge sanktioniert die Lizenzschranke zwar die Verlagerung von IP-bezogenen Einkünften in nicht nexuskonforme Präferenzregime, allerdings bleiben Gewinnverlagerungen in *„allgemeine Steueroasen"*[232] vollständig unberücksichtigt.

Demnach verfolgt der Steuergesetzgeber einen möglichen Lenkungszweck nur sehr partiell. Die tatbestandliche Struktur der Lizenzschrankenregelung führt somit dazu, dass die Umsetzung der angeführten Ziele nicht konsequent verfolgt wurde. Im Ergebnis kann der Lizenzschranke folglich kein entsprechender Lenkungszweck beigemessen werden.[233]

b) Sicherstellung einer fairen Besteuerung

Des Weiteren ist zu untersuchen, ob im Ergebnis der Missbrauchsgedanke durchgreifen und in diesem Zusammenhang als sachliche Rechtfertigung für die Verletzung des objektiven Nettoprinzips sowie des Trennungsprinzips herhalten kann.

Analog zum europäischen Recht ist die Missbrauchsabwehr grundsätzlich ein legitimierter (sachlicher) Rechtfertigungsgrund zur Einschränkung des Abzugs von Erwerbsaufwendungen.[234]

Die Prüfung der Missbrauchsbekämpfung erfolgt dabei zweistufig. Auf der ersten Stufe stellt sich zunächst die Frage, ob in der Lizenzschrankenregelung ein zulässiger Missbrauchsbekämpfungszweck angelegt ist, wohingegen auf der zweiten Stufe zu fragen ist, ob eine ausreichende Zielgerichtetheit von der Vorschrift im Sinne des § 4j EStG ausgeht.

aa) Missbrauchsbekämpfungszweck

Um die Frage zu beantworten, ob in der Lizenzschranke ein zulässiger Missbrauchsbekämpfungszweck angelegt ist, bietet sich zunächst ein Blick in die entsprechenden Gesetzesmaterialien an.

---

232 Exemplarisch sind in diesem Zusammenhang beispielsweise die Bahamas, Bermudas sowie die Cayman Islands zu nennen.

233 So auch *Hagemann/Kahlenberg*, in: Herrmann/Heuer/Raupach, EStG, § 4j Rn. 4; *Max/Thiede*, StB 2017, 175 (181).

234 Hierzu auch *Drüen*, StuW 2008, 3 (13).

Hierbei wird vom Steuergesetzgeber dargelegt, dass das Ziel der Lizenzschranke in „*der Sicherstellung einer fairen Besteuerung*“[235] besteht.

Weiter wird ausgeführt, dass „*Aufwendungen für Rechteüberlassungen an nahestehende Personen künftig nicht mehr oder nur noch zum Teil abziehbar sein sollen, wenn die entsprechenden Einnahmen beim Empfänger aufgrund eines als schädlich einzustufenden Präferenzregimes (so genannte IP-Boxen‘, ‚Patentboxen‘ oder ‚Lizenzboxen‘), das keine substantielle Geschäftstätigkeit des Empfängers voraussetzt, nicht oder nur niedrig besteuert werden*“[236].

Hieraus lässt sich erkennen, dass die Lizenzschranke weniger auf das konkrete Verhalten des Steuerpflichtigen abstellt, sondern vielmehr gegen die (schädliche) Präferenzregelung im Ausland gerichtet ist.

Folglich lässt sich ableiten, nach den Vorstellungen des Steuergesetzgebers solle wohl durch die Lizenzschranke in Form des § 4j EStG der Umsetzung des Nexus-Ansatzes in anderen Staaten Nachdruck verliehen werden.[237] Diese Sichtweise spiegelt sich auch im Wortlaut der finalen Gesetzesfassung wider, wobei lediglich auf die Vereinbarkeit der Präferenzregelung mit dem Nexus-Ansatz abgestellt wird.

In der Folge führt dies dazu, dass die Ausnahme vom Abzugsverbot nach § 4j Abs. 1 Satz 4 EStG auch nicht zur Anwendung kommen kann, wenn der betroffene Steuerpflichtige im Ausland eine nexuskonforme Substanz unterhält. Denn im Rahmen der Prüfung des § 4j Abs. 1 Satz 4 EStG ist allein entscheidend, dass die ausländische Jurisdiktion die Gewährung von ausländischen steuerlichen Präferenzregimen vom Nexus-Ansatz abhängig macht.

Darüber hinaus wird im Rahmen der Gesetzesmaterialien angeführt, die Lizenzschranke solle der „*Sicherung des bestehenden Steueraufkommens*“[238] dienen. Hieraus lässt sich erkennen, dass dem Steuergesetzgeber daran gelegen ist, die Besteuerung in Deutschland zu halten.

---

235 Entwurf eines Gesetzes gegen schädliche Steuerpraktiken im Zusammenhang mit Rechteüberlassungen v. 20.2.2017, BT-Drs. 18/11233 v. 20.2.2017, 8.

236 Entwurf eines Gesetzes gegen schädliche Steuerpraktiken im Zusammenhang mit Rechteüberlassungen v. 20.2.2017, BT-Drs. 18/11233 v. 20.2.2017, 8.

237 Ausweislich des Tagungsberichts von *Schade*, IStR 2017, III (III) äußerte sich *Peter Rennings*, Ministerialrat im BMF, auf der IFA-Diskussionsrunde in Berlin am 29.3.2017 dahingehend, dass „*die Lizenzschranke […] zur Abschaffung steuerschädlicher Präferenzregime beitragen und andere OECD-Mitglieder dazu animieren solle, ihre Lizenzboxen schon vor dem 30.6.2021 BEPS-konform auszugestalten*“.

238 Entwurf eines Gesetzes gegen schädliche Steuerpraktiken im Zusammenhang mit Rechteüberlassungen v. 20.2.2017, BT-Drs. 18/11233 v. 20.2.2017, 2.

Ob dabei lediglich der Verlust von Steuersubstrat für sich betrachtet als Kriterium zur Identifizierung missbräuchlicher Gestaltungen zu dienen vermag, erscheint äußerst fragwürdig.

Denn mangels einer allgemeinen Regelung hinsichtlich des Vorrangs von Inlandsgewinnen sind Gestaltungen, welche Gewinne im Ausland statt im Inland anfallen lassen, nicht per se als Missbrauch zu qualifizieren.[239] Demnach geht mit dem Verlust des Steuersubstrats insbesondere kein Missbrauch einher, sofern der Steuerpflichtige einen Tatbestand verwirklicht, für welchen Deutschland zuvor auf das Besteuerungsrecht verzichtet hat.[240]

Zugegebenermaßen könnte in diesem Zusammenhang eine missbräuchliche Gestaltung darin gesehen werden, sofern die in ein Präferenzregime gezahlten Lizenzgebühren beispielsweise über eine steuerbegünstigte Dividende wieder zurück in das Inland gelangen würden. Finden die entsprechenden Lizenzgebühren jedoch nicht wieder den Weg zurück nach Deutschland und verbleiben dauerhaft in der ausländischen Jurisdiktion, so verliert das Argument der künstlichen Minderung der inländischen Bemessungsgrundlage deutlich an Schlagkraft.[241] Zu einer derart gelagerten Sachverhaltskonstellation lassen sich bei genauerer Betrachtung der Gesetzesmaterialien jedoch keine weiteren Ausführungen des Steuergesetzgebers finden.

Des Weiteren ist fraglich, ob ein mit der Hinzurechnungsbesteuerung in Form der §§ 7 ff. AStG einhergehender Missbrauchsbekämpfungszweck auf die Lizenzschrankenregelung abfärben könnte.

Wie *Kramer* in seinem Beitrag richtig darstellt, haben sowohl die Lizenzschranke als auch die Hinzurechnungsbesteuerung einen sich zum Teil überlappenden Anwendungsbereich.[242] Dies spiegelt sich auch in § 4j Abs. 1 Satz 5 EStG wider, da die Lizenzschranke nicht zur Anwendung gelangt, sofern diese mit der Hinzurechnungsbesteuerung koinzidiert.[243]

Im Gegensatz zur Lizenzschranke kommen die §§ 7 ff. AStG allerdings nur zur Anwendung, sofern dem jeweiligen Sachverhalt eine sogenannte

239 So insbesondere auch *Hey*, StuW 2008, 167 (172).

240 Siehe in diesem Zusammenhang die Ausführungen zu Art. 12 OECD-MA in Kapitel IV dieser Untersuchung.

241 Ebenso *Neumann-Tomm*, in: Lademann, EStG, § 4j Rn. 14.

242 Siehe *Kramer*, ISR 2018, 1 (1 ff.).

243 Siehe *Kramer*, ISR 2018, 1 (1).

Inländerbeherrschung[244] zugrundeliegt. Demnach ist der Anwendungsbereich der Lizenzschranke als weitgehender einzuordnen, sodass dieser eine Art Auffangfunktion für solche Fälle zugeschrieben werden könnte, welche von der Hinzurechnungsbesteuerung nicht erfasst werden.[245]

Folglich wäre es nicht abwegig, würde die Lizenzschranke als Erweiterung der Hinzurechnungsbesteuerung qualifiziert werden, sodass diese als Ausfluss der engen Verzahnung mit der Hinzurechnungsbesteuerung von dessen Missbrauchsbekämpfungszweck mit umfasst wäre bzw. der Missbrauchsbekämpfungszweck der §§ 7 ff. AStG auf die Lizenzschranke abfärben würde.

Diese Sichtweise überzeugt jedoch nicht. Zwar könnte der Lizenzschranke eine Art Auffangfunktion für die Hinzurechnungsbesteuerung zugeschrieben werden, allerdings sprechen die bisherigen Ausführungen vielmehr dafür, dass die Lizenzschranke ein Druckmittel des Steuergesetzgebers darzustellen vermag, welches darauf gerichtet ist, ausländische Jurisdiktionen dazu zu bewegen, deren schädliche Präferenzregime an die Vorgaben des Nexus-Ansatzes anzupassen.

Wenn die Lizenzschranke tatsächlich als entsprechende Auffangnorm angedacht wäre, würde die Lizenzschranke in einem solchen Fall sicherlich nicht nur auf schädliche Präferenzregelungen im Ausland, sondern vielmehr auf eine allgemeine Niedrigbesteuerung gerichtet, wie dies bei den §§ 7 ff. AStG durch den Steuergesetzgeber zugrundegelegtwurde.

Die Frage, ob die Lizenzschranke einen zulässigen Missbrauchsbekämpfungszweck verfolgt oder nicht, wird auch in der Literatur kontrovers diskutiert.[246]

Im Rahmen dieser Diskussion sieht insbesondere *Pötsch*[247] einen klaren in der Lizenzschranke angelegten Missbrauchsbekämpfungszweck und greift dabei auf die Definition der Missbrauchsbekämpfung zurück. Sie sei gegeben, sofern sich *„eine Regelung gegen die Geltendmachung überhöhter, in Wahrheit nicht erwerbswirtschaftlich, sondern gesellschaftsrechtlich veranlasster Aufwendungen zum Zwecke der Verlagerung von Steuersubstrat ins Ausland richte“*[248]. Dies vermag jedoch nicht zu

---

244 Von einer *Inländerbeherrschung* ist auszugehen, sofern eine Beteiligung von mehr als 50 Prozent an den Anteilen oder Stimmrechten der ausländischen Gesellschaft vorliegt; siehe hierzu ausführlich *Wassermeyer/Schönfeld*, in: Flick/Wassermeyer/Baumhoff, AStG, § 8 Rn. 216.

245 Ebenso *Frase*, in: Korn, EStG, § 4j Rn. 11 f.

246 Siehe hierzu beispielsweise *Hagemann/Kahlenberg*, in: Herrmann/Heuer/Raupach, EStG, § 4j Rn. 4; *van Lück*, IStR 2017, 388 (390); *Ditz/Quilitzsch*, DStR 2017, 1561 (1567); *Benz/Böhmer*, DB 2017, 206 (211); *Hagemann/Kahlenberg*, FR 2017, 1125 (1126); a.A. *Pötsch*, DStR 2018, 761 (763 f.); *Max/Thiede*, StB 2017, 175 (181).

247 *Pötsch*, DStR 2018, 761 (763 f.).

248 *Pötsch*, DStR 2018, 761 (763 f.), mit Verweis aus *Englisch*, DStR-Beih. 2009, 92 (97).

überzeugen, da die Lizenzschranke in Form des § 4j EStG gerade nicht auf die Höhe der entsprechenden Lizenzzahlungen abstellt.[249]

Im Ergebnis zeigen die vorangestellten Ausführungen, dass die Lizenzschrankenregelung in Form des § 4j EStG in keinster Weise das Verhalten des Steuerpflichtigen in den Vordergrund stellt, sondern sich vielmehr gegen die abstrakte Präferenzregelung im Ausland richtet.

Demnach handelt es sich bei § 4j EStG nicht um eine spezialgesetzliche Missbrauchsvorschrift, sodass im Ergebnis kein zulässiger Missbrauchsbekämpfungszweck in der Lizenzschranke angelegt ist.

bb) Zielgerichtetheit

Zwar wurde im Rahmen der vorangestellten Ausführungen dargelegt, dass mit der Lizenzschranke grundsätzlich kein Missbrauchsbekämpfungszweck einhergeht und somit der Verstoß gegen das objektive Nettoprinzip und des Trennungsprinzips bereits dem Grunde nach nicht mit der Missbrauchsabwehr gerechtfertigt werden kann. Allerdings bestehen auch starke Zweifel in Bezug auf die Zielgerichtetheit der Regelungskonzeption des § 4j EStG.[250]

Vor diesem Hintergrund stellt sich die Frage, ob die Lizenzschranke an sich geeignet, erforderlich und angemessen ist, da insbesondere bei einer zulässigen Missbrauchstypisierung strenge Maßstäbe an die verfassungsrechtlichen Grenzen gesetzt werden.[251]

Ausweislich des Bundesverfassungsgerichts muss sich eine Missbrauchstypisierung realitätsgerecht am typischen Fall orientieren und darf hingegen keine atypische Fallkonstellation zugrundelegen.[252]

Die restriktiv wirkende Lizenzschranke findet nur in solchen Fällen Anwendung, in welchen die Lizenzeinnahmen aufgrund eines Präferenzregimes niedrig besteuert werden.

---

249 Siehe hierzu beispielsweise auch *Hagemann/Kahlenberg*, in: Herrmann/Heuer/Raupach, EStG, § 4j Rn. 9, wonach die Lizenzschranke eine fremdvergleichskonforme Lizenzgebühr voraussetzt.

250 So beispielsweise auch *Hagemann/Kahlenberg*, in: Herrmann/Heuer/Raupach, EStG, § 4j Rn. 4; *van Lück/Niemeyer*, IWB 2017, 440 (443 f.); kritisch auch *Adrian/Tigges*, StuB 2017, 228 (233); *Ditz/Quilitzsch*, DStR 2017, 1561 (1566); a.A. *Pötsch*, DStR 2018, 761 (764); *Max/Thiede*, StB 2017, 175 (181).

251 Siehe hierzu exemplarisch die vom Bundesverfassungsgericht festgestellte Verfassungswidrigkeit der Vorschrift im Sinne des § 8c Abs. 1 Satz 1 KStG, BVerfG, Urt. v. 29.3.2017 - 2 BvL 6/11, BVerfGE 145, 106 (106 ff.).

252 BVerfG, Urt. v. 29.3.2017 - 2 BvL 6/11, BVerfGE 145, 106 (Rn. 127 (m.w.N.)).

Dabei hat der Steuergesetzgeber als typischen Missbrauchsfall wohl vor Augen, dass Lizenzgebühren an eine nahestehende Person, welche in einer niedrig oder gar nicht besteuernden Jurisdiktion ansässig ist, bezahlt werden und dabei die in Deutschland anfallende Quellensteuer mittels Durchleitung durch quellensteuerfreie EU-Staaten unter Zuhilfenahme der Zins- und Lizenzgebühren-Richtlinie vermieden wird.

Ausweislich des kürzlich veröffentlichten Schreibens des Bundesministeriums für Finanzen wird allerdings deutlich, dass bereits einige Jurisdiktionen ihre zuvor als schädlich eingestuften Lizenzboxen an die Vorgaben des Nexus-Ansatzes angepasst haben.[253]

Demnach ist der typische Missbrauchssachverhalt nicht darin zu sehen, dass eine niedrige Besteuerung aus einer nicht nexuskonformen Lizenzboxregelung resultiert. Hieraus lässt sich vielmehr ableiten, dass durch die Umsetzung der BEPS-Initiative nicht nexuskonforme Lizenzboxen künftig zu einer seltenen Ausnahme werden sollten.[254]

Hingegen werden Fälle einer generellen Niedrigbesteuerung im Ausland nicht von § 4j EStG erfasst.[255] Wenn der Gesetzgeber sein Ziel, grenzüberschreitende Gewinnverlagerungen mittels konzerninterner Lizenzzahlungen zu verhindern, folgerichtig umsetzen würde, müssten aber von der Lizenzschranke auch zwingend die Aufwendungen für Rechteüberlassungen aus solchen Steueroasen heraus (unabhängig von einer Präferenzregelung) erfasst werden.[256]

Dies überzeugt insbesondere vor dem Hintergrund, dass nicht nexuskonforme Lizenzboxen künftig eher die Ausnahme darstellen und Lizenzzahlungen in Steueroasen daher weiter an Bedeutung gewinnen werden.

Darüber hinaus entfaltet die Lizenzschranke auch überschießende Wirkung dahingehend, dass auch nicht missbräuchliche Sachverhalte von § 4j EStG erfasst werden. Beispielsweise ergreift die Lizenzschranke den Fall, im Rahmen dessen der Lizenz tatsächliche Forschungs- und Entwicklungstätigkeiten

253 Siehe zum aktuellen Stand BMF v. 19.2.2020 – IV C 2 – S 2144-g/17/10002, BStBl. I 2020, 238 (3 ff.).

254 Dies lässt sich insbesondere daraus ableiten, dass die Steuermehreinnahmen im Gesetzentwurf ab dem Jahr 2022 mit Null angegeben werden. Siehe hierzu der Entwurf eines Gesetzes gegen schädliche Steuerpraktiken im Zusammenhang mit Rechteüberlassungen v. 20.2.2017, BT-Drs. 18/11233 v. 20.2.2017, 10.

255 Exemplarisch sind in diesem Zusammenhang beispielsweise die Bahamas, Bermudas sowie die Cayman Islands zu nennen.

256 So auch *Hagemann/Kahlenberg*, FR 2017, 1125 (1126); *Heil/Pupeter*, BB 2017, 795 (800); *Ditz/Quilitzsch*, DStR 2017, 1561 (1566).

des Lizenzgebers zugrundeliegen, welcher in einer Jurisdiktion mit einer nicht nexuskonformen Lizenzbox ansässig ist. Da die Lizenzschranke lediglich abstrakt auf die ausländische Präferenzregelung und nicht hingegen auf die tatsächlichen Umstände abstellt, werden derart gelagerte Sachverhalte nicht vom angeblichen Normzweck der Missbrauchsbekämpfung erfasst.

Ausweislich des Bundesverfassungsgerichts darf der Gesetzgeber bei Typisierungen gewisse Härten und Ungerechtigkeiten in Kauf nehmen, wenn diese „*nur unter Schwierigkeiten vermeidbar wären, lediglich eine verhältnismäßig kleine Zahl von Personen betreffen und das Ausmaß der Ungleichbehandlung gering ist*“[257].

Die tatsächlichen Anknüpfungspunkte für die Typisierung dürfen den Normzweck jedoch nicht verfehlen, was bei einem bloßen Abstellen auf die ausländische Präferenzregelung allerdings der Fall ist. Grundsätzlich wäre es ohne Weiteres möglich gewesen, den Steuerpflichtigen die Möglichkeit des Gegenbeweises einzuräumen, dass auf Ebene des Lizenzgebers tatsächlich entsprechende Forschungs- und Entwicklungstätigkeiten zugrundeliegen.

In diesem Zusammenhang kann auch nicht davon ausgegangen werden, dass dies unter dem Aspekt eines Massenverfahrens zum Zwecke der Verwaltungsvereinfachung verzichtbar wäre, da es lediglich ca. 650 Fälle je Veranlagungszeitraum in Deutschland geben soll.[258]

Ursache für die fehlende Gegenbeweismöglichkeit dürfte wiederum das eigentliche Ziel der Lizenzschranke sein, nämlich auf andere Staaten dahingehend einzuwirken, dass diese ihre abstrakten Präferenzregelungen entsprechend überarbeiten.

Im Ergebnis wird deutlich, dass der Steuergesetzgeber mit der Lizenzschrankenregelung aus politischen Gründen lediglich einen Randbereich erfasst. Demnach bewegt sich die gesetzgeberische Missbrauchstypisierung nicht im vorgegebenen verfassungsrechtlichen Rahmen, da der Steuergesetzgeber nicht den realitätsgerechten typischen Missbrauchsfall als Ausgangspunkt für eine generalisierende Regelung zugrundegelegthat.

c) Sicherung des bestehenden Steueraufkommens

Ausweislich des Entwurfs zum Gesetz gegen schädliche Steuerpraktiken im Zusammenhang mit Rechteüberlassungen besteht das Ziel der Lizenzschranke

257 BVerfG, Urt. v. 29.3.2017 – 2 BvL 6/11, BVerfGE 145, 106 (Rn. 108 (m.w.N.)).

258 Entwurf eines Gesetzes gegen schädliche Steuerpraktiken im Zusammenhang mit Rechteüberlassungen v. 20.2.2017, BT-Drs. 18/11233 v. 20.2.2017, 10.

in der *„Sicherstellung einer fairen Besteuerung“*[259], welches weitergehend der *„Sicherung des bestehenden Steueraufkommens“*[260] dienen soll.

Daraus folgt, dass die Sicherung des inländischen Steuersubstrats als Begründung für die Einführung der Lizenzschranke angeführt wird.

Ob eine solche Sicherung des Steuersubstrats jedoch einen hinreichenden sachlichen Rechtfertigungsgrund für einen Grundrechtseingriff darstellen kann, ist bereits vor dem Hintergrund höchst zweifelhaft, dass die Bemühung, das Steuersubstrat zu sichern, jeder Steuererhebung zugrundeliegt und diese Steuerhebung nicht aus sich heraus rechtfertigen kann.

Zwar hat der Gedanke, dass EU-Mitgliedstaaten für grenzüberschreitende Sachverhalte das Steuersubstrat untereinander aufteilen können, in der Rechtsprechung des EuGH[261] Berücksichtigung gefunden, sodass durchaus daran gedacht werden könnte, eine Zuteilung entsprechend dem Nutzen, den ein Unternehmen von einem Sitzstaat hat, vorzunehmen.

Dem ist allerdings entgegenzuhalten, dass sich eine Berücksichtigung staatlicher Gegenleistungen zur Rechtfertigung eines Besteuerungsvorganges bereits aufgrund der Struktur des Steuerbegriffs verbietet.[262] Demnach muss es auf verfassungsrechtlicher Ebene dabei bleiben, dass ausschließlich fiskalische Gründe eine Abweichung vom objektiven Nettoprinzip sowie einen Verstoß gegen das Trennungsprinzip nicht rechtfertigen können.

5. *Strukturelles Vollzugsdefizit*

Ausgangspunkt für die Überlegung, ob der Lizenzschrankenregelung in Form des § 4j EStG eine Verfassungswidrigkeit aufgrund eines strukturellen Vollzugsdefizits unterstellt werden könnte, ist die Erkenntnis, dass der Gleichheitssatz des Art. 3 Abs. 1 GG nicht nur eine rechtliche, sondern auch eine tatsächliche gleiche Belastung gebietet.[263]

---

259 Entwurf eines Gesetzes gegen schädliche Steuerpraktiken im Zusammenhang mit Rechteüberlassungen v. 20.2.2017, BT-Drs. 18/11233 v. 20.2.2017, 10.

260 Entwurf eines Gesetzes gegen schädliche Steuerpraktiken im Zusammenhang mit Rechteüberlassungen v. 20.2.2017, BT-Drs. 18/11233 v. 20.2.2017, 2.

261 EuGH, Urt. v. 13.12.2005 – C-446/03, *Marks & Spencer*, Slg. 2006, I-10837 Rn. 44 und 45.

262 Siehe hierzu auch *Musil/Volmering*, DB 2008, 12 (15).

263 Siehe hierzu grundlegend, BVerfG, Urt. v. 27.6.1991 – 2 BvR 1493/89, BVerfGE 84, 239; Urt. v. 9.3.2004 – 2 BvL 17/02, BVerfGE 110, 94; Urt. v. 25.2.2008 – 2 BvL 14/05, BStBl. II 2008, 651.

Ausweislich des Bundesverfassungsgerichts muss das materielle Steuergesetz in ein solch normatives Umfeld eingebettet werden, welches die Gleichheit der Belastung auch hinsichtlich des tatsächlichen Erfolgs grundsätzlich gewährleistet.[264]

Hängt die Steuerfestsetzung von der Erklärung des Steuerpflichtigen ab, so muss der Gesetzgeber die Steuerehrlichkeit durch hinreichende, die steuerliche Belastungsgleichheit gewährleistende Kontrollmöglichkeiten stützen.[265]

Resultieren die Regelungen zum Vollzug eines Besteuerungstatbestands jedoch darin, dass der jeweilige Besteuerungsanspruch weitgehend nicht durchgesetzt werden kann, besteht grundsätzlich ein strukturelles Vollzugsdefizit.[266]

Ist dabei ein solches strukturelles Vollzugsdefizit auch dem Steuergesetzgeber zuzuschreiben, so hat der Verstoß gegen den in Art. 3 Abs. 1 GG angelegten Gleichheitssatz die Verfassungswidrigkeit der materiellen Norm zur Folge.[267]

Dieser Aspekt kommt insbesondere vor dem Hintergrund der Vollzugsschwierigkeiten im Ausland in Betracht. Ob die inländischen Finanzbehörden von einer Inanspruchnahme von schädlichen Lizenzboxregimen in der ausländischen Holdingstruktur erfahren, ist tatsächlich fraglich.[268]

Hiervon zu unterscheiden ist allerdings die Frage, ob diese tatsächlichen Schwierigkeiten zu einem – die Verfassungswidrigkeit auslösenden – strukturellen Vollzugsdefizit führen. Gemäß der Rechtsprechung des Bundesverfassungsgerichts ist entscheidend, dass die rechtliche Gestaltung des Verfahrens (d.h. die normativen Regelungen) Kontrollen weitgehend ausschließen.[269] Insbesondere führt das Bundesverfassungsgericht hierzu aus:

> *„Lässt sich der Regelfall ausreichend zuverlässig so beschreiben, dass bestimmte Einkünfte materiell-rechtlich zutreffend nur bei einer qualifizierten Erklärungsbereitschaft des Steuerpflichtigen erfasst werden und ein Fehlverhalten bei der Erklärung ohne ein praktisch bedeutsames Entdeckungsrisiko möglich bleibt, dann liefert bereits dies hinreichende*

---

264 BVerfG, Urt. v. 27.6.1991 – 2 BvR 1493/89, BVerfGE 84, 239; Urt. v. 9.3.2004 – 2 BvL 17/02, BVerfGE 110, 94; Urt. v. 25.2.2008 – 2 BvL 14/05, BStBl. II 2008, 651.

265 Ebenso *Hinz*, IStR 2020, 397 (398).

266 BVerfG, Urt. v. 25.2.2008 – 2 BvL 14/05, BStBl. II 2008, 651.

267 BVerfG, Urt. v. 27.6.1991 – 2 BvR 1493/89, BVerfGE 84, 239; Urt. v. 9.3.2004 – 2 BvL 17/02, BVerfGE 110, 94; Urt. v. 25.2.2008 – 2 BvL 14/05, BStBl. II 2008, 651.

268 Dies gilt insbesondere für solche Fälle, in denen keine mehrheitlichen Beteiligungsverhältnisse bestehen.

269 BVerfG, Urt. v. 27.6.1991 – 2 BvR 1493/89, BVerfGE 84, 239; Urt. v. 9.3.2004 – 2 BvL 17/02, BVerfGE 110, 94; Urt. v. 25.2.2008 – 2 BvL 14/05, BStBl. II 2008, 651.

Grundlagen für die Feststellung einer im Gesetz strukturell angelegten Ungleichmäßigkeit der Rechtsanwendung".[270]

Folglich ist entscheidend, ob den inländischen Finanzbehörden rechtliche Möglichkeiten zur Kontrolle zur Verfügung stehen. Dies sollte meines Erachtens jedoch der Fall sein, da betroffenen Steuerpflichtigen einerseits erhöhte Mitwirkungspflichten bei Auslandssachverhalten (§ 90 AO)[271] auferlegt werden und die inländischen Finanzbehörden andererseits auf eine internationale Amts- und Rechtshilfe zurückgreifen können.[272] Vor diesem Hintergrund ist der Lizenzschranke meines Erachtens kein strukturelles Vollzugsdefizit vorzuwerfen.

6. *Zwischenergebnis*

Das (partielle) Betriebsausgabenabzugsverbot für Aufwendungen aus Rechteüberlassungen auf Ebene des Lizenznehmers gemäß § 4j EStG steht folglich im Widerspruch zu der vom Steuergesetzgeber getroffenen Systementscheidung in Bezug auf das objektive Nettoprinzip und des Trennungsprinzips.

Dieser Systembruch widerspricht mangels sachlicher Rechtfertigung dem Gebot der Besteuerung nach der wirtschaftlichen Leistungsfähigkeit.

Im Endeffekt verstößt die Lizenzschranke gemäß § 4j EStG damit gegen den Gleichheitssatz des Art. 3 Abs. 1 GG.

II. Vereinbarkeit mit Art. 12 Abs. 1 GG (Berufsfreiheit)

Als verfassungsrechtlicher Maßstab kommt für die Lizenzschrankenregelung im Sinne des § 4j EStG neben dem Gleichheitssatz des Art. 3 Abs. 1 GG auch die in Art. 12 Abs. 1 GG verbürgte Berufsfreiheit in Betracht.

Ein Verstoß der Lizenzschranke gegen die Berufsfreiheit kann grundsätzlich in all solchen Konstellationen auftreten, in welchen die Lizenzschranke in den Schutzbereich des Art. 12 Abs. 1 GG eingreift.

---

270 BVerfG, Urt. v. 9.3.2004 - 2 BvL 17/02, BverfGE 110, 94.

271 Siehe hierzu ausführlich *Rätke*, in: Klein, AO, § 90.

272 Siehe zu den Ermittlungsmöglichkeiten deutscher Finanzbehörden bei Auslandssachverhalten ausführlich, *Korts/Korts*, IStR 2006, 869 (869 ff.).

1. Persönlicher Schutzbereich

Die Berufsfreiheit im Sinne des Art. 12 Abs. 1 GG ist als ein sogenanntes *Bürgerrecht* ausgestaltet und als solches im Hinblick auf natürliche Personen nur für deutsche Staatsbürger im Sinne des Art. 116 GG gewährleistet.[273]

Gemäß Art. 19 Abs. 3 GG fallen auch inländische juristische Personen des Privatrechts insoweit in den persönlichen Schutzbereich des Art. 12 Abs. 1 GG, als diese eine bestimmte Erwerbstätigkeit ausüben, welche ihrem Wesen und ihrer Art nach in gleicher Weise von einer juristischen Person wie von einer natürlichen Person ausgeübt werden kann.[274]

Somit werden vom Schutzbereich auch solche inländischen Kapitalgesellschaften erfasst, welche über nicht anrechnungsberechtigte, insbesondere ausländische, beschränkt steuerpflichtige Anteilseigner verfügen.

Sofern es sich bei den Anteilseignern um Körperschaften des öffentlichen Rechts handelt, bleibt diesen Körperschaften der Schutz des Art. 12 Abs. 1 GG versagt, da Körperschaften des öffentlichen Rechts grundsätzlich nicht vom Schutzbereich der Grundrechte erfasst sind. Diesen Grundrechtsschutz können sich diese auch dadurch nicht verschaffen, dass sie sich etwa bei der Erfüllung ihrer Aufgaben privatrechtlich organisierter Tochtergesellschaften bedienen.[275]

2. Sachlicher Schutzbereich

Art. 12 Abs. 1 GG gewährleistet als einheitliches Grundrecht der Berufsfreiheit sowohl die *Berufswahlfreiheit* als auch die *Berufsausübungsfreiheit*.[276]

---

273 *Mann*, in: Sachs, GG, Art. 12 Rn. 33 (m.w.N.); *Scholz*, in: Maunz/Dürig, GG, Art. 12 Rn. 103.

274 Hierzu *Mann*, in: Sachs, GG, Art. 12 Rn. 37 (m.w.N.), der darauf hinweist, dass eine juristische Person einen Beruf zwar nicht im Sinne einer Lebensaufgabe ausüben kann, sie aber dennoch in der Lage ist, wie eine *natürliche Person* eine Erwerbszwecken dienende Tätigkeit, insbesondere ein Gewerbe, zu betreiben; so auch BVerwG, Urt. v. 4.10.1994 - 1 C 13.93, BVerwGE 97, 12 (23).

275 *Mann*, in: Sachs, GG, Art. 12 Rn. 40 (m.w.N.).

276 BVerfG, Urt. v. 11.6.1958 - 1 BvR 596/56, BVerfGE 7, 377 (401 f.); Urt. v. 18.7.1972 - 1 BvL 32/70 und 1 BvL 25/71, BVerfGE 33, 303 (329 f.); Urt. v. 21.2.1995 - 1 BvR 1397/93, BVerfGE 92, 140 (151); Urt. v. 20.3.2001 - 1 BvR 491/96, BVerfGE 103, 172 (183); so auch *Scholz*, in: Maunz/Dürig, GG, Art. 12 Rn. 25; *Mann*, in: Sachs, GG, Art. 12 Rn. 14.

Unter Beruf in diesem Sinne wird gemeinhin jede auf eine gewisse Dauer angelegte Schaffung und Erhaltung einer Lebensgrundlage dienende Tätigkeit verstanden.[277]

Hiervon wird mithin auch die werbende Tätigkeit von inländischen Kapitalgesellschaften im Rahmen ihres Gesellschaftszwecks und ihres Unternehmensgegenstandes erfasst.[278]

3. *Eingriff in den Schutzbereich*

Allein durch die Festsetzung von öffentlich-rechtlichen Abgaben wird der Schutzbereich der Berufsfreiheit grundsätzlich nicht tangiert.

Ein Eingriff in Art. 12 GG liegt vielmehr erst vor, wenn die zugrundeliegende Norm zumindest mittelbar berufsregelnden Charakter hat.[279] Solch ein erforderlicher Berufsbezug kann auch vorliegen, wenn eine Norm die Berufstätigkeit selbst zwar unberührt lässt, aber im Blick auf den Beruf die Rahmenbedingungen grundlegend verändert, unter denen der infrage stehende Beruf ausgeübt werden kann. Dies gilt auch für gesetzlich auferlegte Geldleistungspflichten. Solche berühren Art. 12 Abs. 1 GG, „*wenn sie infolge ihrer Gestaltung in einem engen Zusammenhang mit der Ausübung eines Berufs stehen und objektiv eine berufsregelnde Tendenz haben*"[280].

Der Lizenzschranke wohnt jedoch keine objektiv berufsregelnde Tendenz inne. Sie wirkt sich zwar insofern aus, dass sie Gesellschaften unter den Voraussetzungen des § 4j EStG die Abzugsfähigkeit von Aufwendungen aus der

---

277 BVerfG, Urt. v. 11.6.1958 - 1 BvR 596/56, BVerfGE 7, 377 (397); Urt. v. 1.3.1979 - 1 BvR 532/77 (u.w.), BVerfGE 50, 290 (362); Urt. v. 18.6.1980 - 1 BvR 697/77, BVerfGE 54, 301 (313); Urt. v. 26.6.2002 - 1 BvR 558/91 und 1 BvR 1428/91, BVerfGE 105, 252 (265); Urt. v. 20.4.2004 - 1 BvR 838/01 (u.w.), BVerfGE 110, 304 (321); Urt. v. 9.6.2004 - 1 BvR 636/02, BVerfGE 111, 10 (28); Urt. v. 28.3.2006 - 1 BvR 1054/01, BVerfGE 115, 276 (300); Urt. v. 3.7.2007 - 1 BvR 2186/06, BVerfGE 119, 59 (59); BVerwG, Urt. v. 10.3.1954 - I C 5.53, BVerwGE 1, 92 (93); Urt. v. 4.11.1965 - I C 6.63, BVerwGE 22, 286 (287); Urt. v. 4.10.1994 - 1 C 13.93, BVerwGE 97, 12 (22); so auch *Mann*, in: Sachs, GG, Art. 12 Rn. 45 (m.w.N.); *Scholz*, in: Maunz/Dürig, GG, Art. 12 Rn. 29.

278 Siehe hierzu beispielsweise auch *Baumann*, BB 1997, 2281 (2284 ff.).

279 BVerfG, Urt. v. 24.11.2010 - 1 BvF 2/05, BVerfGE 128, 1 (58 und 81 ff.); *Mann*, in: Sachs, GG, Art. 12 Rn. 95 (m.w.N.).

280 BVerfG, Urt. v. 8.4.1997 - 1 BvR 48/94, BVerfGE 95, 267 (302) mit Verweis auf BVerfG, Urt. v. 30.10.1961 - 1 BvR 833/59, BVerfGE 13, 181 (186); Urt. v. 5.3.1974 - 1 BvL 27/72, BVerfGE 37, 1 (18).

Rechteüberlassung beschränkt, sodass es im Ergebnis abhängig von der jeweiligen Situation der jeweiligen Gesellschaft im Einzelfall entweder zu einer teilweisen oder gar vollumfänglichen und endgültigen Versagung des Betriebsausgabenabzugs im Sinne des § 4 Abs. 4 EStG in Verbindung mit § 4j EStG kommen kann.

Insofern ist die Lizenzschranke grundsätzlich auch geeignet, einzelne Gesellschaften in ihrem beruflichen Fortkommen im marktwirtschaftlichen System zu behindern. Jedoch ist allein in einer derartigen Behinderung vereinzelter Gesellschaften noch keine Berufsregelung im Sinne einer grundlegenden Änderung von bestehenden berufsspezifischen Rahmenbedingungen zu sehen.

4. *Zwischenergebnis*

Die Lizenzschranke verstößt mangels objektiv berufsregelnder Tendenzen nicht gegen die in Art 12 Abs. 1 GG verbriefte Berufsfreiheit.

III. Vereinbarkeit mit Art. 14 Abs. 1 GG (Eigentumsgarantie)

Die Lizenzschranke kann mit ihrer Grundregelung gemäß § 4j Abs. 1 Satz 1 EStG in Verbindung mit § 4j Abs. 3 EStG in bestimmten Fällen gegen die in Art. 14 Abs. 1 GG normierte Eigentumsgarantie verstoßen.

Ein solcher Verstoß liegt dabei unweigerlich vor, wenn der Regelungsgehalt der Lizenzschranke in den Schutzbereich des Art. 14 Abs. 1 GG eingreift und dieser keiner verfassungsrechtlichen Rechtfertigung zugänglich ist.

1. *Persönlicher Schutzbereich*

Der persönliche Schutzbereich des Art. 14 Abs. 1 GG erfasst alle natürlichen Personen sowie nach Art. 19 Abs. 3 GG inländische juristische Personen des Privatrechts und sonstige (nicht rechtsfähige) Personenvereinigungen, da das Grundrecht auf die zuletzt Genannten seinem Wesen nach grundsätzlich anwendbar ist.[281]

Ausländische juristische Personen und nicht rechtsfähige Personenvereinigungen sind hingegen durch Art. 19 Abs. 3 GG aus dem Schutzbereich des Art. 14 Abs. 1 GG ausgeklammert.[282] Dagegen können sich ausländische

---

281 *Wendt*, in: Sachs, GG, Art. 14 Rn. 16.

282 *Depenheuer/Froese*, in: v. Mangoldt/Klein/Starck, Art. 14 Rn. 190 (m.w.N.); *Wendt*, in: Sachs, GG, Art. 14 Rn. 16.

Anteilseigner inländischer Kapitalgesellschaften auf Art. 14 GG berufen, sofern diese natürliche Personen sind.[283]

2. Sachlicher Schutzbereich

Art. 14 GG schützt allgemein als Eigentum die rechtliche Zuordnung eines vermögenswerten Gutes an einen Rechtsträger.[284]

Der sachliche Schutzbereich des Art. 14 Abs. 1 GG erstreckt sich also allgemein auf den konkreten Bestand an vermögenswerten Gütern in der Hand des jeweiligen Eigentümers. Der Eigentumsbegriff des Grundgesetzes ist somit weiter als der des Bürgerlichen Gesetzbuches.[285]

Demnach werden vom verfassungsrechtlichen Eigentumsbegriff über das Eigentum im Sinne der §§ 903 ff. BGB hinaus alle privaten vermögenswerten Rechte sowie diejenigen subjektiven Rechte des öffentlichen Rechts erfasst, welche sich als Äquivalent einer Leistung darstellen.[286]

In Bezug auf Steuern und andere öffentliche Abgaben sind jedoch einige Besonderheiten zu beachten, wie nachfolgend dargestellt wird.

a) Rechtsprechung des Bundesverfassungsgerichts

Nach der traditionellen Rechtsprechung des Bundesverfassungsgerichts soll Art. 14 GG nicht das Vermögen als solches schützen.[287]

Hiernach stellt das Vermögen als solches kein Recht dar, sondern einzig den Inbegriff aller geldwerten Güter des Steuersubjekts und ist somit grundsätzlich nicht vor der staatlichen Auferlegung von Geldleistungspflichten geschützt.[288]

Die Auferlegung von Geldleistungspflichten, insbesondere in Form von Steuern, begründet dieser traditionellen Rechtsauffassung zufolge lediglich eine Wertsummenschuld, welche der Schuldner mit beliebigen Mitteln aus seinem fluktuierenden Vermögen begleichen soll.[289]

---

283 *Wendt*, in: Sachs, GG, Art. 14 Rn. 16.

284 *Depenheuer/Froese,* in: v. Mangoldt/Klein/Starck, Art. 14 Rn. 113 mit Hinweis auf *Böhmer,* NJW 1988, 2561 (2566); *Wendt*, in: Sachs, GG Art. 14 Rn. 21.

285 *Kempny*, StuW 2014, 185 (188 f.).

286 *Axer*, in: Epping/Hillgruber, GG, Art. 14 Rn. 43; *Wendt*, in: Sachs, GG, Art. 14 Rn. 31.

287 Dies entspricht seit dem Urteil des BVerfG v. 20.7.1954 – 1 BvR 459/52 (u.w.), BVerfGE 4, 7 (17) der ständigen Rechtsprechung. Siehe hierzu zuletzt BVerfG, Urt. v. 5.2.2002 – 2 BvR 305/93 und 2 BvR 348/93, BVerfGE 105, 17 (32).

288 BVerfG, Urt. v. 20.7.1954 – 1 BvR 459/52 (u.w.), BVerfGE 4, 7 (17); Urt. v. 8.4.1997 – 1 BvR 48/94, BVerfGE 95, 267 (300).

289 BVerfG, Urt. v. 8.4.1997 – 1 BvR 48/94, BVerfGE 95, 267 (300).

Hierdurch soll die von Art. 14 GG gewährte Eigentumsfreiheit grundsätzlich nicht beeinträchtigt werden[290] und die an sich geschützte Eigentumsgarantie nur Schutzwirkung entfalten, wenn die geforderten Steuern oder Abgaben erdrosselnde oder konfiskatorische Wirkung entfalten.[291]

Geschützt werden soll der Steuerpflichtige demzufolge also ausschließlich vor solchen Geldleistungspflichten, welche ihn übermäßig belasten und seine Vermögensverhältnisse grundlegend beeinträchtigen[292] sowie vor solchen Abgaben, welche in die Kapitalsubstanz eingreifen.[293]

Unkontrollierbar weit kann der Steuerbegriff somit nicht gehen, da diesem durch Art. 14 Abs. 1 GG jedenfalls äußerste Grenzen gesetzt sind.

Das Bundesverfassungsgericht ließ im Rahmen dieser traditionellen Rechtsprechung jedoch weitestgehend offen, ab welcher Grenze und unter welchen Voraussetzungen eine derartige grundlegende Beeinträchtigung von Vermögensverhältnissen eintritt, wann also eine erdrosselnde oder konfiskatorische Wirkung der Steuerlast und somit ein Eingriff in Art. 14 Abs. 1 GG anzunehmen ist.

Präzisiert wurde diese Grenze durch das Bundesverfassungsgericht erstmals in seinem Beschluss zur Vermögensteuer vom 22.6.1995[294]. Zwar hatte das Bundesverfassungsgericht in diesem Beschluss die seinerzeit zu untersuchenden Normen primär unter dem Aspekt des Art. 3 Abs. 1 GG geprüft. Allerdings hatte es dennoch in den tragenden Gründen[295] der Entscheidung[296] auch einige für die Bestimmung des Schutzbereichs von Art. 14 Abs. 1 GG bedeutsame Ausführungen gemacht.

So dürfe die Vermögensteuer „*nur so bemessen werden, dass sie in ihrem Zusammenwirken mit den sonstigen Steuerbelastungen die Substanz des Vermögens, den Vermögensstamm, unberührt lässt und aus den üblicherweise zu*

---

290 Siehe hierzu BVerfG, Urt. v. 20.7.1954 – 1 BvR 459/52 (u.w.), BVerfGE 4, 7 (17); Urt. v. 12.11.1958 – 2 BvL 4/56 (u.w.), BVerfGE 8, 274 (330); Urt. v. 29.7.1959 – 1 BvR 394/58, BVerfGE 10, 89 (116); Urt. v. 25.2.1960 – 1 BvR 239/52, BVerfGE 10, 354 (371); Urt. v. 10.5.1960 – 1 BvR 190/58 (u.w.), BVerfGE 11, 105 (126).

291 BVerfG, Urt. v. 14.5.1968 – 2 BvR 544/63, BVerfGE 23, 288 (315).

292 BVerfG, Urt. v. 24.7.1962 – 2 BvL 15/61 und 2 BvL 16/61, BVerfGE 14, 221 (241); Urt. v. 24.9.1965 – 1 BvR 228/65, BVerfGE 19, 119 (128 f.); Urt. v. 14.5.1968 – 2 BvR 544/63, BVerfGE 23, 288 (315).

293 BVerfG, Urt. v. 5.2.2002 – 2 BvR 305/93 und 2 BvR 348/93, BVerfGE 105, 17 (46); Urt. v. 19.12.1978 – 1 BvR 335/76 (u.w.), BVerfGE 50, 57 (105).

294 BVerfG, Urt. v. 22.6.1995 – 2 BvL 37/91, BVerfGE 93, 121.

295 Insbesondere Entscheidungsgrund Nummer 3.

296 Gemäß § 31 Abs. 1 BVerfGG somit mit Rechtskraft.

erwartenden, möglichen Erträgen (Sollerträgen) bezahlt werden kann. Andernfalls führe eine Vermögensbesteuerung im Ergebnis zu einer schrittweisen Konfiskation, die den Steuerpflichtigen dadurch übermäßig belasten und seine Vermögensverhältnisse grundlegend beeinträchtigen würde".[297]

Darüber hinaus stellte das Bundesverfassungsgericht fest, dass ungeachtet des Bestandschutzes für den Vermögensstamm auch der Vermögensertrag am Schutz der vermögenswerten Rechtspositionen als Grundlage individueller Freiheit teilnimmt.

Aus diesem Grund dürfe nach Ansicht des Bundesverfassungsgerichts die Vermögensteuer *„zu den übrigen Steuern auf den Ertrag nur hinzutreten, soweit die steuerliche Gesamtbelastung des Sollertrags bei typisierender Betrachtung von Einnahmen, abziehbaren Aufwendungen und sonstigen Entlastungen in der Nähe einer hälftigen Teilung zwischen privater und öffentlicher Hand verbleibt und dabei insgesamt auch Belastungsergebnisse vermeidet, die einer vom Gleichheitssatz gebotenen Lastenverteilung nach Maßgabe finanzieller Leistungsfähigkeit zuwiderlaufen"*[298] (sogenannter *Halbteilungsgrundsatz*).[299]

Maßgeblicher Ausgangspunkt ist hierbei der übliche Gewinn oder Überschuss in der einkommensteuerrechtlichen Definition, bestehend aus den typischen Einnahmen, gemindert um die typischen Betriebsausgaben und Werbungskosten sowie erhöht um die typischen Freibeträge und sozialzweckorientierten Minderungen der einkommensteuerlichen Bemessungsgrundlage.[300]

Allerdings hatte das Bundesverfassungsgericht zu einem späteren Zeitpunkt jedoch eine *„allgemein verbindliche, absolute Belastungsobergrenze in der Nähe einer hälftigen Teilung"*[301] ausdrücklich nicht mehr aus Art. 14 GG hergeleitet.[302]

Ausweislich des Bundesverfassungsgerichts gibt es keine zahlenmäßig zu konkretisierende Obergrenze der Besteuerung.[303] Allerdings dürfe die steuerliche Belastung (auch höherer Einkommen) für den Regelfall nicht so weit gehen,

297 Siehe hierzu BVerfG, Urt. v. 22.6.1995 – 2 BvL 37/91, BVerfGE 93, 121 (137) mit Verweis auf BVerfG, Urt. v. 24.7.1962 – 2 BvL 15/61 und 2 BvL 16/61, BVerfGE 14, 221 (241); Urt. v. 31.5.1990 – 2 BvL 12/88 (u.w.), BVerfGE 82, 159 (190).

298 BVerfG, Urt. v. 22.6.1995 – 2 BvL 37/91, BVerfGE 93, 121 (138).

299 Siehe ausführlich zur judikativen Entwicklung des Halbteilungsgrundsatzes *Hey*, in: Tipke/Lang, Steuerrecht, § 3 Rn. 189 ff.

300 Siehe hierzu *Felix*, NJW 1996, 703 (703).

301 BVerfG, Urt. v. 18.1.2006 – 2 BvR 2194/99, BVerfGE 115, 97 Rn. 41.

302 Siehe hierzu BVerfG, Urt. v. 18.1.2006 – 2 BvR 2194/99, BVerfGE 115, 97.

303 So auch *Kreft*, GStB 2006, 152 (152).

„dass der wirtschaftliche Erfolg grundlegend beeinträchtigt wird und damit nicht mehr angemessen zum Ausdruck kommt"[304].

Wann eine solche grundlegende Beeinträchtigung anzunehmen ist, wurde jedoch durch das Bundesverfassungsgericht nicht weiter konkretisiert.

b) Bedeutung für die Lizenzschranke

In Bezug auf die Würdigung der Lizenzschrankenregelung gemäß § 4j EStG gilt es zu beachten, dass dem Halbteilungsgrundsatz keine Bedeutung beizumessen ist.

Ausweislich des Bundesverfassungsgerichts ist vielmehr darauf abzustellen, ob der wirtschaftliche Erfolg des betroffenen Steuerpflichtigen grundlegend beeinträchtigt wird und demnach nicht mehr angemessen zum Ausdruck kommt.

Allerdings vermag die Lizenzschrankenregelung im Sinne des § 4j EStG jedoch noch nicht einmal die elementare Forderung des Bundesverfassungsgerichts nach einem Bestandsschutz für den Vermögensstamm zu erfüllen. So lässt sich beispielhaft belegen, dass die Lizenzschranke in vereinzelten Konstellationen in einem Zugriff auf eben diesen Vermögensstamm resultiert.

Ist das steuerliche Ergebnis gleich null oder sogar negativ, insbesondere in Durchleitungsfällen, so besteht die Gefahr einer Substanzbesteuerung, wenn die aufgrund der Abzugsbeschränkung ausgelöste Steuerlast den Saldo aus Lizenzerträgen und Lizenzaufwendungen übersteigt.[305]

Die Lizenzschranke im Sinne des § 4j EStG kann folglich dazu führen, dass betroffene Steuerpflichtige, welche real keinen Gewinn erwirtschaftet haben, einer Art Mindestbesteuerung unterliegen und somit auf die Substanz zugegriffen wird.

aa) Freistellung im Durchleitungsfall

Die IP-Holding als Konzernobergesellschaft ist alleinige Anteilseignerin der IP-Gesellschaft I, welche wiederum sämtliche Anteile an der IP-Gesellschaft II hält. Die IP-Holding ist für steuerliche Zwecke annahmegemäß in einem Präferenzregime ansässig, in welchem Lizenzeinkünfte durch die Inanspruchnahme einer (schädlichen) Lizenzbox vollumfänglich von der Besteuerung freigestellt werden. Die IP-Holding vergibt eine Lizenz an die in Deutschland ansässige IP-Gesellschaft I, wofür diese eine Lizenzgebühr in Höhe von 200 Geldeinheiten an die IP-Holding entrichtet. Die IP-Gesellschaft I vergibt wiederum eine Unterlizenz an die einem EU-Mitgliedstaat ansässige IP-Gesellschaft II, wofür

---

304 BVerfG, Urt. v. 18.1.2006 – 2 BvR 2194/99, BVerfGE 115, 97 Rn. 48.

305 So auch *Jochimsen/Zinowsky/Schraud*, IStR 2017, 593 (598).

die IP-Gesellschaft I im Gegenzug eine Lizenzgebühr in Höhe von 250 Geldeinheiten von dieser erhält.

Grafisch stellt sich die Sachverhaltskonstellation demnach wie folgt dar:

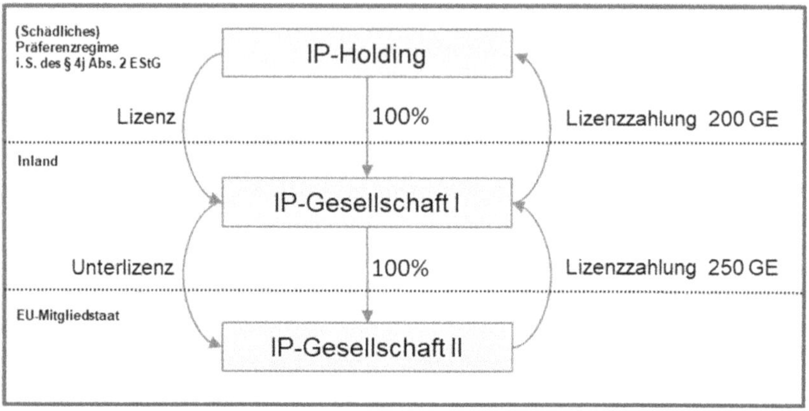

Abbildung 3: *Vereinfachte grafische Darstellung der zugrundeliegenden Sachverhaltskonstellation*

Auf Ebene der deutschen IP-Gesellschaft I sind die Lizenzeinnahmen in Höhe von 250 Geldeinheiten, welche diese von der IP-Gesellschaft II erhält, in Deutschland voll steuerpflichtig.

Die Lizenzaufwendungen in Höhe von 200 Geldeinheiten auf Ebene der IP-Gesellschaft I, welche diese an die IP-Holding zu entrichten hat, sind in diesem Zusammenhang betrieblich veranlasst und somit zunächst nach § 4 Abs. 4 EStG als Betriebsausgaben für steuerliche Zwecke abziehbar.

Da die Lizenzeinkünfte auf Ebene der IP-Holding aufgrund einer (schädlichen) Präferenzregelung vollständig von einer Besteuerung freigestellt werden, sind die Voraussetzungen gemäß § 4j Abs. 2 EStG erfüllt.

Im Ergebnis ermittelt sich der nicht abziehbare Teil der Lizenzaufwendungen auf Ebene der IP-Gesellschaft I nach § 4j Abs. 3 EStG und umfasst im vorliegenden Fall die vollständigen Lizenzaufwendungen in Höhe von 200 Geldeinheiten. Die nicht abziehbaren Lizenzaufwendungen sind somit außerbilanziell hinzuzurechnen.

Vor diesem Hintergrund ergibt sich auf Ebene der deutschen IP-Gesellschaft I die nachfolgend dargestellte Belastungswirkung:

	ohne § 4j EStG	mit § 4j EStG
Gewinn vor Steuern		
Lizenzertrag	250 GE	250 GE
./. Lizenzaufwand	200 GE	200 GE
= Gewinn vor Steuern	**50 GE**	**50 GE**
Zu versteuerndes Einkommen		
Gewinn vor Steuern	50 GE	50 GE
+ außerbilanzielle Korrektur gemäß § 4j EStG	0 GE	200 GE
= zu versteuerndes Einkommen	**50 GE**	**250 GE**
Zu entrichtende Steuer		
zu versteuerndes Einkommen	50 GE	250 GE
x Steuersatz i.H.v. 30%	-	-
= zu entrichtende Steuer	**15 GE**	**75 GE**
Gewinn nach Steuer		
Gewinn vor Steuern	50 GE	50 GE
./. Steuerzahlung	15 GE	75 GE
= Gewinn nach Steuern	**35 GE**	**-25 GE**

Abbildung 4: *Grafische Darstellung der Berechnungen hinsichtlich der jeweiligen steuerlichen Belastungswirkungen*

Die insgesamt aufgrund des Abzugsverbots anfallende Steuer übersteigt den Saldo aus Lizenzeinnahmen und Lizenzausgaben. Im Ergebnis folgt aus der Anwendung der Lizenzschranke, dass die entsprechende Steuerzahlung aus der Substanz der IP-Gesellschaft I zu entrichten ist.

bb) Niedrigbesteuerung im Durchleitungsfall

Die zugrundegelegte Sachverhaltskonstellation entspricht im Wesentlichen dem vorangestellten Ausgangsfall, allerdings mit dem Unterschied, dass die Lizenzeinkünfte auf Ebene der IP-Holding durch die Inanspruchnahme einer Präferenzregelung nicht vollständig freigestellt werden, sondern vielmehr mit einem von der Regelbesteuerung abweichenden Steuersatz in Höhe von zehn Prozent besteuert werden.

Grafisch stellt sich die Sachverhaltskonstellation demnach wie folgt dar:

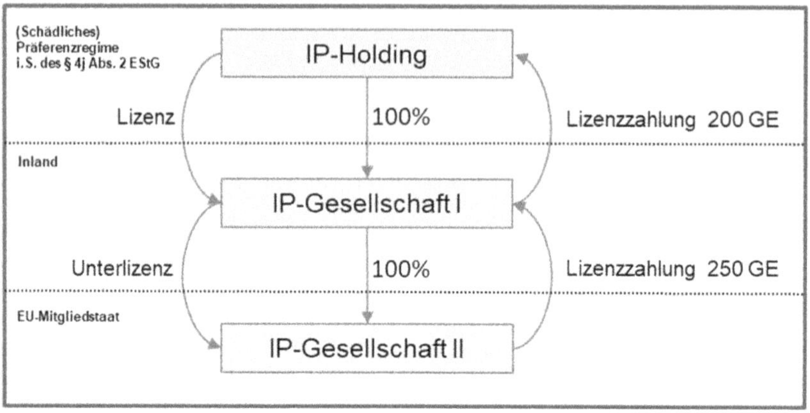

Abbildung 5: *Vereinfachte grafische Darstellung der zugrundeliegenden Sachverhaltskonstellation*

Auf Ebene der deutschen IP-Gesellschaft I sind die Lizenzeinnahmen in Höhe von 250 Geldeinheiten, welche diese von der IP-Gesellschaft II erhält, in Deutschland voll steuerpflichtig.

Die Lizenzaufwendungen in Höhe von 200 Geldeinheiten auf Ebene der IP-Gesellschaft I, welche diese an die IP-Holding zu entrichten hat, sind in diesem Zusammenhang betrieblich veranlasst und somit zunächst nach § 4 Abs. 4 EStG als Betriebsausgaben für steuerliche Zwecke abziehbar.

Da die Lizenzeinkünfte auf Ebene der IP-Holding aufgrund einer (schädlichen) Präferenzregelung abweichend von der Regelbesteuerung mit einem Steuersatz in Höhe von zehn Prozent der Besteuerung unterworfen werden, sind die Voraussetzungen gemäß § 4j Abs. 2 EStG insoweit erfüllt.

Im Ergebnis ermittelt sich der nicht abziehbare Teil der Lizenzaufwendungen auf Ebene der IP-Gesellschaft I nach § 4j Abs. 3 EStG und umfasst im vorliegenden Fall Lizenzaufwendungen in Höhe von 120 Geldeinheiten. Die nicht abziehbaren Lizenzaufwendungen sind somit außerbilanziell hinzuzurechnen.

Vor diesem Hintergrund ergibt sich auf Ebene der deutschen IP-Gesellschaft I die nachfolgend dargestellte Belastungswirkung:

	ohne § 4j EStG	mit § 4j EStG
Gewinn vor Steuern		
Lizenzertrag	250 GE	250 GE
./. Lizenzaufwand	200 GE	200 GE
= Gewinn vor Steuern	**50 GE**	**50 GE**
Zu versteuerndes Einkommen		
Gewinn vor Steuern	50 GE	50 GE
+ außerbilanzielle Korrektur gemäß § 4j EStG	0 GE	120 GE
= Zu versteuerndes Einkommen	**50 GE**	**170 GE**
Zu entrichtende Steuer		
zu versteuerndes Einkommen	50 GE	170 GE
x Steuersatz i.H.v. 30%	-	-
= Zu entrichtende Steuer	**15 GE**	**51 GE**
Gewinn nach Steuer		
Gewinn vor Steuern	50 GE	50 GE
./. Steuerzahlung	15 GE	51 GE
= Gewinn nach Steuern	**35 GE**	**-1 GE**

Abbildung 6: *Grafische Darstellung der Berechnungen hinsichtlich der jeweiligen steuerlichen Belastungswirkungen*

Die insgesamt aufgrund des Abzugsverbots anfallende Steuer übersteigt den Saldo aus Lizenzeinnahmen und Lizenzausgaben. Infolge geht es also an die Substanz der IP-Gesellschaft I.

cc) Würdigung der Ergebnisse

Die beiden Fallbeispiele verdeutlichen, dass die Steuerbelastung durch die Anwendung der Lizenzschranke gemäß § 4j EStG zum Teil stark ansteigen kann.

Ein derartiger erheblicher Anstieg der Steuerbelastung tritt dabei insbesondere in Durchleitungsfällen auf, wobei der betroffene Steuerpflichtige lediglich geringe Gewinne oder gar Verluste erwirtschaftet.

Eine in solchen (Krisen-)Zeiten ohnehin angespannte wirtschaftliche Lage eines Betriebs wird durch die Besteuerung nicht vorhandener Gewinne zusätzlich erschwert.

Mit Einführung der Lizenzschrankenregelung hat der Steuergesetzgeber nicht nur darauf verzichtet, eine Regelung für entsprechende Härtefälle in das Gesetz aufzunehmen, sondern gewährt dem Steuerpflichtigen nicht einmal eine Gegenbeweismöglichkeit, um sich den restriktiven Folgewirkungen entziehen zu können.

Des Weiteren lassen sich derartige negative Steuerfolgen auch nicht durch einen Vortrag (oder Rücktrag) von nicht nach § 4j Abs. 3 EStG abziehbaren Lizenzaufwendungen abmildern, da solche Möglichkeiten ebenfalls nicht im Rahmen der Lizenzschrankenregelung durch den Steuergesetzgeber vorgesehen wurden. Da die Steuerzahlung allerdings aus der laufenden Liquidität zu begleichen ist, würde ein solcher Vortrag derartige negative Steuerfolgen auch allenfalls nur in beschränktem Umfang abmildern können.

Erwirtschaftet ein Betrieb in einem Wirtschaftsjahr ausschließlich geringe Gewinne oder gar Verluste, fehlt es diesem somit an Liquidität. Folglich ist die Steuerschuld zwangsläufig aus dem sonstigen Vermögen, anstatt aus dem im betreffenden Wirtschaftsjahr erwirtschafteten Gewinn, zu begleichen. Dies führt, wie in den zuvor dargestellten Fallkonstellationen deutlich wurde, zu einem Eingriff in die Vermögenssubstanz des Steuerpflichtigen. Demnach werden aus der Einkommen- und der Körperschaftsteuer, welche auch der Rechtsprechung des Bundesverfassungsgerichts zufolge dem Grunde nach als Ertragsteuern konzipiert sind, Substanzsteuern.

Im Ergebnis kann es also bei Anwendung der Lizenzschranke gemäß § 4j EStG zu derartigen Sachverhaltskonstellationen kommen, im Rahmen derer dem betroffenen Steuerpflichtigen mehr genommen wird, als dieser vorher hatte. Der Steuerzugriff geht folglich deutlich über den Besteuerungsgegenstand in Form des Ertrags hinaus.

3. Eingriff in den Schutzbereich

Die vorgehend dargestellten Beispiele haben gezeigt, dass die Grenze zum Eingriff in den sachlichen Schutzbereich des Art. 14 Abs. 1 GG deutlich überschritten wird.

Die Besteuerung eines nicht vorhandenen fiktiven Gewinns unter Zugriff auf das sonstige Vermögen des Steuerpflichtigen hat erdrosselnde und konfiskatorische Wirkung, da insbesondere bei konjunkturellen Schwächephasen, also beispielsweise in länger andauernden Krisenzeiten, bei ungehindertem Ablauf dieses Geschehens dem betroffenen Steuerpflichtigen nach absehbarer Zeit kein Vermögen mehr verbleibt.

Ein Eingriff in den Schutzbereich des Art. 14 Abs. 1 GG ist demnach unweigerlich gegeben.

4. *Rechtfertigung*

Dieser Eingriff in den sachlichen Schutzbereich des Art. 14 Abs. 1 GG ist verfassungsrechtlich nicht zu rechtfertigen.

Gesetze, welche Art. 14 Abs. 1 GG einschränken, müssen den Wesensgehalt des Grundrechts gemäß Art. 19 Abs. 2 GG unangetastet lassen.[306] Insbesondere ist es dem Gesetzgeber verwehrt, beliebig auf das Privatvermögen eines Steuerpflichtigen in der Weise zuzugreifen, dass diesem die Privatnützigkeit des Erworbenen und die Verfügungsbefugnis über geschaffene vermögenswerte Rechtspositionen nicht einmal mehr im Kern erhalten bleiben.[307]

In den beispielhaft skizzierten Konstellationen wird dem Betrieb nach und nach in beträchtlichem Umfang die wirtschaftliche Grundlage seiner Tätigkeit entzogen.

Im Übrigen wurde nur die Vermögensteuer nach dem Gesamtvermögen eines Steuerpflichtigen bemessen, während die übrigen Steuergesetze einen konkreten Steuergegenstand aus der Vermögensgesamtheit auswählen. So knüpfen die Einkommen- und die Körperschaftsteuer an das Einkommen an.

Die Lizenzschranke bedingt also in Fällen der beschriebenen Art eine übermäßige Belastung des Steuerpflichtigen, in dem sie die Vermögensverhältnisse des Steuerpflichtigen grundlegend beeinträchtigt, und führt somit insgesamt zu einem Eingriff in die Vermögenssubstanz, welcher verfassungsrechtlich nicht gerechtfertigt werden kann.

5. *Zwischenergebnis*

Je nach den konkreten Verhältnissen eines Unternehmens kann die Lizenzschrankenregelung im Sinne des § 4j EStG somit zu einer Substanzbesteuerung, bei welcher die Steuerlast den Gewinn des Unternehmens (teils erheblich) übersteigen kann.

Zu einer solchen Substanzbesteuerung durch die Lizenzschranke kommt es insbesondere in Durchlaufsituationen, also bei einer reinen Weiterleitung der erhaltenen Rechtsposition. Dies hat zur Folge, dass die Lizenzschranke gemäß § 4j EStG speziell in konjunkturell schwächeren Zeiten bei betroffenen Unternehmen existenzbedrohliche Wirkung entfalten kann.

---

306 Zur Beachtung des Wesensgehaltes, siehe BVerfG, Urt. v. 15.7.1981 - 1 BvL 77/78, BVerfGE 58, 300 (348).

307 BVerfG, Urt. v. 25.9.1992 - 2 BvL 5/91 (u.w.), BVerfGE 87, 153 (169).

Zumindest in derart gelagerten Fällen stellt die Lizenzschranke einen unverhältnismäßigen, nicht gerechtfertigten Eingriff in die Vermögensrechte des betroffenen Steuerpflichtigen dar und verstößt insoweit gegen die in Art. 14 Abs. 1 GG verbürgte Eigentumsgarantie.[308]

IV. Vereinbarkeit mit Art. 20 Abs. 3 GG (Rechtsstaatsprinzip)

Das Rechtsstaatsprinzip ist unbestritten *„eines der elementaren Prinzipien des Grundgesetzes“*[309].[310] Maßgeblich mitgeprägt wird das Rechtsstaatsprinzip durch zahlreiche Regelungen des Grundgesetzes.[311]

Neben solchen im Grundgesetz verankerten Elementen des Rechtsstaatsprinzips sind weitere rechtsstaatliche Einzelgehalte, welche nicht explizit im Grundgesetz geregelt sind, durch die Judikatur des Bundesverfassungsgerichts anerkannt.[312] Zu diesen rechtsstaatlichen Einzelgehalten zählen unter anderem der Bestimmtheitsgrundsatz, der Grundsatz der Verhältnismäßigkeit oder das Rückwirkungsverbot samt Vertrauensschutz.

Im Zusammenhang mit der vorliegenden Untersuchung sind insbesondere die Grundsätze der Rechtsklarheit und der Bestimmtheit von besonderer Bedeutung, welche ihrerseits als Ausfluss der Rechtssicherheit Elemente des Rechtsstaatsprinzips darstellen.

Zur Rechtssicherheit zählen grundsätzlich die Elemente des Rechtsstaatsprinzips, *die „mit der Verlässlichkeit des Rechts zu tun haben“*[313]. Das bedeutet konkret, dass Normen hiernach ihren Regelungsgehalt nicht verschleiern dürfen[314] und für den Adressaten, also den Rechtsanwender, verständlich sein müssen.[315]

---

308 Darüber hinaus führt die (partielle) Beschränkung des Betriebsausgabenabzugs auf Ebene des Lizenznehmers bei gleichzeitiger Besteuerung der Lizenzzahlungen auf Ebene des Lizenzgebers insgesamt zu einer wirtschaftlichen Doppelbelastung, welche ihrerseits ebenfalls verfassungsrechtlich bedenklich ist.

309 BVerfG, Urt. v. 25.10.1966 – 2 BvR 506/63, BVerfGE 20, 323 (331).

310 BVerfG, Urt. v. 23.10.1951 – 2 BvG 1/51, BVerfGE 1, 14 (14 ff.), Leitsatz 28.

311 Zu den prägenden Elementen des Rechtsstaatsprinzips siehe beispielsweise die Übersicht von *Sachs*, in: Sachs, GG, Art. 20 Rn. 77.

312 Zu den weiteren rechtsstaatlichen Einzelgehalten siehe beispielsweise die Übersicht von *Sachs*, in: Sachs, GG, Art. 20 Rn. 78.

313 *Sachs*, in: Sachs, GG, Art. 20 Rn. 122.

314 BVerfG, Urt. v. 7.4.1964 – 1 BvL 12/63, BVerfGE 17, 306 (318).

315 BVerfG, Urt. v. 19.2.1962 – 2 BvR 650/60, BVerfGE 14, 13 (16); Urt. v. 7.4.1964 – 1 BvL 12/63, BVerfGE 17, 306 (314); Urt. v. 14.2.1978 – 2 BvR 406/77, BVerfGE 47, 239 (247).

Grundsätzlich besteht also ein aus dem Rechtsstaatsprinzip abgeleitetes verfassungsrechtliches Gebot der Normenklarheit und Normenbestimmtheit, welches den Gesetzgeber verpflichtet, gesetzliche Bestimmungen „*so genau zu fassen, wie dies nach der Eigenart der zu ordnenden Lebenssachverhalte mit Rücksicht auf den Normzweck möglich ist*“[316], damit die Rechtslage für den Normadressaten (den Rechtsanwender) erkennbar ist und dieser sein Verhalten danach auszurichten vermag.[317]

Eine Norm ist demnach wegen Verstoßes gegen das Rechtsstaatsprinzip verfassungswidrig und somit nichtig, wenn (i) diese den tatsächlichen Gehalt der Regelung nicht zum Ausdruck bringt, (ii) diese missverständlich oder irreführend ist, oder wenn (iii) das Gesetz in sich Widersprüche aufweist.[318]

Auch im Hinblick auf die Vereinbarkeit von § 4j EStG mit dem verfassungsrechtlichen Rechtsstaatsprinzip bestehen erhebliche Zweifel an der Verfassungsmäßigkeit der Lizenzschrankenregelung.[319]

1. Gesetzesaufbau der Lizenzschranke

Bereits der Gesetzesaufbau und das Verhältnis der Lizenzschranke zu anderen Vorschriften, das heißt insbesondere die Komplexität sowie Verweisungstechnik, lassen erhebliche Zweifel an der Vereinbarkeit der Lizenzschranke mit dem sich aus dem Rechtsstaatsprinzip abgeleiteten Gebot der Normenklarheit und der Normenbestimmtheit aufkommen.

So ist die äußerst komplexe Lizenzschrankenregelung gemäß § 4j EStG aufgrund eines mitunter unübersichtlichen Aufbaus, unklarer und teilweiser nicht abgestimmter Begriffsbestimmungen sowie ihrer Ausnahmen nicht nur für den durchschnittlichen Normadressaten schwer verständlich.

Die zentrale Norm der Lizenzschranke bildet § 4j EStG mit dessen Grundregel in Form der (partiellen) Abzugsbeschränkung in Abs. 1 Satz 1 sowie einer Erweiterung auf Zwischenschaltungsfälle in Abs. 1 Satz 2 und Betriebsstätten

---

316 BFH, Urt. v. 6.9.2006 – XI R 26/04, BStBl. II 2007, 167.

317 BVerfG, Urt. v. 28.6.1983 – 2 BvR 539/80, BVerfGE 64, 261 (286); Urt. v. 17.7.2003 – 2 BvL 1/99 (u.w.), BVerfGE 108, 186 (235); Urt. v. 3.3.2004 – 1 BvF 3/92, BVerfGE 110, 33 (55).

318 BVerfG, Urt. v. 23.10.1951 – 2 BvG 1/51, BVerfGE 1, 14 (16), siehe Leitsatz Nr. 14.

319 Kritisch in Bezug auf die Vereinbarkeit von § 4j EStG und Art. 20 Abs. 3 GG beispielsweise *Jochimsen/Zinowsky/Schraud*, IStR 2017, 593 (600); zweifelnd auch *Richter/John*, WPg 2017, 1090 (1094); a.A. *Hagemann/Kahlenberg*, in: Herrmann/Heuer/Raupach, EStG, § 4j Rn. 4; *Heil/Pupeter*, BB 2017, 1947 (1949).

in Abs. 1 Satz 3 als auch mit seinem komplexen Ausnahmetatbestand (*Escape*) unter Verweisung auf den OECD-Abschlussbericht in Abs. 1 Satz 4 und einer in Abs. 1 Satz 5 dargelegten Abgrenzung zur Vorschrift im Sinne des § 10 AStG.

Wann von einer niedrigen Besteuerung im Sinne des § 4j Abs. 1 EStG auszugehen ist, wird dabei durch § 4j Abs. 2 EStG konkretisiert.

Die von der Lizenzschranke ausgehende Rechtsfolge, welche an die Tatbestände in § 4j Abs. 1 und 2 EStG geknüpft ist und in einer (partiellen) Abzugsbeschränkung besteht, wurde in § 4j Abs. 3 EStG normiert.

Die zur Ermittlung des nicht abziehbaren Teils der Lizenzaufwendungen notwendige Berechnungsformel wurde dabei ebenfalls in § 4j Abs. 3 EStG verortet.

Unübersichtlich wird der Reglungskomplex zur Lizenzschranke insbesondere durch den in § 4j Abs. 1 Satz 4 EStG enthaltenen Verweis auf Kapitel 4 des OECD-Abschlussberichts zur Bestimmung von unschädlichen bzw. schädlichen Präferenzregelungen.

a) Unklare Begriffsbestimmungen

Abgesehen von einem unübersichtlichen Gesetzesaufbau der Lizenzschranke ergeben sich bereits bei der Bestimmung des sachlichen Anwendungsbereichs erste Schwierigkeiten durch unklare Begrifflichkeiten, welche mit der Lizenzschrankenregelung in Form des § 4j EStG einhergehen.

aa) Regelbesteuerung

Gemäß § 4j Abs. 1 Satz 1 EStG setzt die Lizenzschranke voraus, dass *„Einnahmen des Gläubigers einer von der Regelbesteuerung abweichenden, niedrigen Besteuerung“* unterliegen.

Trotz der zentralen Bedeutung des Begriffs der *Regelbesteuerung* für die Bestimmung des sachlichen Anwendungsbereichs der Lizenzschranke hat es der Steuergesetzgeber unterlassen, diesen Begriff gesetzlich zu definieren bzw. weitergehend zu konkretisieren. Vielmehr scheint der Steuergesetzgeber offenbar davon auszugehen, dass sich für jegliche Sachverhaltskonstellation die *Regelbesteuerung* der jeweiligen ausländischen Jurisdiktion einwandfrei bestimmen lässt.

Problematisch erscheint dies insbesondere vor dem Hintergrund, da die Regelbesteuerung als zentrales Referenzsystem für die abweichende Besteuerung im Zusammenhang mit der Anwendung der Lizenzschranke im Sinne des § 4j EStG fungiert.[320]

---

320 *Zinowsky/Ellenrieder*, IStR 2018, 134 (135).

Im Rahmen dessen lassen insbesondere die in der Gesetzesbegründung enthaltenen Fallbeispiele den Schluss zu, dass der Steuergesetzgeber dabei wohl lediglich an solche Steuersysteme in anderen Jurisdiktionen gedacht zu haben scheint, mit welchen ein entsprechender Regelsteuersatz einhergeht und Einnahmen aus der Überlassung von Rechten für steuerliche Zwecke durch bestimmte Regelungen begünstigt behandelt werden.[321]

Bei näherer Betrachtung der Gesetzesbegründung[322] lässt sich auch erkennen, dass die darin enthaltenen Fallbeispiele lediglich auf einen prozentualen Regelsteuersatz abstellen, was folglich auf eine abstrakte Betrachtung der Regelbesteuerung hindeutet. Demnach sollte die Regelbesteuerung im Sinne des § 4j Abs. 1 Satz 1 EStG dahingehend zu verstehen sein, dass es sich hierbei um die regelmäßige Belastung mit Ertragsteuern handelt, welcher ein Steuerpflichtiger mit seinen Einkünften grundsätzlich unterliegt.

Entsprechend sollte die Regelbesteuerung für Zwecke der Lizenzschranke noch verhältnismäßig einfach zu bestimmen sein, sofern ein Steuersystem alle Einkünfte mit einem einheitlichen Steuersatz belastet, ohne dabei zwischen dem Ursprung der Einkunftsquelle zu differenzieren.

Zu berücksichtigen ist jedoch, dass Steuersysteme häufig sowohl rechtsform- oder systemspezifische Unterscheidungen für Zwecke der Besteuerung vornehmen.[323] In derart gelagerten Sachverhaltskonstellationen kann die Bestimmung der Regelbesteuerung nicht mehr allein abstrakt erfolgen.

Im Rahmen dessen lässt sich aus dem Gesetzeswortlaut („*Einnahmen des Gläubigers einer von der Regelbesteuerung abweichenden, niedrigen Besteuerung unterliegen*“) ableiten, dass eine nicht für alle Steuerpflichtigen gleichermaßen geltende Regelbesteuerung zu bestimmen ist. Maßgeblich ist vielmehr das Regelbesteuerungssystem, welchem der entsprechende Steuerpflichtige unterliegt.

Des Weiteren steigt die Komplexität für den Rechtsanwender erheblich, wenn es diesem nicht mehr möglich ist, das Regelbesteuerungssystem eines Steuerpflichtigen ohne Weiteres zu bestimmen. Dies kann unter anderem bei der Bestimmung der Regelbesteuerung in einem progressiven oder Schedulensteuersystem der Fall sein.[324] Da der Regelsteuersatz bei derartigen Steuersystemen nur noch mit einer äußerst hohen Komplexität bestimmt werden kann, lässt sich

321 BT-Drs. 18/11233 v. 20.2.2017, 15 f.

322 BT-Drs. 18/11233 v. 20.2.2017, 15.

323 *Zinowsky/Ellenrieder*, IStR 2018, 134 (135).

324 *Schneider/Junior*, DStR 2017, 417 (421); *Moser*, Global Taxes, TLE-007-2018. Siehe allgemein zur *Schedulenbesteuerung* auch *Schreiber*, Besteuerung der Unternehmen, 12 f.

der Referenzrahmen in Form der Regelbesteuerung nur noch schwer für den Rechtsanwender handhaben.

In diesem Zusammenhang ist *Moser*[325] insbesondere dahingehend zuzustimmen, dass dieser Umstand als äußerst fragwürdig erscheint, da „*der Gläubiger zum Beispiel einem progressiven Steuertarif oder gegebenenfalls einer nach Einkunftsarten differenzierenden Schedulenbesteuerung unterliegen kann*“[326], sodass folglich „*mit Blick auf die Bestimmung einer ‚Regelbesteuerung‘ erhebliche Rechtsunsicherheiten verbleiben*“[327].

Vor diesem Hintergrund ist es für den Rechtsanwender äußerst komplex, die Regelbesteuerung in anderen Jurisdiktionen für die Anwendung der Lizenzschrankenregelung in Form des § 4j EStG entsprechend zu bestimmen.

Folglich kann es insbesondere schon im Zusammenhang mit der Frage, ob die Voraussetzungen des sachlichen Anwendungsbereichs der Lizenzschranke als erfüllt anzusehen sind, welcher elementare Wichtigkeit beizumessen ist, zu schwerwiegenden Auslegungsschwierigkeiten für den Rechtsanwender kommen.[328]

bb) Präferenzregelung

Ausweislich des § 4j Abs. 1 Satz 1 EStG kommt die Rechtsfolge der Lizenzschranke zum Tragen, wenn *die Einnahmen des Gläubigers einer von der Regelbesteuerung abweichenden, niedrigen Besteuerung nach Absatz 2 unterliegen (Präferenzregelung).*

Mit Blick auf den Wortlaut der Lizenzschranke fällt auf, dass der Steuergesetzgeber in § 4j Abs. 1 Satz 1 EStG den Klammerzusatz *Präferenzregelung* aufgenommen hat, weshalb sich folglich die Frage aufdrängt, was unter einer solchen *Präferenzregelung* im Sinne des § 4j EStG zu verstehen ist.[329]

Besonders umstritten und im Schrifttum kontrovers diskutiert ist dabei die Frage, ob die Lizenzschranke in Form des § 4j EStG nur auf solche Präferenzregelungen anzuwenden ist, welche als *typische* Lizenzboxen ausschließlich Lizenzeinnahmen erfassen oder ob auch *allgemeiner* ausgestaltete Präferenzregelungen

---

325 *Moser*, Global Taxes, TLE-007-2018.

326 *Moser*, Global Taxes, TLE-007-2018.

327 *Moser*, Global Taxes, TLE-007-2018.

328 So auch *Schneider/Junior*, DStR 2017, 417 (420); *Richter/John*, WPg 2017, 1090 (1093), die darauf hinweisen, dass unklar sei, wie genau die Abgrenzung von Regelbesteuerung und Präferenzbesteuerung nach § 4j Abs. 1 Satz 1 EStG erfolgen müsse.

329 Hierzu ausführlich *Moser*, RIW 2018, 348 (348 ff.).

in den Anwendungsbereich der restriktiven Lizenzschrankenregelung fallen können.[330]

(1) Zielrichtung

Neben der äußerst komplexen Bestimmung der Regelbesteuerung ist im Zusammenhang mit der Abweichung von eben dieser Regelbesteuerung fraglich, ob die Präferenzregelung lizenzbezogen sein muss.

Demnach würde die Lizenzschrankenregelung im Sinne des § 4j EStG nur zur Anwendung kommen, sofern ausschließlich Lizenzeinkünfte gezielt durch eine Präferenzregelung begünstigt besteuert würden.[331]

Im Umkehrschluss würde aus dieser Auffassung folgen, dass sämtliche Regelungen nicht vom Anwendungsbereich der Lizenzschranke erfasst wären, sofern diese Lizenzeinkünfte nicht exklusiv begünstigen.[332]

Im Endeffekt findet die Lizenzschrankenregelung nach diesem Verständnis sowohl auf Lizenzboxen als auch auf mit diesen vergleichbaren Regelungen Anwendung.

Abweichend von diesem Verständnis wird jedoch auch die Auffassung vertreten, dass unter einer Präferenzregelung im Sinne des § 4j Abs. 1 Satz 1 EStG nicht nur solche Präferenzregime zu verstehen sind, welche ausschließlich Lizenzeinkünfte privilegiert besteuern.[333] Diese Perspektive führt folglich dazu, dass sich der Anwendungsbereich der Lizenzschrankenregelung in Form des § 4j EStG wesentlich erweitert.

Gemein ist beiden Sichtweisen jedoch, dass beide die Lizenzschrankenregelung grundsätzlich sowohl auf Lizenzboxen als auch auf vergleichbare Begünstigungsregelungen für immaterielle Wirtschaftsgüter anwenden.

---

330 Siehe beispielsweise *Zinowsky/Ellenrieder*, IStR 2018, 134 (136 ff.); *Pinkernell*, IStR 2018, 249 (255); *Ditz/Quilitzsch*, DStR 2017, 1561, (1563); *Grotherr*, Ubg 2017, 233 (237); *Benz/Böhmer*, DB 2017, 206 (207); *Hagemann/Kahlenberg*, ISR 2017, 413 (415), die § 4j Abs. 1 Satz 1 EStG so verstehen, dass insoweit eine begünstigende steuerliche Sonderregelung speziell für Lizenzeinnahmen gegeben sein muss. Gegen eine derartige einschränkende Auslegung siehe *Richter/John*, WPg 2017, 1090 (1093); *Heil/Pupeter*, BB 2017, 795 (796), *Moser*, RIW 2018, 348 (348 ff.).

331 Siehe hierzu *Ditz/Quilitzsch*, DStR 2017, 1561 (1563); *Benz/Böhmer*, DB 2017, 206 (207); *Zinowsky/Ellenrieder*, IStR 2018, 134 (139); *Grotherr*, Ubg 2017, 233 (237); *Pinkernell*, IStR 2018, 249 (255); *Gosch*, in: Kirchhof, EStG Kommentar, § 4j EStG Rn. 8.

332 *Moser*, RIW 2018, 348 (349).

333 *Heil/Pupeter*, BB 2017, 795 (796); *Moser*, Global Taxes, TLE 007-2018; *Richter/John*, ISR 2018, 109 (111 f.).

Des Weiteren sind als vorstellbare Zweifelsfälle solche Regelungen anzusehen, die neben Lizenzeinkünften auch andere Einkünfte begünstigt besteuern, was beispielsweise bei Regelungen zur Förderung von strukturschwachen Regionen der Fall sein kann.[334]

In diesem Zusammenhang sind aber insbesondere auch branchenspezifische Regelungen zu erwähnen, die regelmäßig nicht ausschließlich Lizenzeinkünfte begünstigen.[335] Bei solchen branchenspezifischen Regelungen werden Lizenzeinkünfte regelmäßig nicht direkt bevorzugt behandelt, sondern vielmehr aufgrund der entsprechenden Streuwirkung der umfassenden steuerlichen Begünstigungsregelung neben anderen Einkünften miterfasst.

Da sich die Zielrichtung der Präferenzregelung im Sinne des § 4j Abs. 1 Satz 1 EStG nicht per se aufklären lässt, ist hierbei auf die nachfolgend dargestellten Auslegungsmethodiken zurückzugreifen.

(2) Grammatikalische Auslegung

Ausweislich des Wortlauts gemäß § 4j Abs. 1 Satz 1 EStG wird vorausgesetzt, dass *„die Einnahmen des Gläubigers einer von der Regelbesteuerung abweichenden, niedrigen Besteuerung nach Absatz 2 unterliegen (Präferenzregelung)*" müssen.

Aufgrund des Zusatzes *(Präferenzregelung)* lässt sich aus dem Gesetzeswortlaut lediglich ableiten, dass es für die erforderliche von der Regelbesteuerung abweichende Besteuerung einer Abweichung vom Regelsteuersatz bedarf.[336] In diesem Zusammenhang wird von *Moser* zutreffend geäußert, dass die Wortbedeutung einer *Präferenz* lediglich zum Ausdruck bringt, dass etwas bevorzugt behandelt wird.[337]

Demnach lässt sich aus dem Gesetzeswortlaut des § 4j Abs. 1 Satz 1 EStG zunächst kein Anhaltspunkt in Bezug auf die Zielrichtung der Präferenzregelung entnehmen.

Im Weiteren wird gegen die Sichtweise, dass eine Präferenzregelung im Sinne der Lizenzschranke ausschließlich Lizenzeinkünfte privilegiert besteuern muss, mit dem Wortlaut von § 4j Abs. 2 Satz 2 EStG argumentiert:

> *„Bei der Ermittlung, ob eine niedrige Besteuerung vorliegt, sind sämtliche Regelungen zu berücksichtigen, die sich auf die Besteuerung der Einnahmen aus der Rechteüberlassung auswirken, [...]".*

---

334 Siehe hierzu auch *Heil/Pupeter*, BB 2017, 795 (796).

335 *Moser*, RIW 2018, 348 (349).

336 *Moser*, Global Taxes, TLE 007-2018.

337 *Moser*, RIW 2018, 348 (349).

Auf Basis dieser Formulierung wird zum Teil abgeleitet, die Anwendbarkeit der Lizenzschranke sei nicht auf Lizenzboxen beschränkt.[338]

Im Gegenzug dazu wird dem damit entgegengetreten, diese Passage beziehe sich vielmehr auf die Niedrigbesteuerung für Zwecke der Lizenzschranke und diene demnach nicht für einen Rückschluss hinsichtlich der Reichweite einer Präferenzregelung.[339]

Im Ergebnis überzeugt diese Sichtweise nicht. Vielmehr ist im Rahmen dessen *Richter/John* dahingehend zuzustimmen, dass sich aus dem Wortlaut im Sinne des § 4j Abs. 2 Satz 2 EStG keine Anhaltspunkte erkennen lassen, aufgrund derer eine einschränkende Auslegung der Lizenzschranke geboten wäre.[340]

Ebenso lässt sich aus dem Wortlaut auch nicht explizit ableiten, dass § 4j Abs. 2 Satz 2 EStG ausschließlich auf das Tatbestandsmerkmal der niedrigen Besteuerung zu beziehen wäre.[341] Sollte dies der Fall sein, so müssten im Rahmen der Prüfung einer niedrige Besteuerung grundsätzlich solche Vorschriften berücksichtigt werden, welche sich auf die Besteuerungshöhe der Einnahmen auswirken aber wiederum nicht als Präferenzregime qualifizieren.

Im Ergebnis liefert die grammatikalische Auslegung keine Anhaltspunkte für eine einschränkende Auslegung in Bezug auf die Reichweite des Tatbestandsmerkmals einer Präferenzregelung für Zwecke der Lizenzschranke.

(3) Systematische Auslegung

Teilweise wird in der Literatur die Auffassung vertreten, aufgrund der logischen Verbindung zwischen den Lizenzaufwendungen auf Ebene des Lizenznehmers und den auf Ebene des Lizenzgebers analog begünstigt besteuerten Lizenzeinkünften resultiere, dass die Lizenzschrankenregelung im Sinne des § 4j EstG ausschließlich bei lizenzbezogenen Präferenzregelungen zur Anwendung komme.[342]

In diesem Zusammenhang kann zwar dahingehend zugestimmt werden, dass ein Nexus zwischen den Lizenzaufwendungen aufseiten des Lizenznehmers und den Lizenzeinkünften auf Ebene des Lizenzgebers besteht, allerdings ist hieraus keineswegs abzuleiten, dass ausschließlich lizenzbezogene Präferenzregelungen von der Lizenzschrankenreglung erfasst werden.[343]

---

338 *Richter/John*, ISR 2018, 109 (111); *Moser*, RIW 2018, 348 (350).

339 *Zinowsky/Ellenrieder*, IStR 2018, 134 (136).

340 *Richter/John*, ISR 2018, 109 (111 f.).

341 *Moser*, RIW 2018, 348 (350); *Richter/John*, ISR 2018, 109 (111 f.).

342 *Grotherr*, Ubg 2017, 233 (237); *Zinowsky/Ellenrieder*, IStR 2018, 134 (136 m.w.N.); *Ditz/Quilitzsch*, DStR 2017, 1561 (1563); *Link*, DB 2017, 2372 (2373).

343 Ebenso *Richter/John*, ISR 2018, 109 (112); *Moser*, RIW 2018, 348 (349).

Für eine einschränkende Auslegung der Begrifflichkeit einer Präferenzregelung für Zwecke der Lizenzschranke könnte womöglich die Anknüpfung an den Befreiungstatbestand gemäß § 4j Abs. 1 Satz 4 EStG herangezogen werden. Denn nach dem Ausnahmetatbestand kommt die restriktive Rechtsfolge der Lizenzschranke nicht zur Anwendung, wenn die Präferenzreglung den Erfordernissen des im Aktionspunkt 5 verankerten Nexus-Ansatzes entspricht.

Da der im Aktionspunkt 5 enthaltende Nexus-Ansatz bestimmte Erfordernisse an die Ausgestaltung einer nexuskonformen Lizenzbox knüpft, kann hieraus abgeleitet werden, dass sich die Lizenzschrankenregelung im Sinne des § 4j EStG ebenfalls auf Lizenzboxen bezieht und eine enge Auslegung der Präferenzregelung nicht abwegig erscheint.[344]

Folglich spricht diese Sichtweise grundsätzlich dafür, dass sich der Steuergesetzgeber mit der Lizenzschrankenregelung lediglich auf lizenzbezogene Präferenzreglungen fokussieren wollte.

Dem lässt sich jedoch entgegenhalten, dass sich die Aufnahme des Ausnahmetatbestands im Sinne des § 4j Abs. 1 Satz 4 EStG auch als Wille des Steuergesetzgebers dahingehend auslegen lässt, einen internationalen Konsens der OECD/G20-Staaten in nationales Recht umzusetzen.

Im Ergebnis lässt sich auch unter Berücksichtigung der systematischen Auslegung nicht mit Sicherheit feststellen, ob die Lizenzschranke im Sinne des § 4j EStG durch eine einschränkende Auslegung ausschließlich auf lizenzbezogene Präferenzregelungen anzuwenden ist.[345]

(4) Historische und teleologische Auslegung

Teilweise vertreten einige Stimmen in der Literatur die Auffassung, dass das Tatbestandsmerkmal der Präferenzregelung lediglich lizenzbezogene Präferenzregelungen umfasst und wollen in diesem Zusammenhang den Anwendungsbereich der Tatbestandsvoraussetzung der Präferenzregelung teleologisch reduzieren.[346]

Hingegen wird eine solche teleologische Reduktion von *Richter/John* abgelehnt.[347] In diesem Zusammenhang legen *Richter/John* mit Verweis auf die

---

344 *Zinowsky/Ellenrieder*, IStR 2018, 134 (137 f.).

345 *Heil/Pupeter*, BB 2017, 795 (796).

346 *Zinowsky/Ellenrieder*, IStR 2018, 134 (137). Siehe hierzu auch *Moser*, RIW 2018, 348 (350), der eine teleologische Reduktion grundsätzlich für möglich hält.

347 *Richter/John*, ISR 2018, 109 (112 ff.).

Rechtsprechung des Bundesverfassungsgerichts zunächst dar, dass eine teleologische Reduktion einer planwidrigen Regelungslücke bedarf.[348]

Zwar lässt sich aus den Gesetzesmaterialien zur Lizenzschrankenregelung grundsätzlich erkennen, dass die Vorschrift im Sinne des § 4j EStG auf Gestaltungen mit Lizenzboxen abzielen sollte. Jedoch lasse sich aus den entsprechenden Gesetzesmaterialien aber keine ausschließliche Fokussierung auf lizenzbezogene Präferenzregelungen ableiten und zudem bringe die vollumfängliche Norm die Bemühung des Steuergesetzgebers zum Ausdruck, jedwede Umgehungsgestaltung im Rahmen von § 4j EStG zu vermeiden.[349]

Im Rahmen der Auslegung der Vorschrift im Sinne des § 4j EStG lässt sich das erklärte Regelungsziel des Steuergesetzgebers zur Lizenzschrankenregelung als äußerst starkes Argument für eine zielgerichtete Wirkung der Lizenzschranke vorbringen.[350]

Die Lizenzschrankenregelung folgte in kurzem zeitlichen Abstand auf den finalen OECD-Abschlussbericht des BEPS-Projekts der OECD/G20-Staaten, da der Steuergesetzgeber zunächst den Ausgang des BEPS-Projekts abwarten und auf dieser Grundlage eruieren wollte, ob und inwieweit nationale Maßnahmen zu ergreifen sind, um effektiv grenzüberschreitende Gewinnverlagerungen mittels konzerninternen Lizenzzahlungen unter Ausnutzung von ausländischen Lizenzboxregelungen entgegenzutreten.

Schon aus der Bundesinitiative des Landes Hessen lässt sich entnehmen, dass die nationale Abwehrmaßnahme in Form der Lizenzschranke gegen Lizenzboxen gerichtet sein sollte.[351]

Das durch den Steuergesetzgeber erklärte Ziel, grenzüberschreitenden Gewinnverlagerungen mittels konzerninternen Lizenzzahlungen unter Ausnutzung von ausländischen Präferenzregimen entsprechend entgegenzutreten, findet sich auch in der Gesetzesbegründung wieder.[352]

Im Rahmen dessen wird bei sämtlichen in der Gesetzesbegründung enthaltenen Fallbeispielen ausschließlich auf eine präferenzielle Besteuerung von Lizenzeinkünften abgestellt.[353]

---

348 *Richter/John*, ISR 2018, 109 (112) mit Verweis auf BVerfG, Urt. v. 29.6.2016 – 1 BvR 1015/15, BVerfGE 142, 268.

349 *Richter/John*, ISR 2018, 109 (113).

350 *Zinowsky/Ellenrieder*, IStR 2018, 134 (136 f.).

351 Siehe hierzu die Bundesinitiative des Landes Hessen, BR-Drs. 318/15 v. 2.7.2015, 3 ff.

352 Siehe hierzu BR-Drucks. 59/17 v. 27.1.2017, 8 f.; BT-Drucks. 18/11233 v. 20.2.2017, 12 f.; a.A. *Heil/Pupeter*, BB 2017, 795 (796).

353 Siehe hierzu BT-Drucks. 11/11233 v. 20.2.2017, 15 f.

Zudem wurde vom Steuergesetzgeber als Argument für die Notwendigkeit der Lizenzschrankenregelung vorgebracht, dass der lange Übergangszeitraum für die Umsetzung des Nexus-Ansatzes erhebliche Gestaltungsmöglichkeiten zur Steuervermeidung eröffnen würde.[354] Auch hieraus lässt sich ableiten, dass der Steuergesetzgeber mit der Lizenzschranke nicht regeln wollte, was nicht bereits durch den Nexus-Ansatz im Rahmen des BEPS-Projekts der OECD/G20-Staaten adressiert wurde.[355]

Schließlich wurden die Merkmale einer Präferenzregelung durch die OECD/G20-Staaten bereits im Jahr 1998 herausgearbeitet. Danach sind schädliche Präferenzregelungen nur auf bestimmte Einkünfte gerichtet, insbesondere soweit diese Einkünfte keine Investitionen vor Ort voraussetzen. Als derartige mobile Einkünfte wurden dabei solche aus Finanzdienstleistungen und immateriellen Wirtschaftsgütern qualifiziert. Diese Arbeiten der OECD/G20-Staaten waren Grundlage des BEPS-Projekts und der Arbeiten bezüglich des Aktionspunkt 5.[356]

Da die Arbeiten des BEPS-Projekts durch die Ausnahme um den Nexus-Ansatz auch Einzug in die Lizenzschrankenregelung im Sinne des § 4j EStG gefunden haben, spricht sehr viel dafür, den unbestimmten Rechtsbegriff der *Präferenzregelung* nach den OECD/G20-Grundsätzen auszulegen.

Demnach sollten Regelungen, welche nicht als Präferenzregelung aus Sicht der OECD/G20-Staaten qualifizieren, auch nicht als Präferenzregelung im Sinne der Lizenzschranke eingestuft werden.

Vor diesem Hintergrund sprechen die stichhaltigeren Argumente im Ergebnis dafür, den Begriff der *Präferenzregelung* für Zwecke der Lizenzschranke im Sinne des § 4j EStG lizenzbezogen zu verstehen.

cc) Zwischenergebnis

Die vorgehenden Ausführungen haben gezeigt, dass der Steuergesetzgeber bei der Begrifflichkeit der *Regelbesteuerung* wohl von Steuersystemen mit einem prozentual bestimmbaren Regelsteuersatz auszugehen scheint, jedoch die Bestimmung eben dieser Regelbesteuerung für den Rechtsanwender mit erheblichen Schwierigkeiten verbunden ist und sich äußerst komplex gestaltet.

Bezüglich der Frage zur Lizenzbezogenheit der Präferenzregelung kann festgehalten werden, dass sowohl der Wortlaut als auch die Systematik der Vorschrift

---

354 Entwurf eines Gesetzes gegen schädliche Steuerpraktiken im Zusammenhang mit Rechteüberlassungen v. 20.2.2017, BT-Drs. 18/11233 v. 20.2.2017, 1.

355 Ebenso *Richter/John*, ISR 2018, 109 (113).

356 Ähnlich ebenso *Zinowsky/Ellenrieder*, IStR 2018, 134 (137).

keine überzeugenden Anhaltspunkte für eine einschränkende Auslegung der Tatbestandsvoraussetzung der Präferenzregelung bieten. Vielmehr ist der unbestimmte Rechtsbegriff der *Präferenzregelung* nach den Grundsätzen der OECD/G20-Staaten im Rahmen einer teleologischen Reduktion einschränkend auszulegen.

Im Ergebnis ist sowohl die Bestimmung der Regelbesteuerung als auch die Auslegung des unbestimmten Rechtsbegriffs der Präferenzregelung für den Rechtsanwender äußert komplex und mit erheblichen Schwierigkeiten verbunden.[357]

Mangels gesetzgeberischer Konkretisierung in Bezug auf den Begriff der *Regelbesteuerung* und der *Präferenzregelung* sowie der fundamentalen Wichtigkeit dieser Merkmale in Bezug auf die tatbestandliche Prüfung des sachlichen Anwendungsbereichs der Lizenzschrankenregelung in Form des § 4j EStG, verbleiben für den Rechtsanwender folglich erhebliche Rechtsunsicherheiten.

b) Verweis auf den OECD-Abschlussbericht

Nach § 4j Abs. 1 Satz 4 EStG sind *„die Sätze 1 und 2 nicht anzuwenden, soweit sich die niedrige Besteuerung daraus ergibt, dass die Einnahmen des Gläubigers […] einer Präferenzregelung unterliegen, die dem Nexus-Ansatz gemäß Kapitel 4 des Abschlussberichts 2015 zu Aktionspunkt 5, OECD (2016) ‚Wirksamere Bekämpfung schädlicher Steuerpraktiken unter Berücksichtigung von Transparenz und Substanz', OECD/G20 Projekt Gewinnverkürzung und Gewinnverlagerung, entspricht“.*

Demnach enthält § 4j Abs. 1 Satz 4 EStG einen statischen Verweis[358] auf den von einer außerparlamentarischen Institution (OECD/G20-Staaten) erstellten OECD-Abschlussbericht, welcher in der steuerlichen Literatur aus verfassungsrechtlicher Sicht unter dem Aspekt des Rechtsstaatsprinzips kontrovers diskutiert wird.[359]

---

357 Ebenso *Woitok*, DStR 2020, 1228 (1228).

358 Siehe hierzu *Loschelder*, in: Schmidt, EStG, § 4j Rn. 19, der von einer *statischen konstitutiven Rechtsgrundverweisung* spricht; ebenso *Heil/Pupeter*, BB 2017, 1947 (1949), die bezüglich des *statischen Verweises* in Fußnote 21 zutreffend ausführen, dass *„etwaige künftige Überarbeitungen des Aktionspunktes 5 den Abschlussbericht 2015 unberührt lassen“* und *„nur auf diesen verwiesen wird“*.

359 Siehe hierzu beispielsweise *Hagemann/Kahlenberg*, in: Herrmann/Heuer/Raupach, EStG, § 4j Rn. 4, die davon ausgehen, dass der in § 4j Abs. 1 Satz 4 EStG enthaltene Verweis den Anforderungen der Normenklarheit sowie des Bestimmtheitsgebots genügt; ähnlich *Heil/Pupeter*, BB 2017, 1947 (1949); *Link*, DB 2017, 2372 (2377); *Pohl*, in: Blümich, EStG, § 4j Rn. 13; a.A. *Jochimsen/Zinowsky/Schraud*, IStR 2017, 593 (600); *Richter/John*, WPg 2017, 1090 (1094); *Loschelder*, in: Schmidt, EStG, § 4j Rn. 19.

Nach ständiger Rechtsprechung des Bundesverfassungsgerichts ist es dem Gesetzgeber grundsätzlich gewährt, im Wege der Verweisung auf andere Vorschriften Bezug zu nehmen, sofern die Verweisungsnorm hinreichend klar erkennen lässt, welche Vorschriften im Einzelnen gelten sollen und die in Bezug genommenen Vorschriften dem Normadressaten durch eine frühere ordnungsgemäße Veröffentlichung zugänglich sind.[360]

Da ein solcher Verweis nach Auffassung des Bundesverfassungsgerichts lediglich den rechtlichen Verzicht darstellt, den Text aus der in Bezug genommenen Vorschrift in vollem Umfang in die entsprechende Vorschrift aufzunehmen, steht es dem Steuergesetzgeber sogar frei, seine Verweise auf Vorschriften eines anderen Normgebers zu beziehen.[361]

In diesem Zusammenhang führt das Bundesverfassungsgericht weitergehend aus, dies gelte ebenso für Verweise auf Normen und Begriffe des Rechts der Europäischen Union.[362]

Aus verfassungsrechtlicher Sicht sind solche Verweise nach ständiger Rechtsprechung des Bundesverfassungsgerichts grundsätzlich unbedenklich, sofern sich der verweisende Gesetzgeber den Inhalt in der Fassung zu eigen macht, wie dieser bei Erlass des Gesetzesbeschlusses galt (statischer Verweis).[363]

Ob der in § 4j Abs. 1 Satz 4 EStG angelegte Verweis auf den OECD-Abschlussbericht einer verfassungsrechtlichen Überprüfung standhält, lässt sich ausgehend von den vorgehend dargestellten Grundsätzen des Bundesverfassungsgerichts insbesondere durch die Würdigung der Verweisungsart, der Normqualität sowie anhand des Bestimmtheitsgebotes und der Zugänglichkeit beurteilen.

---

360 BVerfG, Urt. v. 30.5.1956 – 1 BvF 3/53, BVerfGE 5, 25 (31); Urt. v. 15.11.1967 – 2 BvL 7/64 (u.w.), BVerfGE 22, 330 (346); Urt. v. 15.7.1969 – 2 BvF 1/64, BVerfGE 26, 338 (365 f.); Urt. v. 1.3.1978 – 1 BvR 786/70 (u.w.), BVerfGE 47, 285 (311); Urt. v. 21.9.2016 – 2 BvL 1/15, BVerfGE 143, 38 (41).

361 BVerfG, Urt. v. 1.3.1978 – 1 BvR 786/70 (u.w.), BVerfGE 47, 285 (311 f.); Urt. v. 21.9.2016 – 2 BvL 1/15, BVerfGE 143, 38 (42).

362 BVerfG, Urt. v. 13.10.1970 – 2 BvR 618/68, BVerfGE 29, 198 (210); Urt. v. 21.9.2016 – 2 BvL 1/15, BVerfGE 143, 38 (42 f.).

363 BVerfG, Urt. v. 15.7.1969 – 2 BvF 1/64, BVerfGE 26, 338 (366); Urt. v. 1.3.1978 – 1 BvR 786/70 (u.w.), BVerfGE 47, 285 (312); Urt. v. 23.3.1982 – 2 BvL 13/79, BVerfGE 60, 135 (155); Urt. v. 16.10.1984 – 1 BvL 17/80, BVerfGE 67, 348 (362 f.); Urt. v. 25.2.1988 – 2 BvL 26/84, BVerfGE 78, 32 (35); Urt. v. 21.9.2016 – 2 BvL 1/15, BVerfGE 143, 38 (43).

aa) Verweisart

Vor dem Hintergrund, dass künftige Anpassungen der Grundsätze des Nexus-Ansatzes den OECD-Abschlussbericht unberührt lassen und sich der Steuergesetzgeber auf den Inhalt des OECD-Abschlussberichts zum Zeitpunkt des Erlasses des Gesetzesbeschlusses bezogen hat, handelt es sich bei § 4j Abs. 1 Satz 4 EStG um einen statischen Verweis. Dies entspricht auch weitestgehend der Auffassung im Schrifttum.[364]

Kraft[365] geht im Gegensatz dazu jedoch von einem dynamischen Verweis in § 4j Abs. 1 Satz 4 EStG aus, allerdings ohne dies weiter zu konkretisieren.[366] Diese Auffassung vermag jedenfalls nicht zu überzeugen. Denn im Gegensatz zu einem statischen Verweis bezieht sich ein dynamischer Verweis auf einen sich ändernden Wortlaut, was regelmäßig mit der Formulierung *in der jeweils geltenden Fassung* zum Ausdruck gebracht wird. Aus dem Wortlaut des § 4j Abs. 1 Satz 4 EStG lässt sich derartiges jedoch weder unmittelbar entnehmen noch interpretieren.

bb) Normative Qualität

Wie vorgehend dargestellt, spricht das Bundesverfassungsgericht davon, dass der Steuergesetzgeber grundsätzlich auf Vorschriften eines anderen *Normgebers* verweisen kann und verwendet dabei auch den Wortlaut *„einer in Bezug genommenen Vorschrift"*.[367]

Bei der Organisation für wirtschaftliche Zusammenarbeit (OECD) handelt es sich jedoch nicht um einen (anderen) *Normgeber*, sodass der OECD-Abschlussbericht daraus folgend nicht als *„eine in Bezug genommene Vorschrift"* zu qualifizieren vermag.

---

364 Siehe hierzu *Loschelder*, in: Schmidt, EStG, § 4j Rn. 19, der von einer *„statischen konstitutiven Rechtsgrundverweisung"* spricht; ebenso *Heil/Pupeter*, BB 2017, 1947 (1949), die bezüglich des *„statischen Verweises"* in Fußnote 21 zutreffend ausführen, dass *„etwaige künftige Überarbeitungen des Aktionspunktes 5 den Abschlussbericht 2015 unberührt lassen"* und *„nur auf diesen verwiesen wird"*.

365 *Kraft*, in: Kanzler/Kraft/Bäuml, EStG, § 4j Rn. 12.

366 Ein dynamischer Verweis ist zwar unter dem Aspekt der Rechtsklarheit bedenklich, wird von der Verfassungsrechtsprechung aber grundsätzlich gebilligt, soweit diese sich nicht im Bereich der Freiheitsbeschränkung bewegt. Siehe hierzu BVerfG, Urt. v. 15.7.1969 – 2 BvF 1/64, BVerfGE 26, 338 (366 ff.); Urt. v. 1.3.1978 – 1 BvR 786/70 (u.w.), BVerfGE 47, 285 (311 ff.); Urt. v. 14.6.1983 – 2 BvR 488/80, BVerfGE 64, 208 (241 f.); Urt. v. 23.4.1986 – 2 BvR 487/80, BVerfGE 73, 261 (272 f.).

367 BVerfG, Urt. v. 21.9.2016 – 2 BvL 1/15, BVerfGE 143, 38 (43 m.w.N).

Vielmehr bezieht sich der in § 4j Abs. 1 Satz 4 EStG enthaltene Verweis auf eine *„politische Willenserklärung“* in Form des OECD-Abschlussberichts.[368]

Folglich wird damit zumindest partiell das Besteuerungsrecht, nämlich in Bezug auf den Ausnahmetatbestand in § 4j Abs. 1 Satz 4 EStG, von der OECD/G20 als außerparlamentarische Institution abhängig gemacht.

Da dem OECD-Abschlussbericht für die tatbestandliche Prüfung der Lizenzschranke gemäß § 4j EStG elementare Wichtigkeit zukommt, der OECD-Abschlussbericht jedoch nicht durch ein rechtsstaatliches Verfahren entstanden ist und sich somit einer demokratischen Legitimation entbehrt, ist im Ergebnis davon auszugehen, dass der Verweis einer verfassungsrechtlichen Überprüfung durch das Bundesverfassungsgericht vermutlich nicht standhalten wird.[369]

cc) Zugänglichkeit

Das Bundesverfassungsgericht fordert ebenfalls, dass dem Normadressaten bei einem statischen Verweis die in Bezug genommene Vorschrift durch eine frühere ordnungsgemäße Veröffentlichung zugänglich sein muss.

Im Rahmen dessen wird es grundsätzlich als genügend erachtet, sofern dem Normadressaten in zumutbarer und verlässlicher Weise die Kenntnisnahme vom Inhalt der Rechtsvorschrift und damit einhergehend auch vom Zielobjekt der Verweisung ermöglicht wird.[370]

Nach dieser Sichtweise sollte die Veröffentlichung des OECD-Abschlussberichts im Internet und die Nennung der Internet-Fundstelle im Bundesgesetzblatt grundsätzlich ausreichend sein. Des Weiteren ist anzunehmen, dass eine Veröffentlichung im Internet, im Gegensatz zum Abdruck der Fundstelle im Bundesgesetzblatt, wohl auch zu einer größeren Erreichbarkeit des frei zugänglichen OECD-Abschlussberichts führen sollte.

Da der OECD-Abschlussbericht als Bezugsobjekt der Verweisung weder auf der Internetseite einer Bundesbehörde noch auf der Internetseite des Bundestages für den Normadressaten zugänglich ist, bestehen jedoch insbesondere Zweifel dahingehend, dass der Gesetzgeber weder einen Einfluss noch eine Kontrolle darüber innehat, ob und inwieweit die Veröffentlichung des OECD-Abschlussberichts auf der Internetseite der OECD von Dauer ist.[371]

---

368 Siehe auch *Heil/Pupeter*, BB 2017, 1947 (1949), die ebenfalls von einer *„politischen Willenserklärung“* sprechen.

369 Ebenso *Jochimsen/Zinowsky/Schraud*, IStR 2017, 593 (600).

370 Siehe hierzu auch *Nierhaus/Mann*, in: Sachs, GG, Art. 82 Rn. 21 f.; *Butzer*, in: Maunz/Dürig, GG, Art. 82 Rn. 237 (m.w.N.).

371 *Ebenso Heil/Pupeter*, BB 2017, 1947 (1949 Fn. 31).

Dieser Umstand sollte im Ergebnis jedoch nicht dazu führen, dass die vom Bundesverfassungsgericht formulierte Zugänglichkeitsvoraussetzung als nicht erfüllt anzusehen sein sollte.

dd) Normenbestimmtheit und Normenklarheit

Durch den in § 4j Abs. 1 Satz 4 EStG enthaltenen Verweis sind die im OECD-Abschlussbericht dargelegten Ausführungen zum Nexus-Ansatz zu innerstaatlichem Recht geworden.

Grundsätzlich ist im Steuerrecht dem Grundsatz der Tatbestandsmäßigkeit der Besteuerung Rechnung zu tragen. Vor diesem Hintergrund ist fraglich, ob die Regelung gemäß § 4j Abs. 1 Satz 4 EStG in Verbindung mit dem OECD-Abschlussbericht hinreichend genau festlegt, wann die restriktive Rechtsfolge der Lizenzschrankenregelung in Form des § 4j EStG tatsächlich zur Anwendung kommt.[372]

Denn nach der Rechtsprechung des Bundesverfassungsgerichts erfordert der „*Grundsatz der Tatbestandsmäßigkeit als Ausdruck des Rechtsstaatsprinzips im Bereich des Abgabenwesens, dass steuerbegründende Tatbestände so bestimmt sein müssen, dass der Steuerpflichtige die auf ihn entfallende Steuer vorausberechnen kann*“[373]. Im Rahmen dessen hat der Gesetzgeber „*einfache, für die Betroffenen verständliche Regelungen zu wählen, die verlässlich und effizient vollzogen werden können*“[374].

Bei näherer Betrachtung des Kapitels 4 des OECD-Abschlussberichts lässt sich erkennen, dass die dort verorteten Ausführungen zum Nexus-Ansatz keine Tatbestandsmerkmale enthalten, sondern diese vielmehr deskriptiv-umschreibend ausgestaltet sind.[375] Die entsprechenden Ausführungen haben daher eher den Charakter einer Leitlinie.

Dieses Verständnis wird offenbar auch durch den Rat der EU geteilt. Dieser hat bereits mit Blick auf die „*Richtlinie bezüglich hybrider Gestaltungen mit*

---

372 Zum Grundsatz der *Tatbestandsmäßigkeit der Besteuerung* siehe beispielsweise *Jachmann-Michel/Vogel*, in: v. Mangoldt/Klein/Starck, GG, Art. 105 Rn. 36.

373 BVerfG, Urt. v. 14.12.1965 – 1 BvR 571/60, BVerfGE 19, 253 (267); Urt. v. 28.2.1973 – 2 BvL 19/70, BVerfGE 34, 348 (365); Urt. v. 12.10.1978 – 2 BvR 154/74, BVerfGE 49, 343 (362); Urt. v. 23.10.1986 – 2 BvL 7/84 und 2 BvL 8/84, BVerfGE 73, 388 (400).

374 BVerfG, Urt. v. 10.4.1997 – 2 BvL 77/92, BVerfGE 96, 1 (7); Urt. v. 11.11.1998 – 2 BvL 10/95, BVerfGE 99, 280 (290).

375 So auch *Heil/Pupeter*, BB 2017, 1947 (1949); *Hagemann/Kahlenberg*, in: Herrmann/Heuer/Raupach, EStG, § 4j Rn. 4; *Loschelder*, in: Schmidt, EStG, § 4j Rn. 19.

Drittländern“[376] den Mitgliedstaaten nahegelegt, dass bei der Umsetzung dieser Richtlinie als Referenz oder zur Auslegung die jeweiligen Erläuterungen und Beispiele im (BEPS-)Abschlussbericht der OECD zu BEPS-Aktionspunkt 2 herangezogen werden sollten.[377]

Bei Übertragung dieser Sichtweise auf die Ausführungen in Kapitel 4 des OECD-Abschlussberichts ist eben diesen Ausführungen vielmehr eine Erläuterungsfunktion als auch die Eigenschaft einer Auslegungshilfe beizumessen.[378]

Abgesehen von der Ausgestaltung des Bezugsobjektes stellt sich für den Normadressaten auch die Frage, welche Sprachfassung des OECD-Abschlussberichts im Zusammenhang mit § 4j Abs. 1 Satz 4 EStG maßgebend ist. Grundsätzlich bringt der Gesetzgeber durch die im Bundesgesetzblatt veröffentlichte Fundstelle des Bezugsobjekts zum Ausdruck, der Lizenzschranke sei die deutsche Sprachfassung des OECD-Abschlussberichts zugrundezulegen.

Allerdings ist bei näherer Betrachtung des OECD-Abschlussberichts ersichtlich, dass beispielsweise in der englischen Sprachfassung die Rede von *IP-assets*[379] ist, während in der deutschen (übersetzten) Sprachfassung von *„sonstigen Gegenständen geistigen Eigentums*“[380] gesprochen wird.

Hieraus lässt sich folgern, dass die deutsche Sprachfassung, zumindest teilweise, unsaubere Übersetzungen enthält. Denn Gegenstände sind im Grunde körperlich, während diese Eigenschaft gerade nicht mit geistigem Eigentum einhergeht.

Die Begrifflichkeit *IP-assets* ist hingegen sehr weit zu verstehen und umfasst grundsätzlich neben körperlichen Gegenständen auch jegliche verwertbare Vermögenswerte.

Bei Betrachtung der beiden Begrifflichkeiten lässt sich des Weiteren auch erkennen, dass der Begriff des *geistigen Eigentums*, welcher laut OECD-Abschlussbericht auf *„Patente und andere geistige Eigentumswerte, die Patenten*

---

376 Richtlinie 2017/952/EU des Rates v. 29. Mai 2017 zur Änderung der Richtlinie 2016/1164/EU bezüglich hybrider Gestaltungen mit Drittländern, ABl. 2017 Nr. L 144, 1.

377 Siehe hierzu Erwägungsgrund 28 der Richtlinie 2017/952/EU des Rates v. 29. Mai 2017 zur Änderung der Richtlinie 2016/1164/EU bezüglich hybrider Gestaltungen mit Drittländern, ABl. 2017 Nr. L 144, 1.

378 Ebenso *Hagemann/Kahlenberg*, in: Herrmann/Heuer/Raupach, EStG, § 4j Rn. 4.

379 Siehe hierzu die englische Sprachfassung des OECD-Abschlussberichts, Rn. 34 ff. (abrufbar unter: https://read.oecd-ilibrary.org/taxation/countering-harmful-tax-practices-more-effectively-taking-into-account-transparency-and-substance-action-5-2015-final-report_9789264241190-en#page28; zuletzt abgerufen am 30.6.2021).

380 OECD-Abschlussbericht, Rn. 34 ff.

funktionell entsprechen“[381] gerichtet ist, nur teilweise mit dem sachlichen Anwendungsbereich der Lizenzschranke übereinstimmt.[382]

Der Grad des Gleichlaufs des Wortlauts der englischen Sprachfassung und des sachlichen Anwendungsbereichs der Lizenzschranke ist dabei als deutlich gleichmäßiger zu beurteilen. Hieraus lässt sich ableiten, dass die Anwendung der englischen Sprachfassung des OECD-Abschlussberichts grundsätzlich zielgerichteter wäre. Allerdings würde dies die Rechtsanwendung, nicht nur für den Normadressaten, deutlich erschweren.

Im Weiteren ergeben sich in Bezug auf das Bezugsobjekt Anwendungsprobleme aufgrund von unbestimmten Rechtsbegriffen, welche durch den Verweis in § 4j Abs. 1 Satz 4 EStG Eingang in das deutsche Steuerrecht gefunden haben und Interpretationsspielraum eröffnen.

In diesem Zusammenhang ist vor allem der Begriff der „*qualifizierten Ausgaben*“ besonders hervorzuheben. Die Staaten sollen hierfür ihre eigene Definition entwickeln, dabei aber „*sicherstellen, dass die qualifizierten Ausgaben nur solche Ausgaben umfassen, die für tatsächlich durchgeführte F & E-Tätigkeiten getätigt wurden*“[383].

Hilfestellung wird jedoch durch die Fußnote 10 des Kapitels 4 des OECD-Abschlussberichts geleistet, welche potenzielle Ausgaben nennt. Unter anderem werden hier Begriffe wie *Lohn und Gehaltskosten*, *Direktkosten*, *Gemeinkosten* und *Kosten für die Lieferung* genannt.[384] Eine weitere Konkretisierung dieser verwendeten Begrifflichkeiten erfolgt in diesem Zusammenhang jedoch nicht.

Vor diesem Hintergrund ist wegen der mangelnden Verbindlichkeit die vom Bundesverfassungsgericht geforderte Kalkulierbarkeit der Steuerlast für den Normadressaten nicht gegeben.

Im Ergebnis ist demnach aufgrund der nicht rechtssicheren Auslegung, welche insbesondere aus den von der OECD offengelassenen Interpretationsspielräumen sowie der unbestimmten Rechtsbegriffe resultiert, höchst zweifelhaft, ob § 4j Abs. 1 Satz 4 EStG in Verbindung mit dem OECD-Abschlussbericht den vom Rechtsstaatsprinzip an den Gesetzgeber gestellten Anforderungen gerecht wird.

---

381 OECD-Abschlussbericht, Rn. 34.

382 Ebenso *Loschelder*, in: Schmidt, EStG, § 4j Rn. 19.

383 OECD-Abschlussbericht, Rn. 39.

384 OECD-Abschlussbericht, Rn. 39 (Fn. 10).

2. Gesamtwürdigung

Hinter den verfassungsrechtlichen Geboten der Normenklarheit und der Normenbestimmtheit steht der grundlegende Gedanke, dass eine demokratische Rechtsordnung klare, allgemein verständliche und sprachlich möglichst eindeutige Gesetze voraussetzt.

Diesem Grundgedanken Rechnung tragend, formuliert das Bundverfassungsgericht, die Normadressaten müssten „*in zumutbarer Weise feststellen können, ob die tatsächlichen Voraussetzungen für die in der Rechtsnorm ausgesprochene Rechtsfolge vorliegen*“[385].

In Bezug auf das Steuerrecht und die steuerliche Gesetzgebung hat das Bundesverfassungsgericht herausgestellt, dass ein Steuergesetz den rechtsstaatlichen Anforderungen an die Bestimmtheit dann genügt, „*wenn es in seinen Voraussetzungen und seinem Inhalt so formuliert ist, dass die betroffenen Steuerbürger die Rechtslage erkennen und ihr Verhalten danach einrichten können*“[386]; wenn Steuerpflichtige also die zu tragende Steuerlast unter Anwendung des jeweiligen Steuergesetzes vorausberechnen können.

Darüber hinaus fordert das rechtsstaatliche Gebot der Vorhersehbarkeit und Berechenbarkeit der Steuerlasten nach höchstrichterlicher Auffassung eine „*Einfachheit und Klarheit der gesetzlichen Regelungen, die dem nicht steuerrechtskundigen Pflichtigen erlauben, seinen – strafbewehrten (§ 370 AO) – Erklärungspflichten sachgerecht zu genügen*“[387]. „*Ein Steuertatbestand ist deshalb so zu bilden, dass er auf verständliche Art und Weise die Belastung ausdrückt und in tatbestandlicher Bestimmtheit vollziehbar macht. Nur dann genügt das Steuergesetz den Anforderungen rechtsstaatlicher Voraussehbarkeit und – im wörtlichen Sinne – Berechenbarkeit, dem Erfordernis der Lastengleichheit, der verlässlichen Gebundenheit der Rechtsunterworfenen in einem überzeugungskräftigen Rechtsstaat und der Fähigkeit des Einzelnen zur Freiheit im Rahmen eines durch eine Idee geprägten Rechts*“[388].

Trotz solch hoher Anforderungen, welche das Bundesverfassungsgericht an parlamentarische Gesetze zu stellen scheint, bleibt jedoch zu beachten, dass das Bundesverfassungsgericht (bisher) noch keine gesetzliche Vorschrift wegen Verstoßes gegen das Gebot der Normenklarheit für verfassungswidrig erklärt hat.[389]

---

385 BVerfG, Urt. v. 23.4.1974 – 1 BvR 6/74 und 1 BvR 2270/73, BVerfGE 37, 132 (142).

386 BVerfG, Urt. v. 12.1.1967 – 1 BvR 169/63, BVerfGE 21, 73 (79 f.); Urt. v. 3.8.1983 – 2 BvL 27/81, BVerfGE 63, 312 (323 f.).

387 BVerfG, Urt. v. 10.11.1998 – 2 BvR 1057/91 (u.w.), BVerfGE 99, 216 (243).

388 *Isensee*, Stuw 1994, 3 (6 f.); *Kirchhof*, NJW 1987, 3217 (3222).

389 So auch *Holdorf*, BB 2001, 2085 (2092).

Trotzdem ist das verfassungsrechtliche Gebot der Normenklarheit Ausfluss des Gedankens der Ordnungsfunktion des Rechts. Diesem Umstand kann nur dann hinreichend Rechnung getragen werden, wenn als Beurteilungsmaßstab der typische Empfängerhorizont des durchschnittlichen Normadressaten zugrundegelegt wird.[390] Im Steuerrecht ist somit grundsätzlich auf den „*nicht steuerrechtskundigen Pflichtigen*" und nicht etwa auf den Steuerberater abzustellen.[391]

Dabei muss insbesondere das Steuerrecht als klassisches Eingriffsrecht strengen Anforderungen standhalten, zumal die Verletzung von Erklärungspflichten gegenüber den Finanzbehörden (§§ 149 ff. AO) durch § 370 AO strafbewehrt ist.[392]

Aus diesem Grund müssen die Besteuerungsnormen prinzipiell so bestimmt sein, dass sich dem Steuerpflichtigen aus objektiver Sicht Tatbestand und Rechtsfolge der Norm erschließen. Diesem Verständnis folgend, muss der Steuerpflichtige seine Steuerlast vorausberechnen können.[393] Nur wenn diese Voraussetzungen erfüllt sind, kann der Steuerpflichtige sein Verhalten eigenverantwortlich gestalten – soweit dies nicht rechtsmissbräuchlich im Sinne des § 42 AO geschieht, auch zu Zwecken der Steuervermeidung.[394]

Unberücksichtigt darf andererseits aber auch nicht bleiben, dass das Steuerrecht wegen der Vielzahl von Sachverhalten schwerlich auf Generalklauseln und teils auf unbestimmte Rechtsbegriffe verzichten kann.[395]

Das Prinzip der Einfachheit des Steuerrechts lässt sich aus diesen Gründen und aufgrund der grundrechtlichen Differenzierungsgebote, welche sich aus dem systemtragenden Leistungsfähigkeitsprinzip ergeben, wohl niemals rein und vollkommen verwirklichen.[396] Allerdings wird man vom Steuergesetzgeber fordern müssen, dass sich dieser dem Ideal, dem Prinzip der Einfachheit, welches dieser aus genannten Gründen nie wird erreichen können, zumindest weitestmöglich annähern muss.[397]

---

390 Kritisch in Bezug auf den Bestimmtheitsgrundsatz insbesondere *Papier*, DStJG 1989, 61 (61 ff.).

391 BVerfG, Urt. v. 10.11.1998 – 2 BvR 1057/91 (u.w.), BVerfGE 99, 216 (243).

392 BVerfG, Urt. v. 10.11.1998 – 2 BvR 1057/91 (u.w.), BVerfGE 99, 216 (243).

393 BVerfG, Urt. v. 14.12.1965 – 1 BvR 571/60, BVerfGE 19, 253 (267); Urt. v. 28.2.1973 – 2 BvL 19/70, BVerfGE 34, 348 (365); Urt. v. 12.10.1978 – 2 BvR 154/74, BVerfGE 49, 343 (362); Urt. v. 23.10.1986 – 2 BvL 7/84 und 2 BvL 8/84, BVerfGE 73, 388 (400).

394 *Luttermann*, FR 2007, 18 (19).

395 *Luttermann*, FR 2007, 18 (19 f.).

396 *Isensee*, StuW 1994, 3 (7); *Holdorf*, BB 2001, 2085 (2092).

397 *Isensee*, StuW 1994, 3 (7).

Übertragen auf das Steuerrecht bedeutet dies, dass auch das *optimale Steuerrecht* nie für jedermann in allen Belangen ohne fachkundige Beratung zu verstehen sein wird. Doch zumindest der fachkundige Berater muss in der Lage sein, die Vorschriften zu verstehen und entsprechend zu handhaben.

Allgemein lässt sich für die Rechtsordnung festhalten, dass die Anforderungen an die Bestimmtheit und Klarheit des Gesetzes umso höher sind, je schwerwiegender sich ein Gesetz auf den Betroffenen auswirkt, das heißt, wenn die „*Unsicherheit bei der Beurteilung der Gesetzeslage die Ausübung von Grundrechten erschwert*“[398]. Die Verwendung von Generalklauseln und unbestimmten Rechtsbegriffen darf im Ergebnis nicht dazu führen, dass es dem Normadressaten nahezu unmöglich wird, sich den Regelungsgehalt zu erschließen.

So stellt insbesondere der Umstand, dass eine Vielzahl von Sachverhalten zu regeln ist, keine Rechtfertigung für unverständliche Gesetze dar, deren Regelungsinhalte selbst einem Fachkundigen nur äußerst schwer zugänglich sind.

Gemessen an diesen Grundsätzen vermag die Lizenzschrankenregelung im Sinne des § 4j EStG aus den vorstehend genannten Gründen in ihrer Gesamtheit nicht zu bestehen.

Dargestellt wurde, dass § 4j EStG zentrale Tatbestandsmerkmale enthält, welche auslegungsbedürftig sind. Nach der Rechtsprechung des Bundesverfassungsgerichts[399] wird allein aufgrund der Auslegungsbedürftigkeit einer Norm die Grenze zur verfassungsrechtlich relevanten Unbestimmtheit zwar noch nicht überschritten. Doch gilt es gleichsam zu beachten, dass auch nach Auffassung des Bundesverfassungsgerichts die Bestimmtheit einer Norm prinzipiell nur gewahrt ist, sofern eine hinreichend deutliche Umschreibung im Wege der Auslegung möglich ist, auch wenn die in Rede stehenden Begriffe „*einer schärferen Konturierung zugänglich sind*“[400]. Demnach ist eine Norm „*wegen extremer Unbestimmtheit verfassungswidrig*“[401], wenn sie schlechterdings nicht anwendbar, nicht befolgbar oder nicht juristikabel ist.

---

398 BFH, Urt. v. 6.9.2006 – XI R 26/04, BStBl. II 2007, 167 mit Verweis u. a. auf BVerfG, Urt. v. 3.3.2004 – 1 BvF 3/92, BVerfGE 110, 33 (53 ff.); Urt. v. 9.4.2003 – 1 BvL 1/01 und 1 BvR 1749/01, BVerfGE 108, 52 (75); Urt. v. 19.3.2003 – 2 BvL 9/98 (u.w.), BVerfGE 108, 1 (20).

399 BVerfG, Urt. v. 14.3.1967 – 1 BvR 334/61, BVerfGE 21, 209 (215); Urt. v. 4.4.1967 – 1 BvR 126/65, BVerfGE 21, 245 (261); Urt. v. 19.4.1978 – 2 BvL 2/75, BVerfGE 48, 210 (222); Urt. v. 3.8.1983 – 2 BvL 27/81, BVerfGE 63, 312 (324).

400 BVerfG, Urt. v. 22.6.1977 – 1 BvR 799/76, BVerfGE 45, 400 (421).

401 BVerfG, Urt. v. 22.6.1977 – 1 BvR 799/76, BVerfGE 45, 400 (421).

Je stärker das Verständnis einer gesetzlichen Regelung von Auslegung abhängt, desto geringer ist der Grad der Verlässlichkeit des Rechts und desto näher rückt die Norm in den Bereich der Unbestimmtheit und damit der Verfassungswidrigkeit.

Allein der Wortlaut der Lizenzschrankenregelung macht es selbst dem Rechtskundigen nahezu unmöglich, den Tatbestand vollumfänglich zu erfassen und zu verstehen. Ist der Rechtsanwender über das Stadium des rein grammatikalischen Verständnisses der Lizenzschrankenregelung hinausgelangt, beginnen jedoch die eigentlichen Herausforderungen. Hat er den Wortlaut erfasst, stellt sich ihm unweigerlich die Frage, was der Gesetzgeber genau mit Begrifflichkeiten wie *Regelbesteuerung* oder dem Klammerzusatz in Form der *Präferenzregelung* gemeint haben könnte.

Bereits die Vorschrift der zentralen Regelung des § 4j EStG ist in ihrem Inhalt nach nicht klar bestimmt, da mehrere Tatbestandsmerkmale nicht derart klar sind, dass sich dem Rechtsanwender ihr Inhalt ohne Auslegung erschließen könnte.

Des Weiteren ist in diesem Zusammenhang nicht zu vernachlässigen, dass die Lizenzschranke gemäß § 52 Abs. 1 Satz 1 EStG und § 52 Abs. 8a EStG erstmals für den Veranlagungszeitraum 2018 Anwendung findet.

Mit Blick auf das Rechtsstaatsprinzip muss es folglich jedem von § 4j EStG betroffenen Steuerpflichtigen von diesem Moment an möglich sein, die konkret auf den Normadressaten entfallende Steuerlast unter Anwendung der Lizenzschrankenregelung berechnen zu können.

Dies ist jedoch aufgrund der dargelegten mangelnden Klarheit und Bestimmtheit der Vorschrift kaum möglich, zumal die aufgezeigte Unbestimmtheit der Lizenzschranke mitunter gar dazu führt, dass der Steuerpflichtige unter Umständen aus einer Laiensicht heraus nicht einmal mit Sicherheit beurteilen kann, ob dieser überhaupt vom sachlichen Anwendungsbereich der Lizenzschranke erfasst wird.

Diese für den Rechtsanwender bestehenden Rechtsunsicherheiten werden zudem auch durch den in § 4j Abs. 1 Satz 4 EStG angelegten statischen Verweis auf Kapitel 4 des OECD-Abschlussberichts verstärkt. Denn neben der erheblichen mangelnden normativen Qualität des Bezugstextes ergeben sich für den Normadressaten auch große Rechtsunsicherheiten aufgrund der nicht rechtssicheren Auslegung, welche insbesondere aus den von der OECD offengelassenen Interpretationsspielräumen sowie den unbestimmten Rechtsbegriffen resultieren.

3. *Zwischenergebnis*

Im Ergebnis stellt die Lizenzschranke insgesamt keine einfache und klare Regelung dar, welche dem rechtsstaatlichen Gebot der Vorhersehbarkeit und Berechenbarkeit der steuerlichen Belastung entspricht.

Die Lizenzschrankenregelung in Form des § 4j EStG verstößt somit gegen das Gebot der Normenbestimmtheit sowie der Normenklarheit und ist folglich aufgrund des damit einhergehenden Verstoßes gegen das Rechtsstaatsprinzip verfassungswidrig.

B. Vereinbarkeit der Lizenzschranke mit Europarecht

Es ist fraglich, ob sich die Lizenzschrankenregelung im Sinne des § 4j EStG in ihrer derzeitigen Fassung mit europäischem Recht vereinbaren lässt.[402]

Durch das (partielle) Betriebsausgabenabzugsverbot für Aufwendungen aus Rechteüberlassungen auf Ebene des Lizenzgebühren zahlenden Unternehmens und der damit einhergehenden Besteuerung eben dieser (partiell) nicht abzugsfähigen Betriebsausgaben könnte die Bundesrepublik Deutschland mit der Lizenzschranke in Form des § 4j EStG gegen geltendes Europarecht verstoßen.

Die Europäische Union hat sich zum Ziel gesetzt, einen *„immer engeren Zusammenschluss der europäischen Völker zu schaffen“*[403] *und „ihre Volkswirtschaften zu einigen und deren harmonische Entwicklung zu fördern“*[404].

Entsprechend enthält das Primärrecht hierzu sowohl ein allge-meines Diskriminierungsverbot[405], wie auch besondere Diskriminierungsverbote in Form der unionsrechtlichen Grundfreiheiten[406] als auch ein Beschränkungsver-bot[407].

---

402 Siehe hierzu beispielsweise auch *Schnitger*, IStR 2021, 140 (147 m.w.N.).

403 AEUV, Präambel.

404 AEUV, Präambel.

405 Normiert in Art. 18 AEUV.

406 Zu den besonderen Diskriminierungsverboten (Grundfreiheiten) zählen insbesondere sowohl die Warenverkehrsfreiheit (Art. 28 ff. AEUV), die Arbeitnehmerfreizügigkeit (Art. 45 ff. AEUV), als auch die Niederlassungsfreiheit (Art. 49 ff. AEUV) sowie die Dienstleistungsfreiheit (Art. 56 ff. AEUV) und die Kapitalverkehrsfreiheit (Art. 63 ff. AEUV).

407 EuGH, Urt. v. 11.7.1974 – 8/74, *Dassonville*, Slg. 1974, 837 Rn. 5; Urt. v. 5.10.2004 – C-442/02, *CaixaBank France*, Slg. 2004, I-8961 Rn. 11; Urt. v. 6.12.2007 – C-298/05, *Columbus Container Services*, Slg. 2007, I-10451 Rn. 33; Urt. v. 13.12.2007 – C-465/05, *Kommission/Italien*, Slg. 2007, I-11091 Rn. 17; Urt. v. 17.7.2008 – C-389/05, *Kommission/Frankreich*, Slg. 2008, I-5337 Rn. 52; Urt. v. 23.10.2008 – C-157/07, *Krankenheim Ruhesitz am Wannsee-Seniorenheimstatt*, Slg. 2008, I-8061 Rn. 19; Urt. v. 29.11.2011 – C-371/10, *National Grid Indus*, EuZW 2011, 951 Rn. 36.

Im Rahmen dessen sind sowohl das allgemeine Diskriminierungsverbot als auch die unionsrechtlichen Grundfreiheiten wie auch das Beschränkungsverbot für jeden EU-Mitgliedstaat verbindlich. Sofern sich eine nationale Vorschrift eines EU-Mitgliedstaates nicht mit dem allgemeinen Diskriminierungsverbot, den unionsrechtlichen Grundfreiheiten oder dem Beschränkungsverbot vereinbaren lässt, kann sich der Unionsbürger unmittelbar auf den AEUV berufen.

Entsprechend entfaltet eine nationale Vorschrift bei Unionsrechtswidrigkeit insoweit keine Wirkung gegen den Unionsbürger.[408] Folglich ist innerstaatliches Recht, und damit auch die Lizenzschrankenregelung in Form des § 4j EStG, direkt an den europarechtlichen Grundfreiheiten zu messen.

Des Weiteren könnte in der Lizenzschranke auch eine staatliche (selektive) Beihilfe gesehen werden, sodass in diesem Fall die Vorschrift gemäß § 4j EStG nicht mit dem unionsrechtlichen Beihilferecht vereinbar wäre. Denn nach Art. 107 AEUV sind selektive staatliche Beihilfen nicht mit dem Binnenmarkt vereinbar, wenn diese den Wettbewerb durch bestimmte Privilegien gegenüber Unternehmen oder Produktionszweigen verfälschen und somit den Handel beeinträchtigen.[409] Vor diesem Hintergrund ist die Lizenzschranke neben den unionsrechtlichen Grundfreiheiten insbesondere auch hinsichtlich der primärrechtlichen Vorgaben des Beihilferechts zu untersuchen.

Daneben hat der nationale Steuergesetzgeber jedoch nicht nur das im AEUV geregelte Primärrecht zu berücksichtigen, sondern muss auch den sekundärrechtlichen Vorgaben Rechnung tragen. Im Rahmen dessen hat jeder EU-Mitgliedstaat die Richtlinien in nationales Recht umzusetzen, welche der Unionsgesetzgeber gemäß Art. 288 AEUV erlassen kann.

Mit dem Ziel, ein reibungsloses Funktionieren des EU-Binnenmarktes sicherzustellen, hat der Rat der Europäischen Union insbesondere die Zins- und Lizenzgebühren-Richtlinie verabschiedet, deren Inhalte der nationale Gesetzgeber im Rahmen des EG-Amtshilfe-Anpassungsgesetzes[410] vom 2.12.2004 in das nationale Einkommensteuergesetz übernommen hat.[411]

---

408 EuGH, Urt. v. 15.7.1964 – 6/64, *Costa/E.N.E.L.*, Slg. 1964, 1251.

409 Ebenso *Demleitner*, ISR 2016, 328 (331); *Valta*, StuW 2015, 257 (261).

410 Gesetz v. 2.12.2014 zur Anpassung der Vorschriften über die Amtshilfe im Bereich der Europäischen Union sowie zur Umsetzung der Richtlinie 2003/49/EG des Rates v. 3.6.2003 über eine gemeinsame Steuerregelung für Zahlungen von Zinsen und Lizenzgebühren zwischen verbundenen Unternehmen verschiedener Mitgliedstaaten (EG-Amtshilfe-Anpassungsgesetz), BGBl. I 2004, 3112.

411 So auch *Loose*, in: Littmann/Bitz/Pust, EStG, § 50g Rn. 1 f.

Des Weiteren hat sich die EU zum Ziel gesetzt, ausgewählte BEPS-Maßnahmen der OECD in das europäische Sekundärrecht zu übernehmen und folglich einheitlich in die nationale Steuergesetzgebung der jeweiligen EU-Mitgliedstaaten zu übertragen.[412] Hierzu verabschiedete der Rat der Europäischen Union am 12.7.2016 die *„Richtlinie mit Vorschriften zur Bekämpfung von Steuervermeidungspraktiken mit unmittelbaren Auswirkungen auf das Funktionieren des Binnenmarktes“*[413] (ATAD).

Vor diesem Hintergrund ist die Lizenzschrankenregelung in Form des § 4j EStG nicht nur in Bezug auf die primärrechtlichen Grundfreiheiten und hinsichtlich des primärrechtlichen Beihilferechts zu untersuchen, sondern auch im Verhältnis zur sekundärrechtlichen Zins- und Lizenzgebühren-Richtlinie sowie der ATAD.

I. Vereinbarkeit mit Primärrecht

1. Europarechtliche Grundfreiheiten

a) Anwendungsbereich

aa) Eingrenzung

Im Bereich der europarechtlichen Grundfreiheiten sind für das Steuerrecht grundsätzlich sowohl die Warenverkehrsfreiheit, die Arbeitnehmerfreizügigkeit als auch die Dienstleistungsfreiheit sowie die Niederlassungsfreiheit und die Kapital- und Zahlungsverkehrsfreiheit von Bedeutung.

Allerdings können für die Thematik der Lizenzschrankenregelung im Sinne des § 4j EStG bereits die nachfolgenden unionsrechtlichen Grundfreiheiten ausgeschlossen werden:

Die **Warenverkehrsfreiheit (Art. 28 ff. AEUV)**[414] verbietet den EU-Mitgliedstaaten, für den Austausch körperlicher Gegenstände Ein- und Ausfuhrzölle oder Abgaben zu erheben. Da die Warenverkehrsfreiheit auf den Austausch körperlicher Gegenstände gerichtet ist, der sachliche Anwendungsbereich der Lizenzschranke hingegen lediglich immaterielle Vermögenswerte umfasst, ist

412 Siehe hierzu auch *Eilers/Oppel*, IStR 2018, 361 (362); *Oppel*, IStR 2016, 797 (797); siehe hierzu auch die Erwägungsgründe der ATAD.

413 Richtlinie 2016/1164/EU des Rates v. 12.7.2016 mit Vorschriften zur Bekämpfung von Steuervermeidungspraktiken mit unmittelbaren Auswirkungen auf das Funktionieren des Binnenmarkts, ABl. 2016 Nr. L 193, 1 (im Folgenden: *„ATAD“*).

414 EuGH, Urt. v. 10.12.1968 – C-7/68, *Kunstschätze*, Slg. 1968, 633.

die Warenverkehrsfreiheit nicht einschlägig und daher in der weiteren Untersuchung nicht von Bedeutung.

Die **Arbeitnehmerfreizügigkeit (Art. 45 ff. AEUV)**[415] gewährleistet die Gleichbehandlung von Arbeitnehmern in den EU-Mitgliedstaaten in Bezug auf Beschäftigung, Sicherheit und Gesundheit. Da der Arbeitnehmerbegriff eine Weisungsgebundenheit voraussetzt, können sich selbstständige natürliche Personen nicht auf diese Freiheit berufen. Gänzlich verwehrt bleibt dieser Schutzbereich hingegen für Gesellschaften. Demnach ist die Arbeitnehmerfreizügigkeit im Rahmen der weiteren Ausführungen ebenfalls nicht von Relevanz.

In Bezug auf die Lizenzschrankenregelung im Sinne des § 4j EStG kommen vielmehr die nachfolgend aufgeführten unionsrechtlichen Grundfreiheiten in Betracht:

Die **Niederlassungsfreiheit (Art. 49 ff. AEUV)** umfasst das Recht, in einem anderen EU-Mitgliedstaat nach den gleichen Rahmenbedingungen, welche dieser für seine eigenen Staatsbürger festgelegt hat, selbstständige Erwerbstätigkeiten aufzunehmen und auszuüben.

Da die Lizenzschranke faktisch jedoch nur auf grenzüberschreitende Lizenzzahlungen an nahestehende Personen im Sinne des § 1 Abs. 2 AStG Anwendung finden kann, beschränkt diese jedoch durch das (partielle) Abzugsverbot von Aufwendungen aus Rechteüberlassungen ausschließlich grenzüberschreitende Lizenzierungssachverhalte. Denn mangels schädlicher Präferenzregelungen, welche das Steuersystem der Bundesrepublik Deutschland nicht kennt, kann die Lizenzschranke in Form des § 4j EStG nicht bei inländischen Sachverhaltskonstellationen zur Anwendung kommen. Demnach ist der Schutzbereich der Niederlassungsfreiheit insoweit eröffnet. Das nachfolgende Beispiel[416] soll dies verdeutlichen:

Annahmegemäß hält eine in einem EU-Mitgliedstaat ansässige Kapitalgesellschaft sämtliche Anteile an einer inländischen Kapitalgesellschaft und überlässt dieser eine Lizenz zur Nutzung. Dabei unterliegt die im EU-Ausland ansässige Kapitalgesellschaft mit ihren daraus resultierenden Lizenzeinnahmen einer schädlichen Präferenzbesteuerung im Sinne des § 4j Abs. 2 EStG. Die übrigen Voraussetzungen der Lizenzschranke seien annahmegemäß erfüllt.

---

415 EuGH, Urt. v. 14.2.1995 – C-279/93, *Schumacker*, Slg. 1995, I-225.

416 In Anlehnung an Fallbeispiel 1 von *Schnitger*, DB 2018, 147 (147 f.); ähnlich auch *Pötsch*, IStR 2018, 417 (418).

Da sämtliche Voraussetzungen der Lizenzschrankenregelung gemäß § 4j EStG als gegeben anzusehen sind, kommt folglich die restriktive Rechtsfolge in Form des (partiellen) Betriebsausgabenabzugs auf Ebene der inländischen Kapitalgesellschaft als Lizenznehmerin zur Anwendung.

Diese (teilweise) Versagung des Betriebsausgabenabzugs auf Ebene der Lizenznehmerin stellt eine Beschränkung der Niederlassungsfreiheit der im EU-Ausland ansässigen Kapitalgesellschaft dar. Denn infolge der faktisch ausschließlich für grenzüberschreitende Sachverhalte geltenden Lizenzschranke wird die im EU-Ausland ansässige Kapitalgesellschaft darin beschränkt, die dieser zustehenden Niederlassungsfreiheit auszuüben und die inländische Kapitalgesellschaft zu errichten. Im Ergebnis ist der Schutzbereich der Niederlassungsfreiheit eröffnet.

Die **Dienstleistungsfreiheit (Art. 56 ff. AEUV)** verbietet Beschränkungen der freien Dienstleistungen, welche ein Bürger der Europäischen Union für einen Leistungsempfänger in einem anderen EU-Mitgliedstaat erbringt.[417]

Diese Freiheit erfasst dabei grundsätzlich Fälle vorübergehender grenzüberschreitender Tätigkeiten ohne feste Einrichtung (Niederlassung) in einem anderen EU-Mitgliedstaat. Erfolgt eine zeitlich begrenzte Überlassung von Nutzungsrechten an geistigem Eigentum, so ist der Anwendungsbereich der Dienstleistungsfreiheit grundsätzlich eröffnet.[418] Allerdings kommt es im Rahmen der § 4j EStG zugrundeliegenden Lizenzierungsverhältnisse grundsätzlich nicht zu einer Grenzüberschreitung des Lizenzgebers (als Dienstleister) oder des Lizenznehmers (als Dienstleistungsempfänger).

Der Umstand, dass in derartig gelagerten Sachverhaltskonstellationen die Dienstleistungsfreiheit trotzdem Anwendung finden kann, liegt insbesondere in der durch den EuGH vorgenommenen Ausweitung des Anwendungsbereichs der Dienstleistungsfreiheit begründet.[419]

Dabei hat der EuGH den Anwendungsbereich derart erweitert, dass auch solche Sachverhalte erfasst werden, in denen nur die Dienstleistung selbst und nicht der Dienstleister oder Dienstleistungsempfänger die Grenze überschreitet

---

417 EuGH, Urt. v. 26.10.1999 – C-294/97, *Eurowings*, Slg. 1999, I-7447.

418 Siehe hierzu auch *Holoubek*, in: Schwarze/Becker/Hatje/Schoo, EU-Kommentar, AEUV, Art. 57 Rn. 32.

419 EuGH, Urt. v. 10.5.1995 – C-384/93, *Alpine Investments*, Slg. 1995, I-1141; Urt. v. 29.11.2001 – C-17/00, *De Coster*, Slg. 2001, I-9445; Urt. v. 6.11.2003 – C-243/01, *Gambelli*, Slg. 2003, I-13031.

(Korrespondenzdienstleistung).[420] Demnach ist der Schutzbereich der Dienstleistungsfreiheit insoweit ebenfalls eröffnet. Das nachfolgende Beispiel[421] soll dies verdeutlichen:

Annahmegemäß hält eine in einem Drittstaat ansässige Kapitalgesellschaft sowohl sämtliche Anteile an einer inländischen Kapitalgesellschaft als auch an einer in einem EU-Mitgliedstaat ansässigen Kapitalgesellschaft. Die im EU-Mitgliedstaat ansässige Kapitalgesellschaft überlässt der inländischen Kapitalgesellschaft eine Lizenz zur Nutzung. Dabei unterliegt die im EU-Ausland ansässige Kapitalgesellschaft mit ihren daraus resultierenden Lizenzeinnahmen einer schädlichen Präferenzbesteuerung im Sinne des § 4j Abs. 2 EStG. Die übrigen Voraussetzungen der Lizenzschranke seien annahmegemäß erfüllt.

Da sämtliche Voraussetzungen der Lizenzschrankenregelung gemäß § 4j EStG als gegeben anzusehen sind, kommt folglich die restriktive Rechtsfolge in Form des (partiellen) Betriebsausgabenabzugs auf Ebene der inländischen Kapitalgesellschaft als Lizenznehmerin zur Anwendung.

Im Rahmen dieser Sachverhaltskonstellation ist zunächst festzustellen, dass die Niederlassungsfreiheit nicht zur Anwendung gelangt, da sowohl die Errichtung der inländischen Kapitalgesellschaft als auch die Errichtung der im EU-Ausland ansässigen Kapitalgesellschaft nicht vom Schutzbereich der Niederlassungsfreiheit umfasst wird.

Allerdings wird die über europäische Ländergrenzen hinweg erbrachte Lizenzgewährung als Korrespondenzdienstleistung von der Dienstleistungsfreiheit geschützt, sodass der Schutzbereich der Art. 56 ff. AEUV grundsätzlich eröffnet ist.

Die **Kapitalverkehrsfreiheit (Art. 63 ff. AEUV)** gewährleistet die Freiheit des Kapital- und Zahlungsverkehrs zwischen den EU-Mitgliedstaaten untereinander sowie zwischen den EU-Mitgliedstaaten und Drittstaaten.

Die Kapital- und Zahlungsverkehrsfreiheit gilt dabei für alle Staatsangehörigen der Europäischen Union sowie für juristische Personen mit Ansässigkeit in einem der EU-Mitgliedstaaten.

Darüber hinaus können sich auch natürliche und juristische Personen ohne Ansässigkeit in der Europäischen Union auf die Kapitalverkehrsfreiheit berufen.

---

420 Siehe hierzu *Randelzhofer/Forsthoff*, in: Grabitz/Hilf/Nettesheim, AEUV, Art. 56, 57 Rn. 54; ebenso *Pötsch*, IStR 2018, 417 (419).

421 In Anlehnung an Fallbeispiel 2 von *Schnitger*, DB 2018, 147 (148); ähnlich auch *Pötsch*, IStR 2018, 417 (418 f.).

Der Anwendungsbereich der Kapitalverkehrsfreiheit scheint zunächst insbesondere vor dem Hintergrund eröffnet, dass in der Kapitalverkehrsrichtlinie[422] Transferzahlungen für übliche Lizenzierungsgeschäfte als sonstiger Kapitalverkehr explizit aufgeführt werden.[423]

Das nachfolgende Beispiel[424] soll dies verdeutlichen:

Annahmegemäß hält eine in einem Drittstaat ansässige Kapitalgesellschaft sämtliche Anteile an einer inländischen Kapitalgesellschaft und überlässt dieser eine Lizenz zur Nutzung. Dabei unterliegt die im Drittstaat ansässige Kapitalgesellschaft mit ihren daraus resultierenden Lizenzeinnahmen einer schädlichen Präferenzbesteuerung im Sinne des § 4j Abs. 2 EStG. Die übrigen Voraussetzungen der Lizenzschranke seien annahmegemäß erfüllt.

Da sämtliche Voraussetzungen der Lizenzschrankenregelung gemäß § 4j EStG als gegeben anzusehen sind, kommt folglich die restriktive Rechtsfolge in Form des (partiellen) Betriebsausgabenabzugs auf Ebene der inländischen Kapitalgesellschaft als Lizenznehmerin zur Anwendung.

Hierbei ist zunächst festzustellen, dass aufgrund des Bezugs zu einem Drittstaat weder der Schutzbereich der Niederlassungsfreiheit noch der Schutzbereich der Dienstleistungsfreiheit eröffnet ist. Da aufgrund des Drittstaatenbezugs lediglich die Kapitalverkehrsfreiheit in Betracht gezogen werden kann, stellt sich folglich die Frage, ob Lizenzierungsverhältnisse im Sinne des § 4j EStG überhaupt Bestandteil des Kapitalverkehrs sein können.

Wie vorgehend bereits erwähnt, sind ausweislich der Kapitalverkehrsrichtlinie Übertragungen und „*Transferzahlungen für Patente, gewerbliche Muster, Warenzeichen, und Erfindungen*“[425] schutzwürdig. Zwar wurde die Kapitalverkehrsrichtlinie im Jahr 1994 durch Art. 73b EGV (heute Art. 63 AEUV) abgelöst, doch wurde der Wortlaut im Wesentlichen in den heutigen Art. 63 AEUV übernommen, sodass für die Bestimmung des sachlichen Anwendungsbereichs der Kapitalverkehrsfreiheit weiterhin auf die damalige Definition zurückgegriffen werden kann.[426] Demnach gehören auch die der Lizenzschranke zugrundegelegten

422 Richtlinie 88/361/EWG des Rates v. 24.6.1988 zur Durchführung von Art. 67 des Vertrags, ABl. 1988 Nr. L 178, 5, Anhang I, XIII.D.

423 Ebenso *Schnitger*, DB 2018, 147 (148); *Pötsch*, IStR 2018, 417 (419).

424 In Anlehnung an Fallbeispiel 3 von *Schnitger*, DB 2018, 147 (148); ähnlich auch *Pötsch*, IStR 2018, 417 (418).

425 Richtlinie 88/361/EWG des Rates v. 24.6.1988 zur Durchführung von Art. 67 des Vertrags, ABl. 1988 Nr. L 178, 5, Anhang I, XIII. D.

426 Siehe hierzu *Ress/Ukrow*, in: Grabitz/Hilf/Nettesheim, AEUV, Art. 63 Rn. 130.

grenzüberschreitenden Lizenzierungsverhältnisse zum Kapitalverkehr, sodass diese nunmehr unter Art. 63 ff. AEUV subsumiert werden können.

Folglich beeinflusst und beeinträchtigt die Lizenzschranke durch die (teilweise) Versagung des Betriebsausgabenabzugs auf Ebene der Lizenznehmerin zumindest mittelbar die Entscheidung in Bezug auf die Lizenzvergabe, sodass im Ergebnis der Schutzbereich der Kapitalverkehrsfreiheit entsprechend eröffnet ist.

bb) Konkurrenzverhältnisse

Aus den vorangestellten Ausführungen lässt sich erkennen, dass die Lizenzschrankenregelung gemäß § 4j EStG sowohl den Schutzbereich der Niederlassungsfreiheit sowie der Dienstleistungsfreiheit als auch den Schutzbereich der Kapitalverkehrsfreiheit berührt.

Vor diesem Hintergrund ergibt sich schließlich die Frage, in welchem Konkurrenzverhältnis die entsprechenden Grundfreiheiten zueinander stehen, woraus nachfolgend eingegangen wird.

(1) Niederlassungsfreiheit vs. Dienstleistungsfreiheit

Teilweise wird in der Literatur die Auffassung vertreten, für Lizenzvereinbarungen sei die Dienstleistungsfreiheit als sachlich einschlägige Grundfreiheit zu sehen und die Lizenzschranke falle daher vorrangig in den Schutzbereich dieser Grundfreiheit.[427]

Allerdings ist es für die Beantwortung der Frage, ob die Lizenzschranke den geltenden europarechtlichen Vorgaben entspricht, grundsätzlich ohne Relevanz, ob diese Überprüfung am Maßstab der Niederlassungsfreiheit oder der Dienstleistungsfreiheit durchgeführt wird. Denn sowohl die Niederlassungsfreiheit als auch die Dienstleistungsfreiheit unterscheiden sich nicht in ihrem räumlichen Schutzbereich, sodass einer diesbezüglichen Abgrenzung grundsätzlich keine weitere Bedeutung zukommt.

Jedoch erscheint es im Rahmen der vorliegenden Untersuchung vorzugswürdig, die Lizenzschranke am Maßstab der Niederlassungsfreiheit zu messen. Denn neben der subsidiären Ausgestaltung der Dienstleistungsfreiheit gemäß Art. 57 Abs. 1 AEUV spricht für die Heranziehung der Niederlassungsfreiheit

427 Siehe hierzu beispielsweise *Hagemann/Kahlenberg*, in: Herrmann/Heuer/Raupach, EStG, § 4j Rn. 5 mit Verweis auf BFH, Urt. v. 27.7.2011 – I R 32/10, BStBl. II 2014, 513; Urt. v. 25.4.2012 – I R 76/10, BFH/NV 2012, 1444; ebenso *Ditz/Quilitzsch*, DStR 2017, 1561 (1567); *Scheider/Junior*, DStR 2017, 417 (425); a.A. *Kühbacher*, DStZ 2017, 829 (830).

insbesondere auch, dass laut EuGH auf den Gegenstand der Regelung abzustellen sei.[428]

Ausweislich des § 4j Abs. 1 Satz 1 EStG ist die Lizenzschranke auf nahestehende Personen im Sinne des § 1 Abs. 2 AStG gerichtet.[429] Dabei ermöglichen die in § 1 Abs. 2 AStG normierten Fallkonstellationen, sowohl nach den vom EuGH entwickelten Maßstäben einen sicheren Einfluss auf die Gesellschaft auszuüben als auch deren Tätigkeit zu bestimmen (Direktinvestitionen).

Da es also bei der Lizenzschranke um Fälle geht, im Rahmen derer der wirtschaftlichen Zahlungsempfängerin ein bestimmender Einfluss auf die Lizenznehmerin zukommt, ist die Niederlassungsfreiheit entsprechend als vorzugswürdig zu erachten.[430]

(2) Niederlassungsfreiheit vs. Kapitalverkehrsfreiheit

Wie bereits in den vorangestellten Ausführungen gezeigt wurde, ist neben der Niederlassungsfreiheit und der Dienstleistungsfreiheit auch der Schutzbereich der Kapitalverkehrsfreiheit eröffnet. Vor diesem Hintergrund stellt sich folglich die Frage nach dem Verhältnis zwischen der Niederlassungsfreiheit und der Kapitalverkehrsfreiheit.

Sowohl die Schutzwirkung der Niederlassungsfreiheit als auch die der Kapitalverkehrsfreiheit sind weitestgehend deckungsgleich.[431] Der wesentliche Unterschied besteht allerdings darin, dass die Kapitalverkehrsfreiheit auch auf Drittstaatensachverhalte Anwendung findet (sogenannte *Erga-omnes-Wirkung*)[432], wohingegen die Niederlassungsfreiheit lediglich auf Sachverhalte innerhalb der Europäischen Union beschränkt ist.[433]

Kollidiert eine nationale Vorschrift neben der Niederlassungsfreiheit auch mit der Kapitalverkehrsfreiheit, so ist nach ständiger Rechtsprechung des EuGH die zugrundeliegende Regelung nur in Bezug auf den Verstoß gegen eine der beiden Grundfreiheiten zu prüfen, sofern die andere Grundfreiheit im Hinblick auf den

---

428 EuGH, Urt. v. 12.9.2006 – C-196/04, *Cadbury Schweppes*, Slg. 2006, I-8031; siehe zur Subsidiarität auch *Englisch*, in: Schaumburg/Englisch, Europäisches Steuerrecht, Kapitel 7 Rn. 7.83.

429 Ähnlich auch *Pötsch*, IStR 2018, 417 (418); *Link*, DB 2017, 2372 (2374).

430 Siehe hierzu auch BFH, Urt. v. 23.6.2010 – I R 37/09, BStBl. II 2010, 895; *Kühbacher*, DStZ 2017, 829 (830).

431 *Reimer*, in: Schaumburg/Englisch, Europäisches Steuerrecht, Kapitel 7 Rn. 8.

432 Siehe hierzu auch *Sedlaczek/Züger*, in: Streinz, AEUV, Art. 63 Rn. 4.

433 *Reimer*, in: Schaumburg/Englisch, Europäisches Steuerrecht, Kapitel 7 Rn. 8.

zugrundegelegten Ausgangssachverhalt zweitrangig ist und der erstgenannten Grundfreiheit zugerechnet werden kann.[434]

In Fällen, im Rahmen derer eine nationale Vorschrift vorrangig die Kapitalverkehrsfreiheit berührt, bleibt die Schutzwirkung der Niederlassungsfreiheit grundsätzlich parallel bestehen.[435] Da eine Beschränkung der Kapitalverkehrsfreiheit als notwendiger Reflex auch zu einer Beeinträchtigung der Niederlassungsfreiheit führt, kann eine zusätzliche Prüfung der Niederlassungsfreiheit unterbleiben.[436] Denn selbst in derartigen Fällen, in welchen ein paralleler Verstoß der nationalen Regelung gegen die Niederlassungsfreiheit anzunehmen ist, können dem Rechtsanwender daraus keine weiteren Rechte zugestanden werden.

Sofern jedoch eine nationale Regelung die Niederlassungsfreiheit beeinträchtigt, resultiert daraus allerdings als zwingende Konsequenz eine Beschränkung der Kapitalverkehrsfreiheit.[437] In derart gelagerten Sachverhalten verdrängt also die Niederlassungsfreiheit in vollem Umfang die Kapitalverkehrsfreiheit, sodass Drittstaatensachverhalte in der Folge keinen Schutz erfahren.[438]

---

434 EuGH, Urt. v. 3.10.2006 - C-452/04; *Fidium Finanz*, Slg. 2006, I-9521 Rn. 34; Urt. v. 17.9.2009 - C-182/08, *Glaxo Wellcome*, Slg. 2009, I-8591 Rn. 37; Urt. v. 1.7.2010 - C-233/09, *Dijkman und Dijkman-Lavaleije*, Slg. 2010, I-6645 Rn. 33; Urt. v. 23.1.2014 - C-164/12, *DMC*, ECLI:EU:C:2014:20 Rn. 30; so auch *Kokott/Ost*, EuZW 2011, 496 (499).

435 EuGH, Urt. v. 17.9.2009 - C-182/08, *Glaxo Wellcome*, Slg. 2009, I-8591 Rn. 50; Urt. v. 11.9.2014 - C-47/12, *Kronos International*, ECLI:EU:C:2014:2200 Rn. 53; *Kraft/Mengel*, IStR 2014, 309 (310); a.A. *Ress/Ukrow*, in: Grabitz/Hilf/Nettesheim, AEUV, Art. 63 Rn. 314.

436 *Reimer* spricht sich in solch eindeutigen Fällen hingegen für eine ausschließliche Prüfung der Kapitalverkehrsfreiheit aus, was im Ergebnis aber zu keinen zusätzlichen Rechten führt, siehe hierzu *Reimer*, in: Schaumburg/Englisch, Europäisches Steuerrecht, Kapitel 7 Rn. 8.

437 EuGH, Urt. v. 12.9.2006 - C-196/04, *Cadbury Schweppes*, Slg. 2006, I-7995 Rn. 33; Urt. v. 3.10.2006 - C-452/04, *Fidium Finanz*, Slg. 2006, I-9521 Rn. 48 f.; Urt. v. 13.3.2007 - C-524/04, *Test Claimants in the Thin Cap Group Regulation*, Slg. 2007, I-12107 Rn. 34; Urt. v. 10.5.2007 - C-492/04, *Lasertec*, Slg. 2007, I-3775 Rn. 25; Urt. v. 18.7.2007 - C-231/05, *Oy AA*, Slg. 2007, I-6373 Rn. 24; Urt. v. 26.6.2008 - C-284/06, *Burda*, Slg. 2008, I-4571 Rn. 74; *Reimer*, in: Schaumburg/Englisch, Europäisches Steuerrecht, Kapitel 7 Rn. 8.

438 EuGH, Urt. v. 3.10.2006 - C-452/04, *Fidium Finanz*, Slg. 2006, I-9521 Rn. 34 und 101; Urt. v. 10.5.2007 - C-492/04, *Lasertec*, Slg. 2007, I-3775; Urt. v. 6.11.2007 - C-415/06, *Stahlwerk Ergste Westig*, Slg. 2007, I-151; *Musil*, DB 2009, 1037 (1040).

Im Rahmen der ständigen Rechtsprechung des EuGH wird die Ansicht vertreten, dass nationale Vorschriften, welche die Beteiligung an einer Gesellschaft beeinträchtigen, die *dem Anteilseigner einen solchen Einfluss auf die Entscheidung der Gesellschaft verleiht, dass er deren Tätigkeit bestimmen kann* (Kontrollbeteiligung), ausschließlich an der Niederlassungsfreiheit zu messen sind.[439] Demnach sind nationale Vorschriften an der Kapitalverkehrsfreiheit zu messen, wenn diese lediglich die Beteiligung an Portfoliobeteiligungen beeinträchtigen.

In Bezug auf die Frage, wann eine solche Kontrollbeteiligung anzunehmen ist, hat der EuGH bisher bestätigt, dass derartige Kontrollbeteiligungen ab einer Beteiligungshöhe von 25 Prozent vorliegen können[440] und ab einer Beteiligungshöhe von 50 Prozent vorliegen müssen.[441] In diesem Zusammenhang ist im Weiteren darauf hinzuweisen, dass der BFH[442] auch einer Mindestbeteiligungsquote in Höhe von 10 Prozent einen *sicheren Einfluss* in diesem Sinne zugesprochen hat.

Allerdings ist diese Auffassung durch die Rechtsprechung des EuGH in der *Rs. Itelcar*[443] und der *Rs. Kronos International*[444] grundsätzlich überholt.[445]

Im Ergebnis besteht ein sicherer Einfluss des Anteilseigners auf die Tochtergesellschaft also erst ab einer Beteiligung in Höhe von 25 Prozent, da es bei darunter liegenden Beteiligungshöhen an eben dieser Einfluss- und Kontrollmöglichkeit mangelt.

---

439 EuGH, Urt. v. 13.4.2000 – C-251/98, *Baars*, Slg. 2000, I-2787 Rn. 22; Urt. v. 12.9.2006 – C-196/04, *Cadbury Schweppes*, Slg. 2006, I-7995 Rn. 31; Urt. v. 12.12.2006 – C-374/04, *ACT Group Litigation*, Slg. 2006, I-11673 Rn. 39; Urt. v. 12.12.2006 – C-446/04, *Test Claimants in the FII Group Litigation*, Slg. 2006, I-11753 Rn. 36; Urt. v. 13.3.2007 – C-524/04, *Test Claimants in the Thin Cap Group Regulation*, Slg. 2007, I-12107 Rn. 27; Urt. v. 10.5.2007 – C-492/04, *Lastertec*, Slg. 2007, I-3775, Rn. 20; Urt. v. 18.7.2007 – C-231/05, *Oy AA*, Slg. 2007, I-6373 Rn. 20; Urt. v. 6.12.2007 – C-298/05, *Columbus Container Services*, Slg. 2007, I-10451 Rn. 29.

440 EuGH, Urt. v. 10.5.2007 – C-492/04, *Lasertec*, Slg. 2007, I-3775 Rn. 21.

441 Siehe hierzu auch *Gosch/Schönfeld*, IStR 2015, 755 (758); *Ress/Ukrow*, in: Grabitz/Hilf/Nettesheim, AEUV, Art. 63 Rn. 315.

442 BFH, Urt. v. 29.8.2012 – I R 7/12, BStBl. II 2013, 89 Rn. 7 und 13.

443 EuGH, Urt. v. 3.10.2013 – C-282/12, *Itelcar*, ECLI:EU:C:2013:629 Rn. 22.

444 EuGH, Urt. v. 11.9.2014 – C-47/12, *Kronos International*, ECLI:EU:C:2014:2200 Rn. 28.

445 Bereits in der Rs. *Lasertec* deutete der EuGH an, dass eine Beteiligung von 10 Prozent nicht auszureichen scheint, um einen sicheren Einfluss auf die Beteiligung ausüben zu können (EuGH, Urt. v. 10.5.2007 – C-492/04, *Lasertec*, Slg. 2007, I-3775); zum Meinungsstreit siehe *Kraft/Hohage*, IStR 2014, 174 (174 ff.); *Mitschke*, IStR 2014, 37 (37 ff.).

Dies verdeutlicht sich insbesondere in der *Rs. Lasertec*[446]. Hierbei ging es um die Anwendung der früheren Regelungen zur deutschen Gesellschafterfremdfinanzierung[447] im Verhältnis zu Drittstaaten. Dabei hatte der EuGH zu entscheiden, ob diese Regelungen auch auf einen in der Schweiz ansässigen Anteilseigner keine Anwendung finden dürfen. Dies wäre grundsätzlich der Fall gewesen, sofern neben der Niederlassungsfreiheit auch der Drittstaatensachverhalte umfassende Schutzbereich der Kapitalverkehrsfreiheit eröffnet gewesen wäre.[448]

Nach Ansicht des EuGH ist jedoch die Kapitalverkehrsfreiheit in derartigen Fällen nicht einschlägig, wenn nationale Regelungen den Besitz von Beteiligungen vorsehen, welche einen sicheren Einfluss auf die Entscheidungen der Beteiligungsgesellschaften und deren Tätigkeiten ermöglichen. Entsprechend prüfte der EuGH die früheren Regelungen zur deutschen Gesellschafterfremdfinanzierung im Rahmen der *Rs. Lasertec*[449] ausschließlich nach den Vorgaben der Niederlassungsfreiheit. Denn die der Rechtssache zugrundeliegenden Vorschriften beschränkten den Betriebsausgabenabzug nur für Zinszahlungen an ausländische Gesellschafter, sofern diese zu mehr als 25 Prozent am Vermögen der deutschen Kapitalgesellschaft beteiligt waren und damit einen sicheren Einfluss auf die deutsche Gesellschaft ausüben konnten.[450]

Diese Ansicht bestätigte der EuGH ebenfalls in der *Rs. Test Claimants in the Thin Cap Group Regulation*[451]. Hierbei ging es um die britische Gesellschafterfremdfinanzierung, welche den Betriebsausgabenabzug lediglich für Zinszahlungen an Mutter- oder Schwestergesellschaften beschränkte, sofern ein mindestens 75-prozentiges Beteiligungsverhältnis bestand.

Auch in dieser Rechtssache vertrat der EuGH die Auffassung, Beschränkungen der Kapitalverkehrsfreiheit seien als eine unvermeidbare Konsequenz

---

446 EuGH, Urt. v. 10.5.2007 – C-492/02, *Lasertec*, Slg. 2007, I-3775.

447 Betreffend die Vorschrift im Sinne des § 8a KStG (1993), welcher durch das Gesetz zur Verbesserung der steuerlichen Bedingungen zur Sicherung des Wirtschaftsstandorts Deutschland im Europäischen Binnenmarkt (Standortsicherungsgesetz – StandOG) v. 13.9.1993, BGBl. I 1993, 1569 eingeführt wurde.

448 Demgegenüber stand die Auffassung der Europäischen Kommission, die unter Berufung auf das Urteil in der *Rs. Lankhorst-Hohorst* (Urt. v. 12.12.2002 – C-324/00, *Lankhorst-Hohorst*, Slg. 2002, I-11779) davon ausging, dass die infrage stehende Vorschrift der Gesellschafterfremdfinanzierung ihrem Wesen nach vorrangig die Niederlassungsfreiheit betrifft.

449 EuGH, Urt. v. 10.5.2007 – C-492/02, *Lasertec*, Slg. 2007, I-3775.

450 EuGH, Urt. v. 10.5.2007 – C-492/02, *Lasertec*, Slg. 2007, I-3775.

451 EuGH, Urt. v. 13.3.2007 – C-524/04, *Test Claimants in the Thin Cap Group Regulation*, Slg. 2007, I-12107 Rn. 32 f.

der Verletzung der Niederlassungsfreiheit zu sehen, und prüfte im Ergebnis folglich die zugrundeliegenden Normen ausschließlich anhand der Niederlassungsfreiheit.

Im Ergebnis wird in derartigen Fällen die zweitrangige Kapitalverkehrsfreiheit von der Niederlassungsfreiheit verdrängt. Demnach beschränkt sich somit die Schutzwirkung auf Rechtsanwender in der Europäischen Union.[452]

Bei näherer Betrachtung der Lizenzschranke lässt sich erkennen, dass auch die Vorschrift im Sinne des § 4j EStG im Zusammenspiel mit § 1 Abs. 2 AStG Regelungen über den Besitz von Beteiligungen enthält, welche einen sicheren Einfluss auf die Entscheidungen der Lizenznehmergesellschaften und deren Tätigkeiten ermöglichen.

Da § 4j EStG also nur in solchen Fällen zur Anwendung gelangt, in denen eine Beteiligung gemäß § 1 Abs. 2 AStG vorliegt, ist davon auszugehen, dass hinsichtlich der Lizenzschrankenregelung die Beschränkung der Kapitalverkehrsfreiheit im Sinne der EuGH-Rechtsprechung nur als vermeintliche Konsequenz der Beschränkung der Niederlassungsfreiheit zu werten ist.

Im Ergebnis verdrängt somit die Niederlassungsfreiheit im Sinne der Art. 43 ff. AEUV als speziellere Vorschrift die Kapitalverkehrsfreiheit im Sinne der Art. 56 ff. AEUV.

(3) Niederlassungsfreiheit vs. allgemeines Diskriminierungsverbot

Die mit dem Eingriff in den Schutzbereich der Niederlassungsfreiheit einhergehende Diskriminierung der Gebietsfremden gegenüber den Gebietsansässigen stellt – für sich genommen – zudem eine Diskriminierung aus Gründen der Staatsangehörigkeit gemäß Art. 18 Abs. 1 AEUV dar.

Doch gilt gemäß Art. 18 Abs. 1 AEUV das allgemeine Diskriminierungsverbot *unbeschadet besonderer Bestimmungen der Verträge*. Hierdurch wird der Anwendungsbereich des allgemeinen Diskriminierungsverbots relativ begrenzt,

---

452 EuGH, Urt. v. 12.9.2006 – C-196/04, *Cadbury Schweppes*, Slg. 2006, I-7995 Rn. 33; Urt. v. 3.10.2006 – C-452/04, *Fidium Finanz*, Slg. 2006, I-9521 Rn. 48 ff.; Urt. v. 13.3.2007 – C-524/04, *Test Claimants in the Thin Cap Group Regulation*, Slg. 2007, I-12107 Rn. 34; Urt. v. 24.5.2007– C-157/05, *Holböck*, Slg. 2007, I-4051 Rn. 22; Urt. v. 18.7.2007 – C-231/05, *Oy AA*, Slg. 2007, I-6373 Rn. 24; Urt. v. 26.6.2008 – C-284/06, *Burda*, Slg. 2008, I-4571 Rn. 74; Urt. v. 17.9.2009 – C-182/08, *Glaxo Wellcome*, Slg. 2009, I-8591 Rn. 36; Urt. v. 23.1.2014 – C-164/12, *DMC*, ECLI:EU:C:2014:20 Rn. 29; *Ress/Ukrow*, in: Grabitz/Hilf/Nettesheim, AEUV, Art. 63, Rn. 313.

da es ausschließlich in den durch das Unionsrecht geregelten Fällen angewandt werden kann, für die kein besonderes Diskriminierungsverbot vorgesehen ist.

Somit ist das allgemeine Diskriminierungsverbot gegenüber dem spezifischen in der Niederlassungsfreiheit der Art. 49 ff. AEUV enthaltenen Diskriminierungsverbot ausdrücklich subsidiär.[453]

cc) Zwischenergebnis

Im Ergebnis ist die Lizenzschrankenregelung nach § 4j EStG für Zwecke der vorliegenden Untersuchung an den Vorgaben der Niederlassungsfreiheit zu messen, sodass sich die weitergehende Überprüfung der Lizenzschranke in Bezug auf ihre Vereinbarkeit mit geltendem Europarecht auf eben diese Grundfreiheit beschränkt.

b) Diskriminierungs- und Beschränkungsverbot

aa) Allgemeiner Grundsatz

Grundsätzlich sind gemäß den Art. 49 ff. AEUV neben offenen und versteckten Diskriminierungen auch Beschränkungen der Niederlassungsfreiheit nicht gestattet.[454]

Eine offene Diskriminierung wird angenommen, sofern eine Norm ihre Rechtsfolge an den Tatbestand der Staatsangehörigkeit knüpft und hieraus eine Schlechterstellung von Staatsangehörigen anderer EU-Mitgliedstaaten resultiert.[455]

Folglich lassen die europarechtlichen Rahmenbedingungen keinen Raum für eine Benachteiligung von Staatsangehörigen anderer EU-Mitgliedstaaten im Verhältnis zu Inländern. Im Rahmen dessen wird bei Unternehmen regelmäßig auf die Zugehörigkeit zur Rechtsordnung eines anderen EU-Mitgliedstaates, also grundsätzlich auf den statuarischen Sitz der Gesellschaft, abgestellt.[456]

Eine versteckte Diskriminierung liegt hingegen vor, sofern eine Regelung nicht unmittelbar an die Staatsangehörigkeit anknüpft, jedoch ausschließlich Ausländer schlechterstellt.[457]

---

453 Siehe hierzu auch *Reimer*, in: Schaumburg/Englisch, Europäisches Steuerrecht, Kapitel 7 Rn. 7.119.

454 *Forsthoff*, in: Grabitz/Hilf/Nettesheim, AEUV, Art. 49 Rn. 74 ff.

455 *Kraft/Bron*, IStR 2006, 26 (26).

456 *Korte*, in: Calliess/Ruffert, AEUV, Art. 49 Rn. 47.

457 Siehe hierzu das Allgemeine Programm zur Aufhebung der Beschränkungen der Niederlassungsfreiheit v. 15.1.1962, ABl. der Europäischen Gemeinschaften 1962, 36; *Korte*, in: Calliess/Ruffert, AEUV, Art. 49 Rn. 47.

Des Weiteren sind nicht nur offene und versteckte Diskriminierungen, sondern grundsätzlich auch Beschränkungen der Grundfreiheiten nicht gestattet. Derartige Beschränkungen liegen nach gängiger Rechtsprechung bereits vor, wenn Maßnahmen die Ausübung der Grundfreiheiten „*unterbinden, behindern oder weniger attraktiv machen*“[458].

bb) Verletzung der Niederlassungsfreiheit

Fraglich ist, ob die Lizenzschranke in Form des § 4j EStG die Niederlassungsfreiheit beschränkt. Dies wäre insbesondere der Fall, sofern die Lizenzschranke zu einer Benachteiligung von Staatsangehörigen anderer EU-Mitgliedstaaten aufgrund ihrer Staatsangehörigkeit führt und somit eine offene Diskriminierung in der Lizenzschranke angelegt ist.

Bei Betrachtung des Wortlautes der Lizenzschranke lässt sich erkennen, dass § 4j EStG tatbestandlich lediglich auf die Niedrigbesteuerung aufgrund einer Präferenzregelung abstellt und ihre Rechtsfolge hingegen nicht an den Tatbestand der fehlenden Ansässigkeit des Gläubigers der Lizenzzahlungen im Staat des Schuldners geknüpft ist.

Folglich stellt § 4j EStG somit keine unmittelbare, offene Diskriminierung dar und steht daher zunächst nicht der Niederlassungsfreiheit entgegen.

Allerdings könnte sich eine versteckte Diskriminierung oder Beschränkung der Niederlassungsfreiheit aufgrund des Umstands ergeben, dass § 4j EStG faktisch nur auf grenzüberschreitende Sachverhaltskonstellationen Anwendung finden kann. Denn bei näherer Betrachtung des genauen Wortlautes des § 4j EStG ist diesem zwar nicht zu entnehmen, dass sich die Vorschrift aus sich heraus nur auf grenzüberschreitende Lizenzzahlungen (von Deutschland ins Ausland) beschränkt. Allerdings können aber nur genau solche Sachverhalte von der Lizenzschranke erfasst werden, da das deutsche Steuerrecht keine derartigen Präferenzregelungen kennt, an welche § 4j EStG die Rechtsfolge knüpft.

Vor diesem Hintergrund könnte die Bundesrepublik Deutschland demnach mit der Lizenzschrankenregelung in Form des § 4j EStG in den Schutzbereich der Niederlassungsfreiheit im Sinne des Art. 49 AEUV eingreifen.

---

458 EuGH, Urt. v. 11.7.1974 – 8/74, *Dassonville*, Slg. 1974, 837 Rn. 5; Urt. v. 5.10.2004 – C-442/02, *CaixaBank France*, Slg. 2004, I-8961 Rn. 11; Urt. v. 6.12.2007 – C-298/05, *Columbus Container Services*, Slg. 2007, I-10451 Rn. 33; Urt. v. 13.12.2007 – C-465/05, *Kommission/Italien*, Slg. 2007, I-11091 Rn. 17; Urt. v. 17.7.2008 – C-389/05, *Kommission/Frankreich*, Slg. 2008, I-5337 Rn. 52; Urt. v. 23.10.2008 – C-157/07, *Krankenheim Ruhesitz am Wannsee-Seniorenheimstatt*, Slg. 2008, I-8061 Rn. 19; Urt. v. 29.11.2011 – C-371/10, *National Grid Indus*, EuZW 2011, 951 Rn. 36.

cc) Schutzbereiche der Niederlassungsfreiheit

(1) Persönlicher Schutzbereich

Die Niederlassungsfreiheit entfaltet ihre Schutzwirkung nach Art. 49 Abs. 1 Satz 1 AEUV für Staatsangehörige eines EU-Mitgliedstaates und schützt somit lediglich natürliche Personen.[459]

Gesellschaften haben keine Staatsangehörigkeit im engeren Sinne.[460] Der Anwendungsbereich der Niederlassungsfreiheit für Gesellschaften ergibt sich jedoch aus Art. 54 AEUV, wonach Gesellschaften des bürgerlichen Rechts, Handelsgesellschaften (u. a. oHG, KG), Genossenschaften sowie sonstige juristische Personen (u. a. GmbH und AG) den natürlichen Personen gleichgestellt werden, sofern diese nach dem Recht eines EU-Mitgliedstaates gegründet sind sowie ihren satzungsmäßigen Sitz, ihre Hauptverwaltung oder ihre Hauptniederlassung in einem EU-Mitgliedstaat haben.[461]

Durch die Gründung nach den Vorschriften eines EU-Mitgliedstaates wird eine rechtliche Verknüpfung zwischen der Gesellschaft und der Europäischen Union hergestellt. Voraussetzung ist demnach, dass die Gesellschaft nach dem Gründungsrecht des jeweiligen EU-Mitgliedstaates wirksam gegründet wurde.[462] Der EuGH verlangt darüber hinaus auch, dass die Gesellschaft nach dem Recht des Gründungsstaates fortbesteht.[463]

Dies allein würde die Gesellschaft jedoch nicht daran hindern, im Anschluss an eine wirksame Gründung die Anknüpfungspunkte an den Gründungsstaat – etwa durch Sitzverlegung oder Wegzug[464] – aufzugeben.[465]

---

459 Siehe hierzu EuGH, Urt. v. 25.6.1992 – C-147/91, *Ferrer*, Slg. 1992, I-4097; ebenso *Kotzur*, in: Geiger/Kahn/Kotzur, AEUV, Art. 49 Rn. 7.

460 *Kotzur*, in: Geiger/Kahn/Kotzur, AEUV, Art. 54 Rn. 1.

461 Gemäß Art. 54 Abs. 2 AEUV sind hiervon Gesellschaften ausgenommen, welche keinen Erwerbszweck verfolgen.

462 *Müller-Graff*, in: Streinz, AEUV, Art. 54 Rn. 8.

463 EuGH, Urt. v. 16.12.2008 – C-210/06, *Cartesio*, Slg. 2008, I-9641 Rn. 109 f.; *Jung*, in: Schwarze/Becker/Hatje/Schoo, EU-Kommentar, AEUV, Art. 54 Rn. 12; *Korte*, in: Calliess/Ruffert, AEUV, Art. 54 Rn. 14.

464 Nach Ansicht des EuGH (Urt. v. 16.12.2008 – C-210/06, *Cartesio*, Slg. 2008, I-9641) besteht für den EU-Mitgliedstaat keine Pflicht, die Sitzverlegung oder den Wegzug einer in seinem Staat gegründeten Gesellschaft unter Beibehaltung des anzuwendenden Rechts zu dulden, doch steht es diesem EU-Mitgliedstaat grundsätzlich zu, eine solche Sitzverlegung bzw. einen Wegzug nach nationalem Recht zuzulassen.

465 *Müller-Graff*, in: Streinz, AEUV, Art. 54 Rn. 8.

Daher fordert Art. 54 AEUV neben der rechtlichen Komponente auch eine räumliche Verknüpfung zur Europäischen Union, indem die Gesellschaft ihren satzungsmäßigen Sitz, ihre Hauptverwaltung oder ihre Hauptniederlassung in der Europäischen Union haben muss.

Die Hauptverwaltung ist dort belegen, wo sich die unternehmerische Leitung befindet und die zur Unternehmensführung erforderlichen täglichen Entscheidungen getroffen werden.[466] Dort wo sich der tatsächliche Geschäftsschwerpunkt befindet und sich die wesentlichen personellen und sachlichen Ressourcen konzentrieren, hat die Gesellschaft ihre Hauptniederlassung.[467] Der satzungsmäßige Sitz bestimmt sich schließlich nach dem in der Satzung bestimmten formalen Sitz der Gesellschaft.[468]

Unerheblich ist, ob die Gesellschaft, Mitglieder oder Kapitalanleger selbst in den Schutzbereich der Niederlassungsfreiheit fallen.[469] Damit können Staatsangehörige von Drittstaaten durch die Gründung einer EU-Gesellschaft indirekt den Schutz der Niederlassungsfreiheit erlangen.

(2) Sachlicher Schutzbereich

Die Niederlassungsfreiheit erfordert eine selbstständige Erwerbstätigkeit und damit eine wirtschaftliche Betätigung. Grundsätzlich gehört hierzu jede wirtschaftliche Tätigkeit in selbstständiger oder unternehmerischer Form.

Insbesondere stellt sowohl jegliche gewerbliche Betätigung als auch die Ausübung eines freien Berufs eine Erwerbstätigkeit dar.[470] Voraussetzung – und damit Abgrenzungskriterium zur Arbeitnehmerfreizügigkeit – ist, dass die Tätigkeit selbstständig und folglich in nicht abhängiger oder weisungsgebundener Form ausgeübt wird.

Während die Dienstleistungsfreiheit nur die vorübergehenden Tätigkeiten in einem anderen EU-Mitgliedsstaat schützt, umfasst die Niederlassungsfreiheit *„die tatsächliche Ausübung einer wirtschaftlichen Tätigkeit mittels einer festen*

---

466 *Korte*, in: Calliess/Ruffert, AEUV, Art. 54 Rn. 17.

467 *Korte*, in: Calliess/Ruffert, AEUV, Art. 54 Rn. 17; *Kotzur*, in: Geiger/Kahn/Kotzur, AEUV, Art. 54 Rn. 8.

468 *Korte*, in: Calliess/Ruffert, AEUV, Art. 54 Rn. 17; *Kotzur*, in: Geiger/Kahn/Kotzur, AEUV, Art. 54 Rn. 7.

469 *Kotzur*, in: Geiger/Kahn/Kotzur, AEUV, Art. 54 Rn. 9.

470 *Kotzur*, in: Geiger/Kahn/Kotzur, AEUV, Art. 49 Rn. 5.

Einrichtung in einem anderen Mitgliedstaat auf unbestimmte Zeit“[471]. Erfasst sind folglich feste dauerhafte Einrichtungen[472] wie etwa Büroräume, Lagerräume oder Fabrikationsgebäude[473] in einem EU-Mitgliedstaat, in denen ein Unternehmer seine selbstständige Erwerbstätigkeit ausübt.

Des Weiteren ist eine ungeschriebene Voraussetzung für die Inanspruchnahme der Niederlassungsfreiheit ein Auslandsbezug durch ein grenzüberschreitendes Sachverhaltselement.[474] Regelmäßig besteht ein solches grenzüberschreitendes Moment darin, dass sich ein Wirtschaftsteilnehmer in die Volkswirtschaft eines Mitgliedstaates integriert, dessen Staatsangehörigkeit dieser nicht besitzt.[475]

Im Rahmen dessen wird diese Voraussetzung durch den EuGH grundsätzlich sehr weit ausgelegt, da nicht nur die übliche Sitznahme eines Unionsbürgers in einem anderen EU-Mitgliedstaat erfasst werden[476], sondern auch Rückkehr-[477] sowie Wegzugsfälle.[478]

Folglich ist die inländische Niederlassung einer in Deutschland ansässigen Gesellschaft nicht vom Schutzbereich der Niederlassungsfreiheit umfasst.

---

471 EuGH, Urt. v. 25.7.1991 - C-221/89, *Factortame II*, Slg. 1991, I-3905 Rn. 20; Urt. v. 17.6.1997 - C-70/95, *Sodemare*, Slg. 1997, I-3395 Rn. 24; Urt. v. 14.9.2006 - C-386/04, *Stauffer*, Slg. 2006, I-8203 Rn. 18.

472 Hierunter fallen insbesondere auch (sekundäre) Niederlassungen, die sowohl in rechtlich unselbstständiger Form (Agenturen, Zweigniederlassungen) als auch selbstständig (Tochtergesellschaften) betrieben werden und der Teilnahme am Wirtschaftsleben im Niederlassungsstaat dienen (Art. 49 Abs. 1 Satz 2 AEUV).

473 *Korte*, in: Calliess/Ruffert, AEUV, Art. 49 Rn. 25; *Müller-Graf*, in: Streinz, AEUV, Art. 49 Rn. 16; *Schlag*, in: Schwarze/Becker/Hatje/Schoo, EU-Kommentar, AEUV, Art. 49 Rn. 17.

474 Siehe hierzu auch *Müller-Graff*, in: Streinz, AEUV, Art. 49 Rn. 20; *Korte*, in: Calliess/Ruffert, AEUV, Art. 49 Rn. 19; *Forsthoff*, in: Grabitz/Hilf/Nettesheim, AEUV, Art. 49 Rn. 66.

475 *Forsthoff*, in: Grabitz/Hilf/Nettesheim, AEUV, Art. 49 Rn. 29 (m.w.N.).

476 EuGH, Urt. v. 25.7.1991 - C-221/89, *Factortame II*, Slg. 1991, I-3905 Rn. 20.

477 EuGH, Urt. v. 7.2.1979 - C-115/78, *Knoors*, Slg. 1979, 399 Rn. 24; Urt. v. 6.10.1981 - C 246/80, *Broekmeulen*, Slg. 1981, 2311 Rn. 20; Urt. v. 3.10.1990 - C-61/89, *Bochoucha*, Slg. 1990, I-3551 Rn. 13.

478 EuGH, Urt. v. 27.9.1988 - 81/87, *Daily Mail*, Slg. 1988, 5483; Urt. v. 16.7.1998 - C-264/96, *ICI*, Slg. 1998, I-4695; Urt. v. 21.11.2002 - C-436/00, *X und Y*, Slg. 2002, I-10847; Urt. v. 16.12.2008 - C-210/06, *Cartesio*, Slg. 2008, I-9641.

Bei derart gelagerten Sachverhaltskonstellationen ohne grenzüberschreitenden Bezug besteht vielmehr eine Inländerdiskriminierung, welche nicht vom Schutzbereich der Niederlassungsfreiheit erfasst wird.[480]

Abweichend von diesem Grundsatz kann sich ein Wirtschaftsteilnehmer ausnahmsweise auch dann gegenüber seinem eigenen Staat auf die Niederlassungsfreiheit berufen, wenn sich dieser dabei gegen Vorschriften seines Heimatstaates wendet, welche die Niederlassung in einem anderen EU-Mitgliedstaat beschränken.

Bereits die Begründung einer Betriebsstätte in einem anderen EU-Mitgliedstaat bzw. die Begründung einer solchen im Inland durch ein in einem anderen EU-Mitgliedstaat ansässigen Unternehmen genügen diesem Erfordernis eines grenzüberschreitenden Sachverhaltselements.

(3) Räumlicher Schutzbereich

Der räumliche Schutzbereich der Niederlassungsfreiheit wird insbesondere durch die Art. 349 und 355 AEUV geregelt und bezieht sich grundsätzlich auf das gesamte Hoheitsgebiet der EU-Mitgliedstaaten.[481]

Darüber hinaus erstreckt sich der räumliche Anwendungs- und Geltungsbereich der Niederlassungsfreiheit auch auf das Hoheitsgebiet der Mitgliedstaaten des Europäischen Wirtschaftsraums (EWR)[482].[483]

Daneben besteht für EU-Bürger auch die Möglichkeit, sich auf Grundlage des Abkommens über die Freizügigkeit vom 21.6.1999 in der Schweiz niederzulassen.[484]

dd) Eingriff in den Schutzbereich

Nach der Rechtsprechung des EuGH sind die Mitgliedstaaten der Europäischen Union grundsätzlich frei darin, die Steuerbemessungsgrundlage und den Steuersatz selbstständig festzulegen.[485]

---

479 Siehe hierzu auch *Korte*, in: Calliess/Ruffert, AEUV, Art. 49 Rn. 19 ff.

480 Siehe zur Inländerdiskriminierung beispielsweise *Epiney*, in: Calliess/Ruffert, AEUV, Art. 18 Rn. 27 f.

481 *Schlag*, in: Schwarze/Becker/Hatje/Schoo, EU-Kommentar, AEUV, Art. 49 Rn. 32.

482 Zum EWR gehören neben den EU-Mitgliedstaaten insbesondere Norwegen, Island und Liechtenstein.

483 So auch *Schlag*, in: Schwarze/Becker/Hatje/Schoo, EU-Kommentar, AEUV, Art. 49 Rn. 32.

484 Siehe hierzu beispielsweise *Kahil-Wolff/Mosters*, EuZW 2000, 257 (257 ff.).

485 Siehe hierzu beispielsweise EuGH, Urt. v. 17.5.2017 – C-68/15, *X*, ECLI:EU:C:2017:379.

Allerdings sind dabei neben offenen und versteckten Diskriminierungen auch Beschränkungen der Niederlassungsfreiheit nicht gestattet.[486]

Vor diesem Hintergrund ist grundsätzlich zu prüfen, ob eine nach den Rechtsvorschriften eines EU-Mitgliedstaates gegründete Gesellschaft durch die Lizenzschranke darin beschränkt wird, sich in der Bundesrepublik Deutschland wirtschaftlich mittels einer Betriebsstätte oder einer Tochtergesellschaft zu betätigen bzw. ob ein inländisches Unternehmen an einer entsprechenden wirtschaftlichen Betätigung im Ausland behindert wird.[487]

Bei näherer Betrachtung des genauen Wortlauts des § 4j EStG lässt sich erkennen, dass die Lizenzschranke keine offene Diskriminierung von Staatsangehörigen anderer EU-Mitgliedstaaten aufgrund ihrer Staatsangehörigkeit enthält. Fraglich ist demnach, ob die Lizenzschranke als versteckte (mittelbare) Diskriminierung zu qualifizieren ist und damit einen Eingriff in den Schutzbereich der Niederlassungsfreiheit darstellt.

Bildet man ein Vergleichspaar in Form eines rein inländischen Konzerns und eines grenzüberschreitenden innerhalb der Europäischen Union agierenden Konzerns, wobei der grenzüberschreitend agierende Konzern eine Präferenzregelung im Sinne des § 4j EStG in Anspruch nimmt, so kann bei Ersterem die Anwendung der Lizenzschranke keineswegs zur Anwendung gelangen. Da das Steuersystem der Bundesrepublik Deutschland keine Präferenzregelung im Sinne des § 4j EStG kennt und demnach im reinen Inlandsfall die Tatbestandsvoraussetzungen des § 4j EStG nicht vollumfänglich erfüllt werden können, sind von der Norm faktisch nur im Ausland ansässige Lizenzgläubiger erfasst.

Im Ergebnis bedeutet dies, dass für inländische Konzernunternehmen die Möglichkeit besteht, sich der Abzugsbeschränkung der Lizenzschranke zu entziehen, wohingegen für grenzüberschreitende innerhalb der EU agierende Konzernunternehmen diese Möglichkeit nicht gegeben ist.

Somit findet eine Unterscheidung statt, die an den Ort der Ansässigkeit anknüpft. Folglich ist in dieser Begrenzung der Lizenzschranke auf rein grenzüberschreitende Sachverhalte eine wesentliche versteckte (mittelbare) Diskriminierung zu sehen. Diese wesentliche versteckte (mittelbare) Diskriminierung stellt im Ergebnis einen Eingriff in den Schutzbereich der Niederlassungsfreiheit dar.

---

486 *Forsthoff*, in: Grabitz/Hilf/Nettesheim, AEUV, Art. 49 Rn. 74 ff.

487 Hierbei ist insbesondere auf die mögliche Wirkung einer von einem EU-Mitgliedstaat ergriffenen Maßnahme abzustellen und nicht auf den mit dieser Maßnahme tatsächlich verfolgten Zweck. Siehe hierzu EuGH, Urt. v. 11.7.1974 – 8/74, *Dassonville*, Slg. 1974, 837.

ee) Zwischenergebnis

Im Ergebnis findet die Lizenzschranke gemäß § 4j EStG – mangels einer inländischen Präferenzregelung – keine Anwendung auf den reinen Inlandssachverhalt. Vielmehr werden von der Lizenzschranke faktisch nur grenzüberschreitende Sachverhaltskonstellationen erfasst, sodass § 4j EStG zu einer Ungleichbehandlung von grenzüberschreitenden innerhalb der Europäischen Union agierenden Konzernen im Verhältnis zu reinen Inlandskonzernen führt.

Diese versteckte (mittelbare) Diskriminierung begründet demnach einen Eingriff in den Schutzbereich der Niederlassungsfreiheit im Sinne der Art. 49 ff. AEUV.

c) Statthaftigkeit der Beeinträchtigung

Die unterschiedliche Behandlung des Auslands- und Inlandssachverhaltes und der damit einhergehende Eingriff in die Niederlassungsfreiheit stellen grundsätzlich keinen Verstoß dar, sofern dieser Eingriff entweder Sachverhalte erfasst, welche objektiv nicht miteinander vergleichbar sind oder die entsprechende Maßnahme auf einem durch das Europarecht anerkannten zwingenden Grund des Allgemeininteresses beruht und sich dabei als geeignet und verhältnismäßig erweist.[488] Dabei darf die Maßnahme in Form der Lizenzschranke gemäß § 4j EStG nicht über das hinausgehen, was zur Erreichung des Ziels erforderlich ist.

Vor diesem Hintergrund ist weitergehend zu prüfen, ob es sich bei grenzüberschreitenden Lizenzierungsverhältnissen im Verhältnis zum reinen Inlandssachverhalt um eine objektiv vergleichbare Situation handelt und ob sich der Eingriff in den Schutzbereich der Niederlassungsfreiheit entsprechend rechtfertigen lässt.

aa) Vergleichbarkeit

Fraglich ist, ob die Zahlung einer Lizenzgebühr, welche auf Ebene des Gläubigers aufgrund eines schädlichen Präferenzregimes niedrig besteuert wird, mit anderen Lizenzzahlungen vergleichbar ist.

Zur Beantwortung dieser Frage ist folglich auf die Entscheidung des EuGH in der *Rs. SIAT*[489] einzugehen.

---

488 EuGH, Urt. v. 6.9.2012 – C-18/11, *Philips Electronics*, ECLI:EU:C:2012:532 Rn. 17; Urt. v. 17.7.2014 – C-48/13, *Nordea Bank Denmark*, ECLI:EU:C:2014:2087 Rn. 23; Urt. v. 17.12.2015 – C-388/14, *Timac Agro*, ECLI:EU:C:2015:829 Rn. 26 und 29; Urt. v. 21.12.2016 – C-593/14, *Masco Denmark und Damixa*, ECLI:EU:C:2016:984 Rn. 28; Urt. v. 7.9.2017 – C-6/16, *Eqiom und Enka*, ECLI:EU:C:2017:641 Rn. 57.

489 EuGH, Urt. v. 5.7.2012 – C-318/10, *SIAT*, ECLI:EU:C:2012:415.

Gegenstand dieser Rechtssache war eine im belgischen Steuerrecht verankerte Vorschrift, welche einen Betriebsausgabenabzug von Lizenzzahlungen versagte, sofern diese Lizenzzahlungen auf Ebene des ausländischen Zahlungsempfängers entweder von einer Besteuerung vollumfänglich ausgenommen wurden oder einer begünstigten Besteuerung unterlagen.[490]

Ein Betriebsausgabenabzug blieb allerdings erhalten, sofern der betroffene Steuerpflichtige mit diesem zur Verfügung stehenden rechtlichen Mitteln nachweisen konnte, dass sich die entsprechenden Zahlungen auf tatsächliche und ehrliche Geschäfte bezogen und im Weiteren nicht über den üblichen Rahmen hinausgingen.[491]

Nach Ansicht des EuGH war eine Einschränkung der Vergleichbarkeit in der vorliegenden Rechtssache nicht gegeben. Vielmehr stellte der EuGH fest, *„dass sich an der Situation eines in Belgien ansässigen Dienstleistungsempfängers in Bezug auf einen Steuervorteil – d. h. die Möglichkeit, die einem Dienstleister gezahlten Vergütungen als Betriebsausgaben abzuziehen – nichts ändert, gleichgültig, ob der Dienstleister im selben Mitgliedstaat ansässig ist oder nicht und ob dieser Dienstleister in einem anderen Mitgliedstaat einer günstigeren oder weniger günstigeren steuerlichen Behandlung unterliegt. In all diesen Fällen können Dienstleistungsempfängern tatsächliche Kosten entstanden sein, die, sofern die Voraussetzungen für die Inanspruchnahme des genannten Vorteils erfüllt sind, zum Abzug als Betriebsausgaben berechtigen“*[492].

Hieraus lässt sich ableiten, dass in Bezug auf die Lizenzschranke von einer objektiven Vergleichbarkeit auszugehen ist. Denn wie in der dargestellten Rechtssache entstehen auf Ebene des Lizenznehmers im Rahmen eines § 4j EStG zugrundeliegenden Lizenzierungsverhältnisses ebenfalls tatsächliche Kosten, welche sich auch unabhängig von der steuerlichen Ansässigkeit des Lizenzgebers Gewinn mindernd beim Lizenznehmer niederschlagen.[493]

Im Ergebnis handelt es sich demnach bei grenzüberschreitenden Lizenzierungsverhältnissen im Verhältnis zum reinen Inlandssachverhalt um eine objektiv vergleichbare Situation, sodass folglich der mit der Lizenzschranke gemäß

---

490 Zum detaillierten Ausgangsverfahren und zur Vorlagefrage siehe EuGH, Urt. v. 5.7.2012 – C-318/10, *SIAT*, ECLI:EU:C:2012:415 Rn. 8 bis 14.

491 Siehe EuGH, Urt. v. 5.7.2012 – C-318/10, *SIAT*, ECLI:EU:C:2012:415 Rn. 6.

492 EuGH, Urt. v. 5.7.2012 – C-318/10, *SIAT*, ECLI:EU:C:2012:415 Rn. 31.

493 So auch *Kühbacher*, DStZ 2017, 829 (830 f.).

§ 4j EStG einhergehende Eingriff in den Schutzbereich der Niederlassungsfreiheit einer Rechtfertigung bedarf.[494]

bb) Rechtfertigung

Bewirkt eine Norm eine Diskriminierung bzw. Beschränkung einer unionsrechtlichen Grundfreiheit, führt dies grundsätzlich nicht zwangsläufig zu einer Europarechtswidrigkeit. Denn eine solche beschränkende Maßnahme kann unter bestimmten Voraussetzungen grundsätzlich gerechtfertigt sein, da die unionsrechtlichen Grundfreiheiten nicht schrankenlos gewährleistet werden.

Regelungen, die den grenzüberschreitenden gegenüber dem innerstaatlichen Sachverhalt trotz Gleichheit der zugrundeliegenden steuerlichen Situation benachteiligen und damit den Schutzbereich einer unionsrechtlichen Grundfreiheit beschränken, können grundsätzlich auf zweierlei Arten gerechtfertigt werden.

Zunächst kann nach Art. 52 Abs. 1 AEUV ein Eingriff durch eine Rechtsvorschrift, welche eine Sonderregelung für Ausländer vorsieht, aus Gründen der öffentlichen Ordnung, Sicherheit oder Gesundheit gerechtfertigt sein. Als einziger geschriebener Rechtfertigungsgrund im Bereich der Niederlassungsfreiheit vermag Art. 52 AEUV dabei sowohl offene als auch versteckte diskriminierende Maßnahmen zu rechtfertigen.

Darüber hinaus hat der EuGH neben den im AEUV geschriebenen Rechtfertigungsgründen auch ungeschriebene Rechtfertigungsgründe anerkannt. Ausweislich der ständigen Rechtsprechung des EuGH sind neben offenen und versteckten Diskriminierungen auch Beschränkungen der Niederlassungsfreiheit als statthaft zu qualifizieren, sofern durch den Eingriff in den Schutzbereich der unionsrechtlichen Grundfreiheiten ein legitimes Ziel verfolgt wird, welches sich durch zwingende Gründe des Allgemeininteresses rechtfertigen lässt.[495]

Der EuGH verlangt dabei allerdings auch, dass durch eine Verhältnismäßigkeitsprüfung zu gewährleisten ist, dass der Eingriff in den Schutzbereich einer Grundfreiheit zum einen zur Erreichung des fraglichen Ziels geeignet

---

494 Ebenso *Kühbacher*, DStZ 2017, 829 (830 f.); *Schnitger*, DB 2018, 147 (148 f.); a.A. *Link*, DB 2017, 2372 (2375).

495 EuGH, Urt. v. 15.5.1997 – C-250/95, *Futura Participations und Singer/Administration des contributions*, Slg. 1997, I-2471 Rn. 26; Urt. v. 21.11.2002 – C-436/00, *X und Y*, Slg. 2002, I-10847 Rn. 49; Urt. v. 12.12.2002 – C-324/00, *Lankhorst-Hohorst*, Slg. 2002, I-11779 Rn. 33; Urt. v. 11.3.2004 – C-9/02, *Hughes de Lasteyrie du Saillant*, Slg. 2004, I-2409 Rn. 49.

ist und zum anderen nicht über das zur Zweckerreichung erforderliche Maß hinausgeht.[496]

Des Weiteren lässt sich eine Diskriminierung oder Beschränkung, welche aus der Anwendung einer steuerlichen Vorschrift resultiert, nur durch einen steuerlichen Grund rechtfertigen.[497]

Vor diesem Hintergrund gilt es im Rahmen der weiteren Untersuchung zu überprüfen, ob sich der aus § 4j EStG resultierende Eingriff in den Schutzbereich der Niederlassungsfreiheit entsprechend rechtfertigen lässt oder ob die Lizenzschranke zu einer nicht legitimierten Beschränkung eben dieser unionsrechtlichen Grundfreiheit führt.[498]

(1) Art. 52 AEUV und Bereichsausnahme

Gründe, welche eine solche Diskriminierung oder Beschränkung der Niederlassungsfreiheit grundsätzlich rechtfertigen können, finden sich unter anderem in Art. 52 AEUV (anerkannte geschriebene Rechtfertigungsgründe).

Grundsätzlich lassen sich durch Art. 52 AEUV sowohl offene als auch verdeckte Diskriminierungen ebenso wie Beschränkungen der Niederlassungsfreiheit legitimieren. Demnach sind Vorschriften nicht zu beanstanden, welche ein EU-Mitgliedstaat aus Gründen der öffentlichen Ordnung, Sicherheit und Gesundheit erlässt, die Staatsangehörige anderer EU-Mitgliedstaaten diskriminieren oder beschränken. Allerdings ist diese Ausnahmeregelung für steuerliche Regelungen ohne weitere Bedeutung.[499]

Ist die Ausübung des Niederlassungsrechts mit der Ausübung öffentlicher Gewalt verbunden, kann sich ein Bürger der Europäischen Union nach Art. 51 Abs. 1 AEUV nicht auf das Niederlassungsrecht berufen. Hierbei handelt es sich weniger um einen Rechtfertigungsgrund, sondern vielmehr um eine Bereichsausnahme.

---

496 EuGH, Urt. v. 13.12.2005 - C-446/03, *Marks & Spencer*, Slg. 2006, I-10837 Rn. 35; Urt. v. 12.9.2006 - C-196/04, *Cadbury Schweppes*, Slg. 2006, I-7995 Rn. 47; Urt. v. 13.3.2007 - C-524/04, *Test Claimants in the Thin Cap Group Regulation*, Slg. 2007, I-12107 Rn. 64; Urt. v. 18.6.2009 - C-303/07, *Aberdeen Property Fininvest Alpha*, Slg. 2009, I-5145 Rn. 57; Urt. v. 23.1.2014 - C-164/12, *DMC*, ECLI:EU:C:2014:20 Rn. 44.

497 Siehe hierzu beispielsweise *Kraft/Bron*, IStR 2006, 26 (28).

498 Siehe hierzu beispielsweise auch *Drummer*, IStR 2017, 602 (604); *Kühbacher*, DStZ 2017, 828 (832).

499 Siehe hierzu auch *Musil*, in: Musil/Weber-Grellet, Europäisches Steuerrecht, AEUV, Art. 49 Rn. 105.

Diese Bereichsausnahme im Sinne des Art. 51 Abs. 1 AEUV, wonach die Niederlassungsfreiheit nicht auf Tätigkeiten Anwendung findet, „*die in einem Mitgliedstaat dauernd oder zeitweise mit der Ausübung öffentlicher Gewalt verbunden sind*“[500], ist als Ausnahmetatbestand angesichts der grundlegenden freiheitssichernden Bedeutung grundsätzlich eng auszulegen.[501]

Vor diesem Hintergrund kommt demnach in Bezug auf die Lizenzschrankenregelung die Bereichsausnahme im Sinne des Art. 51 AEUV offensichtlich nicht in Betracht, sodass es bei der Eröffnung des Schutzbereichs des Art. 49 AEUV bleibt.

(2) Vermeidung doppelter Verlustberücksichtigung

Grundsätzlich ist es den Mitgliedstaaten der Europäischen Union nicht verwehrt, steuerliche Regelungen in ihrem jeweiligen nationalen Steuersystem zu integrieren, welche den Abzug ausländischer Betriebsstättenverluste für steuerliche Zwecke einschränken oder gar vollumfänglich versagen.

Hierdurch soll gewährleistet werden, dass keine (doppelte) Verlustberücksichtigung sowohl im Ansässigkeitsstaat als auch im Betriebsstättenstaat erfolgt.[502]

Da die Lizenzschranke gemäß § 4j EStG auf die (partielle) Versagung von Aufwendungen aus Rechteüberlassungen gerichtet ist und es hierbei keine Berührungspunkte zu derartigen Verlustberücksichtigungen gibt, ist der vorliegende Rechtfertigungsgrund nicht einschlägig.

Folglich lässt sich der Eingriff in den Schutzbereich der Niederlassungsfreiheit nicht mit dem hier genannten Rechtfertigungsgrund der doppelten Verlustberücksichtigung legitimieren.

(3) Effiziente Steuererhebung

Das Argument der effizienten Steuererhebung zur Rechtfertigung des Eingriffs in die unionsrechtlichen Grundfreiheiten wurde durch den EuGH erstmals mit der *Rs. Scorpio*[503] anerkannt. Im Rahmen dessen rechtfertigte das Ziel der effizienten

---

500 Art. 51 Abs. 1 AEUV.

501 Ebenso *Classen/Nettesheim*, in: Oppermann/Classen/Nettesheim, Europarecht, § 28 Rn. 28.

502 Siehe hierzu auch EuGH, Urt. v. 13.12.2005 – C-446/03, *Marks & Spencer*, Slg. 2006, I-10837; Urt. v. 15.5.2008 – C-414/06, *Lidl Belgium*, Slg. 2008, I-3601; *Bahns/Brinkmann/Gläser/Sedlaczek*, in von der Groeben/Schwarze/Hatje, Europäisches Unionsrecht, AEUV, Vorb. Art. 110–113 Rn. 66.

503 EuGH, Urt. v. 3.10.2006 – C-290/04, *Scorpio, Slg.* 2006, I-9461; bestätigt durch EuGH, Urt. v. 15.2.2007 – C-345/04, *Centro Equestre*, Slg. 2007, I-1425 Rn. 23.

Steuererhebung die Quellenbesteuerung im Sinne des § 50a EStG, da somit die Erfassung der Einkünfte für steuerliche Zwecke gewährleistet wurde.[504]

Nachdem diese Entscheidung zunächst lediglich für den Zeitraum galt, im Rahmen dessen der Steueranspruch noch nicht durch die europäische Beitreibungsrichtlinie grenzüberschreitend erhoben werden konnte[505], entschied der EuGH in der *Rs. X*[506], die Quellensteuererhebung könne auch in Anwendungszeiträumen der Beitreibungsrichtlinie[507] durch das Ziel einer effizienten Steuererhebung gerechtfertigt werden.

Ungeachtet der Wirkung der Beitreibungsrichtlinie duldete der EuGH das Risiko eines Forderungsausfalls, da nach dessen Ansicht der Quellensteuerabzug der Besteuerung grenzüberschreitender Tätigkeiten diene. Um den entsprechenden Steueranspruch festzustellen und erheben zu lassen, ist grundsätzlich die Einreichung einer Steuererklärung des ausländischen Steuerpflichtigen notwendig. Entsprechend wollte der EuGH somit einem ausländischen Steuerpflichtigen die Einreichung einer Steuererklärung in einer für diesen fremden Sprache abnehmen.[508]

Zu einem späteren Zeitpunkt entschied der EuGH weitergehend, eine effiziente Steuererhebung rechtfertige eine Quellenbesteuerung nicht, sofern der ausländische Steuerpflichtige im Quellenstaat eine Betriebsstätte unterhielte. Denn der ausländische Steuerpflichtige müsste durch die inländische Betriebsstätte ohnehin eine Steuererklärung abgeben, sodass für diesen keine Erleichterung durch die Quellenbesteuerung resultierte.[509]

Im Hinblick auf die Lizenzschrankenregelung gemäß § 4j EStG ist festzustellen, dass die Deklarationspflichten des Steuerpflichtigen in der Bundesrepublik Deutschland bestehen bleiben. Denn dieser ist und bleibt im Inland entweder im

504 EuGH, Urt. v. 3.10.2006 - C-290/04, *Scorpio*, Slg. 2006, I-9461 Rn. 36.

505 EuGH, Urt. v. 3.10.2006 - C-290/04, *Scorpio*, Slg. 2006, I-9461 Rn. 36.

506 EuGH, Urt. v. 18.10.2012 - C-498/10, *X*, EuZW 2013, 156.

507 Richtlinie 2001/44/EG des Rates v. 15.6.2001 zur Änderung der Richtlinie 76/308/EWG über die gegenseitige Unterstützung bei der Beitreibung von Forderungen im Zusammenhang mit Maßnahmen, die Bestandteil des Finanzierungssystems des Europäischen Ausrichtungs- und Garantiefonds für die Landwirtschaft sind sowie von Abschöpfungen und Zöllen und bezüglich der Mehrwertsteuer und bestimmter Verbrauchssteuern, ABl. 2001 Nr. L 175, 17.

508 EuGH, Urt. v. 18.10.2012 - C-498/10, *X*, EuZW 2013, 156 Rn. 50 ff.

509 EuGH, Urt. v. 19.6.2014 - C-53/13 und C-80/13, *Strojírny Prostějov*, ECLI:EU:C:2014:2011, Rn. 49 ff.

Rahmen der unbeschränkten Steuerpflicht oder mit seinen Betriebsstätteneinkünften beschränkt steuerpflichtig.

Da der EuGH das Argument der effizienten Steuererhebung in solch gelagerten Fällen jedoch nicht anerkennt, lässt sich im Ergebnis der Eingriff der Lizenzschranke in den Schutzbereich der Niederlassungsfreiheit nicht mit dem Ziel der effizienten Steuererhebung rechtfertigen.

(4) Wirksamkeit der Steuerkontrolle

Die Sicherung der steuerlichen Kontrolle ist ein vom EuGH anerkannter Grund des Allgemeininteresses, sodass diese für die Rechtfertigung eines Eingriffs in den Schutzbereich einer unionsrechtlichen Grundfreiheit grundsätzlich geeignet ist.[510]

Nicht zu beanstanden ist folglich die „*Anwendung von Maßnahmen, die die klare und eindeutige Feststellung der Höhe sowohl der in diesem Staat steuerbaren Einkünfte wie eines Verlustvortrags erlauben*“[511].

Des Weiteren ist es auch nicht zu beanstanden, dass ein Mitgliedstaat der Europäischen Union die Gewährung von Steuervergünstigungen daran knüpft, dass dieser die Erfüllung der hierfür erforderlichen Voraussetzungen selbst kontrollieren kann oder alternativ einen vertraglichen Auskunftsanspruch gegen die Jurisdiktion besitzt, welche das Vorliegen der Voraussetzungen entsprechend überwachen kann.[512]

Außerdem hat der EuGH in der *Rs. Laboratoires Fournier*[513] entschieden, dass eine steuerliche Regelung, welche es dem Rechtsanwender unmöglich macht, einen Nachweis darüber zu erbringen, dass Ausgaben tatsächlich getätigt wurden (beispielsweise für in einem anderen Mitgliedstaat der Europäischen Union

---

510 EuGH, Urt. v. 20.2.1979 – 120/78, *Rewe-Zentral AG*, Slg. 1979, 649 Rn. 8; Urt. v. 15.5.1997 – C-250/95, *Futura Participations und Singer/Administration des contributions*, Slg. 1997, I-2471 Rn. 31; siehe hierzu auch *Bahns/Brinkmann/Gläser/Sedlaczek*, in: von der Groeben/Schwarze/Hatje, Europäisches Unionsrecht, AEUV, Vorb. Art. 110–113 Rn. 58.

511 EuGH, Urt. v. 15.5.1997 – C-250/95, *Futura Participations und Singer/Administration des contributions*, Slg. 1997, I-2471 Rn. 31.

512 EuGH, Urt. v. 10.2.2011 – C-436/08, *Haribo Lakritzen Hans Riegel und Österreichische Salinen*, Slg. 2011, I-305 Rn. 131; siehe hierzu auch *Ress/Ukrow*, in: Grabitz/Hilf/Nettesheim, AEUV, Art. 63 Rn. 238.

513 EuGH, Urt. v. 10.3.2005 – C-39/04, *Laboratoires Fournier*, Slg 2005, I-2057 Rn. 25.

durchgeführte Forschungstätigkeiten), nicht mit der Wirksamkeit der steuerlichen Kontrolle gerechtfertigt werden können.[514]

Da sich bei näherer Betrachtung der Lizenzschranke gemäß § 4j EStG erkennen lässt, dass es der Regelung an einer entsprechenden Nachweispflicht fehlt, lässt sich der Eingriff der Lizenzschranke in den Schutzbereich der Niederlassungsfreiheit nicht mit dem Ziel einer wirksamen steuerlichen Kontrolle rechtfertigen.

(5) Steuerliche Kohärenz des nationalen Steuersystems

Der EuGH erkannte mit den Rechtssachen *Bachmann*[515] und *Kommission/Belgien*[516] erstmals die steuerliche Kohärenz des nationalen Steuersystems als Rechtfertigungsgrund an.

Nach Ansicht des EuGH lässt sich ein Eingriff in den Schutzbereich einer unionsrechtlichen Grundfreiheit mit der steuerlichen Kohärenz des nationalen Steuersystems grundsätzlich rechtfertigen, sofern ein unmittelbarer Zusammenhang eines steuerlichen Vorteils sowie dessen Ausgleich durch eine bestimmte steuerliche Belastung innerhalb des betreffenden nationalen Steuersystems nachgewiesen werden kann.[517]

Ein solcher Zusammenhang ist allerdings nicht gegeben, sofern es sich entweder um verschiedene Steuern oder um verschiedene Steuerpflichtige handelt.[518]

Bei näherer Betrachtung der Lizenzschrankenregelung lässt sich erkennen, dass sich auf Grundlage der zuvor genannten Voraussetzungen ein Eingriff in

514 Siehe hierzu auch *Bahns/Brinkmann/Gläser/Sedlaczek*, in: von der Groeben/Schwarze/Hatje, Europäisches Unionsrecht, AEUV, Vorb. Art. 110–113 Rn. 60.

515 EuGH, Urt. v. 28.1.1992 – C-204/90, *Bachmann*, Slg. 1992, I-249.

516 EuGH, Urt. v. 28.1.1992 – C-300/90, *Kommission/Belgien*, Slg. 1992, I-305.

517 EuGH, Urt. v. 27.11.2008 – C-418/07, *Papillon*, Slg. 2008, I-8947 Rn. 43 f.; Urt. v. 20.10.2011 – C-284/09, *Kommission/Deutschland*, Slg. 2011, I-9879 Rn. 85; Urt. v. 4.9.2014 – C-211/13, *Kommission/Deutschland*, ECLI:EU:C:2014:2148 Rn. 55 und 57; Urt. v. 24.2.2015 – C-559/13, *Grünewald*, ECLI:EU:C:2015:109 Rn. 47 und 48; Urt. v. 17.9.2015 – C-589/13, *F.E. Familienprivatstiftung Eisenstadt*, ECLI:EU:C:2015:612 Rn. 81; Urt. v. 21.12.2016 – C-503/14; *Kommission/Portugal*, IStR 2017, 69 Rn. 62.

518 EuGH, Urt. v. 6.9.2012 – C-380/11, *Finanziara di Diego dalla Valla & Co.*, ECLI:EU:C:2012:552 Rn. 47; Urt. v. 24.2.2015 – C-559/13, *Grünewald*, ECLI:EU:C:2015:109 Rn. 49; Urt. v. 17.9.2015 – C-589/13, *F.E. Familienprivatstiftung Eisenstadt*, ECLI:EU:C:2015:612 Rn. 83; Urt. v. 30.6.2016 – C-123/15, *Feilen*, ECLI:EU:C:2016:496 Rn. 35.

den Schutzbereich der Niederlassungsfreiheit durch § 4j EStG nicht mit der steuerlichen Kohärenz des nationalen Steuersystems rechtfertigen lässt.[519]

Denn nach ständiger Rechtsprechung des EuGH kann eine Rechtfertigung mittels der steuerlichen Kohärenz des Steuersystems bereits deswegen abgelehnt werden, da es sich bei der Lizenzschranke rechtlich um mindestens zwei verschiedene Gesellschaften beziehungsweise Steuersubjekte handelt.

Somit wird der Forderung des EuGH, wonach es sich im Rahmen einer Kohärenzprüfung um dieselbe Steuer desselben Steuerzahlers handeln müsste, nicht nachgekommen.[520] Auch wenn infolge der *Rs. Manninen*[521] an dieser engen Auslegung der Kohärenz, d.h. daran, ob der Ausgleich von Vor- und Nachteilen tatsächlich bei demselben Steuerpflichtigen zu erfolgen hat, gezweifelt werden kann[522], ist nicht ersichtlich, worin aufseiten einer EU-Gesellschaft der dem Nachteil des versagten (partiellen) Abzugs für Aufwendungen aus der Rechteüberlassung gegenüberstehende Vorteil bestehen soll.

Der einzig denkbare Vorteil könnte sich dabei aus einer niedrigeren Besteuerung im Ausland ergeben. Ein solcher Vorteil wäre allerdings unstreitig kein Ausfluss des nationalen Steuersystems – davon abgesehen, dass das Ausnutzen eines niedrigeren Steuersatzes durch Gewinnverlagerung mittels Lizenzierungsgestaltung wohl keinen Vorteil darstellt, der in einem engen (unmittelbaren) Zusammenhang mit dem Nachteil des versagten (partiellen) Betriebsausgabenabzugs steht.

Im Ergebnis sind folglich beide vom EuGH gestellten Bedingungen nicht erfüllt. Denn zum einen dient das (partielle) Betriebsausgabenabzugsverbot auf Ebene des Lizenznehmers als Ausgleich für eine vorteilhafte Besteuerung auf Ebene des Lizenzgebers. Demnach betrifft die steuerliche Behandlung insoweit verschiedene Steuerpflichtige, sodass der vom EuGH geforderte unmittelbare Zusammenhang nicht gegeben ist. Zum anderen wird der steuerliche Nachteil des (partiellen) Betriebsausgabenabzugsverbots nicht durch eine begünstigende

---

519 So auch *van Lück*, IStR 2017, 388 (391); *Ditz/Quilitzsch*, DStR 2017, 1561 (1567); *Kühbacher*, DStZ 2017, 829 (836); *Hagemann/Kahlenberg*, FR 2017, 1125 (1130); mit Diskussion zur österreichischen Lizenzschrankenregelung auch *Jerabek/Neubauer*, SWI 2014, 369 (378 f.).

520 EuGH, Urt. v. 6.6.2000 – C-35/98, *Verkooijen*, Slg. 2000, I-4071 Rn. 57 f.

521 EuGH, Urt. v. 7.9.2004 – C-319/02, *Manninen*, Slg. 2004, I-7477.

522 Siehe hierzu Generalanwältin *Kokott*, Schlussanträge v. 18.3.2004, ECLI:EU:C:2004:164 Rn. 61 f., betreffend EuGH, Urt. v. 7.9.2004 – C-319/02, *Manninen*, Slg. 2004, I-7477; Generalanwalt *Maduro*, Schlussanträge v. 7.4.2005, ECLI:EU:C:2005:201 Rn. 71 f., betreffend EuGH, Urt. v. 13.12.2005 – C-446/03, *Marks & Spencer*, Slg. 2005, I-10837.

Maßnahme innerhalb des nationalen Steuersystems auf Ebene des Lizenznehmers ausgeglichen.

Entsprechend läuft die Argumentation, mit der Lizenzschrankenregelung gemäß § 4j EStG die steuerliche Kohärenz des nationalen Steuersystems wahren zu wollen, vollständig ins Leere.[523]

(6) Wahrung der Aufteilung der Besteuerungsbefugnisse

Ausweislich des Art. 114 AEUV sind direkte Steuern in der Europäischen Union nicht harmonisiert. Demnach unterliegen die direkten Steuern unmittelbar den jeweiligen Mitgliedstaaten der Europäischen Union selbst, sodass die EU-Mitgliedstaaten, die diesen zustehende Ertragshoheit in Bezug auf die direkten Steuern, insbesondere unter Beachtung der unionsrechtlichen Grundfreiheiten auszuüben haben.[524]

Vor diesem Hintergrund steht es jedem Mitgliedstaat der Europäischen Union frei, inwiefern dieser sein eigenes Besteuerungssystem sowohl in Bezug auf die Steuerart als auch hinsichtlich der Bemessungsgrundlage sowie des Steuertarifs handhabt.[525]

Entsprechend kann die individuelle Ausgestaltung eines Steuersystems eines EU-Mitgliedstaates aus unionsrechtlicher Perspektive grundsätzlich nicht beanstandet werden. Dies gilt insbesondere, sofern ein Mitgliedstaat der Europäischen Union eine Präferenzbesteuerung in Form einer Lizenzbox anbietet, auch wenn dies von anderen EU-Mitgliedstaaten als unfair gewertet werden sollte.

Dies gilt jedoch nur insoweit, wie grenzüberschreitende Lizenzzahlungen nicht schlechtergestellt werden als Lizenzzahlungen im reinen Inlandsfall. Denn soweit ein Mitgliedstaat der Europäischen Union mit seiner Besteuerungshoheit neben inländischen auch gebietsfremde Einkunftsquellen erfasst, dürfen weder die Einkünfte der einen noch die Einkünfte der anderen Einkunftsquelle im Verhältnis zueinander schlechtergestellt werden.[526]

---

523 Im Ergebnis so auch *Oellerich*, in: Schaumburg/Englisch, Europäisches Steuerrecht, Kapitel 8 Rn. 143.

524 EuGH, Urt. v. 12.9.2006 – C-196/04, *Cadbury Schweppes*, Slg. 2006, I-7995 Rn. 40; Urt. v. 8.11.2007 – C-379/05, *Amurta*, Slg. 2007, I-9569 Rn. 16; Urt. v. 26.6.2008 – C-284/06, *Burda*, Slg. 2008, I-4571 Rn. 66; Urt. v. 18.6.2009 – C-303/07, *Aberdeen Property Fininvest Alpha*, Slg. 2009, I-5145 Rn. 14.

525 EuGH, Urt. v. 6.12.2007 – C-298/05, *Columbus Container Services*, Slg. 2007, I-10451 Rn. 51 und 53; Urt. v. 25.2.2010 – C-337/08, *X Holding*, Slg. 2010, I-1215 Rn. 40.

526 EuGH, Urt. v. 15.7.2004 – C-315/02, *Lenz*, Slg. 2004, I-7063 Rn. 49; Urt. v. 7.9.2004 – C-319/02, *Manninen*, Slg. 2004, I-7477 Rn. 29 ff.; Urt. v. 12.12.2006 – C-374/04, *ACT Group Litigation*, Slg. 2006, I-11673 Rn. 55.

Des Weiteren verfügen die Mitgliedstaaten der Europäischen Union auch über eine eigene Souveränität in Bezug auf die untereinander stattfindende Aufteilung von Besteuerungsrechten. Dabei lassen sich Besteuerungsrechte entweder einseitig erheben oder alternativ unter Bezugnahme auf das OECD-MA entsprechend aufteilen.[527] Derartige Entscheidungen hinsichtlich der einmal getroffenen Aufteilung von Besteuerungsrechten sind dabei grundsätzlich zu respektieren und rechtfertigen insbesondere keinen Eingriff in den Schutzbereich der unionsrechtlichen Grundfreiheiten.[528]

Sofern die EU-Mitgliedstaaten im Rahmen dessen die Vorgaben der OECD zugrundelegen, resultiert daraus, dass ein grundsätzlicher Gleichlauf zwischen einem Verlustabzug auf der einen Seite und dem Besteuerungsrecht bezüglich der Gewinne auf der anderen Seite entsteht.[529] Ebendiese Wahrung der ausgewogenen Aufteilung der Besteuerungsrechte erkennt der EuGH für die Rechtfertigung eines Eingriffs in den Schutzbereich der unionsrechtlichen Grundfreiheiten an.[530]

Tritt der Fall ein, dass Rechtsanwender eine grenzüberschreitende Gewinnverlagerung in eine niedrig besteuernde Jurisdiktion herbeiführen, so steht dieses Verhalten der Aufteilung der Besteuerungsrechte grundsätzlich entgegen.[531] Denn dadurch wird das in einem EU-Mitgliedstaat erwirtschaftete

527 EuGH, Urt. v. 12.9.2006 – C-196/04, *Cadbury Schweppes*, Slg. 2006, I-7995 Rn. 40; Urt. v. 8.11.2007 – C-379/05, *Amurta*, Slg. 2007, I-9569 Rn. 16; Urt. v. 26.6.2008 – C-284/06, *Burda*, Slg. 2008, I-4571 Rn. 66; Urt. v. 18.6.2009 – C-303/07, *Aberdeen Property Fininvest Alpha*, Slg. 2009, I-5145 Rn. 14.

528 EuGH, Urt. v. 17.9.2015 – C-589/13, *F.E. Familienprivatstiftung Eisenstadt*, ECLI:EU:C:2015:612 Rn. 71.

529 EuGH, Urt. v. 15.5.2008 – C-414/06, *Lidl Belgium*, Slg. 2008, I-3601 Rn. 33; Urt. v. 6.9.2012 – C-18/11, *Philips Electronics*, ECLI:EU:C:2012:532 Rn. 24; Urt. v. 7.11.2013 – C-322/11, *K*, ECLI:EU:C:2013:716 Rn. 51 und 55; Urt. v. 17.12.2015 – C-388/14, *Timac Agro*, ECLI:EU:C:2015:829 Rn. 35.

530 EuGH, Urt. v. 24.2.2015 – C-559/13, *Grünewald*, ECLI:EU:C:2015:109 Rn. 40; Urt. v. 17.9.2015 – C-589/13, *F.E. Familienprivatstiftung Eisenstadt*, ECLI:EU:C:2015:612 Rn. 68; Urt. v. 17.12.2015 – C-388/14, *Timac Agro*, ECLI:EU:C:2015:829 Rn. 34; Urt. v. 21.12.2016 – C-593/14, *Masco Denmark und Damixa*, ECLI:EU:C:2016:984 Rn. 35.

531 Sofern Steuerpflichtige versuchen Verluste in Staaten mit einer höheren Steuerbelastung zu verlagern, um diese dort zu verwerten, siehe beispielsweise EuGH, Urt. v. 13.12.2005 – C-446/03, *Marks & Spencer*, Slg. 2005, I-10837 Rn. 46; Urt. v. 29.3.2007 – C-347/04, *Rewe Zentralfinanz*, Slg. 2007, I-2647 Rn. 42; Urt. v. 18.7.2007 – C-231/05, *Oy AA*, Slg. 2007, I-6373 Rn. 55; Urt. v. 15.5.2008 – C-414/06, *Lidl Belgium*, Slg. 2008, I-3601 Rn. 32; Urt. v. 25.2.2010 – C-337/08, *X Holding*, Slg. 2010, I-1215 Rn. 29; in Bezug auf die grenzüberschreitende Gewinnverlagerung in Niedrigsteuerländer siehe beispielsweise EuGH, Urt. v. 12.9.2006 – C-196/04, *Cadbury Schweppes*, Slg. 2006, I-7995 Rn. 55.

Steuersubstrat eben diesem EU-Mitgliedstaat entsprechend entzogen, sodass in derartigen Fällen nationale Maßnahmen grundsätzlich gerechtfertigt sind.

Im Rahmen dessen gilt jedoch zu beachten, dass es der Aufteilung der Besteuerungsrechte hingegen nicht widerspricht, sofern ein Rechtsanwender eine für diesen vorteilhaftere Steuersystematik eines anderen Mitgliedstaats der Europäischen Union unter Ausübung der unionsrechtlichen Grundfreiheiten in Anspruch nimmt. Denn diesbezüglich vertritt der EuGH grundsätzlich die Auffassung, dass „*[...] der Umstand, dass eine Gesellschaft in einem Mitgliedstaat mit dem Ziel gegründet worden ist, in den Genuss vorteilhafterer Rechtsvorschriften zu kommen, für sich allein nicht ausreicht, um auf eine missbräuchliche Ausnutzung dieser Freiheit zu schließen*"[532].

Hieraus lässt sich ableiten, dass als Argument für die Rechtfertigung eines Eingriffs in den Schutzbereich der unionsrechtlichen Grundfreiheiten vom EuGH nicht anerkannt wird, wenn ein EU-Mitgliedstaat versucht, eine aus der Ausübung der unionsrechtlichen Grundfreiheit auftretende Minderung des Besteuerungssubstrats entsprechend durch eine restriktive nationale Maßnahme zu kompensieren.[533]

Sofern also der Steuerpflichtige durch die Gründung einer Tochtergesellschaft in einem anderen EU-Mitgliedstaat einen Steuervorteil durch ein dort vorherrschendes niedrigeres Besteuerungsniveau erzielt, besteht für den Ansässigkeitsstaat keine Rechtsgrundlage, diesen Steuervorteil durch eine restriktiv wirkende Maßnahme entsprechend zu kompensieren.[534]

Bei näherer Betrachtung der Lizenzschrankenregelung gemäß § 4j EStG lässt sich allerdings erkennen, dass diese Vorschrift genau darauf gerichtet ist. Denn

---

532 EuGH, Urt. v. 12.9.2006 - C-196/04, *Cadbury Schweppes*, Slg. 2006, I-7995 Rn. 37 (m.w.N.).

533 EuGH, Urt. v. 3.10.2002 - C-136/00, *Danner*, Slg. 2002, I-8147 Rn. 56; Urt. v. 12.12.2002 - C-324/00, *Lankhorst-Hohorst*, Slg. 2002, I-11779 Rn. 36; Urt. v. 12.9.2006 - C-196/04, *Cadbury Schweppes*, Slg. 2006, I-7995 Rn. 49; Urt. v. 17.9.2015 - C-589/13, *F.E. Familienprivatstiftung Eisenstadt*, ECLI:EU:C:2015:612 Rn. 76.

534 EuGH, Urt. v. 26.10.1999 - C-294/97, *Eurowings*, Slg. 1999, I-7447 Rn. 44 f.; Urt. v. 3.10.2002 - C-136/00, *Danner*, Slg. 2002, I-8147 Rn. 56; Urt. v. 26.6.2003 - C-422/01, *Skandia und Ramstedt*, Slg. 2003, I-6817 Rn. 52; Urt. v. 5.7.2012 - C-318/10, *SIAT*, ECLI:EU:C:2012:415 Rn. 39; Urt. v. 21.2.2013 - C-123/11, *A*, ECLI:EU:C:2013:84 Rn. 42; Urt. v. 17.9.2015 - C-589/13, *F.E. Familienprivatstiftung Eisenstadt*, ECLI:EU:C:2015:612 Rn. 76; Urt. v. 21.12.2016 - C-593/14, *Masco Denmark und Damixa*, ECLI:EU:C:2016:984 Rn. 36.

die Lizenzschranke knüpft ihre restriktive Rechtsfolge in Form eines (partiellen) Betriebsausgabenabzugsverbots für Aufwendungen aus der Rechteüberlassung insbesondere an eine niedrige, präferenzielle Besteuerung von Lizenzzahlungen auf Ebene des Lizenzgebers.

Vor diesem Hintergrund vermag die Inanspruchnahme von im EU-Ausland offerierten Lizenzboxen in keinem Fall die Maßnahme einer (partiellen) Betriebsausgabenabzugsbeschränkung für Lizenzzahlungen auf Ebene des Lizenznehmers mit dem Argument der Wahrung der Aufteilung der Besteuerungsbefugnisse zu rechtfertigen.[535] Denn vom Schutzbereich der unionsrechtlichen Grundfreiheiten ist insbesondere auch die aus rein steuerlichen Gründen vorgenommene Verlagerung wirtschaftlicher Aktivitäten in eine niedrig besteuernde Jurisdiktion erfasst.

Des Weiteren lässt sich bei genauer Betrachtung der Lizenzschranke auch erkennen, dass sich die Vorschrift gemäß § 4j EStG grundsätzlich nicht an der Höhe der Lizenzzahlungen orientiert. Demnach bezieht sich die Lizenzschranke weniger auf Lizenzzahlungen, welche einem Fremdvergleich nicht standhalten würden. Vielmehr erfasst § 4j EStG Lizenzzahlungen in fremdüblicher Höhe. Vor diesem Hintergrund ist bereits fraglich, ob hier die Wahrung der Aufteilung von Besteuerungsbefugnissen überhaupt gestört scheint.

Im Rahmen dessen ist jedoch auch die Entscheidung des EuGH in der *Rs. SIAT*[536] zu beachten. Hier machte der EuGH deutlich, dass hinsichtlich der Rechtfertigung durch die Wahrung der Aufteilung von Besteuerungsbefugnissen auch die Verhältnismäßigkeit nicht vernachlässigt werden darf.

Der EuGH hat dabei die Auffassung vertreten, dass sich steuerliche Korrekturen dabei nur auf den fremdunüblichen Teil beziehen dürfen. Da die Lizenzschranke jedoch ihre Rechtsfolge an fremdübliche Lizenzzahlungen knüpft, ist insoweit auch die Verhältnismäßigkeit nicht gewahrt.[537]

Daneben ist auch anzuführen, dass die Bundesrepublik Deutschland, der allgemeinen OECD-Praxis folgend, auf DBA-rechtlicher Ebene einer Besteuerung von Lizenzeinnahmen im Ansässigkeitsstaat des Lizenzgebers freiwillig zugestimmt hat.[538]

535 Ebenso *Schnitger*, IStR 2021, 140 (147) mit Verweis auf EuGH, Urt. v. 20.1.2021 – C-484/19, *Lexel AB/Skatteverket*, ECLI:EU:C:2021:34.

536 EuGH, Urt. v. 5.7.2012 – C-318/10, *SIAT*, ECLI:EU:C:2012:415.

537 Ebenso *Hagemann/Kahlenberg*, FR 2017, 1125 (1129).

538 Siehe hierzu beispielsweise auch *Kühbacher*, DStZ 2017, 829 (832).

Aus europarechtlicher Perspektive darf für steuerliche Zwecke der mangelnde Zugriff auf die Lizenzeinnahmen eines im Ausland ansässigen Lizenzgläubigers allerdings nicht zu einer abweichenden Behandlung auf Ebene des Lizenznehmers führen. Denn daraus würde sich nämlich ergeben, dass „*[...] eine unterschiedliche Behandlung allein mit der Begründung zu rechtfertigen [wäre], dass eine in einem Mitgliedstaat gelegene Gesellschaft eine grenzüberschreitende wirtschaftliche Tätigkeit entfaltet hat, die dem Mitgliedstaat keine Steuereinnahmen verschaffen kann*“[539].

Im Ergebnis resultiert aus der Wahrung der Aufteilung der Besteuerungsbefugnisse kein darüber hinausgehendes Besteuerungsrecht.[540] Vielmehr ist die Aufteilung der Besteuerungsbefugnisse zu respektieren. Da die Maßnahme in Form der Lizenzschrankenregelung gemäß § 4j EStG vielmehr die Wahrung der Aufteilung der Besteuerungsbefugnisse stört, anstatt diese zu bewahren oder alternativ wiederherzustellen, ist der Eingriff in den Schutzbereich der Niederlassungsfreiheit nicht mit dem vorliegenden Argument der Wahrung der Aufteilung der Besteuerungsbefugnisse zu rechtfertigen.[541]

(7) Missbräuchliche Steuerpraktiken

Grundsätzlich sind unionsrechtliche Grundfreiheiten diskriminierende bzw. beschränkende nationale Maßnahmen zulässig, sofern in bestimmten Fallkonstellationen der Genuss eines aus der Umgehung des nationalen Steuerrechts resultierenden steuerlichen Vorteils versagt wird.[542]

Gemäß der Entscheidung des EuGH in der *Rs. Hughes de Lasteyrie du Saillant*[543] käme eine solche Rechtfertigung der Lizenzschranke gemäß § 4j EStG

539 EuGH, Urt. v. 17.9.2015 – C-589/13, *F.E. Familienprivatstiftung Eisenstadt*, ECLI:EU:C:2015:612 Rn. 75.

540 Siehe in diesem Zusammenhang EuGH, Urt. v. 17.9.2015 – C-589/13, *F.E. Familienprivatstiftung Eisenstadt*, ECLI:EU:C:2015:612 Rn. 71.

541 Ebenso *Schnitger*, DB 2018, 147 (150); *Kühbacher*, DStZ 2017, 829 (831 f.); *Hagemann/Kahlenberg*, in: Herrmann/Heuer/Raupach, EStG, § 4j Rn. 5; im Ergebnis auch *Oellerich*, in: Schaumburg/Englisch, Europäisches Steuerrecht, Kapitel 8 Rn. 143.

542 EuGH, Urt. v. 16.7.1998 – C-264/96, *ICI*, Slg. 1998, I-4695 Rn. 26; Urt. v. 11.3.2004 – C-9/02, *Hughes de Lasteyrie du Saillant*, Slg. 2004, I-2409 Rn. 50; Urt. v. 13.12.2005 – C-446/03, *Marks & Spencer*, Slg. 2006, I-10837 Rn. 57; Urt. v. 21.1.2010 – C-311/08, *SGI*, Slg. 2010, I-487 Rn. 65; *Bahns/Brinkmann/Gläser/Sedlaczek*, in: von der Groeben/Schwarze/Hatje, Europäisches Unionsrecht, AEUV, Vorb. Art. 110–113 Rn. 62.

543 EuGH, Urt. v. 11.3.2004 – C-9/02, *Hughes de Lasteyrie du Saillant*, Slg. 2004, I-2409.

als Missbrauchsnorm aber nur in Betracht, sofern die Vorschrift speziell auf die Erfassung von Steuerumgehungen beschränkt wäre.[544]

Ausweislich des EuGH werden Steuerumgehungen in solchen Verhaltensweisen gesehen, welche „*[...] darin bestehen, rein künstliche, jeder wirtschaftlichen Realität bare Konstruktion zu dem Zweck zu errichten, die Steuer zu umgehen, die normalerweise auf die durch Tätigkeiten im Inland erzielten Gewinne zu zahlen ist*"[545].

Nach Ansicht des EuGH müsse also der Regelungszweck einer solchen Norm darauf gerichtet sein, eine derartige Steuerumgehung zu verhindern. Der Gedanke des steuerlichen Missbrauchs darf also zulässigerweise nur als Rechtfertigungsgrund für eine Diskriminierung oder Beschränkung einer unionsrechtlichen Grundfreiheit angeführt werden, sofern im Einzelfall eine künstliche Konstruktion ohne wirtschaftliche Substanz gewählt wird und die Wahrnehmung einer unionsrechtlichen Grundfreiheit nur dem äußeren Anschein nach erfolgen soll.

Darüber hinaus sind grundsätzlich auch typisierende Missbrauchsvermutungen nach Ansicht des EuGH in engen Grenzen zulässig, sofern eine solche Missbrauchsvermutung verhältnismäßig ausgestaltet ist.[546]

Demnach dürfen nur solche Sachverhaltskonstellationen erfasst werden, bei denen ein Missbrauch am wahrscheinlichsten zu erwarten ist.[547] Zudem muss für den betroffenen Steuerpflichtigen die Möglichkeit bestehen, eine etwaige Missbrauchsvermutung entsprechend widerlegen zu können.[548]

Im Ergebnis dürfen somit nur rein künstliche Konstruktionen zum Zweck der Steuerumgehung erfasst werden. Eine Beeinträchtigung realer wirtschaftlicher Tätigkeiten ist demnach nicht gestattet.

Wie bereits im vorgehenden Kapitel zur Vereinbarkeit der Lizenzschranke mit dem Grundgesetz dargelegt wurde, handelt es sich bei der Lizenzschranke nicht um eine spezialgesetzliche Missbrauchsvorschrift, mit welcher im Ergebnis kein Missbrauchsvermeidungszweck verfolgt wird.[549] Denn die Grundregelung

---

544 EuGH, Urt. v. 11.3.2004 – C-9/02, *Hughes de Lasteyrie du Saillant*, Slg. 2004, I-2409 Rn. 50.

545 EuGH, Urt. v. 11.3.2004 – C-9/02, *Hughes de Lasteyrie du Saillant*, Slg. 2004, I-2409 Rn. 74, mit Verweis auf EuGH, Urt. v. 12.9.2006 – C-196/04, *Cadbury Schweppes*, Slg. 2006, I-7995 Rn. 55.

546 EuGH, Urt. v. 12.9.2006 – C-196/04, *Cadbury Schweppes*, Slg. 2006, I-7995 Rn. 61, 64 und 67 ff.

547 *Kraft/Bron*, IStR 2006, 614 (618).

548 *Kraft/Bron*, IStR 2006, 614 (618).

549 Siehe hierzu ausführlich Kapitel IV. A. I. 2. b) aa) *Missbrauchsbekämpfungszweck*.

der Lizenzschranke knüpft nicht an einen konkreten Missbrauchsfall einer rein künstlichen Konstruktion an.

Bei genauerer Betrachtung der Lizenzschranke lässt sich vielmehr erkennen, dass die Vorschrift im Sinne des § 4j EStG den vom EuGH in der *Rs. Cadbury Schweppes*[550] und der *Rs. Test Claimants in the Thin Cap Group Regulation*[551] gesetzten Vorgaben nicht gerecht wird.

Insbesondere das (partielle) Betriebsausgabenabzugsverbot als Rechtsfolge der Lizenzschranke ist nicht auf fremdunübliche Lizenzzahlungen beschränkt und damit nicht speziell auf diese konkrete Form der möglichen Steuerumgehung gerichtet. So vermischt die Lizenzschranke vor dem Hintergrund ihrer eigentlichen gesetzgeberischen Zielsetzung vielmehr Elemente der Missbrauchsbekämpfung mit solchen der Staatsfinanzierung.

Ungeachtet dessen würde der Rechtfertigungsgrund der Bekämpfung des steuerlichen Missbrauchs selbst bei unterstelltem Vorliegen eines reinen Missbrauchsvermeidungszwecks mangels hinreichender Verhältnismäßigkeit der Lizenzschranke gemäß § 4j EStG nicht durchgreifen.

So müsste die Lizenzschranke sowohl geeignet als auch erforderlich sein, um den verfolgten Zweck der Missbrauchsvermeidung zu verwirklichen und damit verhältnismäßig in diesem Sinne zu sein.[552] Während aufgrund der Tatsache, dass von der Lizenzschranke jedenfalls auch missbräuchliche Gestaltungen erfasst werden, eine Bejahung der Geeignetheit, das heißt der Dienlichkeit der Regelung zur Zweckerreichung, noch vertretbar erscheint, würde die Lizenzschrankenregelung jedenfalls an der Erforderlichkeit scheitern.

Erforderlich im Sinne der Verhältnismäßigkeitsprüfung bedeutet, dass seitens des Gesetzgebers das zur Zweckerreichung geeignete mildeste Mittel gewählt wurde. Insbesondere eine derart pauschalisierende Missbrauchsvermutung, wie sie der Lizenzschranke immanent ist, die keiner Widerlegung durch den Steuerpflichtigen zugänglich ist, vermag nach Ansicht des EuGH grundsätzlich nicht das mildeste Mittel darzustellen.[553]

---

550 EuGH, Urt. v. 12.9.2006 – C-196/04, *Cadbury Schweppes*, Slg. 2006, I-7995.

551 EuGH, Urt. v. 13.3.2007 – C-524/04, *Test Claimants in the Thin Cap Group Regulation*, Slg. 2007, I-12107.

552 EuGH, Urt. v. 11.3.2004 – C-9/02, *Hughes de Lasteyrie du Saillant*, Slg. 2004, I-2409 Rn. 49.

553 EuGH, Urt. v. 11.3.2004 – C-9/02, *Hughes de Lasteyrie du Saillant*, Slg. 2004, I-2409 Rn. 52 und 54.

Diesbezüglich hat der EuGH bereits in der *Rs. Lankhorst-Hohorst*[554] klargestellt, dass eine angelegte Missbrauchsvermutung nicht per se einen Missbrauch darstellt, selbst wenn damit ein möglicher Steuervorteil verbunden ist.[555] Entscheidend für die Beantwortung der Frage, ob eine Gestaltung missbräuchlich ist, ist also einzig die Überlegung, ob der zu beurteilende Vorgang einen wirtschaftlichen Grund hat.[556]

Was eine derartige Beurteilung anbelangt, ist die Lizenzschranke wohl zu allgemein gefasst. An diesem Ergebnis vermag diesbezüglich auch die *Escape-Klausel*[557] nichts zu ändern. Insgesamt gilt insoweit, dass der Lizenzschranke eine überschießende Tendenz innewohnt. Insofern ist die Lizenzschrankenregelung gemäß § 4j EStG trotz der Escape-Klausel zu pauschal und berücksichtigt gerade nicht den konkreten Einzelfall, sodass sie im Hinblick auf eine mögliche Rechtfertigung in Analogie zu der Entscheidung des EuGH in der *Rs. Lankhorst-Hohorst* als unverhältnismäßig zu werten ist.

Im Ergebnis vermag somit auch die Bekämpfung des steuerlichen Missbrauchs als Grund des Allgemeinwohls den vorliegenden Eingriff der Lizenzschranke im Sinne des § 4j EStG in den Schutzbereich der Niederlassungsfreiheit nicht zu rechtfertigen.[558]

(8) Sicherung des bestehenden Steueraufkommens

Neben den vom EuGH anerkannten geschriebenen und ungeschriebenen Rechtfertigungsgründen gibt es eine Reihe weiterer Aspekte, die regelmäßig von Mitgliedstaaten der Europäischen Union angeführt werden, um deren nationale Vorschriften vor dem Unionsrecht zu rechtfertigen.

Dabei handelt es sich allerdings um Rechtfertigungsgründe, welche nicht vom EuGH anerkannt werden und folglich einen Eingriff in den Schutzbereich der unionsrechtlichen Grundfreiheiten nicht legitimieren.

Ein nicht vom EuGH anerkannter Rechtfertigungsgrund ist beispielsweise die Herstellung einer steuerlichen Wettbewerbsgleichheit oder das Vermeiden der Inanspruchnahme von steuerlichen Vorteilen in ausländischen Jurisdiktionen. Demnach

---

554 EuGH, Urt. v. 12.12.2002 – C-324/00, *Lankhorst-Hohorst*, Slg. 2002, I-11779.

555 EuGH, Urt. v. 12.12.2002 – C-324/00, *Lankhorst-Hohorst*, Slg. 2002, I-11779 Rn. 37.

556 EuGH, Urt. v. 12.9.2006 – C-196/04, *Cadbury Schweppes*, Slg. 2006, I-7995 Rn. 75.

557 Siehe hierzu Kapitel III, F, I. *Nexuskonforme Präferenzregelung.*

558 Im Ergebnis so auch *Oellerich*, in: Musil/Weber-Grellet, Europäisches Steuerrecht, § 4j EStG Rn. 9; *Schnitger*, IStR 2021, 140 (147) mit Verweis auf EuGH, Urt. v. 20.1.2021 – C-484/19, *Lexel AB/Skatteverket*, ECLI:EU:C:2021:34.

lassen sich Eingriffe in den Schutzbereich einer unionsrechtlichen Grundfreiheit nicht mit dem vorgenannten Ziel rechtfertigen.[559]

Ebenso wenig vermag das Ziel der Vermeidung einer Ausnutzung steuerlicher Vorteile, welche sich aus einem unterschiedlichen in verschiedenen EU-Mitgliedstaaten vorherrschenden Besteuerungssystem ergeben können, den EuGH nicht zu überzeugen.[560]

Zu dieser Gruppe der Rechtfertigungsgründe, die eine Einschränkung einer unionsrechtlichen Grundfreiheit nicht rechtfertigen, zählt des Weiteren auch das Ziel der verwaltungstechnischen Vereinfachung.[561] Denn aus Sicht des EuGH sind die Mitgliedstaaten der Europäischen Union in der Lage, mittels der EU-Amtshilferichtlinie[562] sowohl inländische als auch grenzüberschreitende Sachverhalte entsprechend aufzuklären.[563]

Da insbesondere durch die EU-Beitreibungsrichtlinie[564] Steuerforderungen auch in den weiteren Mitgliedstaaten der Europäischen Union geltend gemacht werden können, erkennt der EuGH Einschränkungen der unionsrechtlichen

---

559 *Forsthoff*, in: Grabitz/Hilf/Nettesheim, AEUV, Art. 45 Rn. 387; *Kraft/Bron*, IStR 2006, 26 (26).

560 EuGH, Urt. v. 26.10.1999 - C-294/97, *Eurowings*, Slg. 1999, I-7447 Rn. 43 ff.; Urt. v. 21.9.1999 - C-307/97, *Saint-Gobain*, Slg. 1999, I-6161 Rn. 53 ff.; *Forsthoff*, in: Grabitz/Hilf/Nettesheim, AEUV, Art. 45 Rn. 388; *Kraft/Bron*, IStR 2006, 26 (26).

561 EuGH, Urt. v. 3.2.1983 - C-29/82, *Van Luipen*, Slg. 1983, I-151 Rn. 12; Urt. v. 3.10.2000 - C-58/98, *Corsten*, Slg. 2000, I-7919 Rn. 42; Urt. v. 21.1.2010 - C-546/07, *Kommission/Deutschland*, Slg. 2010, I-439 Rn. 51; *Bahns/Brinkmann/Gläser/Sedlaczek*, in: von der Groeben/Schwarze/Hatje, Europäisches Unionsrecht, AEUV, Vorb. Art. 110–113 Rn. 78.

562 Richtlinie 2011/16/EU des Rates v. 15.2.2011 über die Zusammenarbeit der Verwaltungsbehörden im Bereich der Besteuerung und zur Aufhebung der Richtlinie 77/799/EWG, ABl. 2011 Nr. L 64, 1; Richtlinie 2014/107/EU des Rates v. 9.12.2014 zur Änderung der Richtlinie 2011/16/EU bezüglich der Verpflichtung zum automatischen Austausch von Informationen im Bereich der Besteuerung, ABl. 2014 Nr. L 359, 1.

563 EuGH, Urt. v. 10.2.2011 - C-436/08, *Haribo Lakritzen Hans Riegel und Österreichische Salinen*, Slg. 2011, I-305.

564 Richtlinie 2001/44/EG des Rates v. 15.6.2001 zur Änderung der Richtlinie 76/308/EWG über die gegenseitige Unterstützung bei der Beitreibung von Forderungen im Zusammenhang mit Maßnahmen, die Bestandteil des Finanzierungssystems des Europäischen Ausrichtungs- und Garantiefonds für die Landwirtschaft sind sowie von Abschöpfungen und Zöllen bezüglich der Mehrwertsteuer und bestimmter Verbrauchsteuern, ABl. EG 2001 Nr. L 175, 17.

Grundfreiheiten, welche einer Vereinfachung der Steuererhebung dienen sollen, nicht als Rechtfertigungsgrund an.[565]

Im Rahmen dessen machte der EuGH deutlich, dass sich die Mitgliedstaaten der Europäischen Union gegenseitig zu unterstützen haben und demnach eine mangelnde Kooperation unter den einzelnen EU-Mitgliedstaaten nicht zum Nachteil eines Unionsbürgers sein kann.[566]

Ebenso werden vom EuGH neben den bereits genannten Zielen auch wirtschaftliche Motive nicht als Rechtfertigung für einen Eingriff in den Schutzbereich einer unionsrechtlichen Grundfreiheit anerkannt.[567] Im Rahmen dessen sind weder ein Rückgang von Steuereinnahmen noch Verluste des Steueraufkommens aus Sicht des EuGH dazu geeignet, eine Beschränkung der Grundfreiheiten zu rechtfertigen, da auch diese Ziele wirtschaftlicher Natur entspringen.[568]

Darüber hinaus ist im internationalen Steuerrecht grundsätzlich eine Vielzahl von Vorschriften auf die Sicherung des Steueraufkommens der einzelnen Mitgliedstaaten der Europäischen Union gerichtet. Vor diesem Hintergrund ist es daher wenig verwunderlich, dass sich aus den Gesetzesmaterialien zur Lizenzschranke ebenfalls entnehmen lässt, dass die Vorschrift gemäß § 4j EStG der „*Sicherung des bestehenden Steueraufkommens*“ dienen soll.[569]

Für Verstöße derartiger Vorschriften gegen Diskriminierungs- und Beschränkungsverbote hat der EuGH klargestellt, dass der bloße Verlust von

565 EuGH, Urt. v. 14.2.1995 – C-279/93, *Schumacker*, Slg. 1995, I-225 Rn. 43 ff.; Urt. v. 16.5.2000 – C-87/99, *Zurstrassen*, Slg. 2000, I-3337 Rn. 24 f.

566 EuGH, Urt. v. 4.3.2004 – C-334/02, *Kommission/Frankreich*, Slg. 2004, I-2229 Rn. 33; Urt. v. 12.7.2012 – C-269/09, *Kommission/Spanien*, EuZW 2013, 34 Rn. 72; Urt. v. 6.6.2013 – C-383/10, *Kommission/Belgien*, ECLI:EU:C:2013:364 Rn. 53.

567 EuGH, Urt. v. 25.7.1991 – C-288/89, *Gouda*, Slg. 1991, I-4007 Rn. 11; Urt. v. 4.5.1993 – C-17/92, *Fedicine*, Slg. 1993, I-2239 Rn. 17; Urt. v. 5.6.1997 – C-398/95, *Ergasias*, Slg. 1997, I-3091 Rn. 23; Urt. v. 16.7.1998 – C-264/96, *ICI*, Slg. 1998, I-4695 Rn. 28; Urt. v. 13.9.2007 – C-260/04, *Kommission/Italien*, Slg. 2007, I-7083 Rn. 35; Urt. v. 11.3.2010 – C-384/08, *Attanasio Group*, Slg. 2010, I-2055 Rn. 55; *Forsthoff*, in: Grabitz/Hilf/Nettesheim, AEUV, Art. 45 Rn. 381.

568 EuGH, Urt. v. 21.11.2002 – C-436/00, *X und Y*, Slg. 2002, I-10847 Rn. 50; Urt. v. 7.9.2004 – C-319/02, *Manninen*, Slg. 2004, I-7477 Rn. 49; Urt. v. 13.12.2005 – C-446/03, *Marks & Spencer*, Slg. 2006, I-10837 Rn. 44.

569 Entwurf eines Gesetzes gegen schädliche Steuerpraktiken im Zusammenhang mit Rechteüberlassungen v. 20.2.2017, BT-Drs. 18/11233 v. 20.2.2017, 2.

Steuereinnahmen keine Legitimation für eine wie auch immer geartete Diskriminierung oder Beschränkung einer unionsrechtlichen Grundfreiheit darstellt.[570]

In diesem Zusammenhang ist jedoch auch zu beachten, dass es sich bei der Sicherung des nationalen Steueraufkommens nicht lediglich um wirtschaftliche Motive handelt, welche für den Eingriff in den Schutzbereich einer unionsrechtlichen Grundfreiheit keinesfalls eine Rechtfertigung bilden können.[571] Das Verbot wirtschaftlicher Motive ist in erster Linie darauf gerichtet, „*die Protektion nationaler Marktteilnehmer oder inländischer Investitionen durch diskriminierende oder beschränkende Rechtsakte zu verhindern*“[572].

Dass die Sicherung des nationalen Steueraufkommens keine Diskriminierung oder Beschränkung zu rechtfertigen vermag, liegt jedoch vielmehr im Binnenmarktmodell der Europäischen Union begründet, welches auf eine effiziente Ressourcenzuteilung abzielt und daher keine fiskalischen Sonderlasten für grenzüberschreitende Sachverhalte im Vergleich zu rein nationalen Sachverhalten zwecks Sicherung des nationalen Steueraufkommens zulässt.

d) Zwischenergebnis

Der in diesem Abschnitt festgestellte Eingriff der Lizenzschranke gemäß § 4j EStG in den Schutzbereich der Niederlassungsfreiheit lässt sich im Ergebnis nicht rechtfertigen.

Demnach lässt sich die Lizenzschrankenregelung in ihrer derzeit geltenden Fassung in Bezug auf die Niederlassungsfreiheit nicht mit dem primärrechtlichen Europarecht vereinbaren und ist aus diesem Grund zumindest für innereuropäische Sachverhaltskonstellationen insoweit nicht anwendbar.

---

570 EuGH, Urt. v. 16.7.1998 - C-264/96, *ICI*, Slg. 1998, I-4695 Rn. 28; EuGH, Urt. v. 6.6.2000 - C-35/98, *Verkooijen*, Slg. 2000, I-4071 Rn. 59; Urt. v. 12.12.2002 - C-324/00, *Lankhorst-Hohorst*, Slg. 2002, I-11779 Rn. 36.

571 EuGH, Urt. v. 25.7.1991 - C-288/89, *Gouda*, Slg. 1991, I-4007 Rn. 11; Urt. v. 4.5.1993 - C-17/92, *Fedicine*, Slg. 1993, I-2239 Rn. 17; Urt. v. 5.6.1997 - C-398/95, *Ergasias*, Slg. 1997, I-3091 Rn. 23; Urt. v. 16.7.1998 - C-264/96, *ICI*, Slg. 1998, I-4695 Rn. 28; Urt. v. 13.9.2007 - C-260/04, *Kommission/Italien*, Slg. 2007, I-7083 Rn. 35; Urt. v. 11.3.2010 - C-384/08, *Attanasio Group*, Slg. 2010, I-2055 Rn. 55; *Forsthoff*, in: Grabitz/Hilf/Nettesheim, AEUV, Art. 45 Rn. 381.

572 Siehe hierzu Generalanwältin *Kokott*, Schlussanträge v. 12.2.2004, ECLI:EU:C:2004:99 Rn. 38 betreffend EuGH, Urt. v. 15.7.2004 - C-242/03, *Weidert und Paulus*, Slg. 2004, I-7379.

2. *Europäisches Beihilferecht*

Neben den unionsrechtlichen Grundfreiheiten haben steuerrechtliche Regelungen grundsätzlich auch einer beihilferechtlichen Überprüfung standzuhalten.

Da die in der Lizenzschranke angelegte Ausnahmeregelung im Sinne des § 4j Abs. 1 Satz 4 EStG eine unterschiedliche Behandlung in Abhängigkeit von der Besteuerung auf Ebene des Lizenzgebers vorsieht, ist fraglich, ob darin eine staatliche Beihilfe im Sinne des Art. 107 Abs. 1 AEUV gesehen werden könnte.

Vor diesem Hintergrund wird im folgenden Abschnitt der Frage nachgegangen, ob sich die Lizenzschrankenregelung mit dem unionsrechtlichen Beihilfeverbot vereinbaren lässt oder diesem entgegensteht.[573]

Gemäß Art. 107 Abs. 1 AEUV sind in der Europäischen Union staatliche Beihilfen grundsätzlich nicht mit dem Binnenmarkt vereinbar, sofern durch eine Begünstigung bestimmter Unternehmen oder Produktionszweige der Wettbewerb verfälscht und der Handel zwischen Mitgliedstaaten der Europäischen Union beeinträchtigt wird. Dabei werden vom Anwendungsbereich des unionsrechtlichen Beihilfeverbots nach Art. 107 Abs. 1 AEUV jedoch nicht nur öffentliche Zuschüsse, sondern insbesondere auch steuerliche Verschonungssubventionen erfasst.[574]

Überwacht wird das staatliche Beihilfeverbot von der EU-Kommission, welche gemäß Art. 108 Abs. 1 AEUV grundsätzlich zur Aufhebung oder Umgestaltung einer unzulässigen (steuerlichen) Maßnahme berechtigt ist.

Wird eine Maßnahme als unzulässige staatliche Beihilfe im Sinne des Art. 107 Abs. 1 AEUV qualifiziert, so muss der betreffende EU-Mitgliedstaat die rechtswidrig gewährte (Steuer-)Vergünstigung zum einen von den begünstigten Unternehmen zurückfordern und zum anderen die jeweilige steuerliche Maßnahme zurücknehmen, um im Endeffekt die Beeinträchtigung des Wettbewerbs entsprechend zu neutralisieren.[575]

---

573 Die beihilferechtliche Einstufung von Lizenzboxen bzw. Präferenzregimen wir hier nicht thematisiert. Es ist nicht auszuschließen, das Präferenzregime als notifizierungspflichtige Beihilfen qualifizieren. Einzelheiten, wie beispielsweise die Selektivität des Präferenzregimes, sind jedoch noch offen; siehe für unterschiedliche Ansätze *Ismer/Piotrowski*, IStR 2015, 257 (257 ff.) (für eine de jure Selektivität) und *Thiede*, IStR 2016, 283 (283 ff.) (für eine de facto Selektivität).

574 Siehe hierzu ausführlich *Englisch*, in: Schaumburg/Englisch, Europäisches Steuerrecht, Kapitel 9, Rn. 9.4; *Hey*, StuW 2015, 331 (338 m.w.N.); ebenso *Blumenberg/Kring*, IFSt Schrift Nr. 473, 9 mit Verweis auf EuGH, Urt. v. 15.3.1994 – C – 387/92, *Banco Exterior de España/Ayuntamiento de Valencia*, Slg. 1994, I-877 Rn. 13.

575 *Demleitner*, ISR 2016, 328 (329).

Im Rahmen der Kontrolle steuerrechtlicher Maßnahmen der EU-Mitgliedstaaten wird dabei vom EuGH und diesem folgend von der EU-Kommission grundsätzlich eine vierstufige Prüfung vorgenommen.[576]

Dabei wird zunächst untersucht, ob die jeweils zugrundeliegende steuerliche Maßnahme als staatliche und staatlich finanzierte Maßnahme qualifiziert, bevor weitergehend zu fragen ist, ob die entsprechende Maßnahme bestimmten Unternehmen einen selektiven Vorteil in Gestalt einer steuerlichen Entlastung verschafft.

Daran schließt sich eine Prüfung dahingehend an, ob die zu überprüfende steuerliche Maßnahme weitergehend den Handel zwischen Mitgliedstaaten der Europäischen Union beeinträchtigt und mit der zu überprüfenden steuerlichen Maßnahme eine wettbewerbsverfälschende Wirkung einhergeht.

Diese Prüfungsstruktur wird nachfolgend hinsichtlich der Überprüfung der Lizenzschrankenregelung im Sinne des § 4j EStG in Bezug auf die Vereinbarkeit mit Art. 107 AEUV zugrundegelegt.

a) Finanzierung durch staatliche Mittel

Eine selektive Begünstigung bestimmter Unternehmen oder Produktionszweige im Sinne des Art. 107 Abs. 1 AEUV muss grundsätzlich aus staatlichen Mitteln finanziert und im Weiteren einem EU-Mitgliedstaat entsprechend zurechenbar sein.[577]

Dabei handelt es sich ausweislich der Judikatur der europäischen Gerichte nicht um ein alternatives Erfordernis, sondern vielmehr um eine kumulativ zu erfüllende Voraussetzung.[578]

---

576 Siehe hierzu EuGH, Urt. v. 29.3.2012 – C-417/10, *3M Italia*, ECLI:EU:C:2012:184 Rn. 37; Urt. v. 26.4.2018 – C-236/16 und C-237/16, *ANGED*, ECLI:EU:C:2018:291 Rn. 25; Urt. v. 25.7.2018 – C-128/16 P, *Kommission/Spanien*, ECLI:EU:C:2018:591 Rn. 35; Urt. v. 28.6.2018 – C-203/16 P, *Heitkamp BauHolding*, ECLI:EU:C:2018:505 Rn. 82 f.; ebenso *Englisch*, in: Schaumburg/Englisch, Europäisches Steuerrecht, Kapitel 9, Rn. 9.7.

577 Siehe hierzu ausführlich *Englisch*, in: Schaumburg/Englisch, Europäisches Steuerrecht, Kapitel 9, Rn. 9.36.

578 Grundlegend hierzu EuGH, Urt. v. 16.5.2002 – C-482/99, *Frankreich/Kommission*, Slg. 2002, I-4397 Rn. 24; siehe hierzu speziell in steuerrechtlichem Zusammenhang EuGH, Urt. v. 22.6.2006 – C-182/03 und C-217/03, *Belgien/Kommission*, Slg. 2006, I-5479 Rn. 127; Urt. v. 23.4.2009 – C-460/07, *Puffer*, Slg. 2009, I-3251 Rn. 67 ff.; EuG, Urt. v. 5.4.2006 – T-351/02, *Deutsche Bahn*, ECLI:EU:T:2006:104 Rn. 100 f.; siehe hierzu auch den Beschluss 2020/450/EU der Kommission v. 22.1.2020 über die Beihilferegelung SA.29150-2010/C (ex 2010/NN) Deutschlands für den steuerlichen Verlustvortrag im Falle der Sanierung von Unternehmen in Schwierigkeiten (Sanierungsklausel), ABl. 2020 Nr. L 94, 14 Rn. 51.

Nach Ansicht des EuGH dient eine Unterscheidung zwischen *staatlichen* und aus *staatlichen Mitteln gewährten* Beihilfen lediglich dazu, nicht nur direkt von einem EU-Mitgliedstaat gewährte Vorteile zu erfassen, sondern auch solche, welche über eine vom entsprechenden EU-Mitgliedstaat benannte oder errichtete öffentliche bzw. private Einrichtung gewährt werden.[579] Im Rahmen dessen müssen aber stets staatliche Mittel dafür verwendet werden.[580]

Des Weiteren fordert Art. 107 Abs. 1 AEUV ebenso die Zurechenbarkeit der jeweiligen staatlichen Beihilfe zu einem entsprechenden EU-Mitgliedstaat.[581] Beide Erfordernisse werden auch von der EU-Kommission jeweils eigenständig überprüft.[582] Das Merkmal einer staatlichen Finanzierung setzt grundsätzlich nicht voraus, dass dem Steuerpflichtigen im Wege einer Vermögensübertragung staatliche Mittel zugewendet werden. Insbesondere bei steuerlichen Beihilfen ist schon jede Maßnahme[583] ausreichend, welche die steuerliche Belastung vermindert, den Adressaten somit finanziell begünstigt oder zumindest hierzu geeignet ist.

Da die fehlende Steuererhebung grundsätzlich immer den Haushalt betrifft, ist eine privilegierende Steuernorm bzw. eine darauf beruhende Verwaltungshandlung quasi stets (durch einen Verzicht von Steueraufkommen) staatlich finanziert.

Bei näherer Betrachtung des § 4j Abs. 1 Satz 4 EStG lässt sich erkennen, dass das Erfordernis einer staatlichen Finanzierung im Ergebnis als erfüllt anzusehen ist, da durch den in der Lizenzschranke angelegten Ausnahmetatbestand durch den deutschen Staat auf Steueraufkommen verzichtet wird.

---

579 *Englisch*, in: Schaumburg/Englisch, Europäisches Steuerrecht, Kapitel 9, Rn. 9.36.

580 EuGH, Urt. v. 13.3.2001 – C-379/98, *PreussenElektra*, Slg. 2001, I-2099 Rn. 58; Urt. v. 5.3.2009 – C-222/07, *UTECA*, Slg. 2009, I-1407 Rn. 43; Urt. v. 8.9.2011 – C-279/08 P, *Kommission/Niederlande*, Slg. 2011, I-7671 Rn. 105; EuG, Urt. v. 15.1.2013 – T-182/10, *Aiscat*, ECLI:EU:T:2013:9 Rn. 103.

581 Dies ergibt sich bereits aus der Abschnittsüberschrift vor den Art. 107 ff AEUV („*staatliche Beihilfen*“) und entspricht im Weiteren auch der Entstehungsgeschichte bzw. Zwecksetzung der Beihilfenkontrolle. Siehe hierzu beispielsweise EuG, Urt. v. 5.4.2006 – T-351/02, *Deutsche Bahn*, ECLI:EU:T:2006:104 Rn. 100 (m.w.N.); so auch *Englisch*, EuR 2009, 488 (489 ff.).

582 Siehe hierzu die Bekanntmachung der Kommission zum Begriff der staatlichen Beihilfe im Sinne des Art. 107 Abs. 1 AEUV, ABl. 2016 Nr. C 262 v. 19.7.2016, Rn. 38.

583 D.h. eine Steuernorm oder darauf beruhende Verwaltungshandlung.

b) Selektivität einer Maßnahme

Das Erfordernis der Selektivität wird grundsätzlich zur Feststellung herangezogen, ob die zugrundeliegende steuerliche Maßnahme im Kontext des Steuersystems dazu geeignet ist, bestimmte Unternehmen oder Produktionszweige gegenüber anderen Unternehmen oder Produktionszweigen zu begünstigen.[584]

Nach ständiger Rechtsprechung des EuGH umfasst die Prüfung der materiellen Selektivität einer steuerlichen Maßnahme drei Schritte.[585]

In einem ersten Schritt sind dabei die in dem betreffenden Mitgliedstaat der Europäischen Union geltende allgemeine oder normale steuerliche Behandlung bzw. die systemtragenden Grundsätze der jeweiligen Steuer zu ermitteln (Identifikation des Referenzsystems[586]).

Von diesem Referenzsystem ausgehend ist in einem zweiten Schritt zu prüfen, ob das konkret in Rede stehende, steuerentlastend wirkende Steuerregime von der Regelbesteuerung abweicht und dadurch verschiedene Gruppen von Steuerpflichtigen unterschiedlich behandelt, die sich im Hinblick auf die maßgebliche Zielsetzung der jeweiligen Steuer in „*vergleichbaren tatsächlichen und rechtlichen Situationen befinden*“[587] (Abweichung vom Referenzsystem[588]).[589]

Abschließend erfolgt im Rahmen eines dritten Schrittes schließlich eine Überprüfung dahingehend, ob eine Rechtfertigung der Abweichung gegeben ist und somit eine indizierte Annahme einer selektiven Vergünstigung widerlegt werden kann (Rechtfertigung der Abweichung[590]).[591]

---

584 Siehe hierzu beispielsweise EuGH, Urt. v. 8.9.2011 – C-78/08 (u.w.), *Paint Graphos*, Slg. 2011, I-7611 Rn. 49 und 71; Urt. v. 21.12.2016 – C-20/15 P, *World Duty Free Group*, ECLI:EU:C:2016:981 Rn. 57 und 58; siehe zur Prüfung der Selektivität ausführlich *Englisch*, in: Schaumburg/Englisch, Europäisches Steuerrecht, Kapitel 9, Rn. 9.16 ff.

585 Siehe diesbezüglich beispielsweise EuGH, Urt. v. 28.6.2018 – C-203/16 P, *Heitkamp BauHolding*, ECLI:EU:C:2018:505 Rn. 86 f.

586 *Ismer/Karch*, IStR 2014, 130 (131); *Demleitner*, ISR 2016, 328 (330).

587 EuGH, Urt. v. 28.6.2018 – C-203/16 P, *Heitkamp BauHolding*, ECLI:EU:C:2018:505 Rn. 86 f.

588 *Demleitner*, ISR 2016, 328 (330).

589 EuGH, Urt. v. 28.6.2018 – C-203/16 P, *Heitkamp BauHolding*, ECLI:EU:C:2018:505 Rn. 86 f.; *Englisch*, in: Schaumburg/Englisch, Europäisches Steuerrecht, Kapitel 9, Rn. 9.16.

590 *Demleitner*, ISR 2016, 328 (330).

591 Siehe hierzu auch *Englisch*, in: Schaumburg/Englisch, Europäisches Steuerrecht, Kapitel 9, Rn. 9.16.

aa) Bestimmung des Referenzsystems

Grundsätzlich ist die Bestimmung des Referenzsystems als weitestgehend ungeklärt anzusehen, da sich weder aus den Beschlüssen der EU-Kommission noch aus der Rechtsprechung des EuGH eindeutige dogmatische Vorgaben entnehmen lassen.[592]

Der Identifikation und Bestimmung der allgemeinen Steuerregelung als Referenzsystem kommt im Rahmen der Selektivitätsprüfung entscheidende Bedeutung zu, da das definierte Referenzsystem die Grundlage und folglich auch den Rahmen für die im zweiten Schritt zu erfolgende Vergleichsprüfung darstellt.[593]

Diese Bedeutung der Bestimmung des Referenzsystems lässt sich dabei insbesondere anhand der Kontroverse um den Beihilfecharakter der Sanierungsklausel im Sinne des § 8c Abs. 1a KStG veranschaulichen.[594]

Während § 8c Abs. 1 KStG den körperschaftsteuerlichen Verlustvortrag bei einem *schädlichen Beteiligungserwerb* grundsätzlich untergehen lässt, nimmt die Sanierungsklausel gemäß § 8c Abs. 1a KStG den Beteiligungserwerb zum Zweck der Sanierung hiervon aus.

Sowohl die EU-Kommission als auch das EuG haben dies zunächst als verbotene Beihilfe zugunsten sanierungsbedürftiger Unternehmen eingestuft.[595] Der Beschluss der EU-Kommission basierte maßgeblich darauf, dass das Abzugsverbot im Sinne des § 8c Abs. 1 KStG als Referenzrahmen festgelegt und die Vergleichbarkeitsprüfung an dessen Zielsetzung ausgerichtet wurde, nämlich die Nutzung von Verlustvorträgen bei Übertragung wesentlicher Anteile des Gesellschaftskapitals auf einen neuen Anteilseigner zu begrenzen. Dementsprechend wurde die Ausnahme des § 8c Abs. 1a KStG zunächst als selektiver Vorteil zugunsten sanierungsbedürftiger Gesellschaften qualifiziert.

Im Gegensatz zur EU-Kommission und zum EuG vertrat der EuGH jedoch die Auffassung, dass die in Deutschland allgemein für alle Unternehmen geltenden

---

592 Ebenso *Englisch*, in: Schaumburg/Englisch, Europäisches Steuerrecht, Kapitel 9, Rn. 9.29; *Seitz*, BRZ 2020, 25 (30).

593 So auch *Thiede*, IStR 2016, 283 (286); *Seitz*, BRZ 2020, 25 (30).

594 Siehe hierzu beispielsweise *Englisch*, in: Schaumburg/Englisch, Europäisches Steuerrecht, Kapitel 9, Rn. 9.29 (m.w.N.)

595 Beschluss der Kommission v. 26.1.2011 über die staatliche Beihilfe Deutschlands C 7/10 (ex CP 250/09 und NN 5/10) „*KStG, Sanierungsklausel*", ABl. 2011 Nr. L 235, 26; EuG, Urt. v. 4.2.2016 – T-620/11, *GFKL Financial Services*, ECLI:EU:T:2016:59; Urt. v. 4.2.2016 – T-287/11, *Heitkamp Bauholding*, ECLI:EU:T:2016:60.

Körperschaftsteuervorschriften als Referenzsystem zugrundezulegen seien und gerade nicht das Abzugsverbot im Sinne des § 8c Abs. 1 KStG.[596]

Folglich befand der EuGH, dass die Regel des Verfalls von Verlusten nach § 8c Abs. 1 KStG selbst eine Ausnahme von der allgemeinen Regel des Verlustvortrags darstelle und die Sanierungsklausel gemäß § 8c Abs. 1a KStG dazu führe, eine unter die allgemeine Regel des Verlustvortrags fallende Situation zu definieren.[597]

Dieser Auffassung folgte schließlich auch die EU-Kommission, die in ihrem kürzlich ergangenen Beschluss feststellte, es handle sich bei der Sanierungsklausel im Sinne des § 8c Abs. 1a KStG nicht um eine staatliche Beihilfe im Sinne des Art. 107 Abs. 1 AEUV, da es im Ergebnis an einer Abweichung von den allgemeinen Regelungen fehle und somit nicht alle vier Voraussetzungen kumulativ erfüllt seien.[598]

Diese Rechtsprechung des EuGH lässt sich dabei auch auf die zu überprüfende Lizenzschrankenregelung übertragen und für die Bestimmung des entsprechenden Referenzsystems heranziehen.

Daraus ergibt sich, dass nicht die (partielle) Betriebsausgabenabzugsbeschränkung nach § 4j Abs. 1 EStG, sondern vielmehr die in Deutschland allgemein für alle Unternehmen geltenden Körperschaftsteuervorschriften als Referenzsystem für die materielle Selektivitätsprüfung zugrundezulegen sind.

Da die Zielsetzung dieser Vorschriften darin besteht, durch die Besteuerung von Unternehmensgewinnen im Einklang mit dem Prinzip der steuerlichen Leistungsfähigkeit Einnahmen für den Haushalt zu generieren, ist folglich als allgemeine Steuerregel der grundsätzlich zulässige Betriebsausgabenabzug gemäß § 4 Abs. 4 EStG zu definieren.

Die restriktive Rechtsfolge der Lizenzschrankenregelung gemäß § 4j Abs. 1 EStG in Verbindung mit § 4j Abs. 3 EStG, welche in der (partiellen) Versagung des Betriebsausgabenabzugs besteht, ist dabei als eine Ausnahme zu qualifizieren. Die Ausnahmeregelung im Sinne des § 4j Abs. 1 Satz 4 EStG dient wiederum lediglich dazu, eine unter die allgemeine Regel des grundsätzlich zulässigen Betriebsausgabenabzugs fallende Situation zu definieren.

---

596 EuGH, Urt. v. 28.6.2018 – C-203/16 P, *Heitkamp BauHolding*, ECLI:EU:C:2018:505; Urt. v. 28.6.2018 – C-208/16 P, *Deutschland/Kommission*, ECLI:EU:C:2018:506; Urt. v. 28.6.2018 – C-209/16 P, *Deutschland/Kommission*, ECLI:EU:C:2018:507; Urt. v. 28.6.2018 – C-219/16 P, *Lowell Financial Services*, ECLI:EU:C:2018:508.

597 EuGH, Urt. v. 28.6.2018 – C-203/16 P, *Heitkamp BauHolding*, ECLI:EU:C:2018:505 Rn. 102.

598 Siehe hierzu auch den Beschluss 2020/450/EU der Kommission v. 22.1.2020 über die Beihilferegelung SA.29150-2010/C (ex 2010/NN) Deutschlands für den steuerlichen Verlustvortrag im Falle der Sanierung von Unternehmen in Schwierigkeiten (Sanierungsklausel), ABl. 2020 Nr. L 94, 14 Rn. 49 ff.

Im Ergebnis ist für die beihilferechtliche Überprüfung der Ausnahmeregelung gemäß § 4j Abs. 1 Satz 4 EStG als Referenzsystem der allgemein zulässige Betriebsausgabenabzug gemäß § 4 Abs. 4 EStG zugrundezulegen.[599]

bb) Abweichung vom Referenzsystem und Rechtfertigung

Um festzustellen, ob die in der Lizenzschranke angelegte Ausnahmeregelung gemäß § 4j Abs. 1 Satz 4 EStG einen selektiven Vorteil darstellt, ist in einem zweiten Schritt zu überprüfen, ob die in Rede stehende steuerliche Maßnahme vom allgemeinen Steuersystem insofern abweicht, als diese Unterscheidungen zwischen Wirtschaftsbeteiligten herbeiführt, welche sich im Hinblick auf das mit dem allgemeinen Steuersystem verfolgte Ziel in einer vergleichbaren tatsächlichen und rechtlichen Situation befinden.

Da durch die Ausnahmeregelung im Sinne des § 4j Abs. 1 Satz 4 EStG jedoch der Betriebsausgabenabzug für Unternehmen ermöglicht wird, welche nexuskonforme Lizenzboxen in Anspruch nehmen, stellt die Maßnahme keine Abweichung von der allgemeinen Vorschrift für den grundsätzlich zulässigen Betriebsausgabenabzug nach § 4 Abs. 4 EStG (i. V. m. § 8 Abs. 1 KStG) dar.

Hieraus lässt sich demnach ableiten, dass die Ausnahmeregelung im Sinne des § 4j Abs. 1 Satz 4 EStG den Unternehmen, welche von der entsprechenden Ausnahmeregelung Gebrauch machen können, keinen selektiven Vorteil verschafft.

Da für die Qualifizierung einer steuerlichen Maßnahme als verbotene staatliche Beihilfe alle vier Tatbestandsvoraussetzungen des Art. 107 Abs. 1 AEUV kumulativ erfüllt sein müssen, ist eine weitergehende Überprüfung der übrigen Erfordernisse[600] obsolet und kann daher unterbleiben. Denn bereits aufgrund des mangelnden Selektivitätserfordernisses ist die Ausnahmeregelung im Sinne des § 4j Abs. 1 Satz 4 EStG nicht als staatliche Beihilfe im Sinne des Art. 107 Abs. 1 AEUV zu qualifizieren.[601]

---

599 So auch *Neumann-Tomm*, in: Lademann, EStG, § 4j Rn. 19; im Ergebnis ebenso *Hagemann/Kahlenberg*, in: Herrmann/Heuer/Raupach, EStG, § 4j Rn. 5; siehe hierzu auch *Max/Thiede*, StB 2017, 175 (180), die sowohl die Auswirkungen im Rahmen der Bestimmung des Referenzsystems hinsichtlich des grundsätzlich zulässigen Betriebsausgabenabzugs gemäß § 4 Abs. 4 EStG sowie des Abzugsverbots gemäß § 4j Abs. 1 Satz 1 EStG darlegen, sich im Ergebnis aber für keine der beiden Möglichkeiten aussprechen.

600 Dies betrifft sowohl die Rechtfertigungsprüfung als auch das Erfordernis der Handelsbeeinträchtigung sowie der Wettbewerbsverfälschung.

601 Ebenso *Neumann-Tomm*, in: Lademann, EStG, § 4j Rn. 19; im Ergebnis auch *Hagemann/Kahlenberg*, in: Herrmann/Heuer/Raupach, EStG, § 4j Rn. 5; ebenso *Max/Thiede*, StB 2017, 175 (180), die bei der Feststellung des grundsätzlich zulässigen Betriebsausgabenabzugs gemäß § 4 Abs. 4 EStG als Referenzsystem zum selben Ergebnis gelangen.

c) *Zwischenergebnis*

Im Ergebnis ist die Ausnahmeregelung im Sinne des § 4j Abs. 1 Satz 4 EStG nicht als eine staatliche Beihilfe im Sinne des Art. 107 Abs. 1 AEUV zu qualifizieren und somit nicht aus beihilferechtlicher Sicht zu beanstanden.

II. Vereinbarkeit mit Sekundärrecht

Neben den primärrechtlichen Grundfreiheiten kann auch das Sekundärrecht Anwendungsvorrang vor dem nationalen Recht genießen.

Aus diesem Grund gilt es zu prüfen, ob sich das mit der Lizenzschrankenregelung gemäß § 4j EStG einhergehende (partielle) Abzugsverbot für Aufwendungen aus Rechteüberlassungen gleichsam auch mit Sekundärrecht vereinbaren lässt.

Die sekundärrechtliche Überprüfung der Lizenzschranke erfolgt dabei in Bezug auf die *Anti-Tax-Avoidance-Directive* (ATAD) als auch hinsichtlich der Zins- und Lizenzgebühren-Richtlinie.

1. *Anti-Tax-Avoidance-Directive (ATAD)*

Mit der am 12.7.2016 verabschiedeten „*Richtlinie mit Vorschriften zur Bekämpfung von Steuervermeidungspraktiken mit unmittelbaren Auswirkungen auf das Funktionieren des Binnenmarktes*“[602] hat sich die Europäische Union zum Ziel gesetzt, ausgewählte BEPS-Maßnahmen der OECD in das europäische Sekundärrecht zu übernehmen und somit auch einheitlich in die nationalen Vorschriften der EU-Mitgliedstaaten zu transformieren.[603]

Obwohl im Rahmen des BEPS-Aktionspunkts 5 des OECD-Abschlussberichts präferenzielle Besteuerungsregime für immaterielle Vermögenswerte als schädlich eingestuft wurden, haben Vorgaben in Form einer Lizenzabzugsbeschränkung keinen Eingang in die ATAD gefunden.

---

602 Richtlinie 2016/1164/EU des Rates v. 12.7.2016 mit Vorschriften zur Bekämpfung von Steuervermeidungspraktiken mit unmittelbaren Auswirkungen auf das Funktionieren des Binnenmarkts, ABl. 2016 Nr. L 193, 1.

603 Siehe hierzu auch *Eilers/Oppel*, IStR 2018, 361 (362); *Oppel*, IStR 2016, 797 (797); siehe hierzu auch die Erwägungsgründe der ATAD.

Bemerkenswert ist dies insbesondere vor dem Hintergrund, dass Zinsabzugsbeschränkungen sowohl im Rahmen des BEPS-Aktionspunkts 4 des OECD-Abschlussberichts vorgeschlagen und auch mit Art. 4 der ATAD sekundärrechtlich verankert wurden.[604]

Zwar scheint hinsichtlich der Abzugsbeschränkung von Lizenzaufwendungen kein unionsrechtlicher Konsens zu bestehen. Allerdings liegt ein Verstoß der Lizenzschranke gemäß § 4j EStG gegen die ATAD nicht vor, da dieser Bereich nicht in der Richtlinie entsprechend geregelt wurde.[605]

Im Ergebnis verstößt die deutsche Lizenzschranke gemäß § 4j EStG nicht gegen Sekundärrecht in Form der ATAD.

2. *Zins- und Lizenzgebühren-Richtlinie*

a) *Regelungsinhalt*

Mit der Vorschrift des § 50g EStG[606] wurde die am 3.6.2003 vom EU-Rat verabschiedete *Richtlinie über eine gemeinsame Steuerregelung für Zahlungen von Zinsen und Lizenzgebühren zwischen verbundenen Unternehmen verschiedener Mitgliedstaaten* (Zins- und Lizenzgebühren-Richtlinie) in nationales Recht umgesetzt. Die nationale Fassung des § 50g EStG orientiert sich dabei eng am Wortlaut der Richtlinie.[607]

Um ein reibungsloses Funktionieren des EU-Binnenmarktes sicherzustellen, soll der Zins- und Lizenzgebührenfluss zwischen verbundenen Unternehmen vereinfacht und eine Doppelbesteuerung vermieden werden.[608]

Mit der Zins- und Lizenzgebühren-Richtlinie haben sich die EU-Mitgliedstaaten unter anderem zum Ziel gesetzt, Zahlungen von Zinsen und Lizenzgebühren zwischen verbundenen Unternehmen verschiedener

---

604 Ebenso *Hagemann/Kahlenberg*, in: Herrmann/Heuer/Raupach, EStG, § 4j Rn. 5.

605 So auch *Neumann-Tomm*, in: Lademann, EStG, § 4j Rn. 20.

606 Eingeführt durch das Gesetz v. 2.12.2014 zur Anpassung der Vorschriften über die Amtshilfe im Bereich der Europäischen Union sowie zur Umsetzung der Richtlinie 2003/49/EG des Rates v. 3.6.2003 über eine gemeinsame Steuerregelung für Zahlungen von Zinsen und Lizenzgebühren zwischen verbundenen Unternehmen verschiedener Mitgliedstaaten (EG-Amtshilfe-Anpassungsgesetz), BGBl. I 2004, 3112.

607 *Kofler*, in: Schaumburg/Englisch, Europäisches Steuerrecht, Kapitel 15 Rn. 15.33.

608 So auch *Loose*, in: Littmann/Bitz/Pust, EStG, § 50g Rn. 2.

Mitgliedstaaten nur einer Einmalbesteuerung zu unterwerfen und entsprechend eine Doppelbesteuerung zu vermeiden.[609]

Demnach verpflichtet die Zins- und Lizenzgebühren-Richtlinie nach Art. 1 Abs. 1 den Quellenstaat zum Verzicht auf jegliche Besteuerung von Zinsen und Lizenzgebühren, sofern der Empfänger oder Nutzungsberechtigte dieser „*Zinsen oder Lizenzgebühren ein Unternehmen eines anderen Mitgliedstaates oder eine in einem anderen Mitgliedstaat belegene Betriebstätte ist*“[610]. Diese Verpflichtung kommt jedoch nur zum Tragen, soweit das die Zinsen oder Lizenzgebühren zahlende Unternehmen ein verbundenes Unternehmen des empfangenden Unternehmens ist.[611]

Vor diesem Hintergrund hat der deutsche Fiskus Zinsen und Lizenzgebühren, welche eine in Deutschland ansässige Kapitalgesellschaft an eine im Gemeinschaftsgebiet ansässige konzernzugehörige Kapitalgesellschaft oder Betriebstätte zahlt, von allen im Inland „*darauf erhebbaren Steuern [zu] befreien*“.[612]

Danach darf der deutsche Staat den Empfänger der Zinsen- oder Lizenzgebührenzahlung nicht der beschränkten Körperschaftsteuerpflicht nach §§ 2 Nr. 1, 8 Abs. 1 Satz 1 KStG in Verbindung mit § 49 Abs. 1 Nr. 5 lit. c EStG (Zinsen) beziehungsweise § 49 Abs. 1 Nr. 2 lit. a, Nr. 3, 6 oder 9 EStG (Lizenzgebühren) unterwerfen.

Konzernintern gezahlte Zinsen und Lizenzgebühren dürfen also nur im Ansässigkeitsstaat der empfangenden Gesellschaft besteuert werden. Korrespondierend mit dieser Belastung hat im Ansässigkeitsstaat der zahlenden Gesellschaft eine Entlastung in Form der Gewährung eines Betriebsausgabenabzugs in entsprechender Höhe zu erfolgen. Somit soll jegliche Form der juristischen und wirtschaftlichen Doppelbesteuerung beseitigt werden.

Primäres Ziel der Richtlinie ist demnach die Vermeidung der Besteuerung des in einem anderen Mitgliedstaat ansässigen Empfängers von Zins- oder Lizenzgebührenzahlungen und somit die Vermeidung einer Doppelbesteuerung von in einem europäischen Konzernverbund gezahlten Zinsen und Lizenzgebühren, „*unabhängig davon, ob die Steuern an der Quelle abgezogen oder im Rahmen der Veranlagung erhoben werden*“[613].

609 *Kokott*, in: Kokott, Das Steuerrecht der Europäischen Union, § 7 Rn. 111; *Kofler*, in: Schaumburg/Englisch, Europäisches Steuerrecht, Kapitel 15 Rn. 15.1; *Schaumburg*, in: Schaumburg/von Freeden/Häck, Internationales Steuerrecht, Kapitel 18 Rn. 18.192; siehe hierzu auch Erwägungsgründe 1–3 der Zins- und Lizenzgebühren-Richtlinie.

610 Art. 1 Abs. 1 Zins- und Lizenzgebühren-Richtlinie.

611 Art. 1 Abs. 7 Zins- und Lizenzgebühren-Richtlinie.

612 Art. 1 Abs. 1 Zins- und Lizenzgebühren-Richtlinie.

613 Art. 1 Abs. 1 Zins- und Lizenzgebühren-Richtlinie.

Die Richtlinie übernimmt damit das aus den Art. 11 und 12 OECD-MA bekannte Prinzip, dass Zinsen und Lizenzgebühren grundsätzlich nicht im Quellenstaat, sondern im Ansässigkeitsstaat des empfangenden Unternehmens beziehungsweise der empfangenden Betriebstätte besteuert werden sollen.

b) Persönlicher Anwendungsbereich

Der persönliche Anwendungsbereich der Zins- und Lizenzgebühren-Richtlinie erfasst in erster Linie Kapitalgesellschaften, von denen eine zu mindestens 25 Prozent an der anderen beteiligt ist oder Kapitalgesellschaften, die eine gemeinsame Mutterkapitalgesellschaft haben, die wiederum an jeder der beiden Tochterkapitalgesellschaften eine unmittelbare Beteiligung von mindestens 25 Prozent hält.

Neben solchen in einem Mitgliedstaat ansässigen Gesellschaften erstreckt sich die Zins- und Lizenzgebühren-Richtlinie gemäß Art. 1 Abs. 3 in Verbindung mit Abs. 5 auch auf deren Betriebsstätten, soweit diese ebenfalls in einem Mitgliedstaat belegen und ihnen die Zinsen und Lizenzgebühren wirtschaftlich zuzuordnen sind.

Ist eine Betriebsstätte aufseiten der zahlenden Gesellschaft zwischengeschaltet, hängt die Anwendbarkeit der Richtlinie auf sie gemäß Art. 1 Abs. 3 Zins- und Lizenzgebühren-Richtlinie weiter davon ab, dass ihr im Hinblick auf die Zinsen beziehungsweise Lizenzgebühren in ihrem Belegenheitsstaat der Betriebsausgabenabzug zusteht.

c) Sachlicher Anwendungsbereich

Der Kreis der betroffenen Lizenzzahlungen ist im Rahmen der Zins- und Lizenzgebühren-Richtlinie sehr weit gefasst.

Ausweislich Art. 2 lit. b Zins- und Lizenzgebühren-Richtlinie umfasst der Lizenzgebührenbegriff „*Vergütungen jeder Art, die für die Benutzung oder für das Recht auf die Benutzung von Urheberrechten an literarischen, künstlerischen oder wissenschaftlichen Werken, einschließlich kinematografischer Filme und Software, von Patenten, Marken, Mustern oder Modellen, Plänen, geheimen Formeln oder Verfahren oder für die Mitteilung gewerblicher, kaufmännischer oder wissenschaftlicher Erfahrungen gezahlten werden; Zahlungen für die Benutzung oder das Recht auf Benutzung gewerblicher, kaufmännischer oder wissenschaftlicher Ausrüstungen gelten als Lizenzgebühren*“.

d) Verstoß gegen die Zins- und Lizenzgebühren-Richtlinie

Der primären Zielsetzung der Zins- und Lizenzgebühren-Richtlinie, eine Doppelbesteuerung von in einem europäischen Konzernverbund gezahlten Zinsen und Lizenzgebühren zu vermeiden, steht die Regelung der Lizenzschranke mit ihrem (partiellen) Abzugsverbot von Aufwendungen aus Rechteüberlassungen als Rechtsfolge zumindest auf den ersten Blick nicht entgegen.[614]

Etwas anderes würde hingegen gelten, wenn es gleichzeitig Ziel der Zins- und Lizenzgebühren-Richtlinie wäre, neben der Vermeidung einer solchen Doppelbesteuerung jegliche Form der Doppelbelastung von Zins- und Lizenzgebührenzahlungen innerhalb eines europäischen Konzernverbundes zu beseitigen.

Einer solchen Zielsetzung, die auf den ersten Blick über den Wortlaut des Art. 1 Abs. 1 Zins- und Lizenzgebühren-Richtlinie hinausgeht, stünde bei genauerer Betrachtung die restriktive Rechtsfolge der Lizenzschranke entgegen.

Zwar erfolgt keine direkte Besteuerung des Empfängers dieser Lizenzzahlungen im Rahmen einer beschränkten Steuerpflicht im Sinne des § 2 Nr. 1 KStG in Deutschland als Quellenstaat der Zahlung. Jedoch kommt es zu einer Doppelbelastung und damit auch zu einer verdeckten, unzulässigen Besteuerung dieses Vorgangs, wenn Lizenzaufwendungen der (partiellen) Abzugsbeschränkung der Lizenzschranke unterliegen.

Die (partielle) Abzugsbeschränkung der Lizenzschranke hat einerseits zur Folge, dass die gezahlten Lizenzgebühren auf Ebene des im Inland nach § 1 Abs. 1 KStG unbeschränkt körperschaftsteuerpflichtigen Zahlungsschuldners teilweise oder vollumfänglich nicht als Betriebsausgaben abgezogen werden dürfen.

Folglich mindern die entsprechenden Lizenzzahlungen somit nicht dessen Gewinn und damit auch nicht die steuerliche Bemessungsgrundlage, sodass diese schlussendlich der Besteuerung auf Ebene des Zahlungsschuldners unterliegen.

Auf der anderen Seite unterliegen die geflossenen Lizenzzahlungen auf Ebene des Gläubigers als Empfänger der Lizenzzahlung der unbeschränkten Besteuerung in dessen Ansässigkeitsstaat.

Im Ergebnis unterliegt also derselbe wirtschaftliche Vorgang im gleichen Besteuerungszeitraum bei verschiedenen Steuerpflichtigen in zwei Jurisdiktionen einer vergleichbaren Steuer, sodass eine Doppelbelastung der Lizenzzahlung vorliegt.[615]

---

614 So insbesondere auch *Benz/Böhmer*, DB 2017, 206 (210); *Heil/Pupeter*, BB 2017, 795 (800); *Max/Thiede*, StB 2017, 175 (180); *van Lück*, IStR 2017, 388 (390); *van Lück/Niemeyer*, IWB 2017, 440 (444); *Schneider/Junior*, DStR 2017, 417 (425); *Reimer*, Stellungnahme zu dem Entwurf eines Gesetzes gegen schädliche Steuerpraktiken im Zusammenhang mit Rechteüberlassungen, 2017, Rn. 16 (abrufbar unter: https://www.bundestag.de/resource/blob/499900/5ad9a1e3952fde9e1fdb42b8a42b9298/12-data.pdf; zuletzt abgerufen am 30.6.2021).

615 Siehe zur Definition der Doppelbelastung bzw. Doppelbesteuerung *Schaumburg*, in: Schaumburg/von Freeden/Häck, Internationales Steuerrecht, Kapitel 15 Rn. 15.3 f.

aa) Grammatikalische und teleologische Auslegung

Es bedarf somit der Auslegung, ob die Zins- und Lizenzgebühren-Richtlinie ausschließlich die Besteuerung der dem Zahlungsempfänger (Lizenzgeber) zufließenden Lizenzzahlungen regeln soll oder ob diese gleichzeitig auch die Besteuerung des Vorgangs auf Ebene des Zahlungsschuldners (Lizenznehmer) mitumfasst.

Streng am Wortlaut der Richtlinie orientiert, die in Art. 1 Abs. 1 Zins- und Lizenzgebühren-Richtlinie explizit von *angefallenen Einkünften* spricht, ist die Vermeidung der Besteuerung des Empfängers von Lizenzzahlungen das primäre Ziel der Richtlinie, da nur bei diesem *Einkünfte in Form von Lizenzgebühren* anfallen.[616]

Doch kann allein aus der in der deutschen Sprachfassung der Zins- und Lizenzgebühren-Richtlinie mehrfachen Verwendung des Begriffs *Einkünfte* nicht abgeleitet werden, dass diese ausschließlich auf eine Entlastung auf Ebene des Lizenzgebers abzielt.

Denn anderenfalls stünde folglich dem Quellenstaat die Möglichkeit offen, die untersagte Erhebung von Quellensteuern als auch die untersagte Veranlagung des Lizenzgebers im Rahmen der beschränkten Steuerpflicht gemäß § 2 Nr. 1 KStG durch gänzliche oder teilweise Versagung des Betriebsausgabenabzugs der Aufwendungen für Rechteüberlassungen auf Ebene des lizenzgebührenzahlenden Unternehmens zu kompensieren.

Eine solche gesetzgeberische Umgehungsmöglichkeit, wie sie unter anderem die Lizenzschranke darstellt, wäre schwerlich mit dem *Effet-utile-Grundsatz*[617], demzufolge den Normen des Unionsrechts optimale Wirkungskraft zu verschaffen ist, vereinbar.[618]

Vor diesem Hintergrund ist davon auszugehen, dass sich der EuGH auch bei der Auslegung von Richtlinien zum Steuerrecht von der Überlegung leiten lässt, dass eine unionsrechtliche Vorschrift, welche einem Mitgliedstaat Verpflichtungen auferlegt, nicht dergestalt ausgelegt werden darf, dass die beabsichtigte Verpflichtung sich bei entsprechend intelligentem Verhalten des nationalen Gesetzgebers beliebig umgehen ließe.

---

616 Ausgeklammert wäre also die steuerliche Behandlung des Lizenznehmers und mit diesem auch die Abzugsfähigkeit der Aufwendungen für Rechteüberlassung aufseiten des Lizenznehmers.

617 Grundlegend hierzu EuGH, Urt. v. 6.10.1970 – C-9/70, *Grad*, Slg. 1970, 825.

618 Ebenso *Kofler*, in: Schaumburg/Englisch, Europäisches Steuerrecht, Kapitel 13 Rn. 13.5.

bb) Vergleich verschiedener Sprachfassungen

In Bezug auf die wortlautgetreue Auslegung ist grundsätzlich zu beachten, dass gemäß Art. 55 EUV alle Sprachfassungen der zugrundeliegenden Regelungen des Europarechts verbindlich sind.[619] Demnach erfordert eine korrekte Auslegung des Europarechts auch stets einen Vergleich aller Sprachfassungen hinsichtlich der zugrundeliegenden Norm.

Bei Betrachtung der englischen, französischen, spanischen und italienischen Sprachfassung der Zins- und Lizenzgebühren-Richtlinie lässt sich zunächst erkennen, dass dabei in Art. 1 Abs. 1 Zins- und Lizenzgebühren-Richtlinie jeweils von *payments*, *paiements*, *pagos* bzw. *pagamenti* gesprochen wird. Hieraus wird deutlich, dass der in der deutschen Sprachfassung verwendete Begriff *Einkünfte* weniger den persönlichen Anwendungsbereich der Zins- und Lizenzgebühren-Richtlinie auf Ebene des Zahlungsempfängers beschränken soll, sondern vielmehr aus einem *„Streben nach sprachlicher Eleganz“*[620] resultiert. Bei näherer Betrachtung wird dies ebenfalls dadurch deutlich, dass im Rahmen der deutschen Sprachfassung weiter ausschließlich der Begriff *Zahlungen* verwendet wird.[621]

Des Weiteren lässt sich aus dem Umkehrschluss zu Ziffer 5 der dem Richtlinientext vorangestellten Erwägungen erkennen, dass der Zins- und Lizenzgebühren-Richtlinie grundsätzlich eine Gesamtbetrachtung zugrundeliegt. Ausweislich Ziffer 5 dieser Erwägungen wird die Pflicht zum Besteuerungsverzicht auf fremdübliche Lizenzzahlungen begrenzt.

Grundsätzlich bekämpfen nahezu alle Mitgliedstaaten unangemessene, einem Fremdvergleich nicht standhaltende Transaktionen auf Ebene der lizenzgebührenzahlenden Gesellschaft und somit auf der Abzugsseite.

Damit die Mitgliedstaaten auch weiterhin imstande bleiben, solchen missbräuchlichen Gestaltungsversuchen entgegenzuwirken, berechtigt Art. 5 Zins- und Lizenzgebühren-Richtlinie die Mitgliedstaaten solchen Missbrauchsgestaltungen durch nationale Vorschriften zu begegnen.

So berechtigt Art. 5 Abs. 2 Zins- und Lizenzgebühren-Richtlinie die Mitgliedstaaten explizit *„[...] im Fall von Transaktionen, bei denen der hauptsächliche*

---

619 Siehe hierzu auch *Kofler*, in: Schaumburg/Englisch, Europäisches Steuerrecht, Kapitel 13 Rn. 13.3.

620 *Rainer*, IStR 2008, 372 (375).

621 Der Begriff *„Zahlungen“* wird insbesondere in den Art. 1 Abs. 2, 3, 4, 5 lit. a und b, 11, 13, 15; Art. 2 lit. a und b; Art. 4 Abs. 1; Art. 6 Abs. 1 und 3 der Zins- und Lizenzgebühren-Richtlinie verwendet.

Beweggrund oder einer der hauptsächlichen Beweggründe die Steuerhinterziehung, die Steuerumgehung oder der Missbrauch ist, den Rechtsvorteil dieser Richtlinie [zu] entziehen bzw. die Anwendung dieser Richtlinie [zu] verweigern".

Bei näherer Betrachtung lässt sich aus dieser Formulierung ableiten, dass nach Auffassung des Rates im Gegenzug weitergehende, nicht auf die Verhinderung missbräuchlicher Gestaltungen gerichtete nationale Betriebsausgabenabzugsverbote auf Ebene des Lizenzgebührenschuldners nicht richtlinienkonform sind.

Die Lizenzschranke gemäß § 4j EStG ist demnach nicht ausschließlich auf die Verhinderung missbräuchlicher Gestaltungen beschränkt. Da das (partielle) Betriebsausgabenabzugsverbot der Lizenzschranke nicht zwischen missbräuchlichen und marktüblichen Lizenzierungsverhältnissen unterscheidet, ist damit die Vorschrift im Sinne des § 4j EStG nach dem Verständnis des Rates nicht richtlinienkonform.

cc) Kritische Analyse der EuGH-Rechtsprechung

(1) Rs. Scheuten Solar[622]

(a) Sachverhalt und Entscheidung

Die Klägerin, eine in Deutschland ansässige GmbH, ist eine 100-prozentige Tochtergesellschaft der Scheuten *Solar Systems BV* mit Sitz in den Niederlanden. Für ein von ihrer Muttergesellschaft gewährtes Darlehen zahlte die Klägerin Zinsen und zog diese als Betriebsausgaben von ihrem Gewinn ab.

Das Finanzamt rechnete im GewSt-Messbescheid dem Gewinn die Hälfte dieser Zinsen nach § 8 Nr. 1 GewStG hinzu. Die Klägerin erhob nach erfolglosem Vorverfahren Klage beim Finanzgericht und machte geltend, die Hinzurechnung verstoße gegen Art. 1 Abs. 1 Zins- und Lizenzgebühren-Richtlinie. Die Hinzurechnung der Zinsaufwendungen komme der Auferlegung einer Steuer gleich und führe damit wirtschaftlich zu deren Doppelbesteuerung.

Das Finanzgericht wies die Klage ab. Im Revisionsverfahren legte der BFH dem EuGH die Frage zur Vorabentscheidung vor, ob Art. 1 Abs. 1 Zins- und Lizenzgebühren-Richtlinie einer Regelung entgegenstehe, wonach die von einem Unternehmen eines Mitgliedstaats an ein verbundenes Unternehmen eines anderen Mitgliedstaats gezahlten Darlehenszinsen bei dem erstgenannten Unternehmen der Bemessungsgrundlage für die Gewerbesteuer hinzugerechnet werden.

622 EuGH, Urt. v. 21.7.2011 – C-397/09, *Scheuten Solar*, Slg. 2011, I-6455.

Der EuGH verneinte die Vorlagefrage und bejahte somit die Unionsrechtskonformität des § 8 Nr. 1 GewStG. Art. 1 Abs. 1 Zins- und Lizenzgebühren-Richtlinie sei unter Berücksichtigung der Erwägungsgründe 2 bis 4 der Zins- und Lizenzgebühren-Richtlinie darauf gerichtet, eine rechtliche Doppelbesteuerung grenzüberschreitender Zinszahlungen zu verhindern, indem er eine Besteuerung der Zinsen im Quellenstaat zulasten des Nutzungsberechtigten dieser Zinsen, also des Zinsgläubigers, verbiete.

Ausweislich der Erwägungsgründe solle die Richtlinie Doppelbesteuerungen bei Zahlungen von Zinsen und Lizenzgebühren zwischen verbundenen Unternehmen verschiedener Mitgliedstaaten beseitigen und eine Einmalbesteuerung dieser Zahlungen in einem Mitgliedstaat gewährleisten.

Die Beseitigung der Steuern bei diesen Zahlungen in dem Mitgliedstaat, in dem diese Einkünfte anfielen, stelle hierfür das geeignetste Mittel dar. Der Anwendungsbereich der Richtlinie, wie er in ihrem Art. 1 Abs. 1 umschrieben wird, erstrecke sich daher auf die Befreiung von in einem Mitgliedstaat angefallenen Einkünften in Form von Zinsen und Lizenzgebühren, sofern der Nutzungsberechtigte der Zinsen oder Lizenzgebühren ein in einem anderen Mitgliedstaat ansässiges Unternehmen oder eine dort belegene Betriebsstätte sei, die zu einem Unternehmen eines Mitgliedstaats gehört.

Die in Art. 1 Abs. 1 Zins- und Lizenzgebühren-Richtlinie enthaltene Regelung solle sicherstellen, der Nutzungsberechtigte (also der Gläubiger) von Zinsen, welche in einem anderen Mitgliedstaat angefallen sind, werde im Quellenstaat der Zinsen von allen Steuern befreit.

Der Wortlaut des Art. 1 Abs. 1 Zins- und Lizenzgebühren-Richtlinie stelle durch die unterordnende Konjunktion *sofern* eine Verbindung zwischen der Zahlung solcher Zinsen in einem Mitgliedstaat und dem Erhalt der Zahlungen durch den Nutzungsberechtigten in einem anderen Mitgliedstaat her. In diesem Zusammenhang definiere Art. 2 lit. a Zins- und Lizenzgebühren-Richtlinie diese Zinsen als *Einkünfte aus Forderungen jeder Art*. Nur beim Nutzungsberechtigten, also dem Zinsgläubiger, könnten aber Zinsen als Einkünfte aus solchen Forderungen anfallen. § 8 Nr. 1 GewStG führe aber gerade nicht zu einer Versteuerung der Einkünfte des Zinsgläubigers, vielmehr beziehe sich die Vorschrift nur auf die Bemessungsgrundlage für die Gewerbesteuer des Zinsschuldners. Regelungen über die Berechnung der Bemessungsgrundlage für die Besteuerung des Zinsschuldners seien aber nicht Gegenstand des Art. 1 Abs. 1 Zins- und Lizenzgebühren-Richtlinie.

Die Richtlinie stehe damit der hälftigen Hinzurechnung der Zinszahlungen nicht entgegen.

(b) Würdigung

Ausweislich der vorangestellten Ausführungen lässt sich erkennen, dass der EuGH das Ziel der Zins- und Lizenzgebühren-Richtlinie lediglich in der Vermeidung einer rechtlichen Doppelbesteuerung angesehen hat. Entsprechend werde auch nur der Gläubiger durch die Zins- und Lizenzgebühren-Richtlinie geschützt.

Vor diesem Hintergrund wird in der Literatur weitestgehend davon ausgegangen, dass § 4j EStG nicht gegen die Zins- und Lizenzgebühren-Richtlinie verstößt, da die Lizenzschranke tatbestandlich auf Ebene des Lizenznehmers ansetzt.[623]

Zu beachten ist jedoch, dass die Entscheidung zur gewerbesteuerlichen Hinzurechnung erging. Hiervon unterscheidet sich die Lizenzschranke allerdings in zweifacher Hinsicht. Denn im Gegensatz zur Vorschrift der gewerbesteuerlichen Hinzurechnung zielt § 4j EStG auf Lizenzverhältnisse bei verbundenen Unternehmen ab.

In diesem Aspekt besteht zwischen der Lizenzschranke und der Zins- und Lizenzgebühren-Richtlinie ein Gleichlauf. Allerdings hat andererseits die Besteuerung des in der Zins- und Lizenzgebühren-Richtlinie im Vordergrund stehenden Lizenzgebers Auswirkungen auf das (partielle) Betriebsausgabenabzugsverbot auf Ebene des Lizenznehmers.

Hieraus lässt sich erkennen, dass die Lizenzschranke gemäß § 4j EStG und die Hinzurechnung für gewerbesteuerliche Zwecke gemäß § 8 Nr. 1 GewStG gerade nicht vergleichbar sind.

Aus rechtstechnischer Perspektive ist ein (partielles) Betriebsausgabenabzugsverbot zwar keine Quellensteuer, allerdings ist dieses aus wirtschaftlicher Sichtweise als äquivalent zu qualifizieren.

Es lässt sich schlussfolgern, dass durch die Lizenzschranke gemäß § 4 EStG Lizenzierungsverhältnisse zwischen verbundenen Unternehmen benachteiligt werden. Demnach läuft die Lizenzschranke dem Ziel der Zins- und

---

623 So insbesondere auch *Benz/Böhmer*, DB 2017, 206 (210); *Heil/Pupeter*, BB 2017, 795 (800); *Max/Thiede*, StB 2017, 175 (180); *van Lück*, IStR 2017, 388 (390); *van Lück/Niemeyer*, IWB 2017, 440 (444); *Schneider/Junior*, DStR 2017, 417 (425); *Reimer*, Stellungnahme zu dem Entwurf eines Gesetzes gegen schädliche Steuerpraktiken im Zusammenhang mit Rechteüberlassungen, 2017, Rn. 16 abrufbar unter: https://www.bundestag.de/resource/blob/499900/5ad9a1e3952fde9e1fdb42b8a42b9298/12-data.pdf; zuletzt abgerufen am 30.6.2021); a.A. *Hagemann/Kahlenberg*, in: Herrmann/Heuer/Raupach, EStG, § 4j Rn. 5.

Lizenzgebühren-Richtlinie, nämlich der Vermeidung der Doppelbesteuerung, dahingehend zuwider.[624]

(2) Rs. Athinaiki Zythopoiia[625]

(a) Sachverhalt und Entscheidung

Im zugrundeliegenden Sachverhalt schüttete eine Aktiengesellschaft griechischen Rechts eine Dividende an ihre mit 92,17 Prozent beteiligte niederländische Mutterkapitalgesellschaft aus.

Nach einer Fiktion des griechischen Steuerrechts wurde die Dividende auch proportional aus nicht steuerbaren Gewinnen und solchen Gewinnen, welche einer niedrigen Besteuerung unterlegen haben, finanziert.

Im Jahr der Dividendenausschüttung wurden diese Gewinne, die Teil der Ausschüttung waren, in die steuerliche Bemessungsgrundlage der Athinaiki Zythopoiia AE einbezogen und mit griechischer Körperschaftsteuer belastet. Die Folge hieraus war eine zusätzliche Steuerbelastung, welche allein an die Ausschüttung anknüpfte.

Der EuGH erklärte im Rahmen seines Urteils das Vorgehen des griechischen Staates, die Dividende einer Tochterkapitalgesellschaft zwar nicht an der Quelle zu besteuern, dafür aber die Bemessungsgrundlage der ausschüttenden Gesellschaft für deren Körperschaftsteuer zu erhöhen, als mit der Mutter-Tochter-Richtlinie unvereinbar und damit für unionsrechtswidrig.

Eine derartige Erhöhung der Bemessungsgrundlage wertete der EuGH als einen *Steuerabzug an der Quelle*. Ein Begriff, welcher nach Ansicht des EuGH nicht auf feststehende Arten innerstaatlicher Besteuerung zu beschränken ist. Die Qualifizierung einer Steuer richte sich vielmehr nach den objektiven Merkmalen der Steuer, unabhängig von deren Einstufung im nationalen Recht.[626] Es kommt also tatsächlich nicht auf die Qualifizierung als Quellensteuer nach nationalem Recht an.[627]

(b) Würdigung

Zwar bezieht sich die vorliegende Entscheidung auf Art. 5 der Mutter-Tochter-Richtlinie, allerdings lässt sich diese vom EuGH vertretene Auffassung auf die

624 Im Ergebnis so auch *Kahlenberg/Hagemann*, in: Herrmann/Heuer/Raupach, EStG, § 4j Rn. 5.

625 EuGH, Urt. v. 4.10.2001 – C-294/99, *Athinaïki Zythopoiia*, Slg. 2001, I-6797.

626 EuGH, Urt. v. 4.10.2001 – C-294/99, *Athinaïki Zythopoiia*, Slg. 2001, I-6797 Rn. 26 f.

627 EuGH, Urt. v. 4.10.2001 – C-294/99, *Athinaïki Zythopoiia*, Slg. 2001, I-6797 Rn. 27.

Lizenzschranke im Verhältnis zur Zins- und Lizenzgebühren-Richtlinie grundsätzlich übertragen.

Dabei ist der vom EuGH vertretenen Auffassung vor dem Hintergrund zuzustimmen, dass es wirtschaftlich nicht den geringsten Unterschied macht, ob ein Mitgliedstaat eine Lizenzzahlung von 100 Geldeinheiten um eine Quellensteuer von 30 Geldeinheiten verringert, sodass nur noch 70 Geldeinheiten zur Auszahlung gelangen können oder ob der Mitgliedstaat bei einer Rücklage von 100 Geldeinheiten der lizenzgebührenzahlenden Gesellschaft eine zusätzliche Körperschaftsteuer von 30 Geldeinheiten auferlegt, sodass letztlich wiederum nur 70 Geldeinheiten zur Auszahlung gelangen können.

Hier dem formalen Unterschied, wer als Steuerpflichtiger gilt, die entscheidende Bedeutung zuzuerkennen, würde das Quellenbesteuerungsverbot aushöhlen. Denn somit wäre es einem Mitgliedstaat grundsätzlich möglich, Richtlinienbestimmungen lediglich durch eine anderweitige Definition einer steuerrechtlichen Vorschrift zu umgehen.[628]

Im Rahmen der zugrundeliegenden Rechtssache genügte dem EuGH für die Feststellung eines Verstoßes gegen die Mutter-Tochter-Richtlinie, dass die Besteuerung der Aktiengesellschaft griechischen Rechts durch die Ausschüttung der Dividende an die Mutterkapitalgesellschaft ausgelöst und dabei in ihrer Höhe bestimmt wurde. Insbesondere lässt sich aus der Formulierung in Art. 1 Abs. 1 Zins- und Lizenzgebühren-Richtlinie erkennen, wonach Lizenzzahlungen „*von allen […] darauf erhebbaren Steuern*" zu befreien sind, dass sich der Anwendungsbereich der Zins- und Lizenzgebühren-Richtlinie nicht auf die Erhebung von Quellensteuern beschränkt.

Diese Sichtweise wird auch durch die Ergänzung in Art. 1 Abs. 1 Zins- und Lizenzgebühren-Richtlinie „*[…] – unabhängig davon, ob sie an der Quelle abgezogen oder durch Veranlagung erhoben werden -*" weiter unterlegt. Da der Begriff der *Quellensteuer* oder der *Besteuerung* in der Zins- und Lizenzgebühren-Richtlinie genauso wenig einschränkend definiert ist wie im Rahmen der Mutter-Tochter-Richtlinie und zudem die Konzeption sowie die Zielsetzung beider Richtlinien erkennbar gleich gerichtet sind, lässt sich die in dieser Rechtssache vom EuGH angeführte Auffassung wohl auf die Lizenzschranke im Verhältnis zur Zins- und Lizenzgebühren-Richtlinie übertragen.

Demnach ist der Quellensteuerbegriff im Rahmen der Zins- und Lizenzgebühren-Richtlinie weniger streng formal, sondern vielmehr wirtschaftlich und damit weit auszulegen.

628 Ebenso *Dautzenberg*, BB 2004, 17 (18 f.).

(3) Rs. Burda GmbH[629]

(a) Sachverhalt und Entscheidung

Die Rechtssache Burda bezog sich auf einen Vorlagebeschluss des BFH zum Rechtsstreit der in Deutschland ansässigen Burda GmbH über die Besteuerung von Gewinnen, welche die Burda GmbH im Jahr 1998[630] unter anderem an eine ihrer Muttergesellschaften[631] mit Sitz in den Niederlanden ausgeschüttet hatte.

Gegenstand des Rechtsstreits war unter anderem die Frage, ob eine nationale Vorschrift (§ 28 Abs. 4 KStG 1996[632]) „*nach der bei der Ausschüttung von Gewinnen durch eine Tochtergesellschaft an ihre Muttergesellschaft die Einkünfte und Vermögensmehrungen der Tochtergesellschaft besteuert werden, die nicht besteuert worden wären, wenn diese sie thesauriert hätte, anstatt sie an die Muttergesellschaft auszuschütten, einen Steuerabzug an der Quelle im Sinne von Art. 5 Abs. 1*“[633] der Mutter-Tochter-Richtlinie bewirkt.

Diesbezüglich arbeitete der EuGH in seiner Entscheidung heraus, dass für die Anwendung des Art. 5 Abs. 1 der Mutter-Tochter-Richtlinie drei Voraussetzungen kumulativ erfüllt sein müssen.

Demnach stellt „*eine Abgabe auf die in dem Mitgliedstaat, in dem die Dividenden ausgeschüttet werden, erzielten Einkünfte, deren auslösender Tatbestand die Zahlung von Dividenden oder anderen Erträgen von Wertpapieren ist*“ einen Steuerabzug an der Quelle dar, „*wenn die Besteuerungsgrundlage dieser Steuer die Erträge dieser Wertpapiere sind und der Steuerpflichtige der Inhaber dieser Wertpapiere ist*“[634].

---

629 EuGH, Urt. v. 26.6.2008 – C-284/06, *Burda*, Slg. 2008, I-5357.

630 Also noch unter Geltung des körperschaftsteuerlichen Anrechnungsverfahrens.

631 Beteiligung in Höhe von 50 Prozent.

632 Danach unterlagen Gewinnausschüttungen von deutschen Kapitalgesellschaften ein und demselben steuerlichen Berichtigungsmechanismus (Herstellung der Ausschüttungsbelastung), unabhängig davon, ob an ausländische oder inländische Anteilseigner ausgeschüttet wurde. Gleichzeitig wurde dem ausländischen Anteilseigner jedoch im Gegensatz zum inländischen Anteilseigner keine Anrechnungsmöglichkeit eingeräumt.

633 EuGH, Urt. v. 26.6.2008 – C-284/06, *Burda*, Slg. 2008, I-5357 Rn. 50.

634 EuGH, Urt. v. 26.6.2008 – C-284/06, *Burda*, Slg. 2008, I-5357 Rn. 52.

(b) Würdigung

Zwar fordert der Gerichtshof in dieser Rechtssache, es müsse sich auch formal um eine Steuer des Inhabers der Wertpapiere handeln,[635] wodurch der EuGH das in Bezug auf den der Mutter-Tochter-Richtlinie zugrundeliegenden Quellensteuerbegriff vorgebrachte Argument der Kommission, es sei auf eine rein wirtschaftliche Betrachtungsweise abzustellen, zurückweist.

Zu beachten gilt in diesem Zusammenhang jedoch, dass diese Einschätzung wesentlich darauf fußt, dass § 28 Abs. 4 KStG (1996) der Einmalbesteuerung des Gewinns der Tochterkapitalgesellschaft im Quellensteuerstaat dient. Vor diesem Hintergrund steht § 28 Abs. 4 KStG (1996) durchaus im Einklang mit den Intentionen der Mutter-Tochter-Richtlinie, wonach der vorrangige Besteuerungszugriff beim Ansässigkeitsstaat der Tochtergesellschaft liegen soll. Insofern unterscheidet sich aber die Mutter-Tochter-Richtlinie von den Intentionen der Zins- und Lizenzgebühren-Richtlinie. Diese schreibt im Gegensatz zur Mutter-Tochter-Richtlinie vielmehr die Zuordnung des Lizenzertrags dem Ansässigkeitsstaat der Mutterkapitalgesellschaft zu und damit die einmalige Besteuerung durch diesen fest.

Somit ist eigentlicher Zweck der Zins- und Lizenzgebühren-Richtlinie, durch Abschaffung sämtlicher Quellensteuern auf solche Zahlungen jegliche Form der Doppelbelastung von Zins- und Lizenzgebührenzahlungen – *„unabhängig davon, ob die Steuern an der Quelle abgezogen oder im Rahmen der Veranlagung erhoben werden“*[636] – innerhalb eines Unternehmensverbundes zu beseitigen. Demnach soll ein umfassender Besteuerungsverzicht auf Ebene des Quellenstaates erreicht werden.

e) Zwischenergebnis

Im Ergebnis zielt die Zins- und Lizenzgebühren-Richtlinie nicht nur auf die Vermeidung einer Doppelbesteuerung ab. Denn darüber hinaus ist die Zins- und Lizenzgebühren-Richtlinie auch auf die Vermeidung jeglicher Form der Doppelbelastung von Zins- und Lizenzgebührenzahlungen innerhalb eines europäischen Konzernverbundes gerichtet.

---

635 EuGH, Urt. v. 26.6.2008 – C-284/06, *Burda*, Slg. 2008, I-5357 Rn. 61.

636 Art. 1 Abs. 1 Zins- und Lizenzgebühren-Richtlinie.

Vor diesem Hintergrund ist die Lizenzschrankenregelung gemäß § 4j EStG nicht mit europäischem Sekundärrecht in Form der Zins- und Lizenzgebühren-Richtlinie vereinbar.

C. Vereinbarkeit der Lizenzschranke mit Abkommensrecht

Als völkerrechtliche Verträge stehen DBA gemäß § 59 Abs. 2 GG im Rang von Bundesgesetzen.[637] Sie gehen innerstaatlichem Steuerrecht indessen grundsätzlich nach § 2 AO als *Lex specialis* vor. Soweit allerdings eine nach Abschluss eines DBA erlassene nationale Vorschrift speziellen Charakters ist und zugleich einen gesetzgeberischen Willen zur Abkommensverdrängung erkennen lässt, geht diese dem von der Bundesrepublik Deutschland geschlossenen DBA vor (sogenanntes *Treaty-Overriding*[638]).[639]

Das Wesen eines DBA besteht im Unterschied zum nationalen Steuerrecht, dessen Regelungen darauf gerichtet sind die Voraussetzungen der Steuerpflicht zu bestimmen, darin, gegen eben dieses nationale Steuerrecht Schranken zu errichten.[640] Dies vermag nur dadurch zu gelingen, dass die in einem DBA getroffenen Regelungen Vorrang vor solchen des innerstaatlichen Rechts genießen und somit unmittelbar auf das jeweilige Steuerrechtsverhältnis einwirken können.

Nach Umsetzung in nationales Recht sind die Regelungen des DBA insoweit unmittelbar anwendungsfähig, *„haben als solche also Self-executing-Charakter“*.[641] Trotz dieses grundsätzlichen Vorrangs des Abkommensrechts vor dem

637 Grundlegend hierzu BVerfG, Urt. v. 26.3.1957 - 2 BvG 1/55, BVerfGE 6, 309 (363).

638 Nach Rechtsprechung des BFH wurde ein Treaty Override dann für zulässig erachtet, wenn der Gesetzgeber klar zum Ausdruck gebracht hatte, dass er ein DBA überschreiben wollte, etwa durch die Wortfolge: *„ungeachtet eines bestehenden Abkommens zur Vermeidung der Doppelbesteuerung“*; vgl. BFH, Urt. v. 13.7.1994 - I R 120/93, BStBl. II 1995, 129; BFH, Urt. v. 17.5.1995 - I B 183/94, BStBl. II 1995, 781; siehe zur verfassungsrechtlichen Unbedenklichkeit von Treaty Overrides BVerfG, Urt. v. 15.12.2015 - 2 BvL 1/12, BVerfGE 141, 1.

639 *Gersch*, in: Klein, AO, § 2 Rn. 3.

640 Siehe hierzu beispielsweise *Lehner*, in: Vogel/Lehner, DBA, Einl. Rn. 66; *Lehner/Reichold/Faber/Schwenk*, in: Kessler/Kröner/Köhler, Konzernsteuerrecht, Rn. 4; *Debatin*, DStR 1992, 1 (2); kritisch *Wassermeyer*, in: Wassermeyer, DBA, Art. 1 OECD-MA Rn. 9.

641 *Lehner*, in: Vogel/Lehner, DBA, Einl. Rn. 56; *Schaumburg/Häck*, in: Schaumburg/von Freeden/Häck, Internationales Steuerrecht, Kapitel 19 Rn. 19.169.

nationalen Recht, führt ein Verstoß einer nationalen Regelung gegen bestehendes Abkommensrecht nicht zur Unwirksamkeit der nationalen Regelung.[642]

Ein derartiger Verstoß gegen ein DBA führt vielmehr zur Völkerrechtswidrigkeit der erlassenen innerstaatlichen Regelung im Verhältnis zum jeweiligen Vertragspartner.[643]

Es gilt also strikt zwischen Völker- und innerstaatlichem Recht zu trennen. Das innerstaatliche Recht wendet sich dabei an die Bürger und regelt deren Verhältnisse untereinander und zum Staat, wohingegen sich das Völkerrecht ausschließlich an die einzelnen Staaten als Subjekte des Völkerrechts wendet, so der einzelne Bürger aus dem Völkerrecht keine subjektiven Rechte ableiten kann.[644]

Somit gilt es hinsichtlich der Lizenzschrankenregelung zu prüfen, ob der nationale Steuergesetzgeber durch die Einführung des § 4j EStG eine Regelung erlassen hat, welche zu einem von der Bundesrepublik Deutschland geschlossenen DBA in Widerspruch steht, also ein sogenanntes *Treaty Override* darstellt. Im Falle eines Treaty Override, welches als solches als eine Verletzung einer völkerrechtlichen Verpflichtung qualifizieren würde, stünde dem jeweiligen Vertragspartner grundsätzlich das Recht zu, entsprechende Sanktionen gegen die Bundesrepublik Deutschland zu ergreifen.[645]

I. Verstoß gegen das OECD-Musterabkommen

Jedes von der Bundesrepublik Deutschland abgeschlossene DBA enthält Besonderheiten, welche sich aus den Unterschieden der einzelnen Besteuerungssysteme der jeweiligen Vertragsstaaten ergeben.

Grundlage für alle von der Bundesrepublik Deutschland abgeschlossenen DBA ist das OECD-Musterabkommen für den Bereich der Steuern vom Einkommen und Vermögen. Da dieses die Grundstrukturen aller DBA enthält, wird es den nachfolgenden Ausführungen zugrundegelegt.

Grundsätzlich stellt ein DBA ein System gegenseitiger Steuerverzichte dar, welches darum bemüht ist, eine möglichst ausgewogene Verteilung der

642 Dies ist hingegen nicht unumstritten, vgl. zum Streitstand statt vieler *Wassermeyer*, in: Wassermeyer, DBA, Vor. Art. 1 Rn. 10 f. (m.w.N.); vorliegend wird der herrschenden sogenannten *dualistischen Theorie* gefolgt.

643 *Lehner*, in: Vogel/Lehner, DBA, Einl. Rn. 194.

644 *Schwenke*, in: Wassermeyer, DBA, Vor Art. 1 Rn. 9; *Schaumburg/Häck*, in: Schaumburg/von Freeden/Häck, Internationales Steuerrecht, Kapitel 19 Rn. 19.169.

645 Zu möglichen völkerrechtlichen Sanktionen aufgrund eines Treaty Overrides siehe beispielsweise *Lehner*, in: Vogel/Lehner, DBA, Einl. Rn. 199.

Besteuerungsrechte zwischen den vertragsschließenden Staaten zu gewährleisten. Die Grundidee eines DBA sollte sein, demjenigen Staat das Besteuerungsrecht zuzusprechen, dessen politisches und wirtschaftliches System den maßgebenden Beitrag zum jeweils erwirtschafteten Einkommen leistet.

Für vereinzelte Einkünfte, wie beispielsweise solche aus Vermietung und Verpachtung von Grundbesitz, ist unter Abstellung auf den Ort der Belegenheit unproblematisch zu ermitteln, welcher Staat den maßgebenden Beitrag zu den erwirtschafteten Einkünften leistet (nämlich der Staat innerhalb dessen der Grundbesitz belegen ist). Schwierigkeiten bereitet international allerdings die Frage der wirtschaftlichen Zugehörigkeit bestimmter anderer Einkunftsquellen.

So ist beispielsweise allen voran die wirtschaftlich angemessene Zuteilung der Zinsbesteuerung umstritten. Denn während die Industriestaaten teilweise das alleinige Besteuerungsrecht des Ansässigkeitsstaates des Darlehensgebers als Zinsgläubiger befürworten,[646] vertreten die Entwicklungsländer als typische Kreditnehmerländer die gegenteilige ausschließliche Besteuerung im Quellenstaat.[647] Durch Art. 11 Abs. 2 OECD-MA, demzufolge das Besteuerungsrecht des Ansässigkeitsstaates des Zinsschuldners als Quellenstaat der Höhe nach auf zehn Prozent des Bruttozinsbetrags beschränkt wird, versucht die OECD der Tatsache gerecht zu werden, dass letzten Endes beide Staaten zur Entstehung des Einkommens beitragen.[648]

Hiervon abweichend sieht das OECD-MA in Art. 12 Abs. 1 OECD-MA für Lizenzgebühren allerdings nur ein Besteuerungsrecht für den Ansässigkeitsstaat des Lizenzgebers vor. Ein (beschränktes) Besteuerungsrecht für den Quellenstaat hat folglich keinen Eingang in den entsprechenden Artikel gefunden.

Ein Grund hierfür ist wohl in der Auffassung der meisten OECD-Staaten zu sehen, welche in Bezug auf Lizenzgebühren einen vollständigen Besteuerungsverzicht seitens des Quellenstaates zugunsten einer uneingeschränkten Besteuerung durch den Ansässigkeitsstaat vor dem Hintergrund für angebracht halten, dass der Ansässigkeitsstaat steuerlich die Kosten zu tragen hat, welche im Rahmen der Entwicklung der den Lizenzgebühren zugrundeliegenden

---

646 *Pöllath/Lohbeck*, in: Vogel/Lehner, DBA, Art. 11 Rn. 49.

647 Siehe hierzu auch Art. 11 UN-MA; *Mössner*, in: Lüdicke, Forum der Internationalen Besteuerung, Bd. 33, 37.

648 Die Bundesrepublik Deutschland lässt in einer Vielzahl der von ihr geschlossenen DBA entsprechende Quellensteuern im Sinne des Art. 11 Abs. 2 OECD-MA zu. Siehe hierzu beispielsweise die Zusammenstellung von *Pöllath/Lohbeck*, in: Vogel/Lehner, DBA, Art. 11 Rn. 48.

Vermögenswerte entstanden sind.[649] Demgegenüber geht insbesondere das Interesse der Entwicklungsländer dahin, durch Erhebung einer Quellensteuer am Steueraufkommen zu partizipieren.[650]

Im Rahmen der deutschen Abkommenspraxis wird diesem Umstand dadurch Rechnung getragen, dass Entwicklungsländern als Quellenstaat, abweichend von dem Vorschlag in Art. 12 Abs. 1 OECD-MA, jedoch vielfach ein auf einen bestimmten Prozentsatz des Bruttobetrags der Lizenzgebühren beschränktes Quellenbesteuerungsrecht zugestanden wird.[651]

Vor diesem Hintergrund gilt es zu prüfen, ob die Lizenzschranke mit ihrem (partiellen) Abzugsverbot den Regelungsgehalten der abkommensrechtlich für die Aufteilung der Besteuerungsrechte für Lizenzzahlungen relevanten Art. 7, 9 und 12 OECD-MA sowie dem abkommensrechtlichen Schuldnerdiskriminierungsverbot im Sinne des Art. 24 Abs. 4 OECD-MA zuwiderläuft.[652]

1. Lizenzgebühren gemäß Art. 12 OECD-MA

a) Grundsätzliche Regelungssystematik

Nach Art. 12 Abs. 1 OECD-MA darf grundsätzlich nur der Ansässigkeitsstaat Lizenzgebühren besteuern, welche eine in seinem Gebiet ansässige Person aus einem anderen Vertragsstaat bezieht.

Art. 12 Abs. 1 OECD-MA bestätigt also das Recht des Ansässigkeitsstaates eines Zahlungsempfängers, dessen Lizenzeinkünfte im Sinne des sogenannten Welteinkommensprinzips nach § 1 Abs. 1 Satz 1 EStG beziehungsweise § 1 Abs. 1 und 2 KStG uneingeschränkt besteuern zu dürfen.[653] Der Quellenstaat ist in diesen Fällen an einer Besteuerung dieser Lizenzgebühren gehindert.

In Art. 12 Abs. 2 OECD-MA wird der Begriff der Lizenzgebühren im Sinne des Abkommens definiert. Hiernach sind Lizenzgebühren „*Vergütungsleistungen jeder Art, die für die Nutzung oder für das Recht zur Nutzung von beliebigen*

---

649 *Pöllath/Lohbeck*, in: Vogel/Lehner, DBA, Art. 12 Rn. 8.

650 *Schaumburg/Häck*, in: Schaumburg/von Freeden/Häck, Internationales Steuerrecht, Kapitel 19 Rn. 19.369.

651 *Dorfmüller*, in: Gosch/Kroppen/Grotherr, DBA, Anhang C zu Art. 12 OECD-MA.

652 So bejahen *beispielsweise Ritzer/Stangl/Karnath*, DK 2017, 68 (77 f.) einen Verstoß der Lizenzschranke gegen Art. 9 Abs. 1 und 24 Abs. 4 OECD-MA; hingegen halten *Ditz/Quilitzsch*, DStR 2017, 1561 (1567) „*die Vorschrift für mit dem Abkommensrecht vereinbar*".

653 Beziehungsweise gemäß den diesen Regelungen entsprechenden ausländischen Vorschriften.

Urheberrechten an literarischen, künstlerischen oder wissenschaftlichen Werken, einschließlich kinematographischer Filme, von Patenten, Warenzeichen, Mustern oder Modellen, Plänen, geheimen Stoffzusammensetzungen oder geheimen Verfahren oder für die Mitteilung gewerblicher, kaufmännischer oder wissenschaftlicher Erfahrungen gezahlt werden".[654]

Art. 12 Abs. 3 Satz 1 OECD-MA enthält eine Ausnahmeregelung von Abs. 1 für den Fall, dass die Forderung, für welche Lizenzgebühren gezahlt werden, einer Betriebsstätte des Nutzungsberechtigten im Quellenstaat der Lizenzgebühren zugehörig ist. In diesem Fall ist nach Art. 12 Abs. 3 Satz 2 OECD-MA die Regelung des Art. 7 OECD-MA vorrangig anzuwenden, sodass dem Betriebsstättenstaat das alleinige Besteuerungsrecht an der Lizenzzahlung obliegt (sogenannter *Betriebsstättenvorbehalt*).

Abschließend regelt Art. 12 Abs. 4 OECD-MA den Fall unangemessen hoher Lizenzzahlungen aufgrund einer bestehenden Nähebeziehung zwischen Zahlungsschuldner und Zahlungsempfänger. Hiernach wird der Anwendungsbereich des Art. 12 Abs. 1 OECD-MA auf den Teil der Lizenzgebühren beschränkt, welcher einem Fremdvergleich standhält. Der unangemessene Teil der Lizenzgebühren, also der Teil, welcher nicht dem sogenannten *Dealing-at-arm's-length-Prinzip* genügt, wird nach dem Recht der Vertragsstaaten und unter Berücksichtigung des DBA behandelt.

b) Verstoß gegen Art. 12 OECD-MA

Ob die Lizenzschrankenregelung im Sinne des § 4j EStG gegen Art. 12 OECD-MA verstößt, hängt grundlegend von der Frage ab, ob die mit der Lizenzschranke einhergehende Rechtsfolge der (partiellen) Nichtabzugsfähigkeit geleisteter Lizenzaufwendungen auf Ebene des Lizenznehmers der Regelung des Art. 12 OECD-MA zuwiderläuft.

Der Anwendungsbereich des Art. 12 OECD-MA beschränkt sich gemäß Art. 12 Abs. 1 OECD-MA ausdrücklich auf die Besteuerung auf Ebene des Gläubigers, also der Person, welche die Lizenzgebühren nach dem Recht des Anwenderstaates erzielt.[655]

Art. 12 OECD-MA enthält folglich keine Aussagen in Bezug auf die steuerliche Behandlung von Lizenzgebühren auf Ebene des Lizenznehmers. Da die Besteuerung der Lizenzeinnahmen aufseiten des Lizenzgebers unberührt bleibt und lediglich der Betriebsausgabenzug auf Ebene des Lizenznehmers verwehrt

---

654 Art. 12 Abs. 2 OECD-MA.

655 *Dorfmüller*, in: Gosch/Kroppen/Grotherr, DBA, Art. 12 Rn. 8.

wird, liegt demzufolge ein unmittelbarer Verstoß der Lizenzschrankenregelung gegen die in Art. 12 OECD-MA getroffene Regelung zu Lizenzgebühren nicht vor.

Auch Art. 12 Abs. 4 OECD-MA vermag keinen Anknüpfungspunkt für einen möglichen Verstoß der Lizenzschranke gegen das Musterabkommen zu begründen, da die Rechtsfolge der Lizenzschranke lediglich in der (partiellen) Nichtabzugsfähigkeit der gezahlten Lizenzgebühren auf Ebene des Lizenznehmers besteht. Des Weiteren soll der Abzug bestimmter Lizenzaufwendungen *ungeachtet eines bestehenden Abkommens zur Vermeidung der Doppelbesteuerung* unter den weiteren Voraussetzungen des § 4j EStG gestattet sein.

Diese vom deutschen Steuergesetzgeber gewählte Formulierung deutet in aller Regel auf einen Treaty Override hin. Allerdings scheidet ein solcher im Hinblick auf Art. 12 OECD-MA jedoch aus, da der Betriebsausgabenabzug allein auf Ebene des Lizenznehmers versagt wird und die Besteuerung der Lizenzeinnahmen auf Ebene des Lizenzgebers hingegen unangetastet bleibt. Untermauert wird dies zudem auch durch die Rechtsprechung des BFH zur Frage, ob die Schachtelstrafe des § 8b Abs. 5 KStG ein Treaty Override darstelle, wonach im Ergebnis zwischen einer Beschränkung des Betriebsausgabenabzugs und einer Versagung der Steuerbefreiung zu differenzieren sei.[656]

c) *Zwischenergebnis*

Im Ergebnis kollidiert die Lizenzschranke gemäß § 4j EStG nicht mit Art. 12 OECD-MA und begründet im Weiteren auch keinen materiellrechtlichen Treaty Override, sodass die Formulierung in § 4j Satz 1 und 2 EStG (*ungeachtet eines bestehenden Abkommens zur Vermeidung der Doppelbesteuerung*) in Bezug auf Art. 12 OECD-MA entsprechend ins Leere läuft.

2. *Unternehmensgewinne gemäß Art. 7 OECD-MA*

a) *Grundsätzliche Regelungssystematik*

Art. 7 OECD-MA regelt die Besteuerung von Unternehmensgewinnen. Da das OECD-MA keine Definitionen für *Unternehmensgewinne* enthält, bestimmt sich der Begriff *Gewinne eines Unternehmens* im Sinne des Art. 7 Abs. 1 Satz 1 OECD-MA nach dem jeweiligen innerstaatlichen Recht.[657]

---

656 BFH, Urt. v. 29.8.2012 – I R 7/12, BStBl. II 2013, 89.

657 Nach deutschem Recht gehören damit die Einkünfte aus Gewerbebetrieb im Sinne von § 15 EStG zu den Unternehmensgewinnen im Sinne des Art. 7 OECD-MA.

Ausweislich Art. 7 Abs. 1 Satz 1 OECD-MA können Unternehmensgewinne grundsätzlich nur im Ansässigkeitsstaat des Unternehmens besteuert werden, „*es sei denn, das Unternehmen geht seiner Geschäftstätigkeit im anderen Vertragsstaat durch eine dort belegene Betriebsstätte nach*“[658] (sogenanntes *Betriebsstättenprinzip*)[659].

Dies gilt nach Art. 7 Abs. 1 Satz 2 OECD-MA jedoch nur, soweit die erzielten Gewinne dieser Betriebsstätte zugerechnet werden können.[660] In den Abs. 2 bis 4 des Art. 7 OECD-MA sind Vorschriften zur Ermittlung des Betriebsstättengewinns enthalten.

Art. 7 Abs. 4 OECD-MA erklärt schließlich die Verteilungsnormen des OECD-MA für vor Art. 7 OECD-MA vorrangig anwendbar (sogenannte *Subsidiaritätsklausel*)[661], das heißt Art. 7 OECD-MA gilt demnach nicht für Einkünfte[662], die in anderen Artikeln des Musterabkommens geregelt sind.[663] Im Unterschied zum nationalen Einkommensteuerrecht, in dem im Bereich der Einkunftsarten ein Prinzip der Subsidiarität vorherrscht,[664] gilt somit im Abkommensrecht ein Grundsatz der Spezialität der speziellen Einkunftsarten gegenüber der allgemeinen Einkunftsart der Unternehmensgewinne im Sinne des Art. 7 OECD-MA.

Solche, unter andere Einkunftsarten fallende Einkünfte aus Geschäftstätigkeit bleiben zwar dem Grunde nach Unternehmensgewinne, sind im Ergebnis aber den spezielleren Einkunftsarten zuzuordnen,[665] wenn und soweit Bestandteil dieser Unternehmensgewinne solche Einkünfte sind, die in anderen Einkunftsarten des Musterabkommens behandelt werden.[666]

---

658 Art. 7 Abs. 1 Satz 1 Halbs. 2 OECD-MA.

659 Nr. 9 des OECD-MK zu Art. 7 OECD-MA.

660 Eine abkommensrechtliche Legaldefinition des Begriffs *Betriebsstätte* findet sich in Art. 5 OECD-MA. Hiernach stellt „*eine feste Geschäftseinrichtung, über die den Geschäften eines Unternehmens ganz oder teilweise nachgegangen wird*“ eine Betriebsstätte dar.

661 Oder auch *isolierende Betrachtungsweise*, so man diesen Ausdruck nicht ausschließlich auf § 49 Abs. 2 EStG beziehen möchte; hierzu auch *Wassermeyer*, in: Wassermeyer, DBA, Art. 7 Rn. 356.

662 Das sind zumindest die in den Art. 6, 8 und 10 bis 20 OECD-MA genannten Einkünfte, vgl. *Wassermeyer*, in: Wassermeyer, DBA, Art. 7 Rn. 355; umstritten ist, ob dies auch für die sogenannten *anderen Einkünfte* im Sinne des Art. 21 OECD-MA gilt, vgl. zu diesem Streitstand *Hemmelrath*, in: Vogel/Lehner, DBA, Art. 7 Rn. 175; *Wassermeyer*, in: Wassermeyer, DBA, Art. 7 Rn. 355.

663 *Hemmelrath*, in: Vogel/Lehner, DBA, Art. 7 Rn. 167; *Wassermeyer*, in: Wassermeyer, DBA, Art. 7 Rn. 356.

664 *Wassermeyer*, in: Wassermeyer, DBA, Art. 7 Rn. 354.

665 *Wassermeyer*, in: Wassermeyer, DBA, Art. 7 Rn. 354.

666 *Ditz*, in: Schönfeld/Ditz, DBA, Art. 7 Rn. 244.

Dieser Anwendungsvorrang der spezielleren Einkunftsarten gegenüber Art. 7 OECD-MA gilt jedoch aufgrund ausdrücklicher Rückverweisungsklauseln[667] nicht, wenn der sogenannte Betriebsstättenvorbehalt greift, das heißt, wenn das diesen Einkünften zugrundeliegende Stammrecht[668] zu einer Betriebsstätte des Unternehmens im Quellenstaat gehört.[669]

Diese Rückverweisungsklauseln enthalten somit einen Vorrang der Betriebsstättenbesteuerung gegenüber der jeweiligen anderen Einkunftsart. Art. 7 OECD-MA enthält also im Kern nicht etwa eine Regelung zur Besteuerung von Unternehmensgewinnen, wie die im OECD-MA gewählte Überschrift vermuten lässt, sondern eine Regelung zur Besteuerung von Betriebsstätten, da bereits die anderen, spezielleren Einkunftsarten des Musterabkommens solche Unternehmensgewinne erfassen, welche nicht einer Betriebsstätte zuzuordnen sind.[670]

b) *Verstoß gegen Art. 7 OECD-MA*

Art. 7 OECD-MA könnte nur von der Lizenzschranke betroffen sein, sofern die Abziehbarkeit von betrieblich veranlassten Lizenzaufwendungen unter die Begrifflichkeit *Gewinne eines Unternehmens* im Sinne des Art. 7 Abs. 1 OECD-MA zu fassen und der Abzug solcher betrieblich veranlasster Lizenzaufwendungen (da zur Gewinnerzielung notwendig) als durch das Musterabkommen garantiert anzusehen wäre.

Nach vorherrschender Meinung bestimmen sich die Fragen, was Gewinne sind und wie solche Gewinne zu berechnen sind, ausschließlich nach dem innerstaatlichen Recht des jeweiligen Vertragsstaates und gerade nicht nach Abkommensrecht.[671] Zu berücksichtigen ist in diesem Zusammenhang, dass dabei auch Verluste als *negative Unternehmensgewinne* erfasst werden.[672]

Obwohl die Lizenzschranke in ihrer Rechtsfolge die (partielle) Nichtabzugsfähigkeit von Lizenzaufwendungen anordnet, ergibt sich an dieser Stelle keine Kollision

---

667 Siehe hierzu Art. 10 Abs. 4, 11 Abs. 4, 12 Abs. 3 oder 21 Abs. 2 OECD-MA.

668 D.h. die Beteiligung, Forderung oder die lizenzfähigen Rechte bzw. Vermögenswerte.

669 *Wassermeyer*, in: Wassermeyer, DBA, Art. 7 Rn. 355.

670 *Hemmelrath*, in: Vogel/Lehner, DBA, Art. 7 Rn. 167.

671 Hierzu beispielsweise *Wassermeyer*, in: *Wassermeyer*, DBA, Art. 7 OECD-MA Rn. 151; *van der Ham/Lieber*, in: Gosch/Kroppen/Grotherr, DBA, Art. 7 OECD-MA Rn. 137; *Schaumburg/Häck*, in: Schaumburg/von Freeden/Häck, Internationales Steuerrecht, Kapitel 19 Rn. 19.236.

672 BFH, Urt. v. 11.3.2008 – I R 116/04, BFH/NV 2008, 1161 (m.w.N.); BFH, Urt. v. 17.7.2008 – I R 84/04, BStBl. II 2009, 630; BMF v. 22.12.2016 – IV B 5 – S 1341/12/10001-03, BStBl. I 2017, 182.

mit Art. 7 OECD-MA, da auch in einem solchen Fall das Abkommensrecht nicht der Modifizierung nationaler Gewinnermittlungsvorschriften entgegensteht.[673]

Selbst wenn man die grundsätzliche Abzugsfähigkeit betrieblich veranlasster Aufwendungen im Sinne des § 4 Abs. 4 EStG als international anerkanntes Prinzip betrachtet, vermag dies nichts daran zu ändern, dass insbesondere vor dem Hintergrund der Vielfalt differierender nationaler Steuerrechtsordnungen hieraus kein grenzüberschreitender gültiger, also allgemein verbindlicher, Grundsatz abgeleitet werden kann. Im Unterschied zum nationalen Steuerrecht kennt das Abkommensrecht in diesem Zusammenhang gerade kein dem objektiven Nettoprinzip vergleichbares Rechtsinstitut, welches etwa im Sinne des § 4 Abs. 4 EStG die Abzugsfähigkeit von erwerbssicherndem Aufwand gebietet, sodass die Lizenzschranke im Sinne des § 4j EStG nicht mit der Verteilungsregelung in Form des Art. 7 OECD-MA kollidiert.

c) Zwischenergebnis

Im Ergebnis kollidiert die Lizenzschranke gemäß § 4j EStG nicht mit Art. 7 OECD-MA und begründet im Weiteren auch keinen materiellrechtlichen Treaty Override, sodass die Formulierung in § 4j Satz 1 und 2 EStG (*ungeachtet eines bestehenden Abkommens zur Vermeidung der Doppelbesteuerung*) auch in Bezug auf Art. 7 OECD-MA entsprechend ins Leere läuft.

3. Verbundene Unternehmen gemäß Art. 9 OECD-MA

a) Grundsätzliche Regelungssystematik

Die in Art. 7 OECD-MA vorgegebene Steuerverteilung wird durch Art. 9 Abs. 1 OECD-MA für den Fall verbundener Unternehmen eingeschränkt.

Unternehmen sind in diesem Sinne verbunden, sofern „*ein Unternehmen eines Vertragsstaates unmittelbar oder mittelbar an der Geschäftsleitung oder dem Kapital eines Unternehmens des anderen Vertragsstaats beteiligt ist oder dieses beherrscht*“ (Art. 9 Abs. 1 lit. a OECD-MA) oder „*dieselbe Person unmittelbar oder mittelbar an der Geschäftsführung oder dem Kapital eines Unternehmens des einen Vertragsstaats und eines Unternehmens des anderen Vertragsstaats beteiligt ist oder dieses beherrscht*“ (Art. 9 Abs. 1 lit. b OECD-MA).

Art. 9 Abs. 1 OECD-MA befasst sich also mit verbundenen Unternehmen, welche entweder in einem Mutter-Tochter-Verhältnis oder unter einer einheitlichen Leitung beziehungsweise gemeinsamen Kontrolle stehen (Schwestergesellschaften).[674]

---

673 BFH, Urt. v. 20.7.2016 – I R 50/15, BStBl. II 2017, 230 (m.w.N.).

674 Ausführlich zu den einzelnen Fallgruppen *Schwenke/Greil*, in: Wassermeyer, DBA, Art. 9 OECD-MA Rn. 72 ff.; *Schaumburg/Häck*, in: Schaumburg/von Freeden/Häck, Internationales Steuerrecht, Kapitel 19 Rn. 19.301.

Die Regelung erlaubt einem Vertragsstaat, den Gewinn eines in diesem Vertragsstaat ansässigen Unternehmens zu korrigieren, sofern dieser aufgrund besonderer Beziehungen zur Mutter- oder Schwestergesellschaft im anderen Vertragsstaat nicht in der Höhe erzielt wurde, wie dieser vermutlich bei Nichtbestehen der Unternehmensverbindung erzielt worden wäre und die besondere Beziehung einem Fremdvergleich nicht standhalten kann (*Dealing-at-arm's-length-Prinzip*).[675] Auf diese Weise soll eine Einkünfteabgrenzung bei international verbundenen Unternehmen vorgenommen werden.[676]

Bezahlt also beispielsweise eine inländische Tochterkapitalgesellschaft eine Lizenzgebühr an die ausländische Mutterkapitalgesellschaft, so ist für das konkrete Lizenzgeschäft ein Fremdvergleich vorzunehmen und zu fragen, was ein fremder, unbeteiligter Dritter an Vergütungen aufgewendet hätte, um exakt dieselbe Leistung zu erhalten. Ergibt dieser Fremdvergleich, dass im Inland eine Minderung der Einkünfte und damit eine Gewinnminderung auf Ebene der im Inland unbeschränkt steuerpflichtigen Tochterkapitalgesellschaft eingetreten ist, muss diese berichtigt werden.

Während gemäß Art. 9 Abs. 1 OECD-MA also ein Vertragsstaat Berichtigungen bei einem ansässigen Unternehmen dann vornehmen darf, wenn durch die Geschäftsbeziehungen mit einem verbundenen Unternehmen Gewinnminderungen durch die Abrechnung von Preisen eingetreten sind, welche bei unverbundenen Unternehmen dergestalt nicht eingetreten wären, ist der zweite Vertragsstaat gemäß Art. 9 Abs. 2 OECD-MA zur Vermeidung der wirtschaftlichen Doppelbelastung gehalten, bei dem dort ansässigen verbundenen Unternehmen eine entsprechende Gegenkorrektur vorzunehmen, um den dort entstandenen zu hohen Gewinn dementsprechend zu mindern.

Im Ergebnis werden durch diese in Art. 9 OECD-MA angelegte Korrektur und Gegenkorrektur den beiden Unternehmen die ihnen im Fremdvergleich tatsächlich zustehenden Gewinne zugewiesen.

b) Verstoß gegen Art. 9 OECD-MA

Art. 9 OECD-MA hat grundsätzlich zum Ziel, bei Verstößen gegen das *Dealing-at-arm's-length-Prinzip* Gewinnkorrekturen bei verbundenen Unternehmen zu ermöglichen.

Seinem Wesen als Abkommensvorschrift entsprechend stellt Art. 9 OECD-MA dabei eine Schranke dar, welche es den Vertragsstaaten verwehren soll,

675 *Ditz*, in: Schönfeld/Ditz, DBA, Art. 9 Rn. 1 ff.

676 *Schwenke/Greil*, in: Wassermeyer, DBA, Art. 9 Rn. 2 f.

eigene innerstaatliche Ergebniskorrekturvorschriften über die im DBA vereinbarten (Fremdvergleichs-)Maßstäbe hinaus anzuwenden.[677] Demnach entfaltet Art. 9 Abs. 1 OECD-MA grundsätzlich eine Sperrwirkung gegenüber innerstaatlichen Einkünftekorrekturvorschriften.[678]

Fraglich ist allerdings, ob die Vorschrift im Sinne des Art. 9 Abs. 1 OECD-MA auch eine Sperrwirkung gegenüber der Lizenzschranke gemäß § 4j EStG entfaltet. Die Frage einer Kollision von § 4j EStG und Art. 9 Abs. 1 OECD-MA stellt sich mithin in derart gelagerten Fällen, in welchen die Lizenzschranke die steuerliche Abzugsfähigkeit von Lizenzzahlungen für die von einem verbundenen Unternehmen zu fremdüblichen Bedingungen gewährten Lizenzverhältnisse einschränkt.

Teilweise wird im Schrifttum die Auffassung vertreten, § 4j EStG kollidiere mit Art. 9 OECD-MA und demnach werde durch die Formulierung in § 4j Abs. 1 Satz 1 und 2 EStG (*ungeachtet eines bestehenden Abkommens zur Vermeidung der Doppelbesteuerung*) die Sperrwirkung des Art. 9 Abs. 1 OECD-MA überschrieben.[679] Beispielsweise begründen *Hagemann/Kahlenberg* diese Auffassung dadurch, dass die Lizenzschranke im Sinne des § 4j EStG „*eine wirtschaftliche Doppelbesteuerung verursache und somit dem Ziel des Art. 9 Abs. 1 OECD-MA zuwider laufe, ohne dass die Möglichkeit einer Gegenkorrektur gemäß Art. 9 Abs. 2 OECD-MA bestünde*".

Diese Auffassung vermag meines Erachtens jedoch nicht zu überzeugen. Denn bei näherer Betrachtung des Art. 9 OECD-MA lässt sich erkennen, dass das Ziel des Art. 9 Abs. 1 OECD-MA nicht, wie fälschlicherweise von *Hagemann/Kahlenberg* angenommen, in der Vermeidung einer wirtschaftlichen Doppelbesteuerung zu sehen ist, sondern vielmehr in der sachgerechten Verteilung des Steuergutes (zwischen den beteiligten Vertragsstaaten).[680]

---

677 *Eigelshoven*, in: Vogel/Lehner, DBA, Art. 9 Rn. 3.

678 Als innerstaatliche Einkünftekorrekturvorschriften, welche durch Art. 9 Abs. 1 OECD-MA eine Sperrwirkung erfahren, werden im Wesentlichen verdeckte Gewinnausschüttungen, (verdeckte) Einlagen sowie Entnahmen als auch die Einkünftekorrektur gemäß § 1 AStG qualifiziert. Siehe hierzu beispielsweise *Schwenke/Greil*, in: Wassermeyer, DBA, Art. 9 Rn. 16 (m.w.N.); *Ditz*, in: Schönfeld/Ditz, DBA, Art. 9 Rn. 20; *Liebchen*, in: Flick/Wassermeyer/Kempermann, DBA-Schweiz, Art. 25 Rn. 17.

679 Hierzu beispielsweise *Hagemann/Kahlenberg*, in: Herrmann/Heuer/Raupach, EStG, § 4j Rn. 14; *Ritzer/Stangl/Karnath*, DK 2017, 68 (77); a.A. *Schnitger*, IStR 2017, 214 (221).

680 *Schaumburg/Häck*, in: Schaumburg/von Freeden/Häck, Internationales Steuerrecht, Kapitel 19 Rn. 19.290; *Schwenke/Greil*, in: Wassermeyer, DBA, Art. 9 Rn. 4.

Dem ist weiter entgegenzuhalten, dass Art. 9 OECD-MA – wie vorgehend bereits erläutert – als Abkommensvorschrift eine Schrankenwirkung entfaltet, wodurch den Vertragsstaaten eine Anwendung eigener innerstaatlicher Ergebniskorrekturvorschriften über die im DBA vereinbarten (Fremdvergleichs-)Maßstäbe hinaus versagen soll, sodass aus Art. 9 Abs. 1 OECD-MA eine Sperrwirkung gegenüber innerstaatlichen Einkünftekorrekturvorschriften resultiert.[681] Die Lizenzschranke im Sinne des § 4j EStG stellt hingegen gerade keine Einkünftekorrekturvorschrift dar, sondern vielmehr eine Gewinnermittlungsvorschrift des innerstaatlichen Rechts, welche den Betriebsausgabenabzug von Lizenzaufwand für steuerliche Zwecke regelt.[682]

Die innerstaatliche Gewinnermittlung, zu der die Frage der Abzugs- oder Nichtabzugsfähigkeit von Betriebsausgaben zählt, ist dabei Sache des innerstaatlichen Steuerrechts.[683] Vor diesem Hintergrund entfaltet Art. 9 Abs. 1 OECD-MA meines Erachtens keine Sperrwirkung in Bezug auf die Lizenzschranke, sodass es im Ergebnis nicht zu einer Kollision von § 4j EStG und dem Anwendungsbereich von Art. 9 Abs. 1 OECD-MA kommt.

Gegen dieses Ergebnis spricht meines Erachtens auch nicht, dass die Anwendung der Lizenzschranke aufgrund der (partiellen) Abzugsbeschränkung im Inland und der vollen Besteuerung der Lizenzzahlungen auf Ebene des Empfängers der Lizenzzahlungen zu einer (wirtschaftlichen) Doppelbelastung führt. Denn es entspricht nicht der Zielsetzung der DBA, wirtschaftliche Doppelbelastungen zu vermeiden, welche aus der Anwendung innerstaatlicher Gewinnermittlungsvorschriften resultieren.[684]

---

681 *Eigelshoven*, in: Vogel/Lehner, DBA, Art. 9 Rn. 3; *Schaumburg/Häck*, in: Schaumburg/von Freeden/Häck, Internationales Steuerrecht, Kapitel 19 Rn. 19.294.

682 So auch *Schnitger*, IStR 2017, 214 (221) mit Hinweis darauf, dass daher auch das Urteil des BFH v. 17.12.2014 – I R 23/13, BStBl. II 2016, 261 nicht anwendbar sei; *Ditz*, in: Schönfeld/Ditz, DBA, Art. 9 Rn. 31.

683 So *Mössner*, in: Lüdicke, Forum der Internationalen Besteuerung, Bd. 33, 39 (m.w.N.); *Ditz*, in: Schönfeld/Ditz, DBA, Art. 9 Rn. 30.

684 *Ditz*, in: Schönfeld/Ditz, DBA, Art. 9 Rn. 30; *Schaumburg/Häck*, in: Schaumburg/von Freeden/Häck, Internationales Steuerrecht, Kapitel 19 Rn. 19.316; *Eigelshoven*, in: Vogel/Lehner, DBA, Art. 9 Rn. 161.

c) *Zwischenergebnis*

Im Ergebnis wird die Lizenzschranke somit nicht vom Anwendungsbereich des Art. 9 Abs. 1 OECD-MA umfasst, sodass folglich keine Kollision der beiden Normen resultiert.[685] Mangels einer Kollision von § 4j EStG und Art. 9 Abs. 1 OECD-MA begründet die Lizenzschranke demnach auch an dieser Stelle keinen materiellrechtlichen Treaty Override, sodass an dieser Stelle die Formulierung in § 4j Satz 1 und 2 EStG („*ungeachtet eines bestehenden Abkommens zur Vermeidung der Doppelbesteuerung*") in Bezug auf Art. 9 OECD-MA entsprechend ins Leere läuft.

4. *Verstoß gegen die in Art. 7, 9 und 12 OECD-MA normierte Steuerverteilung*

Auch verstößt die Lizenzschranke nicht gegen die sich aus einer Gesamtheit der Art. 7, 9 und 12 OECD-MA ergebenden abkommensrechtlichen Grundsätze der Verteilung von Besteuerungsansprüchen zwischen den Vertragsstaaten.

Zwar könnte angeführt werden, dass ein DBA dadurch unterlaufen wird, da durch eine (partielle) Beschränkung des Abzugs von Lizenzaufwendungen als Betriebsausgaben im Sinne des § 4 Abs. 4 EStG infolge von § 4j EStG ein dementsprechend höherer Gewinn aufseiten des Lizenznehmers *willkürlich* angenommen wird.[686]

Eine solche Auffassung hält einer näheren Betrachtung jedoch nicht stand. Zutreffend kann zwar festgestellt werden, dass grundsätzlich der Staat, in dem sich ein Unternehmen befindet, bestimmt, was dieser genau unter Gewinn versteht.[687] Doch stellt sich grundsätzlich die Frage, was Sinn und Zweck eines DBA ist. Grundsätzlich geht es bei Abschluss eines DBA nicht um die

---

685 Auch in Bezug auf die österreichische Lizenzschrankenregelung wird die Auffassung vertreten, dass „*andere Gewinnermittlungsvorschriften des originären innerstaatlichen Rechts, die unabhängig von einer Verrechnungspreiskorrektur zur Anwendung kommen, wie beispielsweise das Abzugsverbot gemäß § 12 Abs. 1 Z 10 öKStG, nicht vom Anwendungsbereich der Bestimmungen im Sinne von Art. 9 OECD-MA umfasst werden*", siehe hierzu beispielsweise *Bergmann/Bieber*, in: Bergmann/Bieber, KStG, § 12 Rn. 139.

686 Siehe hierzu beispielsweise *Homburg*, FR 2007, 717 (725 ff.), der eine derartige Auffassung in Bezug zur Zinsschranke gemäß § 4h EStG vertritt, welche sich auf die Lizenzschranke gemäß § 4j EStG analog übertragen lässt.

687 So beispielsweise auch in Bezug auf die Zinsschranke, *Homburg*, FR 2007, 717 (725 ff.).

Vermeidung einer Doppelbelastung,[688] sondern primär um die Vermeidung einer Doppelbesteuerung.[689]

Zugegeben ist unstreitig, dass im Falle der Lizenzschranke die (partielle) Versagung des Betriebsausgabenabzugs von Lizenzaufwendungen auf Ebene des Lizenznehmers bei gleichzeitiger Besteuerung der Lizenzeinnahmen auf Ebene des Lizenzgebers wirtschaftlich zu einer Doppelbelastung eben dieser Lizenzzahlungen führt. Doch ist es nicht Sinn und Zweck eines DBA, eine solche Doppelbelastung zu vermeiden. Hierbei gilt es zu beachten, dass der OECD-MK selbst für den Fall eines vollumfänglichen Abzugsverbots von Lizenzaufwendungen noch keinen Verstoß gegen die Verteilung der Besteuerungsrechte annimmt.[690] Bezüglich dieser Problematik verweist der OECD-MK in Nr. 2 zu Art. 12 OECD-MA vielmehr auf das abkommensrechtliche Schuldnerdiskriminierungsverbot in Form des Art. 24 Abs. 4 OECD-MA.

Im Ergebnis widerspricht die Lizenzschranke nicht der durch die Art. 7, 9 und 12 OECD-MA normierten Steuerverteilung, sodass in diesem Zusammenhang von § 4j EStG keine Völkerrechtswidrigkeit ausgeht.

5. *Gleichbehandlung gemäß Art. 24 Abs. 4 OECD-MA*

Nach Art. 24 Abs. 4 Satz 1 OECD-MA sind in Fällen, in welchen Art. 9 Abs. 1, Art. 11 Abs. 6 oder Art. 12 Abs. 4 OECD-MA keine Anwendung finden, „*Zinsen, Lizenzgebühren und andere Entgelte, die ein Unternehmen eines Vertragsstaates an eine im anderen Vertragsstaat ansässige Person zahlt, bei der Ermittlung der steuerpflichtigen Gewinne des Unternehmens unter den gleichen Bedingungen wie Zahlungen an eine im erstgenannten Staat ansässige Person zum Abzug zuzulassen*“.

Art. 24 Abs. 4 OECD-MA trägt somit dem Umstand Rechnung, dass in bestimmten Staaten Zinsen, Lizenzgebühren und andere Entgeltzahlungen auf Ebene des Zahlungsschuldners nur für steuerliche Zwecke unbeschränkt zum Betriebsausgabenabzug zugelassen werden, sofern der Gläubiger dieser Vergütungen ebenfalls im gleichen Staat ansässig ist, wohingegen der Betriebsausgabenabzug ganz oder teilweise versagt wird,

---

688 Ausnahme in Art. 9 Abs. 2 OECD-MA.

689 Ausweislich der Nr. 1 des OECD-MK zu Art. 23 OECD-MA soll eine *juristische Doppelbesteuerung* vermieden werden, welche darin besteht, dass dieselben Einkünfte oder dasselbe Vermögen bei derselben Person durch mehr als einen Staat besteuert werden. Nach Nr. 2 des OECD-MK zu Art. 23 OECD-MA ist von der *juristischen Doppelbesteuerung* die *wirtschaftliche Doppelbesteuerung* abzugrenzen, bei der dieselben Einkünfte oder dasselbe Vermögen bei zwei verschiedenen Personen besteuert werden.

sofern der Gläubiger dieser Vergütungen nicht in diesem Staat ansässig ist.[691]

Art. 24 Abs. 4 Satz 1 OECD-MA soll also primär der sogenannten *Schuldnerschaftsdiskriminierung*[692] entgegenwirken, sodass Schutzobjekt der Regelung das im Vertragsstaat ansässige Unternehmen ist.[693] Der Hauptunterschied zu den in Art. 24 Abs. 1 und Abs. 3 OECD-MA enthaltenen Regelungen liegt daher darin, dass durch Art. 24 Abs. 4 OECD-MA dem betreffenden Unternehmen Schutz vor einer Diskriminierung im eigenen Staat gewährt wird.[694]

So müssen nach Art. 24 Abs. 4 OECD-MA Zinsen und Lizenzgebühren, welche an eine im anderen Vertragsstaat ansässige Person gezahlt werden, beim Unternehmen - genauso wie solche Zahlungen an inländische Personen - zum Betriebsausgabenabzug zugelassen werden, soweit diese Zahlungen dem Fremdvergleich standhalten.[695]

6. *Verstoß gegen Art. 24 Abs. 4 OECD-MA*

Ob die Lizenzschranke mit Art. 24 Abs. 4 OECD-MA kollidiert, hängt grundlegend von der Frage ab, ob die Tatbestände, an welche § 4j EStG die Rechtsfolge knüpft, dem in Art. 24 Abs. 4 OECD-MA angelegten Schuldnerdiskriminierungsverbot zuwiderlaufen.

Das abkommensrechtliche Schuldnerdiskriminierungsverbot im Sinne des Art. 24. Abs. 4 OECD-MA soll grundsätzlich Schutz vor einer steuerlichen Benachteiligung bzw. Ungleichbehandlung gewährleisten, welche an bestimmte wirtschaftliche Leistungen eines Unternehmens - an eine im anderen Vertragsstaat ansässige Person - anknüpfen.[696] Diesem in Art. 24 Abs. 4 OECD-MA

---

690 Siehe hierzu Nr. 2 des OECD-MK zu Art. 12 OECD-MA.

691 *Schaumburg*, in: Schaumburg/von Freeden/Häck, Internationales Steuerrecht, Kapitel 4 Rn. 4.61.

692 In der Literatur ist zumeist vom *Schuldnerdiskriminierungsverbot* die Rede. Siehe hierzu beispielsweise *Schaumburg*, in: Schaumburg/von Freeden/Häck, Internationales Steuerrecht, Kapitel 4 Rn. 4.61; *Oertel*, in: Gosch/Kroppen/Grotherr, DBA, Art. 24 Rn. 94.

693 *Wassermeyer/Schwenke*, in: Wassermeyer, DBA, Art. 24 Rn. 62; *Bruns*, in: Schönfeld/Ditz, DBA, Art. 24 Rn. 131 f.

694 *Rust*, in: Vogel/Lehner, DBA, Art. 24 Rn. 143.

695 *Rust*, in: Vogel/Lehner, DBA, Art. 24 Rn. 140.

verankerten Schuldnerdiskriminierungsverbot laufen dabei direkte, offene Diskriminierungen zuwider.[697]

Derartige direkte, offene Diskriminierungen sind als solche zu qualifizieren, bei denen das Gesetz ausdrücklich und unmittelbar an eines der Tatbestandsmerkmale anknüpft, sich also auf spezielle Tatbestände bezieht und sich damit zugleich auch auf diese begrenzt.[698]

Bei genauer Betrachtung des Wortlautes der Lizenzschranke lässt sich erkennen, dass § 4j EStG tatbestandlich lediglich auf die Niedrigbesteuerung aufgrund einer Präferenzregelung abstellt und ihre Rechtsfolge hingegen nicht an den Tatbestand der fehlenden Ansässigkeit des Gläubigers der Lizenzzahlungen im Staat des Schuldners knüpft. Folglich stellt § 4j EStG somit keine unmittelbare, offene Diskriminierung dar und steht daher nicht als solche dem abkommensrechtlichen Schuldnerdiskriminierungsverbot im Sinne des Art. 24 Abs. 4 OECD-MA entgegen.

Des Weiteren ist jedoch fraglich, wie der mit der Lizenzschranke einhergehende Umstand zu bewerten ist, dass § 4j EStG faktisch nur auf grenzüberschreitende Sachverhaltskonstellationen Anwendung findet.

Dem genauen Wortlaut des § 4j EStG ist zwar nicht zu entnehmen, dass sich die Vorschrift aus sich heraus nur auf grenzüberschreitende Lizenzzahlungen (von Deutschland ins Ausland) beschränkt, allerdings können aber nur genau solche Sachverhalte von der Lizenzschranke erfasst werden, da das deutsche Steuerrecht keine derartigen Präferenzregelungen kennt, an welche § 4j EStG die Rechtsfolge knüpft.

Dies führt für steuerliche Zwecke zwar zu einer unterschiedlichen Behandlung, allerdings ist in diesem Zusammenhang zu berücksichtigen, dass nicht jede unterschiedliche steuerliche Behandlung automatisch als eine Diskriminierung im Sinne des Art. 24 Abs. 4 OECD-MA zu werten ist, da insbesondere dem besteuernden Staat eine unterschiedliche steuerliche Behandlung aufgrund anderer Tatbestandsmerkmale grundsätzlich gestattet ist.[699]

---

696 *Rust*, in: Vogel/Lehner, DBA, Art. 24 Rn. 136.

697 *Wassermeyer/Schwenke*, in: Wassermeyer, DBA, Art. 24, Rn. 2e; *Oertel*, in: Gosch/Kroppen/Grotherr, DBA, Art. 24 Rn. 11; *Bruns*, in: Schönfeld/Ditz, DBA, Art. 24 Rn. 5; *Rust*, in: Vogel/Lehner, DBA, Art. 24 Rn. 5.

698 BFH, Urt. v. 19.11. 2003 – I R 22/02, BStBl. II 2004, 560.

699 Ebenso *Bruns*, in: Schönfeld/Ditz, DBA, Art. 24 Rn. 142; *Rust*, in: Vogel/Lehner, DBA, Art. 24 Rn. 145; *Wassermeyer/Schwenke*, in: Wassermeyer, DBA, Art. 24 Rn. 73.

Demnach werden mittelbare, indirekte Diskriminierungen[700] nicht von Art. 24 Abs. 4 OECD-MA erfasst.[701] Daraus folgt, dass innerstaatliche Abzugsbeschränkungen, welche nicht auf die Ansässigkeit des Gläubigers abstellen, nicht gegen das in Art. 24 Abs. 4 OECD-MA angelegte Schuldnerdiskriminierungsverbot verstoßen.[702]

Davon abzugrenzen sind allerdings sogenannte *verdeckte, mittelbare Diskriminierungen*, im Rahmen derer lediglich die dem Schuldnerdiskriminierungsverbot im Sinne des Art. 24 Abs. 4 OECD-MA entgegenstehenden Tatbestandsmerkmale der Nationalität bzw. der Ansässigkeit durch einen anderen, nicht dem Art. 24 Abs. 4 OECD-MA entgegenstehenden, Wortlaut umschrieben werden.[703]

Wird vor diesem Hintergrund die Auffassung vertreten, sei bei der Lizenzschranke eine verdeckte, mittelbare Diskriminierung anzunehmen, welche dem abkommensrechtlichen Schuldnerdiskriminierungsverbot entgegensteht, vermag dies nicht zu überzeugen.[704] Denn bei näherer Betrachtung verkennt diese Sichtweise offensichtlich, dass Art. 24 Abs. 4 OECD-MA im Rahmen des § 4j EStG schon deshalb nicht zur Anwendung gelangt, da § 4j EStG keine unmittelbare, offene Diskriminierung nach der Ansässigkeit des Empfängers der Lizenzzahlung vornimmt, sondern die Rechtsfolge vielmehr an eine geringe tatsächliche Besteuerung im Ansässigkeitsstaat knüpft und im Rahmen dessen

---

700 Siehe diesbezüglich *Oertel*, in: Gosch/Kroppen/Grotherr, DBA, Art. 24 Rn. 94: „*Mittelbare, indirekte Diskriminierungen betreffen grundsätzlich den von der Norm geschützten Personenkreis nicht, können aber im Einzelfall benachteiligende Wirkung entfalten*".

701 Siehe Nr. 1 zu Art. 24 OECD-MK.

702 Ebenso *Bruns*, in: Schönfeld/Ditz, DBA, Art. 24 Rn. 142; so auch *Kubaile*, in: Flick/Wassermeyer/Kempermann, DBA-Schweiz, Art. 25 Rn. 68, der sich in Fn. 14 gegen einen Verstoß der Zinsschranke in Bezug auf das abkommensrechtliche Schuldnerdiskriminierungsverbot ausspricht. Zudem versagt Art. 24 Abs. 4 OECD-MA lediglich eine Benachteiligung, hingegen nicht auch eine Bevorzugung der von dieser Norm geschützten Parteien. Bei einer Interpretation als Gleichbehandlungsgebot könnten durch diese Regelung ggfs. Steueransprüche begründet werden, was dem Sinn und Zweck der DBA allerdings widerspricht. Demnach normiert Art. 24 Abs. 4 OECD-MA ein *Diskriminierungsverbot* und kein *Gleichbehandlungsgebot*; *Rust*, in: Vogel/Lehner, DBA, Art. 24 Rn. 3 und 68; Nr. 14 des OECD-MK zu Art. 24 OECD-MA.

703 *Oertel*, in: Gosch/Kroppen/Grotherr, DBA, Art. 24 Rn. 94; *Bruns*, in: Schönfeld/Ditz, DBA, Art. 24 Rn. 5.

704 *Bens/Böhmer*, DB 2017, 206 (211) u. a. mit Hinweis auf BFH, Urt. v. 8.9.2010 – I R 6/09, BStBl. II 2013, 186 sowie Urt. v. 16.1.2014 – I R 30/12, BStBl. II 2014, 721, die bei § 4j EStG wohl von einer verdeckten, mittelbaren Diskriminierung ausgehen, welche Art. 24 Abs. 4 OECD-MA entgegenstehe.

keineswegs von einer dem abkommensrechtlichen Schuldnerdiskriminierungsverbot entgegenstehenden Umschreibung der Ansässigkeit Gebrauch macht.

Vielmehr stellt das Tatbestandsmerkmal der Niedrigbesteuerung aufgrund einer Präferenzregelung eine eigene und insbesondere von der Ansässigkeit losgelöste Voraussetzung dar, welche eben nicht als umgehende Ansässigkeitsformulierung zu qualifizieren vermag. Folglich ist in der Lizenzschranke weder eine unmittelbare, direkte noch eine verdeckte, mittelbare Schuldnerdiskriminierung angelegt, welche dem Art. 24 Abs. 4 OECD-MA zuwiderläuft.[705]

Des Weiteren ist es zudem wenig verwunderlich, dass der Steuergesetzgeber dem Umstand, dass die Lizenzschranke – mangels einer inländischen Präferenzregelung – faktisch nur auf grenzüberschreitende Lizenzzahlungen Anwendung findet, dahingehend Rechnung getragen hat, dass die Lizenzschrankenregelung mit einer Abkommensüberschreibung[706] ausgestaltet wurde, welche ausweislich der Gesetzesbegründung offensichtlich gegen das abkommensrechtliche Schuldnerdiskriminierungsverbot im Sinne des Art. 24 Abs. 4 OECD-MA gerichtet ist.[707]

Bei näherer Betrachtung zeigt sich jedoch, dass offenbar selbst der Steuergesetzgeber verkannt hat, dass Art. 24 Abs. 4 OECD-MA im Rahmen des § 4j EStG schon deshalb nicht zur Anwendung gelangt, da die Lizenzschranke weder eine unmittelbare, offene noch eine verdeckte, mittelbare Diskriminierung nach der

705 Kritische Diskussionen wurden zuletzt hinsichtlich der Frage geführt, wie weit das abkommensrechtliche Schuldnerdiskriminierungsverbot reicht und ob insbesondere nur direkte offene oder auch verdeckte mittelbare Ungleichbehandlungen von Art. 24 Abs. 4 OECD-MA erfasst sind. Da die vorliegende Untersuchung zum Schluss gelangt, dass es sich bei § 4j EStG nicht um eine verdeckte mittelbare Diskriminierung handelt, ist die vollständige Klärung dieser Frage zu vernachlässigen. Zum Meinungsstand siehe beispielsweise *Wassermeyer/Schwenke*, in: Wassermeyer, DBA, Art. 24 Rn. 2e; *Rust*, in: Vogel/Lehner, DBA, Art. 24 Rn. 5; *Oertel*, in: Gosch/Kroppen/Grotherr, DBA, Art. 24 Rn. 13, die davon ausgehen, dass verdeckte mittelbare Anwendungen nicht von Art. 24 Abs. 4 OECD-MA erfasst werden; a.A. beispielsweise *Bruns*, in: Schönfeld/Ditz, DBA, Art. 24 Rn. 142; *Bens/Böhmer*, DB 2017, 206 (211), u. a. mit Hinweis auf BFH, Urt. v. 8.9.2010 – I R 6/09, BStBl. II 2013, 186 und Urt. v. 16.1.2014 – I R 30/12, BStBl. II 2014, 721; so auch Nr. 1 des OECD-MK zu Art. 24 OECD-MA.

706 Siehe § 4j Abs. 1 Satz 1 und 2 EStG mit der Formulierung „*ungeachtet eines bestehenden Abkommens zur Vermeidung der Doppelbesteuerung*".

707 Entwurf eines Gesetzes gegen schädliche Steuerpraktiken im Zusammenhang mit Rechteüberlassungen v. 20.2.2017, BT-Drs. 18/11233 v. 20.2.2017, 13.

Ansässigkeit vornimmt, sondern die Rechtsfolge vielmehr an eine niedrige tatsächliche Besteuerung im Ansässigkeitsstaat knüpft.[708]

Im Ergebnis kann in der Lizenzschrankenregelung gemäß § 4j EStG keine Diskriminierung festgestellt werden, da die Grundregelung der Lizenzschranke inländische und ausländische Empfänger gezahlter Lizenzgebühren grundsätzlich nicht unterschiedlich behandelt, sodass § 4j EStG nicht gegen das Diskriminierungsverbot im Sinne des Art. 24 Abs. 4 Satz 1 OECD-MA verstößt.

Sofern an dieser Stelle in der Lizenzschranke überhaupt eine Diskriminierung gesehen werden kann, allenfalls eine Diskriminierung indirekter und mittelbarer Art. Davor will Art. 24 Abs. 4 OECD-MA jedoch nicht schützen, sodass es nicht zu einer Eröffnung des Anwendungsbereichs kommt.

Da demnach die Lizenzschranke nicht mit Art. 24 Abs. 4 OECD-MA kollidiert, wird insofern auch kein materiellrechtliches Treaty Override durch § 4j EStG begründet, sodass die Formulierung in § 4j Satz 1 und 2 EStG („*ungeachtet eines bestehenden Abkommens zur Vermeidung der Doppelbesteuerung*") in Bezug auf Art. 24 Abs. 4 OECD-MA entsprechend ins Leere läuft.

II. Zwischenergebnis

Die Anwendung der Lizenzschrankenregelung in Form des § 4j EStG beschränkt sich im Ergebnis auf die Frage der (partiellen) Nichtabzugsfähigkeit von Aufwendungen aus Rechteüberlassungen auf Ebene des Lizenznehmers, sodass § 4j EStG ausschließlich auf dessen innerstaatliche Gewinnermittlung gerichtet ist. Diese innerstaatliche Gewinnermittlung auf Ebene des Lizenznehmers ist dabei keine Frage der Besteuerungsberechtigung hinsichtlich der gezahlten Lizenzgebühren, sodass die Lizenzschranke folglich weder mit Art. 12 OECD-MA noch mit Art. 7 OECD-MA in Konflikt gerät.

Vor dem Hintergrund, dass die Lizenzschranke zudem keine Einkünftekorrekturvorschrift darstellt, sondern § 4j EStG vielmehr als eine Gewinnermittlungsvorschrift innerstaatlichen Rechts zu qualifizieren ist, wird diese im Ergebnis nicht vom Anwendungsbereich des Art. 9 Abs. 1 OECD-MA erfasst. Demnach steht die Lizenzschranke in Form des § 4j EStG nicht dem Art. 9 OECD-MA entgegen.

---

708 So auch *van Lück*, IStR 2017, 388 (392); *Ditz/Quilitzsch*, DStR 2017, 1561, (1567 f.). Mit dem gleichen Argument verneint *Kubaile*, in: Flick/Wassermeyer/Kempermann, DBA-Schweiz, Art. 25 Rn. 68 (dort Fn. 14) einen Verstoß der Zinsschranke gegen das abkommensrechtliche Schuldnerdiskriminierungsverbot.

Des Weiteren differenziert die Lizenzschranke grundsätzlich auch nicht zwischen inländischen und ausländischen Lizenzgebern. Denn maßgebend für die (partielle) Versagung des Betriebsausgabenabzugs ist die geringe steuerliche Belastung im Empfängerstaat und nicht die fehlende Ansässigkeit im Staat des Entgeltschuldners. Zwar kommt die Lizenzschranke faktisch nur bei grenzüberschreitenden Sachverhalten zur Anwendung, allerdings begründet dieser Umstand keine offene direkte Diskriminierung, welche Art. 24 Abs. 4 OECD-MA zuwiderlaufen würde – sofern in diesem Umstand überhaupt eine Diskriminierung gesehen werden könne, allenfalls lediglich eine Diskriminierung mittelbarer indirekter Art. Davor will Art. 24 OECD-MA jedoch nicht schützen, sodass der Anwendungsbereich folglich nicht eröffnet ist und es demnach auch nicht zu einer Kollision der Lizenzschranke mit dem abkommensrechtlichen Schuldnerdiskriminierungsverbot kommt.

Ausweislich des § 4j Abs. 1 Satz 1 und 2 EStG findet die Lizenzschranke *„ungeachtet eines bestehenden Abkommens zur Vermeidung der Doppelbesteuerung“* Anwendung und stellt somit einen offenen Treaty Override dar, mit welchem der Steuergesetzgeber die Anwendung des § 4j EStG in solchen Fällen sicherstellen wollte, im Rahmen derer ein abkommensrechtliches Diskriminierungsverbot entsprechend Art. 24 Abs. 4 OECD-MA eine den im Inland steuerpflichtigen Schuldner betreffende Abzugsbeschränkung für Lizenzgebühren eigentlich ausschließt.[709]

Allerdings hätte es einem solchen Treaty Override, welcher aus verfassungsrechtlicher Sicht zwar grundsätzlich als zulässig erscheint, mangels materiellrechtlicher Auswirkungen der Lizenzschranke im Verhältnis zu den abkommensrechtlichen Vorschriften nicht bedurft.[710]

Demnach läuft der in § 4j EStG verankerte Treaty Override vollständig ins Leere. Zwar ist die in § 4j EStG enthaltene Abkommensüberschreibung als ein Treaty Override *formalistischer Art* zu charakterisieren, dennoch ist auch ein solcher im Verhältnis zu den jeweiligen Vertragspartnern als völkerrechtswidrig zu qualifizieren.

---

709 Entwurf eines Gesetzes gegen schädliche Steuerpraktiken im Zusammenhang mit Rechteüberlassungen v. 20.2.2017, BT-Drs. 18/11233 v. 20.2.2017, 13; zu den Arten eines Treaty Overrides siehe beispielsweise *Schwenke*, in: Wassermeyer, DBA, Vor Art. 1 Rn. 13.

710 Zur Verfassungsmäßigkeit von Treaty Overrides, siehe BVerfG, Urt. v. 15.12.2015 – 2 BvL 1/12, BVerfGE 141, 1.

Kapitel V: Ein Blick ins Ausland

Um grenzüberschreitenden Gewinnverlagerungen mittels konzerninterner Lizenzzahlungen unter Ausnutzung von Präferenzregimen entgegenzuwirken, hat, neben Deutschland, auch Österreich einen Sonderweg eingeschlagen und dabei entsprechende nationale Maßnahmen ergriffen.

Bereits im Jahr 2014 hat der österreichische Steuergesetzgeber mit der Umsetzung des Abgabenänderungsgesetzes[711] eine Zins- und Lizenzschrankenregelung geschaffen, sodass Österreich in diesem Zusammenhang eine Vorreiterrolle beizumessen ist.[712]

Sowohl die deutsche als auch die österreichische Lizenzschrankenregelung verfolgen ein gleich gelagertes Ziel, da beide Lösungsansätze gegen grenzüberschreitende Gewinnverlagerungen mittels konzerninterner Lizenzzahlungen unter Ausnutzung von Präferenzregimen gerichtet sind.

Im Rahmen des vorangestellten Kapitels gelangt die Untersuchung jedoch zu der Erkenntnis, dass sich die deutsche Lizenzschrankenregelung in vielerlei Hinsicht nicht mit höherrangigem Recht vereinbaren lässt und die Vorschrift im Sinne des § 4j EStG in ihrer derzeitigen Ausgestaltung als verfassungs- und europarechtswidrig zu qualifizieren ist.

Vor diesem Hintergrund stellt sich daher die Frage, ob sich der österreichische Lösungsansatz ebenfalls einer solchen Kritik ausgesetzt sieht, oder sich aber aus der österreichischen Lizenzschranke entsprechende Reformüberlegungen ableiten lassen, welche dazu genutzt werden können, um die vorliegende verfassungs- und europarechtswidrige Ausgestaltung des § 4j EStG zu beseitigen.

Da sich demnach ein punktueller Vergleich der beiden Lösungsansätze geradezu aufdrängt, wird im Folgenden der österreichische Lösungsansatz in Form der Zins- und Lizenzschranke gemäß § 12 Abs. 1 Z 10 öKStG im Überblick dargestellt, wodurch zunächst ein Grundverständnis für den steuerlich zugrundeliegenden Rechtsrahmen bereitet werden soll.

Dieses Grundverständnis in Bezug auf die österreichische Lizenzschranke bildet weitergehend den notwendigen Ausgangspunkt für eine mögliche Ableitung von Reformüberlegungen für den nationalen Steuergesetzgeber.

---

711 Abgabenänderungsgesetz 2014 – AbgÄG 2014, öBGBl. I Nr. 13, 2014.

712 Ebenso *Trinks*, IWB 2014, 211 (217).

A. Überblick zur österreichischen Zins- und Lizenzschranke

I. Hintergrund der Regelung

Der Katalog von Abzugsverboten in § 12 Abs. 1 öKStG wurde durch das AbgÄG 2014[713] um jenes für nicht bzw. niedrig besteuerte konzerninterne Zins- und Lizenzzahlungen ergänzt und mit dem 2. AbgÄG 2014[714] nachgeschärft.[715]

Die Anknüpfung an eine angemessene Besteuerung von Zinsen und Lizenzgebühren auf Ebene des empfangenden Konzernunternehmens führt dabei zu einer erheblichen Einschränkung der steuerlichen Abzugsfähigkeit solcher im Konzernverbund stattfindenden Zahlungen.

Die in § 12 Abs. 1 Z 10 öKStG verankerte Zins- und Lizenzschranke zielt nach der Intention des österreichischen Steuergesetzgebers auf die Eindämmung von Steuergestaltungen sowie Steuervorteilen im Konzern ab.[716] Der österreichische Gesetzgeber bezieht sich dabei auf derartige Gestaltungen, mit denen, durch die gezielte Ausnutzung der unterschiedlichen steuerlichen Behandlung von Zins- und Lizenzaufwendungen und -einnahmen zulasten des österreichischen Fiskus, konzerninterne Gewinnverlagerungen in Niedrigsteuerländer oder besondere Steuerregime möglich sind.

Durch die Regelung des § 12 Abs. 1 Z 10 öKStG soll gewährleistet werden, dass auf Ebene des Schuldners der Zinsen oder Lizenzgebühren nur abzugsfähige Betriebsausgaben für steuerliche Zwecke vorliegen, sofern die korrespondierenden Einnahmen aus Zinsen und Lizenzgebühren auf Ebene des Empfängers eine

---

713 Abgabenänderungsgesetz 2014 – AbgÄG 2014, öBGBl. I Nr. 13, 2014.

714 2. Abgabenänderungsgesetz – 2. AbgÄG 2014 v. 29.12.2014, öBGBl. I Nr. 105, 2014.

715 Das Abzugsverbot gemäß § 12 Abs. 1 Z 10 öKStG findet sowohl für Zinsaufwendungen als auch für Lizenzgebühren Anwendung, welche nach dem 28.2.2014 anfallen. Nach Ansicht der österreichischen Finanzverwaltung gilt dies unabhängig davon, wann die den Zins- oder Lizenzgebührenzahlungen zugrundeliegenden Vereinbarungen abgeschlossen wurden, siehe hierzu die Richtlinie des österreichischen BMF v. 13.3.2013 – BMF-010216/0009-VI/6/2013, öKStR, Rn. 1266bs. Da für die mit dem 2. AbgÄG 2014 vorgenommenen Ergänzungen keine ausdrückliche Inkrafttretensregelung vorgesehen war, sind diese mit Ablauf des Tages der Kundmachung des 2. AbgÄG 2014 im österreichischen Bundesgesetzblatt am 29.12.2014 in Kraft getreten und gelten daher ab dem 30.12.2014. Siehe hierzu auch *Kanduth-Kristen/Kofler*, ÖStZ 2015, 121 (123).

716 Siehe hierzu im Folgenden EB RV 24 BlgNR 25, GP, 13.

über das in § 12 Abs. 1 Z 10 lit. c öKStG geforderte Mindestbesteuerungsniveau hinausgehende steuerliche Erfassung erfahren.[717]

Als mögliche nunmehr von der Vorschrift im Sinne des § 12 Abs. 1 Z 10 öKStG erfasste internationale Steuergestaltungsmaßnahme können beispielsweise sowohl die Finanzierung über Steueroasen als auch die Nutzung von Lizenzboxen sowie pauschale Betriebsausgabenabzüge in begünstigenden Steuerregimen genannt werden.[718]

Die Regelung erfasst allerdings nicht nur zwischenstaatliche, sondern auch innerstaatliche Fallkonstellationen und steht aufgrund dieses weiten Anwendungsbereichs, nach Ansicht des österreichischen Steuergesetzgebers, im Einklang mit einschlägigen zwischenstaatlichen und unionsrechtlichen Regelungen.[719] Obwohl § 12 Abs. 1 Z 10 öKStG sowohl auf ins Inland als auch ins Ausland gezahlte Zinsen bzw. Lizenzgebühren abstellt, werden davon jedoch in der Regel Zahlungen von Österreich ins niedrig besteuerte Ausland erfasst.[720] Dies entspricht grundsätzlich auch dem Normziel, nämlich der Absaugung von Steuersubstrat durch den Abschluss von Kredit- oder Lizenzverträgen mit in Niedrigsteuerländern ansässigen Konzerngesellschaften entgegenzutreten.[721]

Als Auslöser der Einführung der Zins- und Lizenzschranke in Österreich können wohl die steuerpolitischen Entwicklungen auf internationaler Ebene und die insbesondere von der OECD verfolgten Bemühungen zur Eindämmung von Steuerflucht und aggressiver Steuerplanung gesehen werden.

Mit Einführung des Abzugsverbots reagierte der österreichische Steuergesetzgeber frühzeitig auf die entsprechenden internationalen Entwicklungen, jedoch nicht in der von der OECD vorgeschriebenen und abgestimmten Art und Weise.

Diese „Vorreiterrolle" Österreichs wird in der Literatur aus rechts- und standortpolitischer Sicht jedoch kritisiert.[722] Denn anstatt die Ergebnisse des OECD-BEPS-Projekts abzuwarten und Teil einer daran ausgerichteten international akkordierten Lösung zu sein, hat der österreichische Steuergesetzgeber

717 Richtlinie des österreichischen BMF v. 13.3.2013 – BMF-010216/0009-VI/6/2013, öKStR, Rn. 1266al.

718 *Zöchling/Plott*, RdW 2014, 215 (215).

719 EB RV 24 BlgNR 25. GP, 13; siehe hierzu auch *Trinks*, IWB 2014, 211 (216).

720 So auch *Hirschler/Kanduth-Kristen/Zirngast*, in: Bertl/Hirschler, Handbuch der österreichischen Steuerlehre, 256 ff.

721 *Jerabek/Neubauer*, SWI 2014, 369 (370).

722 Kritisch bspw. *Kofler/Marschner*, SWK 2014, 455 (461 ff.); *Kofler*, GES 2014, 53 (53 f.); *Peyerl*, ÖStZ 2014, 223 (226); *Wimpissinger*, SWI 2014, 220 (227); *Zöchling/Plott*, RdW 2014, 215 (221).

„im Alleingang [den] Versuch unternommen, eine Maßnahme des BEPS-Reports umzusetzen“,[723] bevor noch konkrete Vorschläge der OECD zu diesen Maßnahmen vorgelegt haben.

II. Verständnis des Zins- und Lizenzgebührenbegriffs

In Bezug auf die vom Abzugsverbot umfassten Aufwendungen für Zinsen und Lizenzgebühren stellt § 12 Abs. 1 Z 10 öKStG in sachlicher Hinsicht auf den Zinsen- und Lizenzgebührenbegriff des § 99a Abs. 1 Satz 2 und 3 öEStG und damit auf jenen der insbesondere ins nationale Steuerrecht umgesetzten Zinsen- und Lizenzgebühren-Richtlinie[724] ab.[725]

Ausweislich des § 99a Abs. 1 Satz 3 öEStG gelten als Zinsen *„Einkünfte aus Forderungen jeder Art, auch wenn die Forderungen durch Pfandrechte an Grundstücken gesichert oder mit einer Beteiligung am Gewinn des Schuldners ausgestattet sind, insbesondere Einkünfte aus öffentlichen Anleihen und aus Obligationen einschließlich der damit verbundenen Aufgelder und der Gewinne aus Losanleihen. Zuschläge für verspätete Zahlung gelten nicht als Zinsen.“*[726]

Als Lizenzgebühren gelten gemäß § 99a Abs. 1 Satz 2 öEStG *„Vergütungen jeder Art, die für die Benutzung oder für das Recht auf Benutzung von Urheberrechten an literarischen, künstlerischen oder wissenschaftlichen Werken, einschließlich kinematografischer Filme und Software, von Patenten, Marken, Mustern oder Modellen, Plänen, geheimen Formeln oder Verfahren oder für die Mitteilung gewerblicher, kaufmännischer oder wissenschaftlicher Erfahrungen, sowie für die Benutzung oder das Recht auf Benutzung gewerblicher, kaufmännischer oder wissenschaftlicher Ausrüstungen gezahlt werden.“*[727]

Der Begriff der Lizenzgebühren im Sinne der österreichischen Lizenzschranke ist damit zwar an den Lizenzgebührenbegriff im Sinne des Art. 12 OECD-MA

723 *Zöchling/Plott*, RdW 2014, 215 (215).

724 Richtlinie 2003/49/EG des Rates v. 3.6.2003 über eine gemeinsame Steuerregelung für Zahlungen von Zinsen und Lizenzgebühren zwischen verbundenen Unternehmen verschiedener Mitgliedstaaten, ABl. 2003 Nr. L 157, 49.

725 Ebenso beispielsweise *Marchgraber/Plansky*, in: Lang/Rust/Schuch/Staringer, KStG, § 12 Rn. 155; *Binder*, in: Lang/Marchgraber/Rust/Schuch/Staringer, Niedrigbesteuerung im Unternehmenssteuerrecht, 65 (70 ff.).

726 Ausführlich hierzu *Binder*, in: Lang/Marchgraber/Rust/Schuch/Staringer, Niedrigbesteuerung im Unternehmenssteuerrecht, 65 (70 ff.).

727 Ausführlich hierzu *Binder*, in: Lang/Marchgraber/Rust/Schuch/Staringer, Niedrigbesteuerung im Unternehmenssteuerrecht, 65 (73).

angelehnt,[728] geht aber insofern über diesen hinaus, als zusätzliche Vergütungen für die Benutzung bzw. das Recht auf Benutzung von Software sowie gewerblichen, kaufmännischen oder wissenschaftlichen Ausrüstungen (explizit) erfasst werden.[729]

Durch den weiter gefassten Lizenzgebührenbegriff werden hinsichtlich der Nutzungsüberlassungen von gewerblichen, kaufmännischen oder wissenschaftlichen Ausrüstungen zudem Zahlungen im Zusammenhang mit Leasinggeschäften erfasst. Zahlungen im Zusammenhang mit der Veräußerung von Rechten fallen hingegen nicht unter den Lizenzgebührenbegriff.[730] Für das Vorliegen von Lizenzgebühren im Sinne der österreichischen Lizenzschranke ist wiederum nicht maßgeblich, ob diese auf Ebene des ausländischen Empfängers nach dem jeweiligen nationalen Steuerrecht ebenfalls als Lizenzgebühren qualifiziert werden.[731]

III. Tatbestandsvoraussetzungen für die Nichtabzugsfähigkeit

Die steuerliche Abzugsfähigkeit von Aufwendungen für Zinsen und Lizenzgebühren ist allerdings nicht schon grundsätzlich, sondern nur bei Vorliegen bestimmter Voraussetzungen, ausgeschlossen.

Diese Voraussetzungen müssen kumulativ erfüllt sein und beziehen sich einerseits auf derartige Zahlungen an nutzungsberechtigte Empfänger im Konzernverbund, andererseits auf eine bestehende Nicht- bzw. Niedrigbesteuerung dieser Zinsen und Lizenzgebühren, worauf nachfolgend näher eingegangen wird.

1. Nutzungsberechtigter Empfänger im Konzernverbund

Nach der Intention des österreichischen Steuergesetzgebers soll die Regelung des § 12 Abs. 1 Z 10 öKStG Steuervorteile im Konzern eindämmen, sodass bei Vorliegen bestimmter Voraussetzungen ausschließlich Aufwendungen aus Zinsen

---

728 Siehe hierzu die Richtlinie des österreichischen BMF v. 7.5.2018 – BMF-010203/0171-IV/6/2018, öEStR, Rn. 7984; *Binder*, in: Lang/Marchgraber/Rust/Schuch/Staringer, Niedrigbesteuerung im Unternehmenssteuerrecht, 65 (73).

729 Der Lizenzgebührenbegriff im Sinne des § 99a Abs. 1 Satz 2 öEStG, auf welchen sich § 12 Abs. 1 Z 10 öKStG bezieht, entspricht dem vollständigen Wortlaut des Art. 2 lit. b der Zins- und Lizenzgebühren-Richtlinie. Siehe hierzu auch *Sopp/Richter/Tasheva/Katra*, BFuP 2019, 150 (159).

730 *Ludwig*, in: Doralt/Kirchmayr/Mayr/Zorn, öEStG, § 99a Rn. 11.

731 Richtlinie des österreichischen BMF v. 13.3.2013 – BMF-010216/0009-VI/6/2013, öKStR, Rn. 1266ak.

und Lizenzgebühren gegenüber konzernzugehörigen Empfängern vom Abzugsverbot erfasst sind.

Für die Anwendung des Abzugsverbots muss daher zunächst festgestellt werden, wer als Empfänger der Zins- oder Lizenzzahlungen im Sinne der Vorschrift zu qualifizieren ist.[732] Dies wird grundsätzlich derjenige sein, mit dem die leistende Körperschaft in eine rechtliche Vertragsbeziehung tritt, durch welche einerseits eine Leistung in Form einer Kapital- bzw. Nutzungsüberlassung, und andererseits eine Gegenleistung in Form von Zins- oder Lizenzzahlungen erbracht wird. Bei der Bestimmung des Empfängers sind, nach Ansicht der Finanzverwaltung, ausschließlich österreichische Einkünftezurechnungsgrundsätze maßgeblich. Abweichende ausländische Regelungen sind nicht zu beachten.[733]

Im österreichischen Steuerrecht kommen als Empfänger von Zins- oder Lizenzzahlungen dem Grunde nach nur Personen infrage, denen aus steuerlicher Sicht als Steuersubjekte (sei es im Besteuerungsregime des öEStG oder des öKStG) Einkünfte zugerechnet werden können.

Nach den in Österreich geltenden Einkünftezurechnungsgrundsätzen sind die an Personengesellschaften gezahlten Zinsen oder Lizenzgebühren unter Anwendung des hier einschlägigen Durchgriffs- bzw. Transparenzprinzips den dahinter stehenden Gesellschaftern (natürliche oder juristische Personen) als Empfänger zuzurechnen.[734]

Als Empfänger im Sinne der Norm gilt somit derjenige, dem nach den österreichischen Grundsätzen der Einkünftezurechnung jene Zinsen bzw. Lizenzgebühren als Einkünfte zuzurechnen sind, welche auf Ebene des inländischen Körperschaftsteuersubjekts als Aufwand erfasst werden.[735]

---

732 Dies ergibt sich aus der textlichen Änderung in § 12 Abs. 1 Z 10 lit. a öKStG im Rahmen des 2. AbgÄG 2014 und den diesbezüglichen Erläuterungen zur Regierungsvorlage, siehe hierzu EB RV 360 BlgNR 25. GP, 14; siehe hierzu auch die Richtlinie des österreichischen BMF v. 13.3.2013 – BMF-010216/0009-VI/6/2013, öKStR, Rn. 1266al.

733 Richtlinie des österreichischen BMF v. 13.3.2013 – BMF-010216/0009-VI/6/2013, öKStR, Rn. 1266ao.

734 Siehe hierzu auch die Richtlinie des österreichischen BMF v. 13.3.2013 – BMF-010216/0009-VI/6/2013, öKStR, Rn. 1266an sowie öKStR 2013, Rn. 1266av (zur Geltung des Abzugsverbots bei Zahlungen an Personengesellschaften) und öKStR, Rn. 1266bd (zu Qualifikationskonflikten). Diese Einkünftezurechnungsgrundsätze gelten gleichermaßen für andere transparente Rechtsgebilde (wie zum Beispiel Investmentfonds) und deren Anteilseigner.

735 Richtlinie des österreichischen BMF v. 13.3.2013 – BMF-010216/0009-VI/6/2013, öKStR, Rn. 1266am.

Die Einkünftezurechnung richtet sich (gemäß der „*Markteinkommenstheorie*") danach, wer im Zusammenhang mit der Tätigkeit der Kapital- oder Nutzungsüberlassung das Unternehmensrisiko trägt und die Möglichkeit besitzt, die sich bietenden Marktchancen zu nutzen, bzw. die Leistung zu erbringen oder zu verweigern, wobei den vorhandenen Entscheidungsspielräumen und dem Vorhandensein der dafür erforderlichen (Sach-, Personal- und Kapital-)Ausstattung Indizwirkung zukommen.[736]

Für die Anwendung des Abzugsverbots und die Prüfung der diesbezüglichen Anwendungsvoraussetzungen ist gemäß § 12 Abs. 1 Z 10 vorletzter Satz öKStG auf den wirtschaftlichen Nutzungsberechtigten der Zins- oder Lizenzzahlungen abzustellen, wenn der Empfänger nicht ohnehin dem tatsächlichen Nutzungsberechtigten der Zahlungen entspricht. Dadurch soll die Anwendung des Abzugsverbots auch bei einem Auseinanderfallen des zivilrechtlichen Empfängers und des wirtschaftlichen Nutzungsberechtigten gewährleistet und gleichzeitig sichergestellt werden, dass das Abzugsverbot nicht durch die Zwischenschaltung konzernfremder natürlicher oder juristischer Personen als Empfänger umgangen werden kann, wenn diesen die Zins- oder Lizenzeinkünfte wirtschaftlich nicht zuzurechnen sind.[737]

Demnach erfasst die Regelung damit auch „*Back-to-Back*"-Finanzierungen,[738] bei denen ein Unternehmen einem Kreditinstitut eine Geldeinlage zur Verfügung stellt, die diese kongruent an das Unternehmen oder dessen Tochterunternehmen weiterleitet, ohne dass dieses das Kreditausfallrisiko zu tragen hat.[739]

Solche „*Back-to-Back*"-Finanzierungen sind als Beispiel für das Auseinanderfallen von zivilrechtlichem Empfänger und wirtschaftlichem Nutzungsberechtigten bei Zinsen anzusehen.

---

736 Richtlinie des österreichischen BMF v. 13.3.2013 – BMF-010216/0009-VI/6/2013, öKStR, Rn. 1266ao; siehe zu den Einkünftezurechnungsgrundsätzen insbesondere auch die Richtlinie des österreichischen BMF v. 7.5.2018 – BMF-010203/0171-IV/6/2018, öEStR, Rn. 104.

737 Nach Ansicht des österreichischen Steuergesetzgebers wird die zins- oder lizenzempfangende Körperschaft jedoch regelmäßig der Nutzungsberechtigte sein, siehe hierzu EB RV 24 BlgNR 25. GP, 13.

738 EB RV 24 BlgNR 25. GP, 13; Richtlinie des österreichischen BMF v. 13.3.2013 – BMF-010216/0009-VI/6/2013, öKStR, 1266ar.

739 Solche Konstruktionen kommen regelmäßig dann zur Anwendung, wenn beispielsweise eine Kreditgewährung an eine im Ausland ansässige Tochtergesellschaft aufgrund gesetzlicher Vorschriften nicht direkt möglich ist. Aus steuerlicher Sicht werden solche Finanzierungsstrukturen jedoch meist als (Steuer-)Umgehungsgeschäfte qualifiziert.

Der Begriff „*Nutzungsberechtigter*“ ist in § 12 Abs. 1 Z 10 öKStG nicht definiert, allerdings soll sich der Begriff inhaltlich an der in § 99a Abs. 3 öEStG enthaltenen Definition orientieren.[740] Nach § 99a Abs. 3 öEStG gilt ein Unternehmen (eines anderen Mitgliedstaates der Europäischen Union) nur dann als Nutzungsberechtigter, wenn dieses die Zahlungen zu eigenen Gunsten und nicht als Zwischenträger (wie etwa als Vertreter, Treuhänder oder Bevollmächtigter) für eine andere Person erhält und die Forderung, das Recht oder der Gebrauch von Informationen, welche Grundlage für die Zahlung von Zinsen oder Lizenzgebühren ist, mit dem empfangenden Unternehmen in einem konkreten Zusammenhang stehen.[741]

Mit der Übernahme des Begriffs des „*Nutzungsberechtigten*“ wird dieses dem Richtlinien- und Abkommensrecht entstammende Konzept auch in das nationale Recht implementiert.[742]

Des Weiteren wird durch § 12 Abs. 1 Z 10 lit. a öKStG der Anwendungsbereich des Abzugsverbots insoweit eingegrenzt, als es sich bei dem nutzungsberechtigten Empfänger der Zins- oder Lizenzzahlungen um eine inländische Körperschaft im Sinne des § 1 Abs. 2 Z 1 öKStG oder eine vergleichbare ausländische Körperschaft handeln muss.

Von § 1 Abs. 2 Z 1 öKStG erfasst sind typusmäßige Gesellschaftsformen (Körperschaften des privaten Rechts) wie insbesondere Kapitalgesellschaften, Erwerbs- und Wirtschaftsgenossenschaften, Versicherungsvereine auf Gegenseitigkeit, Stiftungen und Vereine.[743]

Handelt es sich beim nutzungsberechtigten Empfänger um eine ausländische Gesellschaft, ist anhand des Typenvergleichs[744] festzustellen, ob diese mit einer inländischen juristischen Person des privaten Rechts vergleichbar ist.[745]

Damit greift das Abzugsverbot nur, sofern es sich beim Empfänger der Zahlungen um eine juristische Person des privaten Rechts handelt, welche als solche

740 EB RV 24 BlgNR 25. GP, 13; Richtlinie des österreichischen BMF v. 13.3.2013 – BMF-010216/0009-VI/6/2013, öKStR, Rn. 1266aq.

741 Zur Bedeutung des Begriffs des *Nutzungsberechtigten* in § 99a öEStG siehe *Bayer*, SWI 2011, 4 (4 ff.).

742 Siehe hierzu auch *Polivanova-Rosenauer*, taxlex 2014, 105 (106).

743 Siehe zu den einzelnen Gesellschaftsformen im Detail die Richtlinie des österreichischen BMF v. 13.3.2013 – BMF-010216/0009-VI/6/2013, öKStR, Rn. 7 bis 34.

744 Zum Typenvergleich siehe Richtlinie des österreichischen BMF v. 13.3.2013 – BMF-010216/0009-VI/6/2013, öKStR, Rn. 133 f.

745 Richtlinie des österreichischen BMF v. 13.3.2013 – BMF-010216/0009-VI/6/2013, öKStR, Rn. 1266at.

Körperschaftsteuersubjekt ist. Nicht erfasst sind hingegen Zahlungen an Körperschaften öffentlichen Rechts.[746]

Werden Zinsen oder Lizenzgebühren an eine Personengesellschaft[747] entrichtet, greift das Abzugsverbot nur insofern (ggfs. anteilsmäßig), als die dahinter stehenden Gesellschafter Körperschaften im Sinne des § 1 Abs. 2 Z 1 öKStG oder vergleichbare ausländische Körperschaften sind.[748]

Handelt es sich beim Empfänger der Zinsen oder Lizenzgebühren um eine natürliche Person, kommt das Abzugsverbot im Sinne des § 12 Abs. 1 Z 10 öKStG hingegen nicht zur Anwendung.[749]

Zudem gilt das Abzugsverbot nur, wenn die Körperschaften als die Zins- oder Lizenzzahlungen empfangenden Unternehmen unmittelbar oder mittelbar konzernzugehörig sind oder unmittelbar oder mittelbar unter dem beherrschenden Einfluss desselben Gesellschafters stehen (§ 12 Abs. 1 Z 10 lit. b öKStG). Der Konzernbegriff ist allerdings nicht näher konkretisiert, jedoch nach Ansicht der österreichischen Finanzverwaltung im Sinne des § 15 öAktG zu verstehen.[750]

---

746 Dies gilt unabhängig davon, ob die Zins- oder Lizenzeinkünfte von der Körperschaft öffentlichen Rechts innerhalb oder außerhalb eines Betriebs gewerblicher Art erzielt werden; EB RV 24 BlgNR 25. GP, 13; Richtlinie des österreichischen BMF v. 13.3.2013 - BMF-010216/0009-VI/6/2013, öKStR, Rn. 1266au.

747 Aufgrund des Normzwecks und des anzustellenden Typenvergleichs bei ausländischen Gesellschaften wird sich die Qualifikation einer Gesellschaft als (transparente) Personengesellschaft nach österreichischem (Steuer-)Recht richten. Siehe hierzu auch *Lachmayer*, in: Quantschnigg/Renner/Strimitzer/Vock, öKStG, § 12 Rn. 189.

748 Bei Zahlungen an transparente Gebilde kann sich in Abhängigkeit von den Eigenschaften der Gesellschafter daher eine teilweise (Nicht-)Abzugsfähigkeit der Zinsen bzw. Lizenzgebühren ergeben; siehe hierzu auch die Richtlinie des österreichischen BMF v. 13.3.2013 - BMF-010216/0009-VI/6/2013, öKStR, Rn. 1266av; ebenso *Mayr/Schilcher*, RdW 2015, 54 (56); *Kanduth-Kristen/Kofler*, ÖStZ 2015, 121 (122).

749 Richtlinie des österreichischen BMF v. 13.3.2013 – BMF-010216/0009-VI/6/2013, öKStR, Rn. 1266au.

750 Gemäß § 15 öAktG (bzw. inhaltsgleich § 115 öGmbHG) ist von einem Konzern auszugehen, wenn rechtlich selbstständige Unternehmen zu wirtschaftlichen Zwecken unter einheitlicher Leitung zusammengefasst sind (Abs. 1) oder ein rechtlich selbstständiges Unternehmen aufgrund von Beteiligungen oder sonst unmittelbar oder mittelbar unter dem beherrschenden Einfluss eines anderen Unternehmens steht (Abs. 2). Der Beherrschungstatbestand erfordert dabei eine konzernartige Beteiligung und die Ausübung eines beherrschenden Einflusses, was im Zweifel bei einer 20-prozentigen Beteiligung im Sinne des § 189 Z 2 öUGB vermutet wird. Siehe zum Konzernbegriff im Sinne des § 12 Abs. 1 Z 10 KStG auch die Richtlinie des österreichischen BMF v. 13.3.2013 – BMF-010216/0009-VI/6/2013, öKStR, Rn. 1125 f. und Rn. 1266aw.

Damit stellt die österreichische Finanzverwaltung – anders als bei der Auslegung der Begriffe *Zinsen, Lizenzgebühren* und *Nutzungsberechtigter* – nicht auf § 99a öEStG und den dort verwendeten Begriff der *verbundenen Unternehmen*,[751] sondern auf einen anderen (nämlich den gesellschaftsrechtlichen) Konzernbegriff ab.[752] Dies entspricht auch der Zielsetzung der Regelung, nämlich Gewinnverlagerungen durch derartige Zins- und Lizenzzahlungen an jede Konzerngesellschaft zu erfassen.

2. Nicht- bzw. Niedrigbesteuerung

Das Abzugsverbot für Zins- und Lizenzzahlungen im Konzernverbund kommt zudem nur in den in § 12 Abs. 1 Z 10 lit. c öKStG aufgezählten Sachverhaltskonstellationen zur Anwendung.

Ausweislich der Vorschrift im Sinne des § 12 Abs. 1 Z 10 lit. c öKStG greift das Abzugsverbot, sofern die Einkünfte aus Zinsen bzw. Lizenzgebühren auf Ebene des nutzungsberechtigten und konzernzugehörigen Empfängers entweder keiner oder aber einer (sehr) niedrigen Besteuerung unterliegen.

a) Nichtbesteuerung gemäß § 12 Abs. 1 Z 10 lit. c TS 1 öKStG

Vom ersten Teilstrich der lit. c sind Fälle der Nichtbesteuerung erfasst. Dementsprechend gilt das Abzugsverbot, wenn die Zins- oder Lizenzeinkünfte auf Ebene der empfangenden Körperschaft aufgrund einer persönlichen oder sachlichen Befreiung keiner Besteuerung unterliegen. Unerheblich ist, aus welchem Grund die Steuerbefreiung erfolgt.[753]

Die österreichische Finanzverwaltung geht dabei von einer persönlichen Steuerbefreiung im Sinne der Norm aus, sofern die empfangende Körperschaft als Steuersubjekt entweder zur Gänze keiner Besteuerung unterliegt, oder mit bestimmten Einkünften (einschließlich jener aus Zinsen und Lizenzgebühren) teilsteuerbefreit ist, sonst aber beschränkt steuerpflichtig bleibt.[754]

---

751 Von der durch § 99a öEStG ins österreichische Steuerrecht umgesetzten Zins- und Lizenzgebühren-Richtlinie werden lediglich Zahlungen zwischen verbundenen Unternehmen erfasst. Als verbundene Unternehmen gelten gemäß § 99a Abs. 6 öEStG (unter Einhaltung einer Mindestbeteiligung in Höhe von 25 Prozent) nur Mutter-, Tochter- und Schwestergesellschaften.

752 Siehe hierzu *Kofler/Marschner*, SWK 2014, 455 (463); *Lachmayer*, in: Quantschnigg/Renner/Strimitzer/Vock, öKStG, § 12 Rn. 194; *Polivanova-Rosenauer*, taxlex 2014, 105 (106).

753 *Binder*, in: Lang/Marchgraber/Rust/Schuch/Staringer, Niedrigbesteuerung im Unternehmenssteuerrecht, 65 (77); *Dziurdź/Marchgraber*, ÖStZ 2014, 378 (379).

754 Richtlinie des österreichischen BMF v. 13.3.2013 – BMF-010216/0009-VI/6/2013, öKStR, Rn. 1266az.

Bei inländischen Körperschaften kann sich eine solche persönliche Steuerbefreiung zum Beispiel aus § 5 öKStG oder anderen sondergesetzlichen Vorschriften ergeben.[755] Bei ausländischen Körperschaften kann dies beispielsweise aus vergleichbaren ausländischen Rechtsvorschriften oder verwaltungsrechtlichen Akten resultieren.

Nach dem Sinn und Zweck der Regelung werden vom Abzugsverbot auch Zins- und Lizenzzahlungen an empfangende Körperschaften erfasst, welche in ihrem ausländischen Ansässigkeitsstaat nicht als Steuersubjekt gelten, und daher keiner (Ertrags-)Besteuerung unterliegen, selbst wenn darin formal keine persönliche Steuerbefreiung gesehen werden kann.[756]

Eine hier relevante sachliche Befreiung ist nach Ansicht der österreichischen Finanzverwaltung gegeben, sofern auf Ebene der empfangenden Körperschaft lediglich bestimmte Einkünfte – und darunter jene aus Zinsen und Lizenzgebühren – von der Besteuerung ausgenommen sind. Unerheblich ist, auf welcher Grundlage eine solche sachliche Befreiung resultiert. Diese kann sich unter anderem aus Qualifikationsdifferenzen oder aufgrund eines Doppelbesteuerungsabkommens ergeben.[757]

Für die Feststellung, ob eine (schädliche) Nichtbesteuerung gegeben ist, hat eine grenzüberschreitende Gesamtbetrachtung der Besteuerungssituation der empfangenden Körperschaft zu erfolgen. Das Abzugsverbot nach dem ersten Teilstrich kommt nämlich nur zur Anwendung, sofern die gesamten Zinsen und Lizenzgebühren auf Ebene der empfangenden Körperschaft weder im Ansässigkeitsstaat noch in einem anderen besteuerungsberechtigten Staat einer Besteuerung unterliegen.[758]

Werden die Zins- oder Lizenzeinkünfte aufgrund besonderer Regelungen zwar nicht bei der empfangenden, aber bei einer anderen Körperschaft einer Besteuerung unterworfen, kommt die Regelung nicht zur Anwendung, da noch nicht zwingend eine Nichtbesteuerung gegeben ist.

In solchen Fällen hat die Beurteilung einer (schädlichen) Nicht- bzw. Niedrigbesteuerung im Sinne des § 12 Abs. 1 Z 10 lit. c öKStG auf Ebene der empfangenden Körperschaft unter Berücksichtigung der Steuerbelastung bei jenem

755 In Österreich werden von diesem Teilstrich daher insbesondere Zahlungen an gemeinnützige und aufgrund sondergesetzlicher Bestimmungen befreite Körperschaften erfasst sein. Siehe hierzu auch *Lachmayer,* in: Quantschnigg/Renner/Strimitzer/Vock, öKStG, § 12 Rn. 196.

756 Siehe hierzu *Dziurdź/Marchgraber*, ÖStZ 2014, 378 (382).

757 Richtlinie des österreichischen BMF v. 13.3.2013 – BMF-010216/0009-VI/6/2013, öKStR, Rn. 1266ba.

758 Richtlinie des österreichischen BMF v. 13.3.2013 – BMF-010216/0009-VI/6/2013, öKStR, Rn. 1266bb.

Steuersubjekt, dem die Zinsen und Lizenzgebühren zugerechnet werden, zu erfolgen.[759]

b) Niedrigbesteuerung gemäß § 12 Abs. 1 Z 10 lit. c TS 2 öKStG

Vom Abzugsverbot sind nach dem zweiten Teilstrich der lit. c jene Fälle der Niedrigbesteuerung erfasst, im Rahmen derer die Zins- oder Lizenzeinkünfte einem nominellen Steuersatz von weniger als 10 Prozent unterworfen werden.

Diese Fälle der Niedrigbesteuerung liegen vor, wenn die Zins- oder Lizenzeinkünfte auf Ebene der empfangenden Körperschaft entweder einem nominellen Normalsteuersatz von weniger als 10 Prozent oder einem spezifischen auf Zins- oder Lizenzeinkünfte anwendbaren reduzierten nominellen Steuersatz von weniger als 10 Prozent unterliegen.[760]

Für die Berechnung des nominellen Steuersatzes – einer der österreichischen Körperschaftsteuer vergleichbaren ausländischen (Körperschaft- oder Gewinn-) Steuer – sind nicht nur Bundes-, Landes- und Gemeindesteuern, die aufgrund derselben Bemessungsgrundlage berechnet werden, sowie Zuschläge und Ergänzungsabgaben zu solchen Steuern zu berücksichtigen,[761] sondern – weil das Gesetz nicht explizit auf einen ausländischen Steuersatz abstellt – auch (finale) österreichische Quellensteuern, die auf diesen Zins- und Lizenzzahlungen lasten.[762]

---

759 Richtlinie des österreichischen BMF v. 13.3.2013 – BMF-010216/0009-VI/6/2013, öKStR, Rn. 1266bc.

760 Maßgebend ist lediglich der nominelle Steuersatz, welcher auf die aus österreichischen Quellen stammenden Zinsen oder Lizenzgebühren zur Anwendung gelangt. Unerheblich ist hingegen die Höhe des Steuersatzes, dem andere Einkünfte unterliegen; siehe hierzu die Richtlinie des österreichischen BMF v. 13.3.2013 – BMF-010216/0009-VI/6/2013, öKStR, Rn. 1266be.

761 Siehe hierzu die Richtlinie des österreichischen BMF v. 13.3.2013 – BMF-010216/0009-VI/6/2013, öKStR, Rn. 1266bf.

762 Nach Ansicht der österreichischen Finanzverwaltung (Richtlinie des österreichischen BMF v. 13.3.2013 – BMF-010216/0009-VI/6/2013, öKStR, Rn. 1266bh) kann in einer Gesamtbetrachtung nur jener Steuersatz des Quellen- bzw. Betriebsstättenstaates Berücksichtigung finden, der auf die Zins- oder Lizenzeinkünfte nach allfälligen Reduktionen oder Rückerstattungen (beispielsweise aufgrund eines DBA) final zur Anwendung gelangt. Beträgt der im Ansässigkeitsstaat des Empfängers relevante Steuersatz weniger als 10 Prozent, jedoch der finale Quellensteuersatz für die Zinsen oder Lizenzgebühren zumindest 10 Prozent, kommt das Abzugsverbot nicht zur Anwendung. Siehe zur Verdeutlichung die beiden Beispiele in der Richtlinie des österreichischen BMF v. 13.3.2013 – BMF-010216/0009-VI/6/2013, öKStR, Rn. 1266bh.

Werden die Zinsen oder Lizenzgebühren in mehreren Staaten einer Besteuerung unterworfen und beträgt keiner der zur Anwendung gelangenden nominellen Steuersätze mindestens 10 Prozent, so sind für die Beurteilung der Anwendung des Abzugsverbots die Steuersätze kumuliert zu betrachten, sofern nicht eine gegenseitige Anrechenbarkeit gegeben ist.[763]

c) Niedrigbesteuerung gemäß § 12 Abs. 1 Z 10 lit. c TS 3 öKStG

Der dritte Teilstrich der lit. c erfasst zudem jene Fälle der Niedrigbesteuerung, in welchen auf die Zins- oder Lizenzeinkünfte (unabhängig vom nominellen Steuersatz) ein effektiver Steuersatz von weniger als 10 Prozent zur Anwendung gelangt.

Ein solch niedriger effektiver Steuersatz kann sich dabei ergeben, wenn auf Ebene der empfangenden Körperschaft besondere – jedoch nicht nur ausschließlich für die Zins- oder Lizenzeinkünfte geltende[764] – Steuerermäßigungen in Form von fiktiven Betriebsausgaben[765] oder teilweisen sachlichen Befreiungen zur Anwendung gelangen.

Die Vorschrift zielt dabei auf Begünstigungen ab, welche durch eine Reduktion der steuerlichen Bemessungsgrundlage zu einer niedrigen effektiven Besteuerung führen.[766]

Als mögliche Grundlage der Begünstigung kommen die Einnahmen oder die Einkünfte aus Zinsen oder Lizenzgebühren, aber auch das gesamte Einkommen (einschließlich der Zinsen bzw. Lizenzgebühren) infrage. Steuerermäßigungen,

---

763 *Dziurdź/Marchgraber*, ÖStZ 2014, 378 (381); *Lachmayer*, in: Quantschnigg/Renner/Strimitzer/Vock, öKStG, § 12 Rn. 205.

764 Mit dem 2. AbgÄG 2014 wurde der Text des § 12 Abs. 1 Z 10 lit. c KStG um das Wort „*auch*" ergänzt und damit klargestellt, dass nicht nur ausschließlich für Zinsen und Lizenzgebühren vorgesehene Steuerermäßigungen zu berücksichtigen sind, sondern zum Beispiel auch Begünstigungen für das gesamte Einkommen des Empfängers zum Abzugsverbot im Sinne des Teilstrichs führen können. Siehe hierzu EB RV 360 BlgNR 25. GP, 14.

765 Als Beispiele werden ein pauschaler Abzug von fiktiven Refinanzierungskosten oder die Möglichkeit eines fiktiven Betriebsausgabenabzugs für Gewinnausschüttungen genannt. Siehe hierzu die Richtlinie des österreichischen BMF v. 13.3.2013 – BMF-010216/0009-VI/6/2013, öKStR, Rn. 1266bi; *Mayr/Schilcher*, RdW 2015, 54 (56).

766 In diesem Zusammenhang wird zum Teil auch von steuerlichen Sonderregimen gesprochen, die beispielsweise Begünstigungen in Form von sogenannten Zins- und Patenboxen vorsehen. Siehe hierzu beispielsweise *Lachmayer*, in: Quantschnigg/Renner/Strimitzer/Vock, öKStG, § 12 Rn. 208 ff.

welche sich ausschließlich auf andere Einkünfte beziehen, sind hingegen nicht von Bedeutung.[767]

Nicht erfasst sind nach Ansicht des österreichischen Steuergesetzgebers zudem jene Fälle, in welchen sich der effektive Steuersatz von unter zehn Prozent auf Ebene der empfangenden Körperschaft aufgrund von dieser erzielten oder aufgrund von Gruppenbesteuerungsregelungen zugerechneten laufenden Verlusten ergibt. Dies gilt ebenso für die Niedrigbesteuerung aufgrund von steuerlichen Verlustvor- und Verlustrückträgen.[768]

Stehen der empfangenden Körperschaft dem Grunde nach Steuerermäßigungen im Sinne der Bestimmung zu, ist die effektive Steuerbelastung der fraglichen Zinsen oder Lizenzgebühren zu ermitteln.[769] Für die Berechnung des effektiven Steuersatzes ist die der ausländischen Steuer unterliegende Bemessungsgrundlage um die geltend gemachten Steuerbegünstigungen zu erhöhen[770] und zur tatsächlich gezahlten Steuer ins Verhältnis zu setzen. Die dafür zu berücksichtigenden Steuern sind dieselben, wie bei der Ermittlung des nominellen Steuersatzes, sodass auch hier eine finale österreichische Quellensteuerbelastung mit zu berücksichtigen ist.[771]

Nach Ansicht der österreichischen Finanzverwaltung kann anhand der allgemeinen, auf den Empfänger anwendbaren Besteuerungsregelungen, eine Überleitung des nominellen Steuersatzes auf den effektiven Steuersatz vorgenommen werden.[772]

Dem Steuerpflichtigen steht es offen, eine über zehn Prozent hinausgehende tatsächliche effektive Steuerbelastung nachzuweisen, indem, im Rahmen einer erhöhten Mitwirkungspflicht bei Auslandssachverhalten, die nach

---

767 Richtlinie des österreichischen BMF v. 13.3.2013 – BMF-010216/0009-VI/6/2013, öKStR, Rn. 1266bj.

768 Richtlinie des österreichischen BMF v. 13.3.2013 – BMF-010216/0009-VI/6/2013, öKStR, Rn. 1266bk.

769 Richtlinie des österreichischen BMF v. 13.3.2013 – BMF-010216/0009-VI/6/2013, öKStR, Rn. 1266bl; *Lachmayer*, in: Quantschnigg/Renner/Strimitzer/Vock, öKStG, § 12 Rn. 208 ff.

770 Das bedeutet, dass geltend gemachte fiktive Betriebsausgaben oder partielle sachliche Steuerbefreiungen etc. der Bemessungsgrundlage wieder hinzuzurechnen sind. Sonstige Unterschiede in der Berechnung der Bemessungsgrundlage nach österreichischem und ausländischem Steuerrecht bleiben hingegen unberücksichtigt.

771 Siehe hierzu *Kofler/Marschner*, SWK 2014, 455 (464).

772 EB RV 24 BlgNR 25. GP, 13; Richtlinie des österreichischen BMF v. 13.3.2013 – BMF-010216/0009-VI/6/2013, öKStR, Rn. 1266bl.

ausländischem Recht konkret zur Anwendung gelangenden Besteuerungsregelungen sowie die Berechnung der Bemessungsgrundlage und der tatsächlichen Steuerbelastung dargelegt und die Steuererklärungen sowie die entsprechenden Steuerbescheide vorgelegt werden.

Für die Ermittlung der tatsächlichen Steuerbelastung ist eine adaptierte ausländische Bemessungsgrundlage zu berechnen, und ins Verhältnis zur tatsächlichen Ertragsbesteuerung zu setzen.

Die adaptierte Bemessungsgrundlage errechnet sich durch die Bereinigung der Zins- oder Lizenzeinkünfte um Steuerermäßigungen und einem anschließenden Abzug von im Ausland nicht geltend gemachten, nachgewiesenen und tatsächlichen Betriebsausgaben, welche mit den Zinsen bzw. Lizenzgebühren in Zusammenhang stehen.[773]

d) Niedrigbesteuerung gemäß § 12 Abs. 1 Z 10 lit. c TS 4 öKStG

Der erst mit dem 2. AbgÄG 2014 eingeführte vierte Teilstrich der lit. c erfasst schließlich jene Fälle, im Rahmen derer eine niedrige Steuerbelastung aus einer Steuerrückerstattung resultiert.

Damit sind vom Abzugsverbot nicht nur Fälle der Nicht- bzw. Niedrigbesteuerung, sondern auch solche Sachverhaltskonstellationen erfasst, bei denen, aufgrund von Steuerrückerstattungen, eine Steuerbelastung (auch) der Zins- und Lizenzeinkünfte von weniger als zehn Prozent erreicht werden kann. Dabei sind nicht nur die Steuerrückerstattungen an die empfangende Körperschaft, sondern auch Steuerrückerstattungen an deren Gesellschafter zu berücksichtigen.[774]

Die tatsächliche Steuerbelastung entspricht jener Steuer, welche, nach etwaigen Refundierungen final, auf den Zins- und Lizenzeinkünften lastet.[775]

e) Gemeinsame Regelung für § 12 Abs. 1 Z 10 lit. c TS 3 und 4 öKStG

Im Schlussteil der lit. c wird die praktische Anwendbarkeit des Abzugsverbots nach dem dritten und vierten Teilstrich geregelt.[776]

---

773 Richtlinie des österreichischen BMF v. 13.3.2013 – BMF-010216/0009-VI/6/2013, öKStR, Rn. 1266bl.

774 Dies betrifft insbesondere Sachverhalte, bei denen sich eine Niedrigbesteuerung aufgrund einer Steuerrückerstattung der ausländischen Körperschaftsteuer an die Anteilsinhaber des Empfängers ergibt. Siehe hierzu die EB RV 360 BlgNR 25. GP, 14; ebenso *Kanduth-Kristen/Kofler*, ÖStZ 2015, 121 (122).

775 EB RV 360 BlgNR 25. GP, 14.

776 *Schlager*, RWZ 2014, 357 (358).

Das Abzugsverbot gemäß den Teilstrichen drei und vier soll selbst dann in dem Jahr greifen, in welchem die Zins- oder Lizenzaufwendungen angefallen sind, wenn die abstrakte Möglichkeit einer Steuerermäßigung oder Steuerrückerstattung erst in einem späteren Wirtschaftsjahr besteht.

Weil sich die Frage der Anwendbarkeit des Abzugsverbots meist zeitlich vorgelagert – also vor dem Feststehen einer tatsächlichen niedrigen Steuerbelastung durch Inanspruchnahme von Begünstigungen bzw. einer Steuerrückerstattung – stellt, wird für Zwecke der Anwendbarkeit des Abzugsverbots vorläufig eine Inanspruchnahme vermutet.[777]

Für die Beurteilung der Anwendbarkeit des Abzugsverbots im Sinne des dritten und vierten Teilstrichs wird im Jahr des Anfalls der Zins- oder Lizenzeinkünfte eine Berechnung der abstrakten Steuerlast auf Ebene des Empfängers unter der Annahme zu erfolgen haben, dass die (künftige) Steuerermäßigung, bzw. Steuerrückerstattung, im höchstmöglichen Ausmaß in Anspruch genommen wird.[778]

Erfolgt jedoch innerhalb von fünf Wirtschaftsjahren nach dem Anfallen der Aufwendungen tatsächlich keine Steuerermäßigung oder -rückerstattung, können die Aufwendungen für Zinsen oder Lizenzgebühren im Wege des § 295a öBAO rückwirkend steuerlich geltend gemacht werden.[779]

f) Nicht- bzw. Niedrigbesteuerung bei Personengesellschaften und Betriebsstätten

Bei Zins- oder Lizenzzahlungen an (in- oder ausländische) Personengesellschaften werden im Sinne der Norm, wie auch sonst im österreichischen Steuerrecht und unabhängig von der Einkünftezurechnung im Ausland, die Gesellschafter als Empfänger der Zinsen oder Lizenzgebühren qualifiziert.[780]

Sofern es sich bei diesen Gesellschaftern um konzernzugehörige Körperschaften im Sinne des § 12 Abs. 1 Z 10 lit. a und b öKStG handelt, kann im Falle einer Nicht- bzw. Niedrigbesteuerung der Zinsen bzw. Lizenzgebühren, das Abzugsverbot zur Anwendung gelangen.[781] Da bei Zahlungen an transparente

---

777 *Mayr/Schilcher*, RdW 2015, 54 (57); *Schlager*, RWZ 2014, 357 (358).

778 *Mayr/Schilcher*, RdW 2015, 54 (57).

779 Siehe hierzu auch *Marchgraber/Plansky*, in: Lang/Rust/Schuch/Staringer, KStG, § 12 Rn. 198 f.; *Fellinger*, in: Urnik/Fritz-Schmied, Bilanzsteuerrecht, 161 (187).

780 Siehe hierzu die Richtlinie des österreichischen BMF v. 13.3.2013 – BMF-010216/0009-VI/6/2013, öKStR, Rn. 1266an mit Verweis auf öKStR, Rn. 1266av und 1266bd.

781 Richtlinie des österreichischen BMF v. 13.3.2013 – BMF-010216/0009-VI/6/2013, öKStR, Rn. 1266bd.

Gebilde auf die jeweiligen Eigenschaften der Gesellschafter abzustellen ist, kann sich auch eine teilweise (Nicht-)Abzugsfähigkeit der Zinsen bzw. Lizenzgebühren ergeben.[782]

Wird eine Personengesellschaft im Ausland nicht als transparent behandelt, und werden deshalb die Zinsen oder Lizenzgebühren auf Ebene der Gesellschaft der Besteuerung unterworfen, ist für die Beurteilung der Nicht- bzw. Niedrigbesteuerung auch die Steuerbelastung auf Ebene der Personengesellschaft sowie eine allfällige Steuerbelastung der *Ausschüttung* an die Empfänger entsprechend zu berücksichtigen.[783] Wie bei der Anwendung von Gruppenbesteuerungsregelungen ist für die Beurteilung der Nicht- bzw. Niedrigbesteuerung auch das Besteuerungsniveau jenes Steuersubjektes, auf dessen Ebene die Zins- oder Lizenzeinkünfte besteuert werden, relevant.

Bei Zins- oder Lizenzzahlungen an ausländischen Betriebsstätten ist für die Beurteilung der Nicht- bzw. Niedrigbesteuerung in Abhängigkeit von der im jeweiligen DBA des Betriebsstättenstaates und des Ansässigkeitsstaates des Stammhauses vorgesehenen Methode vorzugehen. Demnach ist bei einem DBA mit Befreiungsmethode auf die steuerliche Behandlung auf Ebene der Betriebsstätte abzustellen, während bei einem DBA mit Anrechnungsmethode die Besteuerung auf Ebene des Stammhauses mit zu berücksichtigen und die jeweils höhere Steuerbelastung maßgeblich ist.[784]

IV. Rechtsfolge

Sind alle Tatbestandsvoraussetzungen der Vorschrift im Sinne des § 12 Abs. 1 Z 10 öKStG kumulativ erfüllt, besteht die zentrale Rechtsfolge der österreichischen Zins- und Lizenzschrankenregelung grundsätzlich darin, den Betriebsausgabenabzug für bezahlte Zinsen oder Lizenzgebühren auf Ebene des Zahlungsschuldners vollumfänglich für steuerliche Zwecke zu versagen.

Im Rahmen dessen wird von der Vorschrift im Sinne des § 12 Abs. 1 Z 10 öKStG weder ein anteiliger Betriebsausgabenabzug noch ein Vortrag von nicht abziehbaren Zins- oder Lizenzgebührenaufwendungen gestattet.

782 Richtlinie des österreichischen BMF v. 13.3.2013 – BMF-010216/0009-VI/6/2013, öKStR, Rn. 1266av; *Mayr/Schilcher*, RdW 2015, 54 (56); *Kanduth-Kristen/Kofler*, ÖStZ 2015, 121 (122).

783 Siehe hierzu die Richtlinie des österreichischen BMF v. 13.3.2013 – BMF-010216/0009-VI/6/2013, öKStR, Rn. 1266bd; *Rzepa*, RdW 2014, 615 (617) mit Verweis auf *Dziurdź/Marchgraber*, ÖStZ 2014, 378 (382).

784 *Lachmayer*, in: Quantschnigg/Renner/Strimitzer/Vock, öKStG, § 12 Rn. 213.

V. Ausnahmetatbestände

1. *Hinzurechnungsbesteuerung*

Zahlt eine in Österreich steuerpflichtige Körperschaft Zinsen oder Lizenzgebühren an eine konzernzugehörige ausländische Körperschaft, welche aus österreichischer Sicht Empfängerin und Nutzungsberechtigte der Einkünfte ist, und unterliegt diese einer Steuerlast von weniger als 10 Prozent, so ordnet § 12 Abs. 1 Z 10 öKStG die vollständige Nichtabzugsfähigkeit dieser Zahlungen an.

Ist die Zinsen oder Lizenzgebühren zahlende österreichische Körperschaft gleichzeitig zu mehr als 50 Prozent an der empfangenden Körperschaft beteiligt, kann es darüber hinaus auch zu einer unmittelbaren Hinzurechnung an die beherrschende Gesellschaft im Sinne des § 10a Abs. 1 Z öKStG und damit zu einer Steuerpflicht der nicht abzugsfähigen Zins- und Lizenzzahlungen kommen.[785]

Das Abzugsverbot gemäß § 12 Abs. 1 Z 10 öKStG kommt hingegen nicht zur Anwendung, sofern die Zinsen oder Lizenzgebühren zahlende Körperschaft nachweisen kann, dass die Zinsen oder Lizenzgebühren aufgrund der Hinzurechnungsbesteuerung entweder bei ihr selbst oder auf Ebene eines anderen inländischen unmittelbaren oder mittelbaren Gesellschafters der empfangenden Körperschaft einer ausreichenden Besteuerung unterliegen, wobei die Schwelle der Niedrigbesteuerung im Sinne des § 12 Abs. 1 Z 10 öKStG unter Berücksichtigung der Hinzurechnungsbesteuerung überschritten wird.[786]

Diese Ausnahme vom Abzugsverbot gilt auch, wenn eine Hinzurechnungsbesteuerung im Ausland zu einer ausreichenden Besteuerung der Zins- oder Lizenzeinkünfte auf Ebene der empfangenden Körperschaft führt.[787]

2. *Risikokapitalbeihilfen*

Das österreichische Abzugsverbot für Zinsen und Lizenzgebühren gemäß § 12 Abs. 1 Z 10 öKStG kommt nicht zur Anwendung, wenn die empfangende Körperschaft die unionsrechtlichen Vorschriften für Risikokapitalbeihilfen

785 Richtlinie des österreichischen BMF v. 13.3.2013 – BMF-010216/0009-VI/6/2013, öKStR, Rn. 1266br; *Blum*, SWI 2018, 586 (587).

786 Siehe hierzu auch *Blum*, SWI 2018, 586 (587); Richtlinie des österreichischen BMF v. 13.3.2013 – BMF-010216/0009-VI/6/2013, öKStR, Rn. 1266br.

787 Richtlinie des österreichischen BMF v. 13.3.2013 – BMF-010216/0009-VI/6/2013, öKStR, Rn. 1266br.

erfüllt.[788] Dabei wird es sich grundsätzlich um Körperschaften handeln, welche im *Private-Equity-* bzw. *Venture-Capital*-Bereich tätig sind.[789]

Die unionsrechtlichen Vorschriften für Risikobeihilfen legen fest, unter welchen Voraussetzungen Risikokapitalbeihilfen mit dem gemeinsamen Markt vereinbar sind, und von der EU-Kommission genehmigt werden können.

Um sich der restriktiven Rechtsfolge der österreichischen Zins- und Lizenzschranke gemäß § 12 Abs. 1 Z 10 öKStG zu entziehen, ist demnach im Einzelfall in Erfahrung zu bringen, ob die empfangende Körperschaft Beihilfen erhält, welche als Risikokapitalbeihilfen im Sinne der Leitlinie qualifiziert werden können.[790]

VI. Gesamtwürdigung

Aus den vorangestellten Ausführungen lässt sich erkennen, dass die österreichische Lizenzschrankenregelung in zwei Punkten besser gelungen ist als ihr deutsches Pendant.

Denn was die sachliche Abgrenzung der von § 12 Abs. 1 Z 10 öKStG erfassten Aufwendungen anbelangt, lässt sich festhalten, dass Österreich insofern Synergieeffekte gezielt nutzbar macht, da auf die Zins- und Lizenzdefinition der in § 99a öKStG umgesetzten Zins- und Lizenzgebühren-Richtlinie Bezug genommen wird.

Um auch aus deutscher, steuerlicher Sicht eine Harmonisierung mit der Zins- und Lizenzgebühren-Richtlinie zu erreichen, könnte sich Deutschland am österreichischen Beispiel orientieren und auf die Definition in § 50g Abs. 3 Nr. 4 lit. b EStG, anstelle auf diejenige in § 50a Abs. 1 Nr. 3 EStG, abstellen.

Des Weiteren bedienen sich sowohl Deutschland als auch Österreich eines Korrespondenzprinzips, da die jeweilige Abzugsbeschränkung negativ mit der Höhe des ausländischen Steuersatzes auf Ebene des Vergütungsgläubigers

---

788 Nach den Gesetzesmaterialien gelten als unionsrechtliche Vorschriften für Risikokapitalbeihilfen die Leitlinien der Gemeinschaft für staatliche Beihilfen zur Förderung von Risikokapitalinvestitionen in kleine und mittlere Unternehmen v. 18.8.2006, ABl. 2006 Nr. C 194, 2; Mitteilung der Kommission zur Änderung der Leitlinien der Gemeinschaft für staatliche Beihilfen zur Förderung von Risikokapitalinvestitionen in kleine und mittlere Unternehmen v. 7.12.2010, ABl. 2010 Nr. C 329, 5; EB RV 24 BlgNR 25. GP, 13.

789 EB RV 24 BlgNR 25. GP, 13; siehe hierzu auch *Kofler/Marschner*, SWK 2014, 455 (455).

790 *Lehner*, in: Bergmann/Bieber, KStG, § 12 Rn. 226.

korreliert. Während sich Deutschland auf einen effektiven und zu unterschreitenden Steuersatz in Höhe von 25 Prozent bezieht, bedient sich Österreich eines effektiven[791] Steuersatzes in Höhe von lediglich 10 Prozent.

Beide Schwellenwerte sind jedoch nicht direkt miteinander vergleichbar, da der österreichische Wert auch an einen für sämtliche Einkünfte geltenden allgemeinen Steuersatz anknüpfen kann, während der deutsche Wert explizit und ausschließlich auf einen für Lizenzboxen typischen Vorzugssteuersatz abstellt.

Aufgrund des vergleichsweise geringen (deutschen) Körperschaftsteuersatzes in Höhe von derzeit 15 Prozent sowie vor dem Hintergrund, dass deutsche Kapitalgesellschaften bei der Ermittlung der Ertragsteuerbelastung theoretisch selbst als Niedrigsteuerland[792] zu klassifizieren wären, könnte sich der deutsche Lösungsansatz an der österreichischen Vorgabe orientieren.[793]

B. Vergleichende Untersuchung

Nachdem in den vorangestellten Abschnitten die Grundzüge der steuerlichen Rahmenbedingungen in Bezug auf die österreichische Lizenzschrankenregelung dargestellt wurden, stellt sich weitergehend die Frage, ob und inwieweit die Ausgestaltung der österreichischen Lizenzschrankenregelung herangezogen werden kann, um die deutsche Lizenzschranke gemäß § 4j EStG in ihrer derzeitigen Ausgestaltung punktuell derart zu modifizieren, dass sich diese *de lege ferenda* im Ergebnis mit höherrangigem Recht vereinbaren ließe.

Um derartige (mögliche) Reformüberlegungen für den deutschen Steuergesetzgeber abzuleiten, wird die österreichische Lizenzschranke gezielt in Bezug auf die mit der deutschen Lizenzschrankenregelung identifizierten Problemfelder hin untersucht.

---

791 Hierunter seien sämtliche in § 12 Abs. 1 Z 10 lit. c öKStG genannten Fallkonstellationen erfasst. So beläuft sich der effektive ausländische Steuersatz beispielsweise auf 0 Prozent, sofern der Vergütungsgläubiger persönlich steuerbefreit ist.

792 Dies gilt, sofern sich der Gewerbesteuerhebesatz in der Bandbreite zwischen 200 Prozent bis ca. 262 Prozent bewegt. Denn bei Berücksichtigung eines Gewerbesteuerhebesatzes in Höhe von 262 Prozent ergibt sich für eine deutsche Kapitalgesellschaft eine Ertragsteuerbelastung in Höhe von 24,995 Prozent (15,825 Prozent (inkl. Solidaritätszuschlag) zzgl. 9,17 Prozent GewSt).

793 Dieses Argument beinhaltet jedoch nicht, dass Deutschland keine Präferenzbesteuerung vorsieht. Dennoch mutet die 25-Prozent-Grenze als zu hoch und nicht mehr zeitgemäß an.

I. Identifizierte Problemfelder der deutschen Lizenzschrankenregelung

1. Durchbrechung des objektiven Nettoprinzips

a) Deutschland

Wie bereits in Kapitel IV ausführlich dargestellt, verstößt die deutsche Lizenzschrankenregelung in Form des § 4j EStG gegen das objektive Nettoprinzip und somit gegen den allgemeinen Gleichheitssatz des Art. 3 Abs. 1 GG, da die Lizenzschranke den grundsätzlich zulässigen Betriebsausgabenabzug gemäß § 4 Abs. 4 EStG von Aufwendungen aus Rechteüberlassungen auf Ebene des Lizenznehmers teilweise oder gar vollumfänglich für steuerliche Zwecke versagt, und dabei keiner Rechtfertigung zugänglich ist.

b) Österreich

Auch die österreichische Regelung durchbricht grundsätzlich das objektive Nettoprinzip, da die vom Anwendungsbereich des § 12 Abs. 1 Z 10 öKStG erfassten Aufwendungen unter den bestimmten Voraussetzungen des § 12 Abs. 1 Z 10 öKStG nicht für steuerliche Zwecke als Betriebsausgaben berücksichtigt werden.

Nach dem Leistungsfähigkeitsprinzip, welches ebenso dem österreichischen Ertragsteuerrecht zugrundeliegt, soll sowohl die österreichische Einkommen- als auch die Körperschaftsteuer den periodisch erzielten Zuwachs an persönlicher wirtschaftlicher Leistungsfähigkeit erfassen, welche im Wesentlichen durch das am Markt erzielte Einkommen ausgedrückt wird.[794]

In Österreich ist es dazu aus verfassungsrechtlicher Sicht erforderlich, die zur Erzielung des Einkommens getätigten (betrieblichen) Aufwendungen von der Bemessungsgrundlage abzuziehen („*objektives Nettoprinzip*"), da ansonsten Einkommen besteuert wird, welches nicht erzielt wurde.[795]

Das objektive Nettoprinzip ist zwar das Grundprinzip des österreichischen Ertragsteuerrechts, es gilt jedoch nicht absolut. Eine Durchbrechung des objektiven Nettoprinzips ist im Hinblick auf den allgemeinen Gleichheitssatz

---

794 VfGH, Urt. v. 17.6.2009 – B 53/08, ECLI:AT:VFGH:2009:B53.2008.

795 Siehe hierzu VfGH, Urt. v. 11.3.1994 – B 1297/93, ECLI:AT:VFGH:1994:B1297.1993; Urt. v. 27.9.2000 – B 2031/98, ECLI:AT:VFGH:2000:B2031.1998; Urt. v. 11.12.2002 – B 941/02, ECLI:AT:VFGH:2002:B941.2002; Urt. v. 17.6.2009 – B 53/08, ECLI:AT:VFGH:2009:B53.2008.

grundsätzlich möglich, sofern der entsprechende Eingriff in den Schutzbereich des allgemeinen Gleichheitssatzes sachlich gerechtfertigt ist.[796]

Der österreichische Steuergesetzgeber rechtfertigt den aufgrund der österreichischen Lizenzschranke vorliegenden Eingriff mit der Bekämpfung von konzerninternen Gewinnverlagerungen mittels Zins- und Lizenzzahlungen in Niedrigsteuerländer oder besondere Steuerregime. Steuervorteile im Konzern sollen mithilfe des Betriebsausgabenabzugsverbots gemäß § 12 Abs. 1 Z 10 öKStG eingedämmt werden.[797]

In der Rechtsprechung zum Betriebsausgabenabzugsverbot für Managergehälter stellt der österreichische Verfassungsgerichtshof fest, dass einer Rechtfertigung des österreichischen Steuergesetzgebers nur entgegengetreten werden kann, wenn die verfolgte Zielsetzung keinesfalls im öffentlichen Interesse liegt.[798]

Vor diesem Hintergrund ist der Spielraum des österreichischen Steuergesetzgebers grundsätzlich als sehr weit anzusehen, sodass die durch den österreichischen Steuergesetzgeber angeführte Rechtfertigung in Bezug auf das Abzugsverbot im Sinne des § 12 Abs. 1 Z 10 öKStG für österreichische Zwecke ausreichend erscheint.

c) Zwischenergebnis

Wie auch die deutsche Vorschrift im Sinne des § 4j EStG durchbricht auch die österreichische Lizenzschrankenregelung das objektive Nettoprinzip. Im Gegensatz zur deutschen Regelung sieht sich die österreichische Lizenzschranke im Sinne des § 12 Abs. 1 Z 10 öKStG dabei jedoch weniger verfassungsrechtlichen Bedenken ausgesetzt als ihr deutsches Pendant.

Im Ergebnis lassen die aus der österreichischen Regelung gewonnenen Erkenntnisse keine zielführenden Reformüberlegungen für den deutschen Steuergesetzgeber zu.

2. Substanzbesteuerung

a) Deutschland

Wie bereits in Kapitel IV ausführlich dargestellt, führt die Lizenzschrankenregelung in Form des § 4j EStG infolge der (partiellen) Abzugsbeschränkung für Aufwendungen aus Rechteüberlassungen insbesondere in Durchlaufsituationen

---

796 VfGH, Urt. v. 9.12.2014 – G 136/2014-25 (u.w.), ECLI:AT:VFGH:2014:G136.2014.
797 Siehe hierzu EB RV 24 BlgNR 25. GP, 13.
798 VfGH, Urt. v. 9.12.2014 – G 136/2014-25 (u.w.), ECLI:AT:VFGH:2014:G136.2014.

zu einer Substanzbesteuerung, bei welcher die Steuerlast den Gewinn des betroffenen Steuerpflichtigen erheblich übersteigen kann. Insbesondere können sich daraus speziell in konjunkturell schwächeren Zeiten auf Ebene betroffener Steuerpflichtiger existenzbedrohliche Wirkungen entfalten.

Folglich stellt die Lizenzschranke in derartigen Fällen einen unverhältnismäßigen und nicht gerechtfertigten Eingriff in die Vermögensrechte des betroffenen Steuerpflichtigen dar, sodass die Lizenzschranke gegen die in Art. 14 Abs. 1 GG verbürgte Eigentumsgarantie verstößt.

b) Österreich

Bei näherer Betrachtung der österreichischen Regelung lässt sich erkennen, dass auch die Ausgestaltung des § 12 Abs. 1 Z 10 öKStG zu einer Substanzbesteuerung auf Ebene einer von der österreichischen Lizenzschranke betroffenen Gesellschaft führen kann. Dies lässt sich insbesondere anhand des nachfolgend dargestellten Beispiels verdeutlichen:

Die IP-Holding als Konzernobergesellschaft ist alleinige Anteilseignerin der IP-Gesellschaft I, welche wiederum sämtliche Anteile an der IP-Gesellschaft II hält.

Die IP-Holding ist für steuerliche Zwecke annahmegemäß in einem Präferenzregime ansässig, in welchem Lizenzeinkünfte durch die Inanspruchnahme einer (schädlichen) Lizenzbox vollumfänglich von der Besteuerung freigestellt werden.

Die IP-Holding vergibt eine Lizenz an die in Österreich ansässige IP-Gesellschaft I, wofür diese eine Lizenzgebühr in Höhe von 200 Geldeinheiten an die IP-Holding entrichtet.

Die IP-Gesellschaft I vergibt wiederum eine Unterlizenz an die in einem EU-Mitgliedstaat ansässige IP-Gesellschaft II, wofür die IP-Gesellschaft I im Gegenzug eine Lizenzgebühr in Höhe von 250 Geldeinheiten von dieser erhält.

Grafisch stellt sich die Sachverhaltskonstellation demnach wie folgt dar:

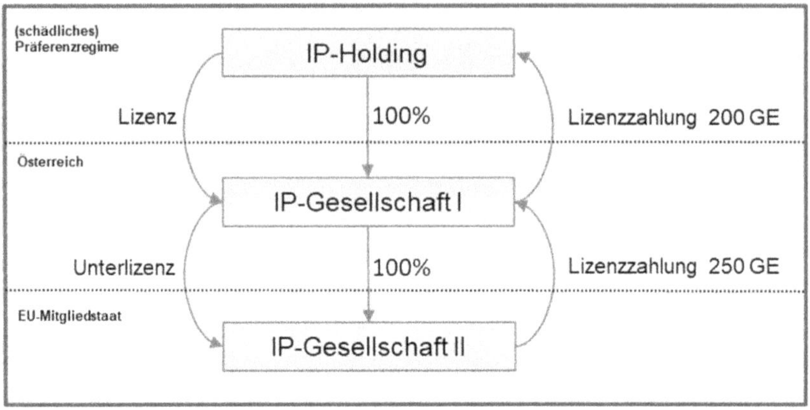

Abbildung 7: *Vereinfachte grafische Darstellung der zugrundeliegenden Sachverhaltskonstellation*

Auf Ebene der IP-Gesellschaft I sind die Lizenzeinnahmen in Höhe von 250 Geldeinheiten, welche diese von der IP-Gesellschaft II erhält, in Österreich voll steuerpflichtig. Die Lizenzaufwendungen in Höhe von 200 Geldeinheiten auf Ebene der IP-Gesellschaft I, welche diese an die IP-Holding zu entrichten hat, sind in diesem Zusammenhang betrieblich veranlasst, und somit zunächst nach § 4 Abs. 4 öEStG als Betriebsausgaben für steuerliche Zwecke abziehbar.

Da die Lizenzeinkünfte auf Ebene der IP-Holding aufgrund einer (schädlichen) Präferenzregelung vollständig von einer Besteuerung freigestellt werden, sind die Voraussetzungen im Sinne des § 12 Abs. 1 Z 10 öKStG erfüllt.

Im Ergebnis sind die vollständigen Lizenzaufwendungen auf Ebene der IP-Gesellschaft I in Höhe von 200 Geldeinheiten nicht für steuerliche Zwecke abziehbar.

Vor diesem Hintergrund ergibt sich auf Ebene der österreichischen IP-Gesellschaft I die nachfolgend dargestellte Belastungswirkung:

	ohne § 12 Abs. 1 Z 10 öKStG	mit § 12 Abs. 1 Z 10 öKStG
Gewinn vor Steuern		
Lizenzertrag	250 GE	250 GE
./. Lizenzaufwand	200 GE	200 GE
= Gewinn vor Steuern	**50 GE**	**50 GE**
Zu versteuerndes Einkommen		
Gewinn vor Steuern	50 GE	50 GE
+ außerbilanzielle Korrektur gemäß § 12 Abs. 1 Z 10 öKStG	0 GE	200 GE
= Zu versteuerndes Einkommen	**50 GE**	**250 GE**
Zu entrichtende Steuer		
zu versteuerndes Einkommen	50 GE	250 GE
x Steuersatz i.H.v. 25%	-	-
= Zu entrichtende Steuer	**12,5 GE**	**62,5 GE**
Gewinn nach Steuer		
Gewinn vor Steuern	50 GE	50 GE
./. Steuerzahlung	12,5 GE	62,5 GE
= Gewinn nach Steuern	**37,5 GE**	**-12,5 GE**

Abbildung 8: *Grafische Darstellung der Berechnungen hinsichtlich der jeweiligen steuerlichen Belastungswirkungen*

Die insgesamt aufgrund des Abzugsverbots anfallende Steuer übersteigt den Saldo aus Lizenzeinnahmen und Lizenzausgaben. Im Ergebnis folgt aus der Anwendung der Lizenzschranke, dass die entsprechende Steuerzahlung aus der Substanz der IP-Gesellschaft I zu entrichten ist.

c) Zwischenergebnis

Auf Basis des zugrundegelegten Durchleitungsfalles lässt sich erkennen, dass die österreichische Regelung, ebenso wie die deutsche Lizenzschranke, in bestimmten Situationen zu einer Substanzbesteuerung führen kann.

Demnach unterliegt die österreichische Lizenzschrankenregelung dieselben Bedenken wie die deutsche Vorschrift, sodass sich im Ergebnis für den deutschen Steuergesetzgeber hieraus keine Reformüberlegungen ableiten lassen.

3. Eingriff in den Schutzbereich unionsrechtlicher Grundfreiheiten

a) Deutschland

Wie bereits in Kapitel IV dargestellt, verstößt die Lizenzschranke neben der Niederlassungsfreiheit (Art. 49 ff. AEUV) ebenso gegen die Dienstleistungsfreiheit

(Art. 56 ff. AEUV) wie auch gegen die Kapitalverkehrsfreiheit (Art. 63 ff. AEUV), wenn auch diese letztlich hinter die Niederlassungsfreiheit zurücktritt.

Da die Lizenzschrankenregelung in Form des § 4j EStG mangels inländischer Präferenzregelung faktisch nur auf grenzüberschreitende Lizenzierungsverhältnisse Anwendung finden kann, ist in der Lizenzschranke eine versteckte Diskriminierung angelegt.

Dieser Eingriff in den Schutzbereich der unionsrechtlichen Grundfreiheiten ist dabei mit keinem durch den EuGH anerkannten Rechtfertigungsgrund legitimiert.

b) Österreich

In Bezug auf die österreichische Vorschrift im Sinne des § 12 Abs. 1 Z 10 öKStG stellt sich, ähnlich wie für die in Deutschland geltende Lizenzschrankenregelung, die Frage, ob das in Österreich verankerte Abzugsverbot für Lizenzgebühren gegen primäres Europarecht in Form der unionsrechtlichen Grundfreiheiten verstößt.

Denn sofern sämtliche Tatbestandsvoraussetzungen im Sinne des § 12 Abs. 1 Z 10 öKStG erfüllt sind, kommt die restriktive Rechtsfolge in Form des Betriebsausgabenabzugsverbots für Lizenzaufwendungen auf Ebene der lizenznehmenden Körperschaft zur Anwendung.[799] Da die Ansässigkeit des Vergütungsgläubigers keinen Einfluss auf die Anwendung der Vorschrift im Sinne des § 12 Abs. 1 Z 10 öKStG entfaltet, werden grundsätzlich sowohl inner-, wie auch zwischenstaatliche Sachverhaltskonstellationen vom Anwendungsbereich der Norm erfasst.[800]

Ausweislich der Gesetzesbegründung geht der österreichische Steuergesetzgeber offenbar davon aus, dass die Vereinbarkeit der Vorschrift im Sinne des § 12 Abs. 1 Z 10 öKStG mit geltendem Europarecht gewährleistet sei.[801]

Bei näherer Betrachtung der österreichischen Vorschrift im Sinne des § 12 Abs. 1 Z 10 öKStG lässt sich allerdings erkennen, dass faktisch jedoch kaum innerstaatliche Anwendungsmöglichkeiten für das Betriebsausgabenabzugsverbot bestehen. Erfasst sind in diesem Zusammenhang lediglich Lizenzzahlungen an in Österreich ansässige und gemäß § 5 öKStG persönlich steuerbefreite Körperschaften. Bei genauerer Betrachtung des § 5 öKStG wird ersichtlich, dass nur wenige der darin aufgeführten Körperschaften unter das

---

799 Siehe hierzu die auch EB RV 24 BlgNR 25. GP 13 und EB RV 360 BlgNR 25. GP, 14; *Trinks*, IWB 2014, 211 (216).

800 EB RV 24 BlgNR 25. GP 13; *Lehner*, in: Bergmann/Bieber, KStG, § 12 Rn. 231; *Trinks*, IWB 2014, 211 (216).

801 EB RV 24 BlgNR 25. GP 13; *Trinks*, IWB 2014, 211 (216).

Betriebsausgabenabzugsverbot fallen können. Denkbar ist etwa, dass sich im Konzernverbund eine gemeinnützige oder mildtätige Körperschaft im Sinne des § 5 Abs. 6 öKStG befindet. Zins- und Lizenzzahlungen an eine solche wären grundsätzlich vom Abzugsverbot betroffen.

Des Weiteren gibt es in Österreich weder sachliche Ertragsteuerbefreiungen für Lizenzgebühren noch eine spezielle Steuerermäßigung. Da zudem der österreichische Körperschaftsteuersatz 25 Prozent[802] beträgt und demnach über der in § 12 Abs. 1 Z 10 öKStG enthaltenen Zehn-Prozent-Grenze liegt, steht eine effektive Steuerbelastung von weniger als zehn Prozent in einer rein innerösterreichischen Sachverhaltskonstellation ebenfalls nicht zur Disposition.

Hieraus lässt sich erkennen, dass das Abzugsverbot gemäß § 12 Abs. 1 Z 10 öKStG zwar nicht ausdrücklich auf die Ansässigkeit des Vergütungsgläubigers abstellt, jedoch faktisch insbesondere Steuerausländer trifft. Demnach liegt in der österreichischen Lizenzschrankenregelung eine verdeckte Diskriminierung begründet, welche nach ständiger Rechtsprechung des EuGH in Bezug auf die Vereinbarkeit mit den unionsrechtlichen Grundfreiheiten nicht geduldet wird.[803]

Um den Eingriff der Betriebsausgabenabzugsbeschränkung im Sinne des § 12 Abs. 1 Z 10 öKStG zu rechtfertigen, wäre insbesondere der Aspekt der Bekämpfung missbräuchlicher Steuerpraktiken denkbar.[804] Eine solche Rechtfertigung wird durch den EuGH jedoch nur anerkannt, sofern die zugrundeliegende Norm lediglich auf die Erfassung rein künstlicher Gestaltungen gerichtet ist, welche wiederum auf die bloße Umgehung der Anwendung von (österreichischen) Steuervorschriften abzielt.[805]

---

802 § 22 Abs. 1 öKStG.

803 EuGH, Urt. v. 26.10.1999 – C-294/97, *Eurowings*, Slg. 1999, I-7447 Rn. 40; Urt. v. 12.12.2002 – C-324/00, *Lankhorst-Hohorst*, Slg. 2002, I-11779 Rn. 28; siehe hierzu auch *Jerabek/Neubauer*, SWI 2014, 369 (375 m.w.N.); *Lehner*, in: Bergmann/Bieber, KStG, § 12 Rn. 231; *Marchgraber/Plansky*, in: Lang/Rust/Schuch/Staringer, KStG, § 12 Rn. 215 (m.w.N.); *Trinks*, IWB 2014, 211 (217).

804 Siehe hierzu EB RV 24 BlgNR 25. GP 13; *Jerabek/Neubauer*, SWI 2014, 369 (372); *Wimpissinger*, SWI 2014, 220 (225).

805 EuGH, Urt. v. 12.12.2002 – C-324/00, *Lankhorst-Hohorst*, Slg. 2002, I-11779 Rn. 37; Urt. v. 12.9.2006 – C-196/04, *Cadbury Schweppes*, Slg. 2006, I-7995 Rn. 51; Urt. v. 13.3.2007 – C-524/04, *Test Claimants in the Thin Cap Group Regulation*, Slg. 2007, I-12107 Rn. 72 und 74; siehe hierzu auch *Jerabek/Neubauer*, SWI 2014, 369 (379); *Wimpissinger*, SWI 2014, 220 (225).

Doch auch unter der Annahme, dass die Vorschrift im Sinne des § 12 Abs. 1 Z 10 öKStG dazu geeignet wäre, derartige Steuerpraktiken einzudämmen, würde die Rechtfertigung bereits an der Prüfung der Verhältnismäßigkeit scheitern. Denn allein die Gründung einer Tochtergesellschaft in einem Staat, welcher eine niedrigere Besteuerung vorsieht als der Staat, in welchem die Muttergesellschaft ansässig ist, kann die Vermutung der Steuerhinterziehung grundsätzlich nicht begründen.[806]

Ebenso bedarf die Feststellung rein künstlicher Steuergestaltungen deshalb auch objektiven und nachprüfbaren Anhaltspunkten und muss einem betroffenen Steuerpflichtigen außerdem eine Exkulpationsmöglichkeit gewähren.[807] Da der EuGH die Höhe der Besteuerung im ausländischen Staat gerade nicht als ein solch objektives Kriterium ansieht,[808] ist das Abzugsverbot demzufolge nicht darauf ausgerichtet, anhand vonseiten Dritter nachprüfbarer Kriterien lediglich künstliche Konstruktionen zu erfassen und sieht darüber hinaus auch keine Gegenbeweismöglichkeit vor, sodass die Rechtfertigung zu Zwecken der Missbrauchsvermeidung nicht gelingt.[809]

Des Weiteren läuft auch der Rechtfertigungsgrund der Gewährleistung der Kohärenz des Steuersystems ins Leere. Denn § 12 Abs. 1 Z 10 öKStG sieht unabhängig davon, wie hoch die Besteuerung auf Ebene des Vergütungsgläubigers auf der Bandbreite von 0 Prozent bis unter 10 Prozent liegt, in jedem Fall eine vollständige Nichtabzugsfähigkeit vor, aufgrund derer ein unmittelbarer Zusammenhang zwischen dem steuerlichen Vorteil in Form der niedrigen Besteuerung der Lizenzeinnahmen auf Ebene des Vergütungsgläubigers und dem Ausgleich dieses Vorteils durch die Hinzurechnung der korrespondierenden Lizenzaufwendungen auf Ebene des Zahlungsschuldners nicht bejaht werden kann.[810]

---

806 EuGH, Urt. v. 12.12.2002 – C-324/00, *Lankhorst-Hohorst*, Slg. 2002, I-11779 Rn. 37; Urt. v. 12.9.2006 – C-196/04, *Cadbury Schweppes*, Slg. 2006, I-7995 Rn. 50; Urt. v. 13.3.2007 – C-524/04, *Test Claimants in the Thin Cap Group Regulation*, Slg. 2007, I-12107 Rn. 73 und 79; *Jerabek/Neubauer*, SWI 2014, 369 (379 f.).

807 EuGH, Urt. v. 12.9.2006 – C-196/04, *Cadbury Schweppes*, Slg. 2006, I-7995 Rn. 64, 67, 70 und 75; Urt. v. 13.3.2007 – C-524/04, *Test Claimants in the Thin Cap Group Regulation*, Slg. 2007, I-12107 Rn. 81 f.; siehe hierzu auch *Jerabek/Neubauer*, SWI 2014, 369 (380).

808 EuGH, Urt. v. 5.7.2012 – C-318/10, *SIAT*, ECLI:EU:C:2012:415 Rn. 56.

809 Siehe hierzu *Jerabek/Neubauer*, SWI 2014, 369 (380).

810 EuGH, Urt. v. 13.3.2007 – C-524/04, *Test Claimants in the Thin Cap Group Regulation*, Slg. 2007, I-12107 Rn. 68 f.; ebenso *Jerabek/Neubauer*, SWI 2014, 369 (378 f.); *Wimpissinger*, SWI 2014, 220 (226).

Gleiches gilt für die Rechtfertigung mit dem Argument der Wahrung der Aufteilung der Besteuerungsbefugnis. Denn einerseits hat der EuGH diesen Aspekt bislang in keinem Fall geprüft, andererseits würde die Rechtfertigung ohnehin, wie bereits oben, an der Verhältnismäßigkeit scheitern.[811]

Darüber hinaus erkennt der EuGH eine Rechtfertigung vor dem Hintergrund von Steuermindereinnahmen sowie in Bezug auf den Ausgleich eines in einem anderen EU-Mitgliedstaat gewährten Vorteils grundsätzlich nicht an.[812]

c) Zwischenergebnis

Es wird deutlich, dass die Vereinbarkeit der Vorschrift im Sinne des § 12 Abs. 1 Z 10 öKStG mit den unionsrechtlichen Grundfreiheiten nicht derart klar ist, wie dies durch den österreichischen Steuergesetzgeber im Rahmen der Gesetzesbegründung geäußert wurde.

Vielmehr sieht sich die österreichische Regelung, ebenso wie die deutsche Lizenzschranke, starken und begründeten unionsrechtlichen Bedenken ausgesetzt.

Im Ergebnis ist festzuhalten, dass sowohl die österreichische als auch die deutsche Regelung den Eingriff in den Schutzbereich der unionsrechtlichen Grundfreiheiten, aufgrund einer ungerechtfertigten (faktischen) verdeckten Diskriminierung, nicht zu rechtfertigen vermögen.

Demnach lassen sich in diesem Zusammenhang für den deutschen Steuergesetzgeber anhand der Ausgestaltung der österreichischen Regelung insoweit keine Reformüberlegungen ableiten.

4. Verstoß gegen die Zins- und Lizenzgebühren-Richtlinie

a) Deutschland

Wie bereits in Kapitel IV dargestellt, verstößt die Lizenzschranke auch gegen sekundäres Unionsrecht in Form der Zins- und Lizenzgebühren-Richtlinie. Denn diese Richtlinie erstreckt sich entgegen ihrem Wortlaut nicht ausschließlich auf

---

811 EuGH, Urt. v. 5.7.2012 – C-318/10, *SIAT*, ECLI:EU:C:2012:415 Rn. 47 und 50; siehe hierzu auch *Jerabek/Neubauer*, SWI 2014, 369 (381 f.); *Wimpissinger*, SWI 2014, 220 (225 f.).

812 EuGH, Urt. v. 26.10.1999 – C-294/97, *Eurowings*, Slg. 1999, I-7447 Rn. 44; Urt. v. 12.12.2002 – C-324/00, *Lankhorst-Hohorst*, Slg. 2002, I-11779 Rn. 36; Urt. v. 5.7.2012 – C-318/10, *SIAT*, ECLI:EU:C:2012:415 Rn. 39; Urt. v. 12.9.2006 – C-196/04, *Cadbury Schweppes*, Slg. 2006, I-7995 Rn. 49.

die Vermeidung einer Doppelbesteuerung, sondern vielmehr auch auf die Vermeidung einer Doppelbelastung.

Da die Abzugsbeschränkung des § 4j EStG einerseits zur Folge hat, dass die gezahlten Lizenzgebühren auf Ebene des im Inland unbeschränkt steuerpflichtigen Zahlungsschuldners nicht als Betriebsausgaben abgezogen werden dürfen und somit bei diesem der Besteuerung unterliegen, andererseits jedoch die gezahlten Lizenzgebühren auf Ebene des Zahlungsgläubigers von der unbeschränkten Besteuerung in seinem Ansässigkeitsstaat erfasst werden, unterliegt derselbe Wirtschaftsvorgang in zwei Staaten im gleichen Besteuerungszeitraum bei verschiedenen Steuersubjekten einer vergleichbaren Steuer, sodass die Lizenzschranke unweigerlich zu einer Doppelbelastung der Lizenzzahlungen führt, und somit dem Sinn und Zweck der Zins- und Lizenzgebühren-Richtlinie zuwiderläuft.

b) Österreich

Auch in Bezug auf die österreichische Vorschrift im Sinne des § 12 Abs. 1 Z 10 öKStG stellt sich wie für die in Deutschland geltende Lizenzschrankenregelung die Frage, ob das in Österreich verankerte Abzugsverbot für Lizenzgebühren gegen sekundäres Unionsrecht in Form der Zins- und Lizenzgebühren-Richtlinie verstößt.

Wie bereits bei der Überprüfung der deutschen Lizenzschrankenregelung in Bezug auf ihre Vereinbarkeit mit der Zins- und Lizenzgebühren-Richtlinie festgestellt wurde, erstreckt sich die Richtlinie entgegen ihrem Wortlaut nicht ausschließlich auf die Vermeidung einer Doppelbesteuerung, sondern vielmehr auch auf die Vermeidung einer Doppelbelastung.[813]

Da die österreichische Abzugsbeschränkung im Sinne des § 12 Abs. 1 Z 10 öKStG zur Folge hat, dass die gezahlten Lizenzgebühren auf Ebene des in Österreich unbeschränkt steuerpflichtigen Zahlungsschuldners nicht als Betriebsausgaben abgezogen werden dürfen, und somit bei diesem der Besteuerung unterliegen, andererseits jedoch die gezahlten Lizenzgebühren auf Ebene des Zahlungsgläubigers von der unbeschränkten Besteuerung in dessen Ansässigkeitsstaat erfasst werden, unterliegt derselbe Wirtschaftsvorgang in zwei Staaten im gleichen Besteuerungszeitraum bei verschiedenen Steuersubjekten einer vergleichbaren Steuer, sodass die österreichische Lizenzschrankenregelung

---

813 Siehe hierzu ausführlich Kapitel IV, Abschnitt B. II. „*Zins- und Lizenzgebühren-Richtlinie*“.

unweigerlich zu einer Doppelbelastung der Lizenzzahlungen führt, und somit dem Sinn und Zweck der Zins- und Lizenzgebühren-Richtlinie zuwiderläuft.

c) *Zwischenergebnis*

Wie auch die deutsche Lizenzschrankenregelung steht die österreichische Vorschrift des § 12 Abs. 1 Z 10 öKStG der Zins- und Lizenzgebühren-Richtlinie entgegen. Im Ergebnis lassen sich aus der Ausgestaltung der österreichischen Norm insoweit keine Reformüberlegungen für den deutschen Steuergesetzgeber ableiten.

II. Gesamtwürdigung

Im Ergebnis bleibt festzustellen, dass sich die rechtliche Ausgestaltung der österreichischen Vorschrift im Sinne des § 12 Abs. 1 Z 10 öKStG ähnlichen Bedenken ausgesetzt sieht, wie dies bei ihrem deutschen Pendant der Fall ist.

Des Weiteren zeigt die vorangestellte punktuelle Betrachtung der österreichischen Regelung, dass der österreichische Lösungsansatz nicht dazu herangezogen werden kann, um die deutsche Lizenzschranke in Form des § 4j EStG derart anzupassen, dass sich diese mit einer punktuellen Modifikation mit den Vorgaben des hörrangigen Rechts in Einklang bringen ließe.

Kapitel VI: Zusammenfassung der Ergebnisse sowie Fazit und Ausblick

A. Zusammenfassung der Ergebnisse

I. Vereinbarkeit der Lizenzschranke mit höherrangigem Recht

Die Ergebnisse der Untersuchung lassen sich wie folgt zusammenfassen:

1. Dadurch, dass die Lizenzschranke den steuerlichen Betriebsausgabenabzug gemäß § 4 Abs. 4 EStG von Aufwendungen aus Rechteüberlassungen auf Ebene des Lizenznehmers teilweise oder gar vollumfänglich versagt, verstößt die Lizenzschrankenregelung im Sinne des § 4j EStG gegen das objektive Nettoprinzip. Zusätzlich verstößt die Lizenzschranke auch gegen das dem geltenden Körperschaftsteuersystem zugrundeliegende Trennungsprinzip, da die Regelung lediglich an die Verhältnisse auf Ebene des ausländischen Lizenzgebers anknüpft und die Verhältnisse auf Ebene des Lizenznehmers unberücksichtigt lässt. Aufgrund des Verstoßes gegen das objektive Nettoprinzip und das Trennungsprinzip ist die Lizenzschranke in Form des § 4j EStG nicht mit dem allgemeinen Gleichheitssatz des Art. 3 Abs. 1 GG vereinbar.
2. Der Regelungsgehalt der Lizenzschranke weist keine objektiv berufsregelnden Tendenzen auf, sodass folglich ein Verstoß gegen die in Art. 12 Abs. 1 GG verbriefte Berufsfreiheit nicht besteht. Zwar versagt die Lizenzschranke bei Vorliegen der Voraussetzungen des § 4j EStG die (partielle) Abzugsfähigkeit von Aufwendungen aus der Rechteüberlassung und ist deswegen grundsätzlich geeignet, das berufliche Fortkommen des jeweiligen Lizenznehmers im marktwirtschaftlichen System zumindest temporär zu behindern. Doch vermag eine derartige Behinderung noch keine Berufsregelung im Sinne einer grundlegenden Änderung bereits bestehender berufsspezifischer Rahmenbedingungen darzustellen.
3. Die Lizenzschranke führt infolge der (partiellen) Abzugsbeschränkung für Aufwendungen aus Rechteüberlassungen insbesondere in Durchlaufsituationen zu einer Substanzbesteuerung, bei welcher die Steuerlast den Gewinn des betroffenen Steuerpflichtigen teils erheblich übersteigen kann. Insbesondere können sich daraus – speziell in konjunkturell

schwächeren Zeiten – auf Ebene betroffener Steuerpflichtiger existenzbedrohliche Wirkungen entfalten. Folglich stellt die Lizenzschranke in derartigen Fällen einen unverhältnismäßigen und nicht gerechtfertigten Eingriff in die Vermögensrechte des betroffenen Steuerpflichtigen dar. Insoweit verstößt die Lizenzschranke gegen die in Art. 14 Abs. 1 GG verbürgte Eigentumsgarantie.

4. Die Lizenzschranke stellt insgesamt keine Vorschrift dar, welche als einfache und klare Regelung dem rechtsstaatlichen Gebot der Normenklarheit und der Normenbestimmtheit genügt. Die Lizenzschranke ist von unklaren Begriffsbestimmungen und Regelungen geprägt, welche weder eine Vorhersehbarkeit noch eine Berechenbarkeit der steuerlichen Belastung zulassen, und ist aus diesen Gründen wegen Verstoßes gegen das in Art. 20 Abs. 3 GG angelegte Rechtsstaatsprinzip verfassungswidrig.
5. Die Lizenzschranke verstößt neben der Niederlassungsfreiheit (Art. 49 ff. AEUV) ebenso gegen die Dienstleistungsfreiheit (Art. 56 ff. AEUV) wie auch gegen die Kapitalverkehrsfreiheit (Art. 63 ff. AEUV), wenn auch diese letztlich hinter die Niederlassungsfreiheit zurücktritt. Da die Lizenzschrankenregelung in Form des § 4j EStG mangels einer inländischen Präferenzregelung faktisch nur auf grenzüberschreitende Lizenzierungsverhältnisse Anwendung findet, ist in der Lizenzschranke eine versteckte Diskriminierung angelegt. Dieser Eingriff in den Schutzbereich der unionsrechtlichen Grundfreiheiten lässt sich dabei mit keinem durch den EuGH anerkannten Rechtfertigungsgrund legitimieren. Die Rechtsfolge dieser nicht zu rechtfertigenden Beschränkung führt im Ergebnis zu einer Nichtanwendbarkeit der Lizenzschranke für innereuropäische Sachverhaltskonstellationen.
6. Die Lizenzschranke verstößt überdies auch gegen sekundäres Unionsrecht in Form der Zins- und Lizenzgebühren-Richtlinie. Diese Richtlinie erstreckt sich entgegen ihrem Wortlaut nicht ausschließlich auf die Vermeidung einer Doppelbesteuerung, sondern vielmehr auch auf die Vermeidung einer Doppelbelastung. Da die Abzugsbeschränkung im Sinne des § 4j EStG einerseits zur Folge hat, dass die gezahlten Lizenzgebühren auf Ebene des im Inland unbeschränkt steuerpflichtigen Zahlungsschuldners nicht als Betriebsausgaben abgezogen werden dürfen, und somit bei diesem der Besteuerung unterliegen, andererseits jedoch die gezahlten Lizenzgebühren auf Ebene des Zahlungsgläubigers von der unbeschränkten Besteuerung in seinem Ansässigkeitsstaat erfasst werden,

unterliegt derselbe Wirtschaftsvorgang in zwei Staaten im gleichen Besteuerungszeitraum bei verschiedenen Steuersubjekten einer vergleichbaren Steuer. Folglich führt die Lizenzschranke unweigerlich zu einer Doppelbelastung der Lizenzzahlungen und somit dem Sinn und Zweck der Zins- und Lizenzgebühren-Richtlinie zuwiderläuft.

7. Die in der Lizenzschranke enthaltene Ausnahmeregelung im Sinne des § 4j Abs. 1 Satz 4 EStG für die Inanspruchnahme von nexuskonform ausgestalteten Lizenzboxen ist nicht als eine staatliche Beihilfe im Sinne des Art. 107 Abs. 1 AEUV zu qualifizieren, da die Ausnahmeregelung das Selektivitätserfordernis im Sinne des Art. 107 Abs. 1 AEUV nicht erfüllt. Aus beihilferechtlicher Sicht ist die steuerliche Maßnahme in Form des § 4j Abs. 1 Satz 4 EStG nicht zu beanstanden.
8. Obwohl die Lizenzschranke mit ihrer in § 4j Abs. 1 Satz 1 und 2 EStG formulierten Abkommensüberschreibung im Verhältnis zu den Vertragsparteien grundsätzlich als völkerrechtswidrig zu qualifizieren vermag, ist festzuhalten, dass die vom Steuergesetzgeber eingefügte Abkommensüberschreibung jedoch vollständig ins Leere läuft, da die Anwendung der restriktiv wirkenden Lizenzschranke gemäß § 4j EStG weder mit Art. 7, 9 und 12 OECD-MA noch mit Art. 24 Abs. 4 OECD-MA materiellrechtlich kollidiert. Somit ist der Verstoß der Lizenzschranke lediglich als ein Verstoß *„formalistischer Art"* zu sehen, dem der Steuergesetzgeber durch entsprechende Anpassung des Wortlautes in § 4j Abs. 1 Satz 1 und Satz 2 EStG Abhilfe schaffen könnte.

II. Vergleichende Untersuchung

Die Ergebnisse der Untersuchung lassen sich wie folgt zusammenfassen:

1. Wie die deutsche Lizenzschrankenregelung in Form des § 4j EStG durchbricht auch die österreichische Lizenzschranke das objektive Nettoprinzip. Im Gegensatz zum deutschen Lösungsansatz sieht sich die österreichische Lizenzschranke im Sinne des § 12 Abs. 1 Z 10 öKStG dabei jedoch weniger verfassungsrechtlichen Bedenken ausgesetzt als ihr deutsches Pendant. Allerdings lassen sich keine aus der österreichischen Regelung gewonnenen Erkenntnisse insoweit für den deutschen Steuergesetzgeber nutzbar machen.
2. Die österreichische Regelung führt in bestimmten Situationen – wie die deutsche Lizenzschranke – zu einer Besteuerung der Substanz. Demnach unterliegt die österreichische Lizenzschrankenregelung dasselbe Bedenken

wie der deutsche Lösungsansatz, sodass sich im Ergebnis für den deutschen Steuergesetzgeber diesbezüglich keine Reformüberlegungen ableiten lassen.

3. Es wird deutlich, dass die Vereinbarkeit der Vorschrift im Sinne des § 12 Abs. 1 Z 10 öKStG mit den unionsrechtlichen Grundfreiheiten nicht derart klar ist, wie dies durch den österreichischen Steuergesetzgeber im Rahmen der Gesetzesbegründung geäußert wurde. Vielmehr sieht sich die österreichische Regelung, ebenso wie die deutsche Lizenzschranke, starken und begründeten unionsrechtlichen Bedenken ausgesetzt. Im Ergebnis ist festzuhalten, dass sowohl die österreichische als auch die deutsche Regelung den Eingriff in den Schutzbereich der unionsrechtlichen Grundfreiheiten, aufgrund einer ungerechtfertigten (faktischen) verdeckten Diskriminierung, nicht zu rechtfertigen vermögen. Demnach lassen sich in diesem Zusammenhang für den deutschen Steuergesetzgeber anhand der Ausgestaltung der österreichischen Regelung insoweit keine Reformüberlegungen ableiten.

4. Wie auch die deutsche Lizenzschrankenregelung steht die österreichische Vorschrift des § 12 Abs. 1 Z 10 öKStG der Zins- und Lizenzgebühren-Richtlinie entgegen. Im Ergebnis lassen sich aus der Ausgestaltung der österreichischen Norm keine Reformüberlegungen zur Verbesserung des deutschen Lösungsansatzes ableiten.

5. Aus den vorangestellten Ausführungen lässt sich erkennen, dass die österreichische Lizenzschrankenregelung – ebenso wie der deutsche Lösungsansatz in Form des § 4j EStG – starken Bedenken hinsichtlich der Vereinbarkeit mit höherrangigem Recht ausgesetzt ist. Vor diesem Hintergrund ist festzuhalten, dass der österreichische Lösungsansatz grundsätzlich nicht als Orientierung geeignet ist, um für die deutsche Lizenzschrankenregelung eine Konformität mit den Vorgaben des höherrangigen Rechts durch (teilweise) Adaption herbeizuführen.

6. Zwar mag die österreichische Lizenzschrankenregelung im Ergebnis nicht dazu beitragen, eine Vereinbarkeit der deutschen Vorschrift im Sinne des § 4j EStG mit höherrangigem Recht herbeizuführen, jedoch könnten insbesondere zwei Aspekte der österreichischen Lizenzschranke auf den deutschen Lösungsansatz übertragen werden. Denn was die sachliche Abgrenzung der von § 12 Abs. 1 Z 10 öKStG erfassten Aufwendungen anbelangt, lässt sich festhalten, dass Österreich insofern Synergieeffekte gezielt nutzbar macht, da auf die Zins- und Lizenzdefinition der in § 99a öKStG

umgesetzten Zins- und Lizenzgebühren-Richtlinie Bezug genommen wird. Um auch aus deutscher steuerlicher Sicht eine Harmonisierung mit der Zins- und Lizenzgebühren-Richtlinie zu erreichen, könnte sich Deutschland am österreichischen Beispiel orientieren und auf die Definition in § 50g Abs. 3 Nr. 4 lit. b EStG anstelle auf diejenige in § 50a Abs. 1 Nr. 3 EStG abstellen.

7. Des Weiteren bedienen sich sowohl Deutschland als auch Österreich eines Korrespondenzprinzips, da die jeweilige Abzugsbeschränkung negativ mit der Höhe des ausländischen Steuersatzes auf Ebene des Vergütungsgläubigers korreliert. Während sich Deutschland auf einen effektiven und zu unterschreitenden Steuersatz in Höhe von 25 Prozent bezieht, bedient sich Österreich eines effektiven Steuersatzes in Höhe von lediglich 10 Prozent. Beide Schwellenwerte sind jedoch nicht direkt miteinander vergleichbar, da der österreichische Wert auch an einen für sämtliche Einkünfte geltenden allgemeinen Steuersatz anknüpfen kann, während der deutsche Wert explizit und ausschließlich auf einen für Lizenzboxen typischen Vorzugssteuersatz abstellt. Aufgrund des vergleichsweise geringen (deutschen) Körperschaftsteuersatzes in Höhe von derzeit 15 Prozent sowie vor dem Hintergrund, dass deutsche Kapitalgesellschaften bei der Ermittlung der Ertragsteuerbelastung theoretisch selbst als Niedrigsteuerland zu klassifizieren wären, könnte sich der deutsche Lösungsansatz an der österreichischen Vorgabe orientieren.

B. Fazit und Ausblick

Die vorliegende Untersuchung hat gezeigt, dass sich die deutsche Lizenzschrankenregelung gemäß § 4j EStG in vielerlei Hinsicht nicht mit höherrangigem Recht vereinbaren lässt.

Im Zuge der Normierung des § 4j EStG hat sich der nationale Steuergesetzgeber einmal mehr im Geflecht unterschiedlicher höherrangiger Vorgaben verfangen, sodass die Lizenzschranke in ihrer derzeitigen Ausgestaltung im Ergebnis als verfassungs- und europarechtswidrig zu qualifizieren ist.

Angetreten mit dem Vorhaben durch das Gesetz gegen schädliche Steuerpraktiken im Zusammenhang mit Rechteüberlassungen eine Lizenzschrankenregelung zur Sicherstellung einer fairen Besteuerung sowie einer damit einhergehenden Sicherung des bestehenden Steueraufkommens zu schaffen, ist der Steuergesetzgeber weit über das Ziel hinausgeschossen. Denn durch die Lizenzschrankenregelung in Form des § 4j EStG werden entgegen den vom nationalen Steuergesetzgeber im Rahmen der Gesetzesbegründung zum Gesetz gegen schädliche Steuerpraktiken im Zusammenhang mit Rechteüberlassungen proklamierten Zielen nicht selten auch nicht missbräuchliche Sachverhaltskonstellationen erfasst.

Zudem hat der Steuergesetzgeber mit der Vorschrift im Sinne des § 4j EStG nicht nur eine komplexe Regelung geschaffen, die nicht dem rechtsstaatlichen Gebot der Normenklarheit sowie der Normenbestimmtheit genügt. Vielmehr durchbricht § 4j EStG dabei auch ungerechtfertigt das Trennungsprinzip sowie das objektive Nettoprinzip als Ausfluss des Gleichheitssatzes des Art. 3 Abs. 1 GG und legt unter anderem zugleich den Grundstein für eine Substanzbesteuerung, welche gegen die Eigentumsgarantie im Sinne des Art. 14 Abs. 1 GG verstößt.

Allerdings stellt die Norm nicht nur aus verfassungsrechtlicher Sicht eine unhaltbare Regelung dar. Denn auch aus europarechtlicher Sicht läuft die Lizenzschranke in Form des § 4j EStG insbesondere dem Sinn und Zweck der Zins- und Lizenzgebühren-Richtlinie zuwider und greift im Weiteren auch ungerechtfertigt in den Schutzbereich der unionsrechtlichen Grundfreiheiten ein.

Um diesen in Bezug auf die Lizenzschranke identifizierten Problemfeldern Abhilfe zu schaffen und dem nationalen Steuergesetzgeber mögliche Reformüberlegungen an die Hand zu geben, wurde im Rahmen der vorliegenden Untersuchung ebenfalls ein Blick auf die in Österreich geltende Lizenzschrankenregelung im Sinne des § 12 Abs. 1 Z 10 öKStG geworfen.

In diesem Zusammenhang wurde jedoch zu der Erkenntnis gelangt, dass sich die österreichische Regelung in Bezug auf die Vereinbarkeit mit höherrangigem Recht gleich gelagerten Bedenken ausgesetzt sieht. Vor diesem Hintergrund ist festzuhalten, dass der österreichische Lösungsansatz grundsätzlich nicht als Orientierung geeignet ist, um für die deutsche Lizenzschrankenregelung eine Konformität mit den Vorgaben des höherrangigen Rechts durch (teilweise) Adaption herbeizuführen.

Aufgrund der mit der deutschen Lizenzschranke einhergehenden und vielschichtigen Verstöße gegen höherrangiges Recht lässt sich ein konkreter Lösungsvorschlag für eine Modifizierung der Lizenzschrankenregelung kaum zielführend umsetzen. Zwar wäre es durchaus möglich, einzelne Verstöße gegen höherrangiges Recht durch entsprechende (punktuelle) Modifikationen zu beseitigen, doch erscheint es in der Gesamtschau kaum realisierbar, auf diese Art eine vollumfängliche Konformität mit höherrangigem Recht herzustellen, ohne dabei in den Kerngehalt der Lizenzschrankenregelung im Sinne des § 4j EStG derart einzugreifen, dass dies einer Neuregelung gleichkäme.

Vor diesem Hintergrund bieten sich dem nationalen Steuergesetzgeber insoweit zwei Alternativen, um die Konformität der Lizenzschranke mit höherrangigem Recht zu gewährleisten. Folglich hat der nationale Steuergesetzgeber die Wahl zwischen (i) einer umfassenden Neuregelung oder alternativ (ii) der vollständigen Streichung der Vorschrift im Sinne des § 4j EStG aus dem nationalen Einkommensteuergesetz.

Aufgrund der in dieser Untersuchung erlangten Erkenntnisse ist dabei dem Steuergesetzgeber die Letztere der beiden vorgenannten Handlungsmöglichkeiten nahezulegen, wonach die Vorschrift im Sinne des § 4j EStG vollständig aus dem nationalen Einkommensteuergesetz zu streichen wäre.

Zwar verfolgt der nationale Steuergesetzgeber durch den Versuch der Eindämmung des stattfindenden schädlichen Steuerwettbewerbs nachvollziehbare politische Ziele. Allerdings stellt die Lizenzschranke in Form des § 4j EStG hinsichtlich dieser Zielerreichung kein geeignetes Mittel dar, und scheitert zudem an der Verhältnismäßigkeit.

Dies liegt neben den vorgenannten verfassungs- und europarechtlichen Verstößen der Vorschrift insbesondere auch darin begründet, dass es sich bei der Lizenzschrankenregelung vielmehr um einen nationalen Alleingang als um ein international abgestimmtes Vorgehen handelt, welches zum einen keine unmittelbare Beziehung zum BEPS-Projekt aufweist, und zum anderen vielmehr zur vorzeitigen Anpassung der schädlichen Lizenzboxen durch die anderen EU-Mitgliedstaaten animieren soll.

Des Weiteren stellt insbesondere die Absicht, nationales Steuersubstrat gegen grenzüberschreitende Gewinnverlagerungen mittels Lizenzvertragsstrukturen unter Ausnutzung ausländischer Präferenzregime zu sichern und somit den schädlichen Steuerwettbewerb zu begrenzen, insgesamt keineswegs ein alleiniges Sonderproblem des deutschen Steuergesetzgebers dar. Dies zeigt sich bereits darin, dass auf internationaler Ebene längst ein politischer Konsens darin gefunden wurde, dass bis spätestens zum 1.7.2021 (bzw. mit Ablauf des 30.6.2021) alle schädlichen Präferenzregelungen entsprechend an den im BEPS-Aktionspunkt 5 vereinbarten Nexus-Ansatz anzupassen oder alternativ vollumfänglich abzuschaffen sind.

Im Rahmen dessen zeigt das jüngste Schreiben des Bundesministeriums der Finanzen, dass der Nexus-Ansatz bereits in vielen Staaten entsprechend umgesetzt wurde und folglich mit einem weiteren Voranschreiten zu rechnen ist. Sofern alle beteiligten Staaten der Forderung nachkommen, bis zum Ablauf der Übergangsfrist alle schädlichen Präferenzregime entweder an den Nexus-Ansatz anzupassen oder vollständig abzuschaffen, sollte dieser Zeitpunkt zur vollständigen Streichung des § 4j EStG aus dem nationalen Einkommensteuergesetz genutzt werden, da ab diesem Momentum für die Lizenzschrankenregelung grundsätzlich kein Anwendungsbereich mehr verbliebe.

In der Gesamtschau bleibt die deutsche Bundesregierung jedoch aufgefordert, sich weiterhin auf politischer Ebene dafür einzusetzen, die anderen

EU-Mitgliedstaaten für eine echte Reform der Konzernbesteuerung zu gewinnen, um das Problem der internationalen Niedrigbesteuerung in einer unionrechtskonformen Art und Weise zu beseitigen, im Rahmen derer gegebenenfalls die Einführung einer gemeinsamen Körperschaftsteuerbemessungsgrundlage auf europäischer Ebene den schädlichen Steuerwettbewerb endgültig beenden könnte.

Literaturverzeichnis

Adrian,Gerrit/Tigges,Corinna, Die geplante Lizenzschranke nach § 4j EStG-E, Anmerkungen zum Regierungsentwurf vom 25.1.2017, StuB 2017, 228–233

Baumann,Horst, Die Vereinigungs- und Berufsfreiheit der juristischen Person – Verfassungsrechtliche Aspekte zur Zulässigkeit der GmbH & Co. KGaA, BB 1997, 2281–2288

Baumhoff,Hubertus/Liebchen,Daniel, Seminar G: Steuerfragen im Zusammenhang mit immateriellen Wirtschaftsgütern, IStR 2014, 711–716

Bayer,Adebiola, Die Nutzungsberechtigung nach § 99a EStG, SWI 2011, 4–8

Becker,Katharina, Der OECD-Bericht zu Maßnahme 5 des BEPS Aktionsplans – BEPS Aktionspunkt 5: Wirksamere Bekämpfung des schädlichen Steuerwettbewerbs, IStR 2014, 704–708

Benz,Sebastian/Böhmer,Julian, Der RegE eines § 4j EStG zur Beschränkung der Abziehbarkeit von Lizenzzahlungen (Lizenzschranke), DB 2017, 206–211

Bergmann,Sebastian/Bieber,Thomas (Hrsg.), Körperschaftsteuergesetz, Update-Kommentar, Wien 2015 (zitiert: *Bearbeiter* in: Bergmann/Bieber)

Bertl, Romuald/Djanani, Christiana/Eberhartinger, Eva/Hirschler, Klaus/Kanduth-Kristen, Sabine/Kofler, Herbert/Tumpel, Michael/Urnik, Sabine (Hrsg.), Handbuch der österreichischen Steuerlehre, Band II, Steuerliche Gewinnermittlung und Steuerbilanzpolitik, 3. neu bearbeitete Auflage, Wien 2016 (zitiert: *Bearbeiter* in: Bertl/Hirschler)

Beutel,David/Oppel,Florian, Mehr Fragen als Antworten nach dem neuen BMF-Schreiben zu § 50d Abs. 3 EStG, DStR 2018, 1469–1475

BeutelDavid/Oppel,Florian, Verschärfung des § 50d Abs. 3 EStG im Fahrwasser der EuGH-Rechtsprechung? Kritische Einordnung der Neufassung der deutschen Anti-Treaty-Shopping-Regelungen durch das Abzugsteuerentlastungsmodernisierungsgesetz, DStR 2021, 1017–1025

Blum,Daniel, Hinzurechnungsbesteuerung und Abzugsverbot: Kumulative Anwendung überschießend?, SWI 2018, 586–597

Blumenberg,Jens/Kring, Wulf, IFSt Schrift Nr. 473, Europäisches Beihilferecht und Besteuerung, Berlin 2011

Blümich, Walter (Begr.); Heuermann, Bernd/Brandis, Peter (Hrsg.), EStG – KStG – GewStG, Einkommensteuergesetz, Körperschaftsteuergesetz, Gewerbesteuergesetz, 152. Ergänzungslieferung, München 2020 (zitiert: *Bearbeiter* in Blümich)

Böhm, Tobias/Karkinsky, Tom/Knoll, Bodo/Riedel, Nadine, Corporate Taxes and Strategic Patent Location within Multinational Firms, CESifo Area Conference on Public Sector Economics 2015

Böhmer, Julian, Das Trennungsprinzip im Körperschaftsteuerrecht – Grundsatz ohne Zukunft?, StuW 2012, 33–41

Böhmer, Werner, Grundfragen der verfassungsrechtlichen Gewährleistung des Eigentums in der Rechtsprechung des Bundesverfassungsgerichts, NJW 1988, 2561–2574

Calliess, Christian/Ruffert, Matthias (Hrsg.), EUV/AEUV, Das Verfassungsrecht der Europäischen Union mit Europäischer Grundrechtecharta, Kommentar, 5. Auflage, München 2016 (zitiert: *Bearbeiter* in: Calliess/Ruffert)

Clemens, Martin/Laurent, Nathalie, Die gewerbesteuerliche Hinzurechnung von Lizenzzahlungen, DStR 2008, 440–444

Creed, Tanja, Steuergestaltung über Lizenz- bzw. Patentboxen – Ein Auslaufmodell?, GRUR-Prax 2014, 346–348

Dautzenberg, Norbert, Europäische „*Agenda*" für das Ertragsteuerrecht im Jahr 2004: Die Richtlinien vom Juni 2003, BB 2004, 17–21

Debatin, Helmut, Doppelbesteuerungsabkommen und innerstaatliches Recht, Beihefter zu Heft 23, DStR 1992, 1–8

Demleitner, Andreas, Internationale Steuerplanung/Verrechnungspreise, Beihilferecht: Deutsche Steuernormen im Fokus des europäischen Beihilferechts, ISR 2016, 328–336

Dischinger, Matthias/Riedel, Nadine, Corporate taxes and the location of intangible assets within multinational firms, JoPE 2011, 691–707

Ditz, Xaver/Pinkernell, Reimar/Quilitzsch, Carsten, BEPS-Reformvorschläge zu Lizenzgebühren und Verrechnungspreisen bei immateriellen Wirtschaftsgütern aus Sicht der Beratungspraxis, IStR 2014, 45–51

Ditz, Xaver/Quilitzsch, Carsten, Gesetz gegen schädliche Steuerpraktiken im Zusammenhang mit Rechteüberlassungen – die Einführung einer Lizenzschranke in § 4j EStG, DStR 2017, 1561–1568

Doralt, Werner/Kirchmayr, Sabine/Mayr, Gunter/Zorn, Nikolaus (Hrsg.), Einkommensteuergesetz, Kommentar, 21. Lieferung, Stand: Januar 2020, Wien 2020 (zitiert: *Bearbeiter* in: Doralt/Kirchmayr/Mayr/Zorn)

Drüen, Klaus-Dieter, Die Bruttobesteuerung von Einkommen als verfassungsrechtliches Vabanquespiel, StuW 2008, 3–14

Drüen, Klaus-Dieter, Systemfortschritte im Unternehmenssteuerrecht durch das Wachstumsbeschleunigungsgesetz?, Ubg 2010, 543–550

Drummer, Verena, Lizenzschranke: Abzugsbeschränkung vs. Tax Credit aus EU-rechtlicher Sicht, IStR 2017, 602–605

Dziurdź, Kasper/Marchgraber, Christoph, Überlegungen zum konzerninternen Abzugsverbot für *„niedrig besteuerte"* Zinsen und Lizenzgebühren, ÖStZ 2014, 378–387

Eilers, Stephan/Oppel, Florian, Die Besteuerung der digitalen Wirtschaft:Trends und Diskussionen, IStR 2018, 361–370

Englisch, Joachim, Verfassungsrechtliche Grundlagen und Grenzen des objektiven Nettoprinzips, Beihefter 34, DStR 2009, 92–100

Englisch, Joachim, Zur Bedeutung des gemeinschaftsrechtlichen Gleichheitssatzes im Recht der Gemeinschaftsbeihilfen, EuR 2009, 488–513

Epping, Volker/Hillgruber, Christian (Hrsg.), Grundgesetz: GG, Kommentar, 3. Auflage, München 2020 (zitiert: *Bearbeiter* in: Epping/Hillgruber)

Evers, Lisa, Intellectual Property (IP) Box Regimes: Tax Planning, Effective Tax Burdens and Tax Policy Options, Dissertation, Mannheim 2015

Fehling, Daniel/Schmid, Mareike, BEPS und die EU: Was ist die *„europäische Dimension"* von BEPS? – Das Beispiel grenzüberschreitender Lizenzzahlungen, IStR 2015, 493–499

Felix, Günther, Zur steuerlich gemäßigten Belastungsobergrenze – Steine statt Brot vom BVerfG?, NJW 1996, 703–704

Flick, Hans (Begr.); Wassermeyer, Franz/Baumhoff, Hubertus/Schönfeld, Jens/Ditz, Xaver (Hrsg.), Außensteuerrecht, Außensteuergesetz – Außensteuerrechtliche Vorschriften des Einkommensteuergesetzes und des Körperschaftsteuergesetzes, Kommentar, 6. Auflage, Köln 2020 (zitiert: *Bearbeiter* in: Flick/Wassermeyer/Baumhoff)

Flick, Hans/Wassermeyer, Franz/Kempermann, Michael (Begr.); Wassermeyer, Franz/Kempermann, Michael/Baßler, Johannes/Häck, Nils (Hrsg.), Doppelbesteuerungsabkommen Deutschland – Schweiz, Steuern vom Einkommen und Vermögen, Nachlass- und Erbschaftsteuern, 53. Ergänzungslieferung, Stand: März 2020, Köln 2020 (zitiert: *Bearbeiter* in: Flick/Wassermeyer/Kempermann)

Frotscher, Gerrit (Hrsg.), Internationales Steuerrecht, 5. Auflage, München 2020 (zitiert: *Bearbeiter* in Frotscher, Internationales Steuerrecht)

Frotscher, Gerrit/Geurts, Matthias (Hrsg.), Kommentar zum Einkommensteuergesetz (EStG), 218. Ergänzungslieferung, Stand: August 2020, Freiburg im Breisgau 2020 (zitiert: *Bearbeiter* in: Frotscher/Geurts)

Fuhrmann, Claas/Kraeusel, Jörg/Schiffers, Joachim (Hrsg.), EStG 360° eKommentar, Stand: 1.12.2020, Bonn 2020 (zitiert: *Bearbeiter* in: Fuhrmann/Kraeusel/Schiffers)

Fuhrmann, Sven, Mössner, Jörg-Manfred (Hrsg.), Außensteuergesetz, Kommentar, 3. Auflage, Herne 2016 (zitiert: *Bearbeiter* in: Fuhrmann/Mössner)

Geiger, Rudolf/Khan, Daniel-Erasmus/Kotzur, Markus (Hrsg.), EUV/AEUV, Vertrag über die Europäische Union und Vertrag über die Arbeitsweise der Europäischen Union, 6. Auflage, München 2017 (zitiert: *Bearbeiter* in: Geiger/Khan/Kotzur)

Geurts, Matthias/Stacciolo, Guido, § 4j EStG-E – das neue Abzugsverbot für Lizenzaufwendungen, IStR 2017, 514–522

Gosch, Dietmar/Kroppen, Heinz-Klaus/Grotherr, Siegfried (Hrsg.), DBA-Kommentar, Doppelbesteuerungsabkommen, 42. Aktualisierung, Stand: Juni 2020, Herne 2020 (zitiert: *Bearbeiter* in: Gosch/Kroppen/Grotherr)

Gosch, Dietmar/Schönfeld, Jens, Kapitalverkehrsfreiheit und Drittstaaten – Ein (vorläufiger) Zwischenstand, IStR 2015, 755–760

Grabitz, Eberhard (Begr.); Hilf, Meinhard (Forts.); Nettesheim, Martin (Hrsg.), Das Recht der Europäischen Union: EUV/AEUV, 70. Ergänzungslieferung, München 2020 (zitiert: *Bearbeiter* in: Grabitz/Hilf/Nettesheim)

Griffith, Rachel/Miller, Helen/O'Connell, Martin, Ownership of intellectual property and corporate taxation, JoPE 2014, 12–23

Grotherr, Siegfried, Abzugsverbot für Lizenzzahlungen an nahestehende Unternehmen bei Nutzung von steuerschädlichen IP-Boxen („*Lizenzschranke*"), Ubg 2017, 233–246

Grubert, Harry, Intangible Income, Intercompany Transactions, Income Shifting, and the Choice of Location, NTJ 2003, 221–242

Haase, Florian (Hrsg.), Außensteuergesetz, Doppelbesteuerungsabkommen, 3. Auflage, Heidelberg 2016 (zitiert: *Bearbeiter* in: Haase)

Haase, Florian/Nürnberg, Philip, Steuerliche Aspekte der Erschaffung, Ansiedlung und Verlagerung von IP, FR, 1–7

Hagemann, Tobias/Kahlenberg, Christian, Grenzüberschreitende Lizenzschranke: (Teil-)Abzugsbegrenzung von Aufwendungen für Rechteüberlassung durch § 4j EStG, ISR 2017, 413–419

Hagemann, Tobias/Kahlenberg, Christian, Die Lizenzschranke (§ 4j EStG) aus verfassungs- und unionsrechtlicher Sicht, FR 2017, 1125–1130

Hagemann, Tobias/Kahlenberg, Christian, Zweifelsfragen zur Wirkung der grenzüberschreitenden Lizenzschranke – Verhältnis des § 4j EStG zur (ausländischen) Hinzurechnungsbesteuerung und anderen ausländischen Abwehrmaßnahmen, IStR 2017, 1001–1006

Heidecke,Björn/Holst, Rainer, Begrenzung der Abzugsfähigkeit von Lizenzaufwendungen, Zusammenfassung und Problemanzeigen zum Regierungsentwurf vom 25.1.2017, IWB 2017, 128–137

Heil,Svetlana/Pupeter, Alexander, Lizenzschranke – Gesetzesentwurf eines neuen § 4j EStG, BB 2017, 795–801

Heil,Svetlana/Pupeter, Alexander, Lizenzschranke – Update zum Inkrafttreten des § 4j EStG, BB 2017, 1947–1952

Hemmerich,Aaron, Abzugsbeschränkungen im internationalen Steuerrecht Analyse und Wirkungsvergleich der deutschen und österreichischen Lizenzschranke, IStR 2019, 294–299

Herrmann, Carl/Heuer, Gerhard/Raupach, Arndt (Hrsg.), Einkommen- und Körperschaftsteuergesetz, Kommentar, 293. Aktualisierung, Stand: August 2019, Köln 2019 (zitiert: *Bearbeiter* in: Herrmann/Heuer/Raupach)

Hey,Johanna, Verletzung fundamentaler Besteuerungsprinzipien durch die Gegenfinanzierungsmaßnahmen des Unternehmensteuerreformgesetzes 2008, BB 2007, 1303–1309

Hey,Johanna, Spezialgesetzliche Missbrauchsbegründung aus steuersystematischer, verfassungs- und europarechtlicher Sicht, StuW 2008, 167–183

Hey,Johanna, EU-Beihilfen und Steuervergünstigungen – Gemeinsamkeiten und Unterschiede, StuW 2015, 331–344

Hinz,Bogdan, Hybride Gestaltungen und strukturelles Vollzugsdefizit – Anspruch und Grenzen der Administrierbarkeit, IStR 2020, 397–402

Holdorf,Britta, Frage der Verfassungsmäßigkeit der Verlustabzugsbeschränkung nach § 2 Abs. 3 EStG, BB 2001, 2085–2092

Holle,Florian/Weiss, Martin, Einschränkung des Abzugs für Aufwendungen aus einer Rechteüberlassung, FR 2017, 217–233

Homburg,Stefan, Die Zinsschranke – eine beispiellose Steuerinnovation, FR 2007, 717–728

Illing, Sebastian (Hrsg.), Beck'sches Steuer- und Bilanzrechtslexikon, 54. Auflage, München 2021 (zitiert: *Bearbeiter* in: Beck'sches Steuer- und Bilanzrechtslexikon)

Isensee,Josef, Vom Beruf unserer Zeit für Steuervereinfachung, StuW 1994, 3–14

Ismer,Roland/Karch,Alexandra, Das Referenzsystem bei der beihilferechtlichen Überprüfung nationaler Steuervergünstigungen, IStR 2014, 130–136

Ismer,Roland/PiotrowskiSophia, Selektivität von Beihilfen: Dogmatische Grundfreiheiten am Beispiel von IP-Boxen, IStR 2015, 257–267

Jerabek, Richard/Neubauer, Nikolaus, Unionsrechtskonformität des § 12 Abs. 1 Z 10 KStG?, SWI 2014, 369–382

Jochimsen, Claus/Bildstein, Christoph, Überlassung und Übertragung von Intellectual Property vor dem Hintergrund der BEPS-Diskussion, Ubg 2014, 299–306

Jochimsen, Claus/Zinowsky, Tim/Schraud, Angèlique, Die Lizenzschranke nach § 4j EStG – Ein Gesellenstück des deutschen Gesetzgebers, IStR 2017, 593–601

Kahil-Wolff, Bettina/Mosters, Robert, Freier Personenverkehr im Verhältnis Schweiz – EG, EuZW 2000, 257–257

Kahlenberg, Christian, Das neue BMF-Schreiben zu § 4j EStG als Arbeits- und Entscheidungshilfe, PIStB 2020, 126–132

Kanduth-Kristen, Sabine/Kofler, Georg, Außensteuerliche Änderungen durch das 2. AbgÄG 2014, ÖStZ 2015, 121–125

Kanzler, Hans-Joachim/Kraft, Gerhard/Bäuml, Swen Oliver (Hrsg.), Einkommensteuergesetz – Kommentar, 2. Auflage, Herne 2017 (zitiert: *Bearbeiter* in: Kanzler/Kraft/Bäuml)

Karkinsky, Tom/Riedel, Nadine, Corporate taxation and the choice of patent location within multinational firms, JoPE 2012, 176–185

Kempny, Simon, Steuerrecht und Verfassungsrecht, StuW 2014, 185–199

Kessler, Wolfgang/Kröner, Michael/Köhler, Stefan (Hrsg.), Konzernsteuerrecht – National – International, 3. Auflage, München 2018 (zitiert: *Bearbeiter* in: Kessler/Kröner/Köhler)

Kirchhof, Paul, Die Kunst der Steuergesetzgebung, NJW 1987, 3217–3226

Kirchhof, Paul (Hrsg.), Einkommensteuergesetz, Kommentar, 18. Auflage, Saarbrücken, Köln 2019 (zitiert: *Bearbeiter* in: Kirchhof)

Klein, Franz (Hrsg.), Abgabenordnung einschließlich Steuerstrafrecht, 15. Auflage, München 2020 (zitiert: *Bearbeiter* in: Klein)

Koenig, Ulrich/Pahlke, Armin (Hrsg.), Abgabenordnung, 3. Auflage, München 2014 (zitiert: *Bearbeiter* in: Koenig/Pahlke)

Kofler, Georg, Ist das Fass bereits übergelaufen?, GES 2014, 53–54

Kofler, Georg/Marschner, Ernst, Änderungen im Außensteuerrecht, SWK 2014, 455–469

Kokott, Juliane (Hrsg.), Das Steuerrecht der Europäischen Union, 1. Auflage, München 2018 (zitiert: *Bearbeiter* in: Kokott)

Kokott, Juliane/Ost, Hartmut, Europäische Grundfreiheiten und nationales Steuerrecht, EuZW 2011, 496–503

Korn, Klaus (Begr.); Korn, Klaus/Carlé, Dieter/Strahl, Martin (Hrsg.), Einkommensteuergesetz, Kommentar, 1. Auflage, 118. Ergänzungslieferung, Stand: 1.10.2017, Bonn 2000 (zitiert: *Bearbeiter* in: Korn)

Korts,Sebastian/Korts,Petra, Ermittlungsmöglichkeiten deutscher Finanzbehörden bei Auslandssachverhalten, IStR 2006, 869–878

Kraft,Gerhard (Hrsg.), Außensteuergesetz: AStG, Kommentar, 2. Auflage, München 2018 (zitiert: *Bearbeiter* in: Kraft)

Kraft,Gerhard/Bron,Jan, Grundfreiheiten und grenzüberschreitende Verschmelzung im Lichte aktueller EuGH-Rechtsprechung (Sevic), IStR 2006, 26–32

Kraft,Gerhard/Bron,Jan, Implikationen des Urteils in der Rechtssache „*Cadbury Schweppes*" für die Fortexistenz der deutschen Hinzurechnungsbesteuerung, IStR 2006, 614–620

Kraft,Gerhard/Hohage,Uwe, Die Itelcar-Entscheidung des EuGH – ein Ausreißer? Eine Entgegnung zu Mitschke, IStR 2014, 174–178

Kraft,Gerhard/Mengel,Andreas, Anwendbarkeit der Kapitalverkehrsfreiheit auf Drittstaatendividenden in DBA-Situationen, IStR 2014, 309–313

Kraft,Wolfgang/Striegel,Andreas (Hrsg.), WCLF Tax und IP Gesprächsband 2016, Immaterielle Werte als zentrale Komponente internationaler Steuerstrategien, Research, Wiesbaden 2017, 195–233 (zitiert: *Bearbeiter* in: Kraft/Striegel)

Kramer,Jörg-Dietrich, Die Lizenzgebührenschranke und die Hinzurechnungsbesteuerung, ISR 2018, 1–5

Kreft,Volker, BVerfG erteilt Halbteilungsgrundsatz als Belastungsobergrenze eine Absage, GStB 2006, 152

Kühbacher,Thomas, Die neue Lizenzschranke aus unionsrechtlicher Sicht, DStZ 2017, 829–836

Kußmaul,Heinz/Ditzler,Tobias, Die Lizenzschranke nach § 4j EStG – Grundlegende Darstellung der Norm, StB 2018, 8–14

Kußmaul,Heinz/Ditzler,Tobias, Die Lizenzschranke nach § 4j EStG – Verhältnis zu Verfassungsrecht, DBA sowie Unionsrecht, StB 2018, 126–131

Lademann,Fritz (Begr.);Söffing,Günter/Brockhoff,Klaus (Hrsg.), Kommentar zum Einkommensteuergesetz (EStG-Kommentar), 257. Ergänzungslieferung, Stand: Oktober 2020, Stuttgart 2020 (zitiert: *Bearbeiter* in: Lademann)

Lang,Michael/Rust,Alexander/Schuch,Josef/Staringer,Claus (Hrsg.), KStG, Körperschaftsteuergesetz, Kommentar, 2. erweiterte Auflage, Wien 2016 (zitiert: *Bearbeiter* in: Lang/Rust/Schuch/Staringer)

Lang,Michael/Marchgraber,Christoph/Rust,Alexander/Schuch,Josef/Staringer, Claus (Hrsg.), Niedrigbesteuerung im Unternehmenssteuerrecht, Schriftenreihe zum Unternehmenssteuerrecht, Band 4, Wien 2016 (zitiert: *Bearbeiter* in: Lang/Marchgraber/Rust/Schuch/Staringer)

Link,Cornelius, Die Lizenzschranke – Legitime Reaktion des Gesetzgebers auf schädliche Präferenzregime, DB 2017, 2372–2377

Littmann,Eberhard/Bitz,Horst/Pust,Hartmut (Hrsg.), Das Einkommensteuerrecht, Praxisorientierter Kommentar zur Ausarbeitung von Gestaltungen, 2. Auflage, 143. Ergänzungslieferung, Stuttgart 2020 (zitiert: *Bearbeiter* in: Littmann/Bitz/Pust)

Loose,Thomas, Status quo un Zukunft der Lizenzschranke, Was folgt noch aus Aktionspunkt 5 des BEPS-Projekts?, IWB 2019, 681–690

Lüdicke,Jürgen (Hrsg.), Unternehmensteuerreform 2008 im internationalen Umfeld, Forum der Internationalen Besteuerung, Band 33, 1–54, Köln 2008 (zitiert: *Bearbeiter* in: Lüdicke)

Luttermann,Claus, Normenklarheit im Steuerrecht und „*unbestimmte*" Rechtsbegriffe?, FR 2007, 18–22

Maunz, Theodor/Dürig, Günter (Begr.); Herzog, Roman/Scholz, Rupert/Herdegen, Matthias/Klein, Hans H. (Hrsg.), Grundgesetz, Kommentar, 90. Ergänzungslieferung, München 2020 (zitiert: *Bearbeiter* in: Maunz/Dürig)

Max,Marcel/Thiede,Jesko, Der Gesetzentwurf zur Einführung einer Abzugsbeschränkung für Lizenzaufwendungen – „*Lizenzschranke*", StB 2017, 175–182

Mayr,Gunter/SchilcherMichael, 2. AbgÄG 2014: Neuerungen im KStG, RdW 2015, 54–58

Mitschke,Wolfgang, Direktes Europäisches Steuerrecht auf Schlingerkurs? Eine Bestandsaufnahme zum Jahreswechsel 2013/2014, IStR 2014, 37–45

Monteith,Christian, Steuergestaltungen mit Lizenzboxen – Mögliche Gegenmaßnahmen des deutschen Gesetzgebers, StuB 2014, 883–887

Moritz,Joachim/Baumgartner,Egid, Ausgewählte Praxisfragen bei Erstanwendung der Lizenzschranke gem. § 4j EStG, DB 2018, 2135–2140

Moser,Till, Was ist eine „*Präferenzregelung*" i.S.d. § 4j EStG?, RIW 2018, 348–351

Moser,Till, Anwendungsprobleme im Zusammenhang mit der Lizenzschranke gemäß § 4j EStG, Global Taxes, TLE-007–2018

Musil,Andreas, Rechtsprechungswende des EuGH bei den Ertragsteuern? Eine Analyse aktueller Leitentscheidungen des EuGH, DB 2009, 1037–1043

Musil,Andreas/Volmering,Björn, Systematische, verfassungsrechtliche und europarechtliche Probleme der Zinsschranke, DB 2008, 12–16

Musil,Andreas/Weber-Grellet,Heinrich (Hrsg.), Europäisches Steuerrecht, Kommentar, 1 Auflage, München 2019 (zitiert: *Bearbeiter* in: Musil/Weber-Grellet)

Muszynska,Katarzyna, Zinsen-/Lizenzen-Richtlinie beschlossen, SWI 2003, 397–403

Nürnberg,Philip (Hrsg.), Beck'sches Steuer- und Bilanzrechtslexikon, 54. Auflage, München 2021 (zitiert: *Bearbeiter* in: Beck'sches Steuer- und Bilanzrechtslexikon)

Oppel,Florian, BEPS in Europa: (Schein-) Harmonisierung der Missbrauchsabwehr durch neue Richtlinie 2016/1164 mit Nebenwirkungen, IStR 2016, 797–803

Oppel,Florian, Die Anwendung des § 50d Abs. 3 EStG im Lichte des Unionrechts – Zugleich Anmerkung zu den Urteilen des FG Köln v. 23.1.2019 – 2 K 1315/13, FR 2020, 423; v. 14.11.2018 – 2 K 202/10, FR 2020, 427, FR 2020, 409–414

Oppermann,Thomas/Classen, Claus Dieter/Nettesheim,Martin (Hrsg.), Europarecht, 8. Auflage, München 2018 (zitiert: *Bearbeiter* in: Oppermann/Classen/Nettesheim)

Papier, Hans-Jürgen, Der Bestimmtheitsgrundsatz, in: *Friauf, Karl Heinrich (Hrsg.),* Veröffentlichungen der Deutschen Steuerjuristischen Gesellschaft e.V., Band 12, Köln 1989, 61–78

Peyerl,Hermann, Das neue Abzugsverbot für Zins- und Lizenzzahlungen im Konzern, ÖStZ 2014, 223–229

Pinkernell,Reimar, Das Steueroasen-Dilemma der amerikanischen IT-Konzerne, IStR 2013, 180–187

Pinkernell,Reimar, „*GILTI*“ as charged? Mögliche Auswirkungen der US-Steuerreform auf die deutsche Lizenzschranke gemäß § 4j EStG, IStR 2018, 249–256

Polivanova-Rosenauer,Tatjana, AbgÄG 2014: Abzugsverbot für Zinsen und Lizenzgebühren, taxlex 2014, 105–108

Pötsch,Marvin, § 4j EStG und das objektive Nettoprinzip – eine grundsätzliche Verteidigung, DStR 2018, 761–765

Pötsch,Marvin, § 4j EStG und die Grundfreiheiten des AEUV – Bestandsaufnahme und Verteidigung, IStR 2018, 417–421

Pross,Achim/Radmanesh,Sandy, Seminar A: „*Patentboxen*“, IStR 2015, 579–584

Puls,Michael, Steuerliche Förderung von Forschung und Entwicklung in Deutschland – Worum geht es dem Gesetzgeber im kürzlich verabschiedeten Forschungszulagengesetz?, WPg 2020, 40–43

Quantschnigg, Peter (Begr.)/Renner, Bernhard/Strimitzer, Eugen/Vock, Martin (Hrsg.), Die Körperschaftsteuer (KStG 1988), 33. Auflage, Wien 2020 (zitiert: *Bearbeiter* in: Quantschnigg/Renner/Strimitzer/Vock)

Rainer,Anno, Gewerbesteuerliche hälftige Hinzurechnung von Dauerschuldzinsen und EG Zins- und Lizenzgebühren-Richtlinie, IStR 2008, 372–376

Richter,Stefan/John,David, FDII nach der US-Tax-Reform als Anwendungsfall der Lizenzschranke? Zweck und Anwendungsbereich von § 4j EStG und die Möglichkeit einer teleologischen Reduktion, ISR 2018, 109–114

Richter,Stefan/John,David, Was bewirkt und erfordert die neu eingeführte Lizenzschranke nach § 4j EStG?, WPg 2017, 1090–1096

Ritzer,Claus/Stangl,Ingo/Karnath,Susann, Zur geplanten „*Lizenzschranke*“, DK 2017, 68–78

Ritzer,Claus/Stangl,Ingo/Karnath,Susann, Update zur Lizenzschranke, DK 2017, 401–406

Röder,Erik, Zur Verfassungswidrigkeit der Mindestbesteuerung (§ 10d Abs. 2 EStG) und der Beschränkung des Verlustabzugs nach § 8c KStG, StuW 2012, 18–32

Rzepa,Paul, § 12 Abs. 1 Z 10 KStG im Lichte des steuerlichen Transparenzprinzips, RdW 2014, 615–618

Sachs,Michael (Hrsg.), Grundgesetz: GG – Kommentar, 8. Auflage, München 2018 (zitiert: *Bearbeiter* in: Sachs)

Schade, Filip, Regierungsentwurf zur „*Lizenzschranke*“ – Konzeption und Anwendungsfragen (Bericht zur Diskussionrunde der IFA-Sektion Berlin-Brandenburg vom 29.03.2017), IStR, 2017, III-IV

Schaumburg,Harald/Englisch,Joachim (Hrsg.), Europäisches Steuerrecht, 2. Auflage 2020, Köln 2020 (zitiert: *Bearbeiter* in: Schaumburg/Englisch)

Schaumburg, Harald (Begr.); Schaumburg, Harald/von Freeden, Arne/Häck, Nils (Hrsg.), Internationales Steuerrecht, Außensteuerrecht, Doppelbesteuerungsrecht, 4. Auflage, Köln 2017 (zitiert: *Bearbeiter* in: Schaumburg/von Freeden/Häck)

Schlager,Christoph, 2. AbgÄG 2014: Überblick über die Änderungen der Unternehmensbesteuerung, RWZ 2014, 357–359

Schlie,Ina/Spengel,Christoph/Malke,Christiane, Generalthema 1: Steuerliche Anreize für Forschung und Entwicklung (F & E), IStR 2015, 570–574

Schmidt,Ludwig (Begr.);Weber-Grellet,Heinrich (Hrsg.), Einkommensteuergesetz: EStG, Kommentar, 37. Auflage, München 2018 (zitiert: *Bearbeiter* in: Schmidt)

Schneider,Norbert/Junior,Björn, Die Lizenzschranke – Überblick über den Regierungsentwurf zu § 4j EStG, DStR 2017, 417–425

Schnitger,Arne, Weitere Maßnahmen zur BEPS-Gesetzgebung in Deutschland, IStR 2017, 214–226

Schnitger,Arne, Unionsrechtliche Würdigung der Lizenzschranke gem. § 4j EStG, DB 2018, 147–151

Schnitger,Arne, Verbot des Zinsabzugs für Zahlungen an ausländische Gruppengesellschaften und die Frage nach Zinsschranke und GloBE – Lexel AB/Skatteverket, IStR 2021, 140–148

Schnitger, Arne/Gebhardt, Ronald, Überlegungen zur geplanten Neufassung des § 50d Abs. 3 EStG durch das AbzStEntMod, IStR 2021, 289–299

Schön, Wolfgang, Die Steuerbilanz zwischen Handelsrecht und Grundgesetz, StuW 1995, 366–377

Schönfeld, Jens/Ditz, Xaver (Hrsg.), Doppelbesteuerungsabkommen (DBA) – Kommentar, 2. neu bearbeitete Auflage, Köln 2019 (zitiert: *Bearbeiter* in: Schönfeld/Ditz)

Schreiber, Ulrich (Hrsg.), Besteuerung der Unternehmen – Eine Einführung in Steuerrecht und Steuerwirkung, 4. Auflage, Mannheim/Wiesbaden 2017 (zitiert: *Schreiber,* Besteuerung der Unternehmen)

Schwarze, Jürgen/Becker, Ulrich/Hatje, Armin/Schoo, Johann (Hrsg.), EU-Kommentar, 4. Auflage, Baden-Baden 2019 (zitiert: *Bearbeiter* in: Schwarze/Becker/Hatje/Schoo)

Seitz, Clara, Steuervergünstigungen für Erträge aus immateriellen Wirtschaftsgütern (IP-Boxes) – Eine verbotene Beihilfe?, BRZ 2020, 25–36

Sopp, Karina/Richter, Lutz/Tasheva, Elena/Katra, Pawel, Zu den Auswirkungen der Abzugsbeschränkung von Aufwendungen für Rechteüberlassungen in Deutschland, Österreich und Polen – Eine vergleichende Untersuchung, BFuP 2019, 150–176

Streinz, Rudolf (Hrsg.), EUV/AEUV, Vertrag über die Europäische Union, Vertrag über die Arbeitsweise der Europäischen Union, Charta der Grundrechte der Europäischen Union, 3. Auflage, München 2018 (zitiert: *Bearbeiter* in: Streinz)

Thiede, Jesko, Besitzen Patentboxregime eine Zukunft? – Eine beihilferechtliche Untersuchung, IStR 2016, 283–290

Tipke, Klaus (Begr.)/Lang, Joachim/Seer, Roman/Hey, Johanna/Montag, Heinrich/Englisch, Joachim/Hennrichs, Joachim (Hrsg.), Steuerrecht, 22. Auflage, Köln 2015 (zitiert: *Bearbeiter* in: Tipke/Lang)

Trinks, Matthias, Neue „*Lizenzschranke*“ für konzerninterne Transaktionen in Österreich – Abgabenänderungsgesetz 2014 vs. Steueroasen, IWB 2014, 211–217

Urnik, Sabine/Fritz-Schmied, Gudrun (Hrsg.), Bilanzsteuerrecht mit Bezügen zum UGB und KStG – Jahrbuch 2015, Wien/Graz 2015 (zitiert: *Bearbeiter* in: Urnik/Fritz-Schmied)

Valta, Matthias, Patentboxen und IP-Boxen – eine verbotene Beihilfe?, StuW 2015, 257–268

van Lück, Kolja, Gesetzentwurf zur Einführung einer Lizenzschranke durch § 4j EStG – Verfassungsrechtliche und europarechtliche Herausforderungen, IStR 2017, 388–392

van Lück,Kolja/Niemeyer, Nicola, Die Lizenzschranke in § 4j EStG – Praktische Herausforderungen sowie verfassungs- und europarechtliche Zweifel, IWB 2017, 440–447

Vogel,Klaus/Lehner,Moris (Hrsg.), Doppelbesteuerungsabkommen der Bundesrepublik Deutschland auf dem Gebiet der Steuern vom Einkommen und Vermögen – Kommentar auf der Grundlage der Musterabkommen, 6. Auflage, München 2015 (zitiert: *Bearbeiter* in: Vogel/Lehner)

von der Groeben, Hans/Schwarze, Jürgen/Hatje, Armin (Hrsg.), Europäisches Unionsrecht, Vertrag über die Europäische Union – Vertrag über die Arbeitsweise der Europäischen Union – Charta der Grundrechte der Europäischen Union, Kommentar, 7. Auflage, Baden-Baden 2015 (zitiert: *Bearbeiter* in: von der Groeben/Schwarze/Hatje)

von Mangoldt, Hermann (Begr.); Klein, Friedrich (Forts.); Starck, Christian/Huber, Peter Michael/Voßkuhle, Andreas (Hrsg.), Kommentar zum Grundgesetz: GG, Gesamtwerk in 3 Bänden, 7. Auflage, München 2018 (zitiert: *Bearbeiter* in: v. Mangold/Klein/Starck)

Wassermeyer,Franz (Begr.);Kaeser,Christian/Schwenke,Michael/Drüen,Klaus-Dieter/Jülicher,Marc (Hrsg.), Wassermeyer – Doppelbesteuerungsabkommen, Kommentar zu allen deutschen Doppelbesteuerungsabkommen, 80. Auflage, 149. Ergänzungslieferung, Stand: März 2020, München 2020 (zitiert: *Bearbeiter* in: Wassermeyer)

Weber,Heike/Eggert, Tobias S.H., Lizenzschranke i.S. des § 4j EStG – Abzugsbeschränkung bei Aufwendungen für Rechteüberlassungen – ein Gesamtüberblick, SteuerStud 7/2018, 460–467

Wimpissinger,Christian, Ist die Nichtabzugsfähigkeit von Zinsen und Lizenzgebühren nach § 12 KStG unionsrechtswidrig?, SWI 2014, 220–227

WoitokNiklas, (Fast) Keine Umgehung der Lizenzschranke durch Zwischenschaltung einer fremden Person?, DStR 2020, 1228–1233

Zinowsky,Tim/Ellenrieder,Benedikt, Innovative Besteuerung des Foreign-Derived Intangible Income als Ergebnis der US-Steuerreform – Präferenzregelung i.S.d. Lizenzschranke?, IStR 2018, 134–142

Zöchling,Hans/Plott,Christoph, AbgÄG 204: Das neue Abzugsverbot für niedrigbesteuerte Zinsen und Lizenzgebühren, RdW 2014, 215–221

Rechtsprechungsverzeichnis

Europäischer Gerichtshof

Datum	Aktenzeichen	Rechtssache	Fundstelle
15.7.1964	6/64	Costa/E.N.E.L.	Slg. 1964, 1251
10.12.1968	7/68	Kunstschätze	Slg. 1968, 633
6.10.1970	C-9/70	Grad	Slg. 1970, 825
11.7.1974	8/74	Dassonville	Slg. 1974, 837
7.2.1979	C-115/78	Knoors	Slg. 1979, 399
20.2.1979	C-120/78	Rewe-Zentral AG	Slg. 1979, 649
6.10.1981	C-246/80	Broekmeulen	Slg. 1981, 2311
3.2.1983	C-29/82	Van Luipen	Slg. 1983, 151
27.9.1988	81/87	Daily Mail	Slg. 1988, 5483
3.10.1990	C-61/89	Bochoucha	Slg. 1990, I-3551
25.7.1991	C-288/89	Gouda	Slg. 1991, I-4007
25.7.1991	C-221/89	Factortame II	Slg. 1991, I-3905
28.1.1992	C-204/90	Bachmann	Slg. 1992, I-249
28.1.1992	C-300/90	Kommission/Belgien	Slg. 1992, I-305
25.6.1992	C-147/91	Ferrer	Slg. 1992, I-4097
4.5.1993	C-17/92	Fedicine	Slg. 1993, I-2239
15.3.1994	C-387/92	Banco Exterior de España/ Ayuntamiento de Valencia	Slg. 1994, I-877
14.2.1995	C-279/93	Schumacker	Slg. 1995, I-225
10.5.1995	C-384/93	Alpine Investments	Slg. 1995, I-1141
15.5.1997	C-250/95	Futura Participations und Singer/Administration des contributions	Slg. 1997, I-2471

Datum	Aktenzeichen	Rechtssache	Fundstelle
5.6.1997	C-398/95	Ergasias	Slg. 1997, I-3091
17.6.1997	C-70/95	Sodemare	Slg. 1997, I-3395
16.7.1998	C-264/96	ICI	Slg. 1998, I-4695
8.7.1999	C-254/97	Baxter	Slg. 1999, I-4809
21.9.1999	C-307/97	Saint-Gobain	Slg. 1999, I-6161
26.10.1999	C-294/97	Eurowings	Slg. 1999, I-7447
13.4.2000	C-251/98	Baars	Slg. 2000, I-2787
16.5.2000	C-87/99	Zurstrassen	Slg. 2000, I-3337
3.10.2000	C-58/98	Corsten	Slg. 2000, I-7919
6.6.2000	C-35/98	Verkooijen	Slg. 2000, I-4071
13.3.2001	C-379/98	PreussenElektra	Slg. 2001, I-2099
4.10.2001	C-294/99	Athinaïki Zythopoiia	Slg. 2001, I-6797
29.11.2001	C-17/00	De Coster	Slg. 2001, I-9445
16.5.2002	C-482/99	Frankreich/Kommission	Slg. 2002, I-4397
3.10.2002	C-136/00	Danner	Slg. 2002, I-8147
21.11.2002	C-436/00	X und Y	Slg. 2002, I-10847
12.12.2002	C-324/00	Lankhorst-Hohorst	Slg. 2002, I-11779
26.6.2003	C-422/01	Skandia und Ramstedt	Slg. 2003, I-6817
6.11.2003	C-243/01	Gambelli	Slg. 2003, I-13031
4.3.2004	C-334/02	Kommission/Frankreich	Slg. 2004, I-2229
11.3.2004	C-9/02	Hughes de Lasteyrie du Saillant	Slg. 2004, I-2409
15.7.2004	C-315/02	Lenz	Slg. 2004, I-7063
7.9.2004	C-319/02	Manninen	Slg. 2004, I-7477
15.7.2004	C-242/03	Weidert und Paulus	Slg. 2004, I-7379

Datum	Aktenzeichen	Rechtssache	Fundstelle
5.10.2004	C-442/02	CaixaBank France	Slg. 2004, I-8961
10.3.2005	C-39/04	Laboratoires Fournier	Slg. 2005, I-2057
13.12.2005	C-446/03	Marks & Spencer	Slg. 2006, I-10837
22.6.2006	C182/03, C-217/03	Belgien/Kommission	Slg. 2006, I-5479
12.9.2006	C-196/04	Cadbury Schweppes	Slg. 2006, I-7995
14.9.2006	C-386/04	Stauffer	Slg. 2006, I-8203
3.10.2006	C-290/04	Scorpio	Slg. 2006, I-9461
3.10.2006	C-452/04	Fidium Finanz	Slg. 2006, I-9521
12.12.2006	C-374/04	ACT Group Litigation	Slg. 2006, I-11673
12.12.2006	C-446/04	Test Claimants in the FII Group Litigation	Slg. 2006, I-11753
15.2.2007	C-345/04	Centro Equestre	Slg. 2007, I-1425
13.3.2007	C-524/04	Test Claimants in the Thin Cap Group Regulation	Slg. 2007, I-12107
29.3.2007	C-347/04	Rewe Zentralfinanz	Slg. 2007, I-2647
10.5.2007	C-492/04	Lasertec	Slg. 2007, I-3775
24.5.2007	C-157/05	Holböck	Slg. 2007, I-4051
18.7.2007	C-231/05	Oy AA	Slg. 2007, I-6373
13.9.2007	C-260/04	Kommission/Italien	Slg. 2007, I-7083
6.11.2007	C-415/06	Stahlwerk Ergste Westig	Slg. 2007, I-151
8.11.2007	C-379/05	Amurta	Slg. 2007, I-9569
6.12.2007	C-298/05	Columbus Container Services	Slg. 2007, I-10451
13.12.2007	C-465/05	Kommission/Italien	Slg. 2007, I-11091
15.5.2008	C-414/06	Lidl Belgium	Slg. 2008, I-13601

Datum	Aktenzeichen	Rechtssache	Fundstelle
26.6.2008	C-284/06	Burda	Slg. 2008, I-4571
17.7.2008	C-389/05	Kommission/Frankreich	Slg. 2008, I-5337
23.10.2008	C-157/07	Krankenheim Ruhesitz am Wannsee-Seniorenheimstatt	Slg. 2008, I-8061
27.11.2008	C-418/07	Papillon	Slg. 2008, I-8947
16.12.2008	C-210/06	Cartesio	Slg. 2008, I-9641
5.3.2009	C-222/07	UTECA	Slg. 2009, I-1407
23.4.2009	C-460/07	Puffer	Slg. 2009, I-3251
18.6.2009	C-303/07	Aberdeen Property Fininvest Alpha	Slg. 2009, I-5145
17.9.2009	C-182/08	Glaxo Wellcome	Slg. 2009, I-8591
21.1.2010	C-546/07	Kommission/Deutschland	Slg. 2010, I-439
21.1.2010	C-311/08	SGI	Slg. 2010, I-487
25.02.2010	C-337/08	X Holding	Slg. 2010, I-1215
11.3.2010	C-384/08	Attanasio Group	Slg. 2010, I-2055
1.7.2010	C-233/09	Dijkman und Dijkman-Lavaleije	Slg. 2010, I-6645
10.2.2011	C-436/08	Haribo Lakritzen Hans Riegel und Österreichische Salinen	Slg. 2011, I-305
21.7.2011	C-397/09	Scheuten Solar	Slg. 2011, I-6455
8.9.2011	C-78/08, C-79/08, C-80/08	Paint Graphos	Slg. 2011, I-7611
8.9.2011	C-279/08 P	Kommission/Niederlande	Slg. 2011, I-7671
20.10.2011	C-284/09	Kommission/Deutschland	Slg. 2001, I-9879
29.11.2011	C-371/10	National Grid Indus	EuZW 2011, 951
29.3.2012	C-417/10	3M Italia	ECLI:EU:C:2012:184

Datum	Aktenzeichen	Rechtssache	Fundstelle
5.7.2012	C-318/10	SIAT	ECLI:EU:C:2012:415
6.9.2012	C-18/11	Philips Electronics	ECLI:EU:C:2012:532
6.9.2012	C-380/11	Finanziara di Diego dalla Valla & Co.	ECLI:EU:C:2012:552
12.7.2012	C-269/09	Kommission/Spanien	EuZW 2013, 34
18.10.2012	C-498/10	X	EuZW 2013, 156
21.2.2013	C-123/11	A	ECLI:EU:C:2013:84
6.6.2013	C-383/10	Kommission/Belgien	ECLI:EU:C:2013:364
3.10.2013	C-282/12	Itelcar	ECLI:EU:C:2013:629
7.11.2013	C-322/11	K	ECLI:EU:C:2013:716
23.1.2014	C-164/12	DMC	ECLI:EU:C:2014:20
19.6.2014	C-53/13, C-80/13	Strojírny Prostějov	ECLI:EU:C:2014:2011
17.7.2014	C-48/13	Nordea Bank Denmark	ECLI:EU:C:2014:2087
4.9.2014	C-211/13	Kommission/Deutschland	ECLI:EU:C:2014:2148
11.9.2014	C-47/12	Kronos International	ECLI:EU:C:2014:2200
24.2.2015	C-559/13	Grünewald	ECLI:EU:C:2015:109
17.9.2015	C-589/13	F.E. Familienprivatstiftung Eisenstadt	ECLI:EU:C:2015:612
17.12.2015	C-388/14	Timac Agro	ECLI:EU:C:2015:829
30.6.2016	C-123/15	Feilen	ECLI:EU:C:2016:496
21.12.2016	C-20/15 P	World Duty Free Group	ECLI:EU:C:2016:981
21.12.2016	C-503/14	Kommission/Portugal	ECLI:EU:C:2016:979
21.12.2016	C-593/14	Masco Denmark und Damixa	ECLI:EU:C:2016:984
17.5.2017	C-68/15	X	ECLI:EU:C:2017:379

Datum	**Aktenzeichen**	**Rechtssache**	**Fundstelle**
7.9.2017	C-6/16	Eqiom und Enka	ECLI:EU:C:2017:641
12.12.2017	C-504/16, C-613/16	Deister Holding und Juhler Holding	ECLI:EU:C:2017:1009
26.4.2018	C-236/16, C-237/16	ANGED	ECLI:EU:C:2018:291
14.6.2018	C-440/17	GS	ECLI:EU:C:2018:437
28.6.2018	C-203/16 P	Heitkamp BauHolding	ECLI:EU:C:2018:505
28.6.2018	C-208/16 P	Deutschland/Kommission	ECLI:EU:C:2018:506
28.6.2018	C-209/16 P	Deutschland/Kommission	ECLI:EU:C:2018:507
28.6.2018	C-219/16 P	Lowell Financial Services	ECLI:EU:C:2018:508
25.7.2018	C-128/16 P	Kommission/Spanien	ECLI:EU:C:2018:591
20.1.2021	C-484/19	Lexel AB/Skatteverket	ECLI:EU:C:2021:34

Europäisches Gericht

Datum	Aktenzeichen	Rechtssache	Fundstelle
5.4.2006	T-351/02	Deutsche Bahn	ECLI:EU:T:2006:104
15.1.2013	T-182/10	Aiscat	ECLI:EU:T:2013:9
4.2.2016	T-620/11	GFKL Financial Services	ECLI:EU:T:2016:59
4.2.2016	T-287/11	Heitkamp Bauholding	ECLI:EU:T:2016:60

Bundesverfassungsgericht

Datum	Aktenzeichen	Fundstelle
23.10.1951	2 BvG 1/51	BVerfGE 1, 14
20.7.1954	1 BvR 459/52, 1 BvR 484/52, 1 BvR 555/52, 1 BvR 623/52, 1 BvR 651/52, 1 BvR 748/52, 1 BvR 783/52, 1 BvR 801/52, 1 BvR 5/53, 1 BvR 9/53, 1 BvR 96/54, 1 BvR 114/54	BVerfGE 4, 7
30.5.1956	1 BvF 3/53	BVerfGE 5, 25
26.3.1957	2 BvG 1/55	BVerfGE 6, 309
11.6.1958	1 BvR 596/56	BVerfGE 7, 377
24.6.1958	2 BvF 1/57	BVerfGE 8, 51
12.11.1958	2 BvL 4/56, 2 BvL 26/56, 2 BvL 40/56, 2 BvL 1/57, 2 BvL 7/57	BVerfGE 8, 274

Datum	Aktenzeichen	Fundstelle
14.4.1959	1 BvL 23/57, 1 BvL 34/57	BVerfGE 9, 237
29.7.1959	1 BvR 394/58	BVerfGE 10, 89
25.2.1960	1 BvR 239/52	BVerfGE 10, 354
10.5.1960	1 BvR 190/58, 1 BvR 363/58, 1 BvR 401/58, 1 BvR 409/58, 1 BvR 471/58	BVerfGE 11, 105
30.10.1961	1 BvR 833/59	BVerfGE 13, 181
19.2.1962	2 BvR 650/60	BVerfGE 14, 13
24.7.1962	2 BvL 15/61, 2 BvL 16/61	BVerfGE 14, 221
7.4.1964	1 BvL 12/63	BVerfGE 17, 306
24.9.1965	1 BvR 228/65	BVerfGE 19, 119
14.12.1965	1 BvR 571/60	BVerfGE 19, 253
25.10.1966	2 BvR 506/63	BVerfGE 20, 323
12.1.1967	1 BvR 169/63	BVerfGE 21, 73
14.3.1967	1 BvR 334/61	BVerfGE 21, 209
4.4.1967	1 BvR 126/65	BVerfGE 21, 245
15.11.1967	2 BvL 7/64, 2 BvL 20/64, 2 BvL 22/64	BVerfGE 22, 330
14.5.1968	2 BvR 544/63	BVerfGE 23, 288
15.7.1969	2 BvF 1/64	BVerfGE 26, 338
13.10.1970	2 BvR 618/68	BVerfGE 29, 198
18.7.1972	1 BvL 32/70, 1 BvL 25/71	BVerfGE 33, 303

Datum	Aktenzeichen	Fundstelle
28.2.1973	2 BvL 19/70	BVerfGE 34, 348
5.3.1974	1 BvL 27/72	BVerfGE 37, 1
23.4.1974	1 BvR 6/74, 1 BvR 2270/73	BVerfGE 37, 132
23.11.1976	1 BvR 150/75	BVerfGE 43, 108
22.6.1977	1 BvR 799/76	BVerfGE 45, 400
11.10.1977	1 BvR 343/73, 1 BvR 83/74, 1 BvR 183/75, 1 BvR 428/75	BVerfGE 47, 1
14.2.1978	2 BvR 406/77	BVerfGE 47, 239
1.3.1978	1 BvR 786/70, 1 BvR 793/70, 1 BvR 168/71, 1 BvR 95/73	BVerfGE 47, 285
19.4.1978	2 BvL 2/75	BVerfGE 48, 210
12.10.1978	2 BvR 154/74	BVerfGE 49, 343
19.12.1978	1 BvR 335/76, 1 BvR 427/76, 1 BvR 811/76	BVerfGE 50, 57
1.3.1979	1 BvR 532/77, 1 BvR 533/77, 1 BvR 419/78, 1 BvL 21/78	BVerfGE 50, 290
18.6.1980	1 BvR 697/77	BVerfGE 54, 301
10.12.1980	2 BvF 3/77	BVerfGE 55, 274
15.7.1981	1 BvL 77/78	BVerfGE 58, 300
23.3.1982	2 BvL 13/79	BVerfGE 60, 135

Datum	Aktenzeichen	Fundstelle
3.11.1982	1 BvR 620/78, 1 BvR 1335/78, 1 BvR 1104/79, 1 BvR 363/80	BVerfGE 61, 319
14.6.1983	2 BvR 488/80	BVerfGE 64, 208
28.6.1983	2 BvR 539/80	BVerfGE 64, 261
3.8.1983	2 BvL 27/81	BVerfGE 63, 312
22.2.1984	1 BvL 10/80	BVerfGE 66, 214
4.10.1984	1 BvR 789/79	BVerfGE 67, 290
16.10.1984	1 BvL 17/80	BVerfGE 67, 348
23.4.1986	2 BvR 487/80	BVerfGE 73, 261
14.5.1986	2 BvL 2/83	BVerfGE 72, 200
23.10.1986	2 BvL 7/84, 2 BvL 8/84	BVerfGE 73, 388
10.2.1987	1 BvL 18/81, 1 BvL 20/82	BVerfGE 74, 182
8.4.1987	2 BvR 909/82, 2 BvR 934/82, 2 BvR 935/82, 2 BvR 936/82, 2 BvR 938/82	BVerfGE 75, 108
30.9.1987	2 BvR 933/82	BVerfGE 76, 256
25.2.1988	2 BvL 26/84	BVerfGE 78, 32
8.6.1988	2 BvL 9/85, 2 BvL 3/86	BVerfGE 78, 249
29.5.1990	1 BvL 20/84, 1 BvL 26/84, 1 BvL 4/86	BVerfGE 82, 60
31.5.1990	2 BvL 12/88, 2 BvL 13/88, 2 BvR 1436/87	BVerfGE 82, 159

Datum	Aktenzeichen	Fundstelle
27.6.1991	2 BvR 1493/89	BVerfGE 84, 239
25.9.1992	2 BvL 5/91, 2 BvL 14/91, 2 BvL 8/91	BVerfGE 87, 153
26.1.1994	1 BvL 12/86	BVerfGE 89, 346
21.2.1995	1 BvR 1397/93	BVerfGE 92, 140
22.6.1995	2 BvL 37/91	BVerfGE 93, 121
8.4.1997	1 BvR 48/94	BVerfGE 95, 267
10.4.1997	2 BvL 77/92	BVerfGE 96, 1
7.5.1998	2 BvR 1991/95, 2 BvR 2004/95	BVerfGE 98, 106
30.9.1998	2 BvR 1818/91	BVerfGE 99, 88
10.11.1998	2 BvL 42/93	BVerfGE 99, 246
10.11.1998	2 BvR 1057/91, 2 BvR 1226/91, 2 BvR 980/91	BVerfGE 99, 216
11.11.1998	2 BvL 10/95	BVerfGE 99, 280
7.12.1999	2 BvR 301/98	BVerfGE 101, 297
20.3.2001	1 BvR 491/96	BVerfGE 103, 172
5.2.2002	2 BvR 305/93, 2 BvR 348/93	BVerfGE 105, 17
6.3.2002	2 BvL 17/99	BVerfGE 105, 73
26.6.2002	1 BvR 558/91, 1 BvR 1428/91	BVerfGE 105, 252
4.12.2002	2 BvR 400/98, 2 BvR 1735/00	BVerfGE 107, 27

Datum	**Aktenzeichen**	**Fundstelle**
19.3.2003	2 BvL 9/98, 2 BvL 10/98, 2 BvL 11/98, 2 BvL 12/98	BVerfGE 108, 1
9.4.2003	1 BvL 1/01, 1 BvR 1749/01	BVerfGE 108, 52
17.7.2003	2 BvL 1/99, 2 BvL 4/99, 2 BvL 6/99, 2 BvL 16/99, 2 BvL 18/99, 2 BvL 1/01	BVerfGE 108, 186
3.3.2004	1 BvF 3/92	BVerfGE 110, 33
9.3.2004	2 BvL 17/02	BVerfGE 110, 94
20.4.2004	1 BvR 1748/99, 1 BvR 905/00	BVerfGE 110, 274
20.4.2004	1 BvR 838/01, 1 BvR 1303/01, 1 BvR 340/02, 1 BvR 1436/01, 1 BvR 1450/01	BVerfGE 110, 304
8.6.2004	2 BvL 5/00	BVerfGE 110, 412
9.6.2004	1 BvR 636/02	BVerfGE 111, 10
18.1.2006	2 BvR 2194/99	BVerfGE 115, 97
28.3.2006	1 BvR 1054/01	BVerfGE 115, 276
21.6.2006	2 BvL 2/99	BVerfGE 116, 164
7.11.2006	1 BvL 10/02	BVerfGE 117, 1
3.7.2007	1 BvR 2186/06	BVerfGE 119, 59
25.2.2008	2 BvL 14/05	BStBl. II 2008, 651
17.4.2008	2 BvL 4/05	BVerfGE 121, 108
14.10.2008	1 BvF 4/05	BVerfGE 122, 1

Datum	Aktenzeichen	Fundstelle
9.12.2008	2 BvL 1/07, 2 BvL 2/07, 2 BvL 1/08, 2 BvL 2/08	BVerfGE 122, 210
12.5.2009	2 BvL 1/00	BVerfGE 123, 111
6.7.2010	2 BvL 13/09	BVerfGE 126, 268
12.10.2010	1 BvL 12/07	BVerfGE 127, 224
24.11.2010	1 BvF 2/05	BVerfGE 128, 1
15.1.2014	1 BvR 1656/09	BVerfGE 135, 126
5.11.2014	1 BvF 3/11	BVerfGE 137, 350
24.3.2015	1 BvR 2880/11	BVerfGE 139, 1
15.12.2015	2 BvL 1/12	BVerfGE 141, 1
29.6.2016	1 BvR 1015/15	BVerfGE 142, 268
21.9.2016	2 BvL 1/15	BVerfGE 143, 38
29.3.2017	2 BvL 6/11	BVerfGE 145, 106
10.4.2018	1 BvR 1236/11	BVerfGE 148, 217

Bundesverwaltungsgericht

Datum	Aktenzeichen	Fundstelle
4.10.1994	1 C 13.93	BVerwGE 97, 12
10.3.1954	I C 5.53	BVerwGE 1, 92
4.11.1965	I C 6.63	BVerwGE 22, 286

Bundesfinanzhof

Datum	Aktenzeichen	Fundstelle
13.7.1994	I R 120/93	BStBl. II 1995, 129
17.5.1995	I B 183/94	BStBl. II 1995, 781
19.11.2003	I R 22/02	BStBl. II 2004, 560
6.9.2006	XI R 26/04	BStBl. II 2007, 167
11.3.2008	I R 116/04	BFH/NV 2008, 1161
17.7.2008	I R 84/04	BStBl. II 2009, 630
23.6.2010	I R 37/09	BStBl. II 2010, 895
8.9.2010	I R 6/09	BStBl. II 2013, 186
27.7.2011	I R 32/10	BStBl. II 2014, 513
25.4.2012	I R 76/10	BFH/NV 2012, 1444
29.8.2012	I R 7/12	BStBl. II 2013, 89
16.1.2014	I R 30/12	BStBl. II 2014, 721
17.12.2014	I R 23/13	BStBl. II 2016, 261
20.7.2016	I R 50/15	BStBl. II 2017, 230

(Österreichischer) Verfassungsgerichtshof

Datum	Aktenzeichen	Fundstelle
11.3.1994	B 1297/93	ECLI:AT:VFGH:1994:B1297.1993
27.9.2000	B 2031/98	ECLI:AT:VFGH:2000:B2031.1998
11.12.2002	B 941/02	ECLI:AT:VFGH:2002:B941.2002
17.6.2009	B 53/08	ECLI:AT:VFGH:2009:B53.2008
9.12.2014	G 136/2014-25, G 166/2014-20, G 186/2014-23	ECLI:AT:VFGH:2014:G136.2014

Forum Unternehmens-, Steuer- und Bilanzrecht

Deutsche, europäische und internationale Rechtsfragen

Herausgegeben von Oliver Fehrenbacher / Michael Stöber

Band 1 Patrick Hoor: Verdeckte Gewinnausschüttung und freigebige Zuwendung einer GmbH. 2016.

Band 2 Stephan Kappes: Ertragsteuerliche Behandlung von Sanierungsgewinnen. 2016.

Band 3 Franziska Stahmann: Sonstige Sonderbetriebseinnahmen im Abkommensrecht. Kapitalgesellschaftsbeteiligungen im notwendigen Sonderbetriebsvermögen II. 2017.

Band 4 Suzanne Wagner: Spekulative Optionsgeschäfte aus vertragsrechtlicher, handelsbilanzrechtlicher und steuerrechtlicher Sicht. 2018.

Band 5 Stephan Randt / Oliver Fehrenbacher: Neue ordentliche Testamentsformen. 2018.

Band 6 Christian Hornung: Leaver-, Vesting und Shoot-Out-Klauseln. 2018.

Band 7 Christian Schubert: Vorteilsausgleich und Steuern. 2018.

Band 8 Benjamin Westermann: Zivilrechtliche Folgen steuerlicher Rechtsirrtümer bei Cum-/Ex-Geschäften. 2018.

Band 9 Ramona Claußen: Die Verwertung von Sicherungseigentum durch den Insolvenzverwalter – eine umsatzsteuerrechtliche Betrachtung. 2018.

Band 10 Raika Anika Voldrich: Grenzüberschreitende Spenden. 2018.

Band 11 Justus Jürgensen: Pflichten und Haftung des Geschäftsführers einer GmbH bei Sanierungsmaßnahmen im Vorfeld der Insolvenz. 2019.

Band 12 Tobias Haselwande: Doppelinsolvenz von Personengesellschaft und Gesellschafter. 2019.

Band 13 Hendrik Aren: Die Neuauflage der Vorschläge für eine Richtlinie des Rates über eine Gemeinsame (konsolidierte) Körperschaftsteuer-Bemessungsgrundlage. Steuerrechtliche Auslegung und Analyse der Vereinbarkeit mit dem Europäischen Recht. 2019.

Band 14 Adrian Druzg: Die grenzüberschreitende Sitzverlegung von Gesellschaften innerhalb der Europäischen Union – eine Analyse anhand der Niederlassungsfreiheit. 2019.

Band 15 Felix Meisheit: Das Glücksspiel im Ertragsteuerrecht. 2020.

Band 16 Martin Fornof: Zur Auslegung und Anwendung des IFRS 10 in der EU am Beispiel des Kreditgeber/Kreditnehmer-Verhältnisses. Eine Untersuchung unter besonderer Berücksichtigung von Krise, Restrukturierung und Insolvenz. 2020.

Band 17 Stefan Jäkel: Steuerung der GmbH durch einen Interim Manager. 2021.

Band 18 Dominik Riebartsch: Die Haftung des Aufsichtsrates einer Aktiengesellschaft bei Verletzung der Überwachungspflichten. 2021.

Band 19 Matthias Wurm: Die rechtliche Bewertung von Investorendialogen. Eine rechtsvergleichende Analyse. 2021.

Band 20 Roxane Lilienfein: Steuervermeidungsstrategien multinationaler Internet-Konzerne. Bestandsaufnahme und Lösungsansätze aus ertragsteuerlicher Sicht. 2021.

Band 21 Tobias Eggert: Steuerrechtliche Gewinnverlagerungen mittels konzerninterner Lizenzzahlungen. 2022.

www.peterlang.com

www.ingramcontent.com/pod-product-compliance
Ingram Content Group UK Ltd.
Pitfield, Milton Keynes, MK11 3LW, UK
UKHW021842290926
8980IPUK00005B/608

9 783631 875094